노인문화창조

−베이비붐세대의 한·일 비교 분석−

이 저서는 2013년 정부(교육부)의 재원으로 한국연구재단의 지원을 받아 수행된 연구임(NRF-2013S1A6A4018900).

노인문화창조
— 베이비붐세대의 한·일 비교 분석 —

초 판 인 쇄	2018년 01월 19일
초 판 발 행	2018년 01월 25일
저 자	정 기 룡
발 행 인	윤 석 현
발 행 처	제이앤씨
책 임 편 집	최 인 노
등 록 번 호	제7-220호
우 편 주 소	서울시 도봉구 우이천로 353 성주빌딩 3층
대 표 전 화	02) 992 / 3253
전 송	02) 991 / 1285
홈 페 이 지	http://www.jncbms.co.kr
전 자 우 편	jncbook@hanmail.net

ⓒ 정기룡 2018 Printed in KOREA.

ISBN 979-11-5917-091-1 93300 정가 23,000원

노인문화창조

―베이비붐세대의 한·일 비교 분석―

정기룡 저

제이앤씨
Publishing Company

출판에 즈음하여

　본서는 인구고령화라고 하는 소재를 중심으로 사회정책 연구의 관점에서 사회변화에 따라 드러나는 문제를 폭넓게 이해할 수 있도록 구성하고자 하였다. 특히 고령사회의 사회문제에 관해 고용과 소득, 생활보장, 사회참가, 여가와 학습, 취미와 봉사 등 베이비붐세대를 중심으로 한 고령자의 노후생활 전반에 관해 살펴보았다. 나아가 고령자의 노후생활에서 형성되고 있는 노인문화를 분석하여 고령사회대책의 하나로써 제시하려는 의도에서 집필에 임하였다.

　그동안 노인복지와 일본관련 연구는 상당한 진전을 보이고 있다. 그러나 인구고령화의 사회문제를 문화적 측면에서 해결하려는 시도는 찾아보기 쉽지 않았다. 이는 정책론과 지역학을 융합하여 문화를 다룰 수 있는 기회가 다른 영역에 비해 적었거나 관심도가 낮았기 때문일 것이다. 따라서 이와 관련된 문헌 또한 다른 영역에 비해 열악한 것이 사실이다. 이에 본서에서는 최근에 사회적인 이슈로 대두된 베이비붐세대의 고령층 진입에 따른 노후생활에 관한 내용을 사회정책과 노인문화 측면에서 살펴보려고 한다.

노인문화를 논하면서 한·일 비교라는 부제를 내건 데에는 일본의 인구고령화가 세계에서 가장 빠르게 진전되어온 동시에 인구구조의 변화와 사회보장제도의 틀이 우리나라와 유사하기 때문이다. 또한 일본의 인구고령화가 우리나라보다 약 20여년 정도 앞서 진행되었으며, 베이비붐세대의 고령층 진입 또한 10여년 정도 앞서 진전하고 있으므로 고령사회대책에 관한 벤치마킹(bench marking)과 한·일 비교에 용이할 것으로 판단했기 때문이다. 따라서 본문에서는 최근 이슈로 대두되고 있는 인구고령화의 사회문제에 관해 중점적으로 살펴보고자 한다.

특히 고령자가 사회생활을 영위하는 사회시스템 속에서 은퇴 전후의 노후생활과 관련된 문제를 다루었다. 그 내용은 인구구조와 가족기능의 변화, 고용제도의 변화, 사회보장제도의 변화, 노후생활인식에 관한 변화, 고령기 구분의 재시도 등 베이비붐세대를 중심으로 한 사회시스템에 관한 이해를 넓혀가도록 구성하였다. 그 가운데 우리나라 보다 앞서서 추진된 일본의 고령자대책 즉, 고령자고용, 사회보장제도 개혁, 여가활용, 노인문화 형성 등에 관한 고찰결과는 현실적인 문제해결을 위한 자료로서 활용될 수 있을 것이다.

고령사회의 사회문제를 해결하기 위해 본서에서는 노인문제에 관해 발표한 연구논문 등을 수정·보완하는 동시에 새롭게 제기된 인구고령화 이슈(issue)에 대한 해결방안을 담고자하였다. 또한 공표자료 분석과 면담조사를 병행하여 베이비부머의 생활실태 및 현상을 소개하려고 노력하였다. 나아가 장수국 일본의 사례를 분석하여 노인문제의 해결방향과 노후준비 및 삶의 보람을 찾기 위한 실마리를 제공하고자 하였다. 이러한 과정을 통해 정책현황과 문제점을 파악하여 노인문화창조를 위한 기초자료가 될 수 있도록 단행본으로 엮게 되었다.

그러나 인구고령화의 사회문제를 노인문화의 창조를 통해 해결해 보려는 필자의 의도가 다른 연구자의 이론 및 견해와 다를 수 있겠다. 또한 기존논문을 편집하는 과정에서 일부 중복되거나 발표기관 및 일자에 따라 통계수치의 차이가 있을 수 있다. 나아가 본서에서는 노년학을 비롯하여 노인심리, 노인건강 등에 관한 연구동향은 포괄할 수가 없었음을 명기함으로써 독자의 이해를 구하고자 한다. 어쨌든 이미 고령기에 접어든 일본의 베이비붐세대(단괴세대:団塊の世代)는 물론이고 최근 본격적으로 고령층에 속하기 시작한 한국의 베이비붐세대는, 생활환경이 다르기는 하지만, 양국의 경제발전과 극심한 경쟁을 극복해 온 세대이므로 이들이 머지않아 고령기의 중심을 이루게 될 것이다. 따라서 이들이 본격적인 노후생활을 영위하게 되는 것을 계기로 지금까지와는 다른 새로운 노인문화를 형성해나가기를 기대하는 바이다.

『노인문화창조』를 집필하는데 있어서 한국연구재단의 연구지원은 발아단계의 노인문화를 집필하는 원동력이 되었다. 또한 각종자료와 정보를 여러분으로부터 제공받았기에 감사의 마음을 전하고 싶다. 먼저, 일본의 사회보장 관련 자료수집은 노무라경제연구소(野村経済研究所)의 사카모토 준이치(坂本純一) (전)고문의 배려에 힘입었으며, 현지조사에 있어서는 히토츠바시대학(一橋大学)의 시라세 유미카(白瀬由美香) 교수님, 그리고 후생노동성 연금국(厚生労働省 年金局)과 사가미하라시 고령자지원과(相模原市 高齢者支援課) 등의 협조에 감사한다.

그와 더불어 고령자대책과 관련해서는 은사인 동경복지대학(東京福

祉大学)의 후지타 고이치(藤田伍一) 학장님과의 논의를 유익하게 활용하였으며, 집필내용에 관해서는 일본동양대学(日本東洋大学)의 강영숙(姜英淑) 교수님을 비롯하여 일본지연구회의 여러 선생님들이 토론에 임해주셨는데, 이러한 관심이 큰 도움이 되었음을 밝힌다. 끝으로 본서를 출간할 수 있도록 배려해주신 제이앤씨 출판부 관계자분들께 고마움을 전한다.

문화사회과학대학 연구실에서
정 기 룡

목차

제1장

인구구성의 변화와 노인문화창조

1. 인구 고령화의 사회현상

우리가 살고 있는 인류사회는 각각의 지역에 따라 사회구조와 사회제도가 상이하기 때문에 여러 모습으로 다양하게 발전되어 왔다. 또한 각 개인이 처한 시대적 환경 또한 달라서 인구구조의 변화뿐만 아니라 가족의 역할과 기능이 다르게 나타나기도 한다. 그러나 최근 인구고령화에 따른 사회변화의 모습은 선진국뿐만 아니라 개발도상국에서도 매우 유사하게 진전되면서 공통적인 사회문제를 드러내고 있다. 특히 인구구조의 급격한 변화는 인구 그 자체뿐만 아니라 사회의 여러 분야에 영향을 미치게 되어 고용방식, 소비방식, 가족부양방식, 네트워크형성방식 등에 상당한 변화를 초래하고 있다.

모든 생명체는 시간이 경과함에 따라 생성되어 성장기를 거쳐 성숙기를 통해 점차 쇠퇴기에 당도하는 생애과정(Life Cycle)을 거치게 된다. 인간도 마찬가지로 태어나서 성장한 이후에 점차 늙어서 결국 생을 마감하는 생로병사의 길을 걷게 된다. 인구고령화란 짧게 정의하자면, 고령자¹의 인구비율이 점점 높아지는 사회를 의미하는 것이라고 할 수 있겠다. 그리고 개인적인 노화란 나이가 들어감에 따라 심신이 퇴화되어 가는 과정을 가리킨다. 따라서 고령화는 인간발달과정의 한 부분으로서 개인마다 그 속도나 양상에는 차이가 있을 수 있겠지만, 노년기는 누구라도 맞이하게 되는 보편적인 과정이라고 하겠다.

유엔(UN)에서는 어느 일정지역 혹은 국가의 전체인구 중 65세 이상의 고령자가 차지하는 비율이 7%이상이 되면 고령화사회, 노인인구 비율이 14%를 넘어서면 고령사회, 노인인구 비율이 20% 이상인 사회를 초고령사회로 지칭하고 있다. 통계청의 고령자통계에 따르면, 우리나라의 65세 이상의 고령자인구는 약 685만 명으로 전체인구(약 5,158만 명) 가운데 13.29%를 차지하고 있는 것으로 나타났다(2016.4).

---

1 고령자와 노인에 대한 정의는 다양하지만, 세계보건기구(WHO)와 국제연합(UN)의 인구고령화율의 기준은 현재, 65세 이상의 인구를 가리키며 한국과 일본의 고령화율 기준연령도 65세로 정하고 있으므로 이를 따르기로 한다. 본서에서는 고령자 외에 노인, 어르신 등의 표현과 더불어 고령기, 노령기, 노인문화, 고령자대학처럼 노인 및 고령자 등의 용어를 혼용하고 있는데, 자료의 인용 및 문맥상의 이해와 편의를 고려하여 이하 이를 적절히 혼용해 사용하고자 한다.

〈표 1-1〉 총인구 및 노인인구 현황

(단위 : 명)

구분	전체 인구			65세 이상 노인인구			노인인구비율
	계	남	여	계	남	여	
전국	51,584,349	25,781,628	25,802,721	6,853,885	2,888,644	3,965,241	13.29%
서울	10,002,979	4,918,312	5,084,667	1,276,417	562,055	714,362	12.76%
부산	3,511,974	1,733,680	1,778,294	522,683	224,866	297,817	14.88%
대구	2,485,663	1,235,606	1,250,057	320,682	133,673	187,009	12.90%
인천	2,932,141	1,472,988	1,459,153	316,941	134,797	182,144	10.81%
광주	1,471,819	729,446	742,373	168,496	70,467	98,029	11.45%
대전	1,516,904	758,719	758,185	167,545	71,728	95,817	11.05%
울산	1,172,925	604,597	568,328	105,111	45,927	59,184	8.96%
세종	225,488	112,910	112,578	23,112	9,524	13,588	10.25%
경기	12,578,597	6,327,267	6,251,330	1,337,517	571,376	766,141	10.63%
강원	1,548,170	780,311	767,859	263,587	110,017	153,570	17.03%
충북	1,585,312	799,906	785,406	236,848	98,289	138,559	14.94%
충남	2,082,319	1,057,262	1,025,057	343,912	143,434	200,478	16.52%
전북	1,866,184	928,445	937,739	336,179	136,577	199,602	18.01%
전남	1,904,917	952,043	952,874	393,997	155,841	238,156	20.68%
경북	2,701,238	1,356,951	1,344,287	483,809	196,674	287,135	17.91%
경남	3,366,658	1,696,142	1,670,516	470,074	188,171	281,903	13.96%
제주	631,061	317,043	314,018	86,975	35,228	51,747	13.78%

자료 : 통계청(2016년 4월말 현재) 참고 작성.

우리나라는 1960년에 65세 이상 노인인구가 약 73만 명으로 고령자 인구비율이 전체인구의 2.9%에 머물렀으나 30년이 지난 1990년에는 220만 명에 달해 5.1%를 기록했으며 40년이 지난 2000년에는 7.2%(339만 명)에 이르러 '고령화사회'로 진입하였다. 이제 2018년경에는 14.3%(707만 명)에 달해 '고령사회'가 될 것으로 예상되며 2026년에 이르면 65세 이상의 고령자가 무려 1,000만 명을 넘어서 65세 이상의 고령자인구가 전체 인구의 20% 이상에 이르게 되는 '초고령사회'가 될 것으로 예상되고 있다.

이렇게 세계에서 가장 빠른 속도로 고령화되어 가는 것은 경제발전과 의료기술의 발달에 입각한 수명연장과 더불어 출산율의 급격한 저하로 인한 저 출산이 맞물려 있기 때문이다. 즉, 생활수준의 향상과 보건의료서비스의 개선으로 평균수명이 연장되어 노인인구의 절대수와 비율이 급격히 증가하는 한편, 결혼과 육아 등의 어려움에 기인하여 낮아진 합계출산율[2] 등의 요인으로 인구고령화율이 높아지게 되었다.

한편, 미국의 스탠더드 엔드 푸어스(S&P)는 이미 10년 전에 '고령사회와 국가신용등급'이라는 보고서에서 유럽연합(EU) 25개국과 한국, 미국, 일본, 캐나다, 호주, 뉴질랜드 등 총32개 지역의 고령화 재정상황을 2050년까지 분석한 결과를 내놓은 바 있다[3]. 이 보고서에서는 한국의 고령화 관련 재정지출비용이 2005년에는 국내총생산(GDP) 대비 7.3%였으나 2020년에는 10.5%, 2030년에는 15.8%, 그리고 2050년에는 무려 20.1%로 증가할 것으로 예상하고 있다. 따라서 이러한 인

---

2 한 여성이 평생 동안 낳을 수 있는 자녀의 수를 합계출산율이라고 한다. 합계출산율은 국가별 출산력 수준을 비교하는 주요지표로 이용된다. 우리나라는 1990년대 이후, 합계출산율이 점점 낮아져 2010년 기준 경제협력개발기구(OECD) 34개 회원국 중 제일 낮은 1.23 수준이다. 즉, 미국(2.01명)과 영국(1.94명) 그리고 일본(1.37명)보다 낮은 수준으로서 출산과 육아에 따른 부담 때문에 여성들이 출산을 기피하는 사실을 드러낸 수치라고 하겠다.

3 동아일보(2006.6.13.), 한의신문(2006.6.16.) 참조. 세계적 신용평가회사인 미국 스탠더드앤드푸어스(S&P)는 「고령사회와 국가신용등급」이라는 보고서에서 한국의 고령화 관련 재정지출 증가폭이 세계 최고 수준이 될 것이라는 분석을 내놓았다. 이 보고서에 따르면 2005년에 국내총생산(GDP) 대비 7.3%인 한국의 고령화 관련 재정지출 비율은 △2020년 10.5% △2030년 15.8% △2050년 20.1%로 늘어날 것으로 예상됐다. 특히 증가 폭에 있어서 조사대상 국가 평균의 두 배 수준으로 전망하고 있다. 이와 유사하게 조세연구원과 한국개발연구원(KDI)에서도 2015년 공동연구를 통해 한국의 고령화지출이 2050년에 이르면, GDP 대비 28.5% 수준이 될 것이라는 보고서를 발표한 바 있다.

구고령화의 현상은 당분간 계속될 것으로 전망된다.

또한 한국이 2020년 초반까지는 정부지출 상승세가 그렇게 높게 지출되지는 않겠지만, 베이비붐세대(1955-1963 출생자)의 대부분이 고령층에 진입하는 2020년 이후에는 고령화관련 사회지출이 급격히 늘어날 것으로 예측하고 있다. 특히, 고령화관련 재정재출 중에서 공적연금, 건강보험, 장기요양서비스의 순으로 지출규모가 커질 것으로 전망되고 있으며 이러한 추세는 선진국 대부분에서 나타나는 공통된 현상이기도 하다. 이제 이러한 환경변화에 대응하기 위해서는 국가의 사회보장체제를 재점검하면서 가족의 결속력을 재고해봐야 할 시점에 이르렀다고 하겠다.

2. 가족과 사회와의 관계

일반적으로 가족이란 혈연관계 즉, 부부와 자녀로 맺어진 인간관계의 기초적 집단이랄 수 있다. 이러한 가족개념은 현실적인 주거 혹은 가계의 생활공동체를 구성하는 '가구'와는 다르다. 또 우리주변에서 많이 쓰이고 있는 '가문'이란 혈족계보를 중심으로 한 광범위한 집합체라고 할 수 있으며 '가족'은 현실적인 인간관계의 가장 기초적인 집단이라고 하겠다.

가족은 1차적 집단으로서 공동사회 집단이며 비교적 폐쇄적이고, 외형으로는 형식적·제도적 집단이면서 내면의 인간관계는 비형식적·비제도적인 점이 특징이라고 하겠다. 또한 가족의 일반적인 특성은 혈연공동체, 거주공동체, 가계공동체, 애정결합체, 운명공동체라고 할 수 있다.

근대화 이전 농경사회에서는 노동집약적인 형태의 대가족이 주류를 이루었다. 그러나 산업화에 따라 일자리를 찾아 대도시 주변으로 인구가 유입됨으로써 가족구성은 핵가족화 되었으며, 그와 함께 가족이 지니고 있던 기능과 구조도 변화하였다. 즉, 전통적인 기능이 소멸되고 사회적인 여러 제도와 기관이 그 기능을 대체하게 되었으며, 가족 내의 구성원 관계는 가부장적 지배 및 온정관계로부터 애정을 중심으로 한 부부와 친자관계의 소가족으로 변화하였다.

가족을 부부 중심으로 하여 그 자녀로 한정하는 2세대를 바로 핵가족[4]이라고 한다. 핵가족을 생활단위의 측면에서 보면, 구성이 단순하고 구성원이 한정되어 있기 때문에 위기가 닥치면 쉽사리 해체될 가능성을 지니고 있다. 현대 사회의 다양성은 가족생활에서 생활의 개성과 다양성을 드러내고 있어 구성원 개개인의 라이프사이클과 생활목표 사이에 여러 가지 문제점과 차이가 드러날 수 있다.

반면, 확대가족[5]은 부부 및 미혼 자녀 이외에 직계존속·비속과 방계의 친족 등을 포함한 가족형태를 가리킨다. 제도상으로는 부모·자식 중심의 가족에 해당하는 가족형태상의 분류개념이다.

한편, 가정[6]의 정의는 연구자에 따라 다를 수 있으나, 가족이 공동

---

4 핵가족이라는 용어는 미국의 인류학자 머독(Murdock,G.P.)이 처음 사용하였으며 이전의 부부가족이나 소가족보다 적절한 표현으로 인식되어 널리 쓰이게 되었다. 독립한 핵가족의 존재는 반드시 근대에만 국한된 것은 아니지만, 근대산업사회에서의 개인주의, 사회적 이동성 및 사회보장제도의 발전으로 일찍부터 유럽과 미국에서는 핵가족화의 경향이 촉진되었다.

5 이 용어는 머독이 핵가족에 대비하여 사용한 'extended family'의 개념으로서 대가족보다 개념이 명확하다. 경제적으로 자급자족하기 힘든 전근대적인 사회에서 흔한 가족형태이다.

6 가정은 가족 구성원이 거주하는 '집'에 모여 사는 생활공동체로서 이해할 수 있다. 그러나 '집'이라는 개념에는 가족의 생활공동체 외에도 가족 구성원이 생활하는 거주지 혹은 가족의 범위를 초월하여 친인척까지 포함하여 표현하는 경우도 있다. 한국의 '집'에 해당하는 일본의 '이에(家)'가 있는데, 집안을 표현하기도 하므로 약간의 차이가 있다.

생활을 하고 있는 장소라고 할 수 있으며, 부부·자식·부모 등 가족이 공동 생활하는 조직체를 말한다. 가정과 집을 비교해 보면, 전자가 인위적으로 구성원 조직체, 즉 인간관계를 가리키는 데 반해 후자는 구체적인 건축물을 가리키고 있어서 의미하는 바가 다르다. 인간이 만들어 온 가족관계와 가족공동체는 그 구성과 생활방법 등의 차이에 따라서 그 형태를 달리하여 왔는데, 남녀가 만나 부부가 되어서 '가정'을 꾸려가게 되며 사회를 구성하는 기초집단인 가정을 이루게 되는 것이다.

가족이 인류의 기초집단 혹은 기본 형태라고 하는 것은 가족만이 가지는 경제적·생식적·교육적·안정적·잠재적 기능[7] 등이 있기 때문인데, 가족구성을 위해서는 다음과 같은 점이 요구된다.

첫째는 혼인이라는 절차에 의하여 부부의 결합이 법적으로나 사회적으로 용인되고, 그에 따라 사회적으로 성적질서가 유지된다. 둘째는 자녀를 위한 장기적 양육의 필요성으로 부모 양친의 협력이 필연적으로 요구된다. 물론 가족구성은 개인적인 환경뿐만 아니라 시대적·자연적·사회적 환경에 따라 다르며 때로는 기능적 장애를 일으켜 가족의 해체를 초래하는 경우[8]도 있다.

---

7 가족기능은 이전부터 가족사회학의 연구주제 중 하나로서 많은 견해가 있는데, 머독(Murdock,G.P.)의 성적(性的)·경제적·생식적·교육적인 네 기능설과, 파슨스(T. parsons)의 사회화·안정화(安定化)의 두 기능설이 유명하다. 가족의 기능은 가족의 존재이유(reason for existing of family)와 사회적기능(social functions)의 거대기능면의 견해와 가족 내의 개인에 대한 가족기능, 즉 대내기능(domestic functions)면에서 관찰하는 견해가 있다. 또한 오락(entertainment) 및 지위부여(position grant) 등인 가족기능을 제시하는 견해도 있다. 이러한 가족기능 분석이 어려운 것은 가족 자체가 문화와 민족, 지역 등에 따라서 다르다는 점과 가족의 기능을 양적으로 측정하기 어렵다는 점을 들 수 있다.

8 통상적으로 가족집단 혹은 가족 구성원이 장애와 해체위기에 직면하면 해결을 요청하게 되는데, 이러한 문제를 방치하면 가족기능의 장애 또는 일탈현상, 즉 병리적 상황이 야기될 수도 있다. 결손가족·모자가족·빈곤가족·장애자가족 등은 그와 같은 문제를 내포하고 있는 경우가 있어 사회복지 차원의 접근과 지원이 필요

가족문제로서는 이혼·가출·범죄·비행·자살 등이 나타나기도 한다. 이러한 현상은 경제적 풍요의 한편에서, 이전에 비해 가족기능이 약화되면서 늘어나는 추세에 있다. 이러한 문제들은 가족이나 개인에 의해서만 발생하는 것이 아니라 사회적·환경적 요인에 의해서 발생되기도 한다. 가장 중요하면서도 가까이에서 생활하기 때문에 등한시할 수 있는 가족의 중요성은 원론적인 논의로 생각할 수도 있겠지만, 여기에서는 무엇보다 가족의 중요성을 국가와 가족과의 기능적 관계에 대해 논하기로 한다.

기능주의적 시각에 의하면 가족은 개인 간의 상호작용의 행위가 유형화된 하나의 사회체계(social system)[9]이며 이 체계는 지역사회를 이루고 지역사회는 한 국가사회의 체계를 형성하는 구조를 갖게 된다. 이러한 의미에서 가족은 사회의 가장 기본적인 단위라고 하겠는데, 그 하위체계로는 구성원 개인으로 구성되며 상위체계에 지역사회와 국가가 있는 것이다.

따라서 가족과 국가는 각각의 생존과 발전을 위하여 서로 기능적으로 의존적이고 상호 교환적인 관계를 맺고 있다. 가족을 사회구성의 기본단위 혹은 핵심단위로 보는 것은 바로 이러한 기능주의적 시각에 입각한 것이다. 그럼 가족이 국가사회에 어떤 역할과 기능을 수행하는지에 대해 살펴보고자 한다.

첫째, 구성원의 생물학적 생존보장 측면의 중요성이다. 인간은 본질적으로 생물학적 존재이기 때문에 사회체계는 구성원의 생물학적 생존을 위해 의·식·주의 기본물자가 공급되어야 한다. 이러한 생물

하다.
9 기능적으로 사회시스템 부문 간에는 물론, 등위 및 상·하위시스템 사이에 상호 연계되어 있고, 한 부문의 변화는 다른 하위시스템의 변화에도 영향을 주기도 하고 영향을 받기도 하면서 상호 교환적인 관계를 유지하고 있다.

학적 생존보장의 기능은 여러 사회시스템(사회체계와 조직 및 제도 등) 가운데 지금까지 가족이 가장 많은 부분을 수행해왔고, 앞으로도 효율적인 공급원으로 기능을 수행하게 될 것이다. 왜냐하면 개인의 생물학적 생존에 대한 위협은 바로 가족의 생존을 위협할 수 있고 나아가 국가의 존립에도 위협이 될 수 있기 때문이다. 따라서 국가는 가족의 생존기능 수행을 위해 가족의 위기와 해체를 막기 위한 적절한 원조를 수행하여야 한다.

둘째, 인적구성원으로서의 중요성이다. 가족은 물론 국가도 일정 수준으로 인적구성을 유지하지 못하면, 지속적으로 생존할 수 없게 되며 존립 또한 불가능해진다. 따라서 넓은 의미에서의 재생산기능은 가족이라는 사회체계 속에서 가능하며, 가족이 그러한 기능을 유지하고 있는 것이다. 따라서 국가는 가족이 사회에 유능하고 건강한 구성원을 재생산할 수 있도록 제도적으로 뒷받침 하여야 한다.

셋째, 생산과 소비를 유지하는 사회구성원으로서의 중요성이다. 사회는 경제제도를 통하여 구성원의 생존에 필수적인 상품과 서비스를 생산하여 분배하는데 가족은 생산에 필요한 인적자원의 제공과 더불어 소비하는 기능을 수행한다. 따라서 국가는 가족이 생산 및 분배활동의 공급기능을 담당하고 있기 때문에 가족이 이러한 기능을 수행할 수 있도록 지원해주어야 한다.

넷째, 인적구성원으로서의 생존을 위한 동기부여의 중요성이다. 현대의 동기부여 이론에서는 노동의욕을 일하는 보람으로 인식하며 역할기대의 내면화, 보수기대를 암시적으로 나타낸 성과의 증가라고 생각하고 있다. 따라서 국가는 사회구성원인 개인이 삶의 의미를 갖고 생존을 위한 동기를 가질 수 있도록 교육과 선택의 기회를 주어야 한다.

다섯째, 구성원의 신체적, 심리적 안정과 정서적 지지를 제공하는 중요성이다. 이러한 기능은 사회체계에 대한 소속감을 갖고 결속하려는 요인으로 작용한다. 가족의 구성원이면서 사회의 구성원이기도 한 개개인에게 관심과 애정을 토대로 생활안정과 안전 그리고 정서적 지지를 지속적으로 제공하는 체계가 바로 가족이라고 하겠다. 따라서 개인 안전과 정서적 지지는 가족의 가장 중요한 기능의 하나인 것이다. 그러므로 국가는 가족에 대한 지원을 단지 가족해체라든가 가족위기에만 한정해 지원하기보다는 사회유지 차원에서 보다 포괄적인 지원이 필요한 것이다.

현대와 같이 안정된 풍요로움이 실현된 사회에서는 생활수준을 유지하기 위해 일정한 소득이 필요하지만 사람들은 그보다 고차원의 이념이라든가 목적을 가지고 생을 영위하려 한다. 그와 관련하여 사회에서는 이러한 기능을 종교제도와 교육제도 등이 상당부분 분담하고 있지만, 기본적으로 가족도 이러한 기능을 맡고 있다.

가족은 언제나 존재하지만 그 형태와 기능은 각 시대와 지역성에 따라 다르게 규정되며 반드시 일정한 형태로 존재하는 것은 아니다. 또한 가족의 생활보장기능은 사회 환경의 변화에 따라 이전과는 다른 형태가 될 수밖에 없다. 특히 가족의 생활보장기능이 사회기구 안에서 부여된 역할과 지위를 다할 수 없게 되면 가족 외부로 생계유지를 위한 요청을 할 수밖에 없다. 이는 가족의 생활보장기능의 변화에 대응하고, 생활보장기반을 유지하기 위한 당연한 행위일 것이다.

이렇듯 가족과 국가는 상호 밀접하게 관련되어 있으므로 각각에게 부여된 기능을 수행한다면, 사회는 균형을 이루면서 안정적으로 유지·발전하게 될 것이다. 반면, 각각의 기능수행에 장애가 나타나면 정상적인 생존과 발전이 저해되거나 유지발전이 어렵게 된다. 특히 가족은 국가사회의 유지·발전을 위하여 중요한 기능을 수행해 왔으며 사회제도 속에서 사회적 부담을 분담하고 있다. 따라서 안정적인 사회유지를 위해서는 가족제도와 적정 인구구성을 염두에 둔 사회정책이 필요하다고 하겠다. 결국, 자본주의의 발전에 따라 대두된 사회문제에는 국가의 정책뿐만 아니라 가족과 지역사회, 국가 등의 협력으로 대처해나가야 할 것이다.

인간의 생활에 관한 제도는 가족제도이건 국가의 사회정책이건 기초가 되는 것은 기본적인 생활보장일 것이다. 즉, 생활보장이란 생활자가 조우하게 되는 다양한 위험요소를 예견하여 생활보장 자원을 효율적으로 배분함으로써 생활을 유지할 수 있도록 지원하는 체계라고 하겠다. 특히 고령자의 생활보장 자원으로는 국가의 정책을 비롯하여 기업 및 가족 나아가 지역사회까지 포함하는 공적보장, 기업보장, 사적보장, 지역사회활동 등으로 분류할 수 있겠다.

첫째, 공적보장은 국민의 안정된 생활의 확보를 국가가 책임지는 것이다. 다만, 국가가 보장하는 안정된 생활보장의 범위는 사회적, 경제적, 문화적으로 일률적일 수는 없다. 최근의 사회보장 논의에서는 서구의 '복지국가위기론'이 지배적이어서 복지수준이 그다지 높지 않은 나라에서도 복지재검토론이 대두되고 있는 실정이다.

알려진 바와 같이 20세기까지는 선진국을 중심으로 사회보장·사회복지분야는 국가의 기본적인 정책과제로 인식되어 왔지만 점차 늘어나는 재정부담 때문에 복지확대와 유지를 공적보장에만 의지할 수 없게 되었다. 이러한 움직임은 일본은 물론이고 한국도 예외가 아니어서 '중복지'='중부담' 수준으로 수렴되어 복지제도가 형성되는 과정에 있다고 하겠다.

둘째, 공적 생활보장기능을 보완하는 것으로써 기업보장을 들 수 있다. 이것은 직업상의 관계를 통하여 성립하는 생활보장기능이라고 하겠다. 먼저, 기업 측은 각종 복리후생 활동을 제공한다. 물론 기업의 생활보장은 간단한 문제가 아니지만 사회보장제도의 기업측 부담

외에도 기업연금, 교육프로그램, 퇴직프로그램 운영 등 고용기간에 걸쳐 근로자의 생활보장을 일정부분 책임지고 있는 것은 확실하다.

이러한 복리후생제도는 근로자의 장기정착과 생산성 향상 등 노무관리에 효율적으로 활용되어 왔다. 기업은 종업원의 생활을 안정시킬 뿐만 아니라 퇴직 후까지의 생활설계 등 노후보장에 기여해온 사회적 역할을 담당하였고, 근로자에 대한 성과분배로는 임금과 복리후생 양면으로 제공해 온 것이다. 그러나 최근 기업을 둘러싼 구조조정 등의 변화를 고려하면, 과연 복리후생제도가 앞으로도 계속해서 이전처럼 유지될 수 있을지는 의문이다.

셋째, 사적보장으로써 시장에서 거래하는 생활보장 관련서비스와 비시장형서비스의 가족관계이다. 먼저, 각 개인의 생활환경에 의해 시장에서 거래하는 생활보장 관련서비스가 달라질 수 있다. 즉, 공적보장 이상의 선택적서비스는 사적비용으로 구입이 가능하여 그에 대한 욕구가 충족될 수 있다. 한편, 비 시장형서비스의 공급원이며 생활의 기초단위인 가족은 생존을 보장하는 조직 혹은 생활방위의 기초조직으로 파악할 수 있다.

가족사회학 연구자에 의하면, 인간의 긴 역사를 통해 아이를 낳고 키우는 재생산기능이 아직까지 이어지고 있는데 그 중요한 역할을 맡고 것이 가족이라는 것이다[10]. 따라서 가족구성원으로 구성된 가정은, 산업화와 핵가족화 등의 영향으로 인해 가족의 생활보장기능이 약화되어왔지만 앞으로도 가족의 기능과 역할은 일정부분 유지될 것으로 예상된다.

넷째, 각 지역에서 봉사활동을 중시하는 지역사회의 활용이다. 최

---

10 후세(布施晶子:1993)『結婚と家族(결혼가 가족)』岩波書店. pp.5-6. 저자는 또한 가족은 인간의 역사를 통해 과거로부터 미래를 향한 인간의 생명과 생활을 쇄를 연결해가는 영위와 끊을 수 없는 역할을 맡았다고 주장하고 있다.

근까지 사회복지시스템은 국가가 주로 사회복지계획을 추진해왔으나, 이제 그 주체가 국가와 지자체 외에도 사회복지협의회, 사회복지사업의 경영주체 등으로 그 범위가 넓어지고 있다.

그러한 단체가 지역에서 실시하는 복지활동을 통해 주민의 욕구를 조사·파악하여 정책으로 입안하도록 하는 한편, 그러한 자료를 바탕으로 노인대상 복지서비스를 개발하면서 조직의 확대를 도모해나가고 있다. 나아가 보건·의료·복지의 연대에 입각한 복지서비스의 원활한 공급과 더불어 「참가형복지」[11]의 일환으로 주민참가가 가능한 거택(재가)복지활동을 조직하면서 사회복지서비스 활동에 주력하고 있다. 앞으로 고령화가 급속히 진전될 것으로 예상되므로 이와 같은 지역사회의 봉사활동에 기대하는 분야는 더욱 늘어날 것이다.

3. 고령사회의 현실적인 문제

노년기는 신체적 기능이 쇠퇴하는 시기이지만, 내면적 차원에서는 심리적으로 안정적이며 풍부한 경험과 지혜에 입각하여 삶의 의미를 충실히 관조하는 삶의 보람을 만끽할 수 있는 매우 의미 있는 시기일 수 있다. 그러나 산업사회의 패러다임(paradigm) 속에서 '상품'으로 간주되는 노동력의 인간상으로는 경제적가치가 존엄성에 앞서기 때문에 은퇴로 인한 직업상실과 사회적 역할의 상실로 말미암아 고령자는 정체성을 잃게 된다. 이는 포기와 절망과 혐오로 이어질 우려 또한

---

11 주민참가형 복지활동단체로는 지역 고령자에 대한 가사지원을 제공하는 활동으로써 시민봉사단체 등에서 발전한 것이다.

크다.

최근 우리나라에서도 고령자가 취로에 나서는 경향이 큰 것으로 나타나고 있는데, 이는 보람되고 활동적인 고령사회를 지향해서 나타난 현상이라기보다 고령기의 수입 감소를 해결하기 위한 상황으로 보인다. 삼성생명보험금융연구소(2012)가 유엔 및 통계청 자료를 인용하여 발표한 보고서에 따르면, 국내 65세 이상 인구의 노동시장 참여율(2010년 기준)이 29.3%로 비교적 높게 나타나 노인 10명 중 약 3명이 취로에 나서고 있음을 알 수 있다[12].

이처럼 노후를 유유자적 즐겨야 할 나이에 일을 하거나 일을 하려는 고령자가 많은 우리나라는 국민연금을 비롯한 공적연금의 생활보장 수준이 현저히 낮기 때문이다. 이를 해결하기 위해 정부차원의 노력이 필요하다는 지적이 제기되고 있다. 특히 1997년의 IMF사태 이후, 우리 사회의 양극화현상은 더욱 심화되었는데 이러한 결과는 노년기의 양극화에도 영향을 미치게 된다. 평균수명이 늘어나 노년기가 길어지게 되고 교육수준에 따른 직업 및 수입의 격차가 커지는 기간이 장기화되고 있기 때문이다. 즉 현역기의 교육수준과 생활환경이 노후의 삶의 모습에까지 상당한 영향을 미치고 있는 것이다.

이런 이유로 노년층은 복지지원 대상이 되는 집단과 노년기 여유로운 삶을 누릴 수 있는 두 집단으로 선명하게 나누어질 것으로 예상된다. 이러한 노인계층 내의 이원화는 가족관계로도 이어져 사회의 불평등을 가속화하는 요인이 될 수도 있다. 경제적으로 여유가 있는 노년층은 자신의 생활만이 아니라 후손에게 증여와 상속, 유산을 통해 경제적인 여유를 물려주는 반면, 경제적으로 피폐한 노년층

---

12 이러한 결과는 영국(3.9%), 프랑스(1.3%), 독일(2.1%)은 물론 우리나라와 비슷한 문화 환경의 일본(19.4%)보다 훨씬 높은 수치이다. 이는 선진국 평균(7.7%)보다 4배가량 높고, 개발도상국 평균(23.9%)보다도 일하고 있는 노인이 많은 수치이다.

의 경우에는, 후손들에게 재산을 물려주기는커녕 빈곤노인에 대한 부양의무로 인해 경제적·정신적 박탈감을 주게 될 수도 있기 때문이다.

이런 점에서 고령자집단 내의 격차(사회적·경제적)를 완화시킬 수 있는 복지정책은 단순히 노인들만의 문제가 아니라 이제는 사회전체의 문제라고 할 수 있겠다. 왜냐하면 기회의 균등으로 젊은 현역시절 생활전선에 나섰을 때와 그 결과에 따른 노년기의 경제상황이 모두 똑같을 수가 없기 때문이다. 따라서 고령기의 격차를 줄이려는 노력은 고령자 개인은 물론이고 사회전체가 관심을 갖고 해결해야 할 사회 문제인 것이다.

4. 노년과 노화에 관한 논의

인구고령화가 사회현상에 어떠한 영향을 미치게 되는가? 에 따른 사회제도의 중요성, 그리고 생산적인 취로와 봉사활동 등의 고령자의 사회적 역할을 포함하는 고령자 자신의 선택, 나아가 은퇴부터 임종에 이르는 노년기 삶의 과정에 있어서의 문화적 경로 등에 관해서 이론과 사회적 현상과의 관계를 수시로 재고하는 관심이 필요하다.

노년의 삶을 설명하는데 있어서 사회노년학은, '이론'을 노화의 과정에 관해 연구하기 위해 적용한 것이지만, 때로는 치밀하게 조직되지 않은 일종의 '시각'이라고 보기도 하며, 노년에 관한 동일 이론에서도 세부적으로는 서로 다른 주장이 병존하는 경우도 있다[13].

---

13 정진웅(2006.2)『노년의 문화인류학』한울아카데미 pp.34-39 여기에서는 먼저, 사

이처럼 이론적 측면에서는 개인들이 노년을 어떠한 방식으로 경험하는지? 또한 나이가 들어가며 주어진 시간에 어떤 방식으로 대응하는지? 등에 관한 입장이나 서술을 통해 노년과 인간 존재의 특성에 관한 문화적 가정을 드러내기도 한다. 이렇듯 인간의 삶의 과정과 고령기로의 이행에 따른 노화에 관한 이론으로는 역할이론과 활동이론뿐만 아니라 정치경제적 관점 나아가 생애경로적인 시각 등이 있겠는데 이에 관해서도 조금 더 살펴보기로 하자.

먼저 역할이론은 연령에 따른 사회적 조건에서 여생의 역할변화를 어떻게 잘 받아들이는가에 중점을 두며, 연령규범(age norms)은 주어진 연령대의 사람들이 나이와 관련된 역량과 제한을 가정하고 있다. 연령규범은 어떤 주어진 연령대의 사람들에게 그 역할을 개방하기도 하고 폐쇄하기도 한다. 즉, 연령규범은 주어진 연령대의 사람들이 어떤 일을 할 수 있거나 하지 않아도 된다는 규범과 정책 및 법을 통해

회노년학의 중심이론을 유리이론(Disengagement Theory), 활동이론(Activity Theory), 하위문화이론(Subculture Theory), 지속이론(Continuity Theory) 나아가 사회적교환이론(Social Exchange Theory)으로 분류하여 노년과 인간 존재의 특성에 관해 모종의 문화적 가정을 논하고 있다. 그 내용을 간략히 소개하면, 유리이론(Disengagement Theory)은, 노년이 되면 점차 사회로부터 격리되는 것이 정상적인 과정이며 피할 수 없는 과정이라 주장한다. 활동이론(Activity Theory)은, 노년에 긍정적인 자기상을 유지하고 삶에 대한 전반적인 만족도를 유지하기 위해서는 활동적인 생활방식의 유지라고 주장한다. 하위문화이론(Subculture Theory)은, 활동이론과 마찬가지로 노년에 있어 사람들 간의 상호작용이 지니는 긍정적 역할에 주목하고 있지만, 노년기의 성공적인 적응을 위해서는 노인들이 동년배 집단에 참여하는 것을 필수적인 것으로 간주한다는 점에서 활동이론과는 차이를 보인다. 지속이론(Continuity Theory)은 개인의 적응력이나 적응양식은 노년이 되기 훨씬 이전의 단계에 형성되며, 그렇게 한번 형성된 적응 패턴은 개인의 생애과정에서 상당히 안정적인 형태로 유지된다는 점을 강조한다. 사회적교환이론(Social Exchange Theory)은, 사회적 상호작용에 있어 최소의 비용으로 최대의 대가를 얻으려 노력한다는 것이다. 이런 맥락에서 노인들에게 종종 관찰되는 순응적 태도는 별로 내세울 만한 사회적 자원이 없는 노인들이 주변 사람들의 지지나 인정을 얻기 위해 취하는 전략적 행동으로 해석된다고 한다.

공식적으로 표현하기도 한다.

따라서 연령규범에 의해 노인은 노인에 어울리는 새로운 역할을 사회화하게 된다는 것이다. 예를 들면, 정년제도는 역할퇴장의 과정이 만들어 놓은 현역에서의 은퇴 조건이다. 그렇지만 최근에는 고령자집단의 양적성장과 사회참가 가능성에 대한 사회적 확산으로 사회적 관계에서 경쟁력을 확보하기 위한 창조적인 일을 만들어 낼 수 있는 기대가 커지고 있다.

활동이론에 따르면, 고령자 역시 은퇴, 건강, 역할상실 등과 같은 연령과 관련된 변화에 어떻게 적용할 것인가에 대해 모색하려 하므로 고령자도 자신의 품위와 지위를 유지하고자 노력하려 한다는 것이다. 즉, 생산성이 삶의 만족도를 유지시키는 것으로 받아들이기 때문에 개인적인 경제상황, 라이프스타일, 삶의 만족도, 건강상태에 따라 다양하게 나타날 수 있다. 따라서 활동이론 시각에서 노화는 고령기 이전의 발달단계와 유사한 지위와 역할, 활동을 유지할 수 있도록 하는 과정에서 빚어지는 개별적 문제로 정의된다고 하겠다.

또한 정치경제적 측면에서 보면, 사회정책 등에 의해 제도화되고 강화되는 구조적 요인은 기회와 선택, 그리고 후기 삶의 경험을 제한하게 된다. 사실상 사회보장, 특히 의료보험 및 연금제도와 같은 사회적 해결책은 경제적인 욕구가 충족될 동안 고령자의 사적문제를 통제한다는 것이다. 따라서 정책적 해결은, 노인이 직면하는 문제의 저변에 있는 불평등과 사회적·경제적 구조를 변화시키고자 하는 노력을 등한시하게 하는 동시에 고령자를 제도화에 적응·통합하도록 사회화하는데 초점을 맞추고 있다는 견해를 나타내고 있다.

생애경로적인 관점은, 전 생애에 걸쳐 역할변화와 역할의 다양성을 설명하고, 인간발달은 생애 한 부분에 의해 제한되는 것이 아니라 전 생애를 거쳐 역동적인 과정을 통해 이루어진다고 보는 관점이다.

따라서 인간의 생애에 있어서 어떤 기능은 지속성(평소기능)을 가지는 반면, 어떤 기능은 쇠퇴(단기기억)하거나 증진(경험적사고)되기도 한다. 또한 발달 유형은 모든 개인이 똑같은 것이 아니며, 고령자 개인 간의 삶의 과정과 경험에 따라 다른 형태로 나타난다.

이러한 시각 외에도 사회, 정치, 경제적 환경과 조건 등에 의해 진전된 노화이론이 매우 다양하게 존재한다. 따라서 기존의 이론을 토대로 하는 한편, 새로운 관점으로 기존이론을 재고하거나 다양한 문화와 사회적 맥락을 관찰하며 환경변화를 반영해 수정해나갈 필요가 있겠다. 또한 노화과정의 다양성이 증가하고 있기 때문에 노화에 관해서도 노년학뿐만 아니라 인접 학문과의 융합연구 또한 필요할 것이다.

나아가 노년학 연구에 있어서 노인문제는 가령(加齡:나이 듦)과 관련해 건강 및 경제상황 보다는 연령이 우선적인 대상이 되고 있으며, 이러한 경향은 사회제도의 운영에 있어서도 연령이 기준이 되고 있음을 부정할 수 없다. 즉, 유엔을 비롯하여 각국에서는 행정적·학문적 규정자체는 물론이고, 노년기의 연령적 구분을 명확하게 65세로 규정해 놓은 것 자체가 일종의 편의주의[14]라고도 할 수 있다.

그럼에도 불구하고 다양한 사회시스템이 구성해 놓은 각종제도(정년, 연금수급 등)를 운영하기 위해서는 어쩔 수 없이 연령기준을 무시할 수 없는 것이 현실이다. 이처럼 노년학이론의 노년기에 대한 공통점은 이른바 '암울'까지는 아니더라도 일정 '문제'를 내포한 시기[15]로

---

14 정진웅 같은 책 pp.50-51.
15 정기룡·강영숙(2010) 「고령사회 일본의 노인여가에 관한 고찰」『일본연구』제53호. 한국외국어대학교 일본연구소 pp.7-30.정기룡(2013)『일본의 사회정책』전남대학교출판부. pp. 176-182. 일본의 노인문제 분석 및 정진웅 같은 책 pp.47-49. 유리이론은 사회로부터의 멀어져가는 초기단계에서 노인들이 겪는 불안과 사기저하를 지적한다. 또한 활동이론에서도 노년기는 삶의 보람을 위해 역할상실을 극

파악하고 있음을 부정할 수 없다. 왜냐하면, 이러한 노년기의 특성이
‘가령(加齡)’ 혹은 ‘노쇠(老衰)’의 단계임이 틀림없기 때문이다.

그러나 고령자의 ‘물리적 가령(加齡)’과 ‘신체적 노쇠(老衰)’에 대해
서는 어쩔 수 없이 인정해야 하겠지만, 고령자의 생애라이프사이클
에 걸친 ‘경험적 가령(加齡)’과 ‘정신적으로 건강(健康)’한 고령자가 늘
어나고 있는 베이비붐세대의 노후생활에서는 이러한 상반된 논리가
병존할 수 있다는 견해에 입각해 노인문제와 그 해결방법을 모색해
보기로 한다.

 ## 5 노인문화창조의 분석시각

인구의 고령화는 노인들의 가치관에도 변화를 주게 되었다. 즉, 고
령자의 학력상승, 소득상승, 자기실현 욕구의 표출 등 고령자의 생활
상이 변화하여 노인들의 의식이 다양화되면서 고령층 집단의 공통된
행동양식과 노인을 중심으로 한 공통양식의 생활문화가 형성되고 있
다. 그러한 영향으로 고령자 개개인의 생활과 경험 등으로 내재된 자
기존재의 가치 및 이념을 비롯하여 최근에는 생활문화, 복지문화
등에 이르기까지 관심이 확대되어 그와 관련된 연구도 활발해지고
있다[16].

복해야 하는 시기로 보고 있으며 하위문화이론은 결국, 노년기는 문화적·사회적
으로 소외되어 있는 존재의 시기라는 것이다. 또한 사회적교환이론은 교환·거래
자원이 고갈되는 시기로 노년기를 파악하고 있는데, 이처럼 노년기는 결국 문화
적 의미가 소진되어가는 시기 등으로 노년기를 파악하고 있다.
16 고령자생활 및 복지 문화연구로는 이치방가세·가와바타(一番ヶ瀬康子·河畠
修:2001) 『高齢者と福祉文化』明石書店. 이치방가세·소노다(一番ヶ瀬康子·薗田

이러한 선행연구에서는 사회구조에 대칭되는 문화형성에 있어서 나타나는 연구자의 이념이 강조되거나 시설복지 현장의 환경개선을 어떤 문화차원으로 승화시키려는 의도가 엿보인다. 물론 이러한 사회 환경의 변화 속에서 이전의 고령자와는 달리 베이비붐세대가 새로운 삶의 행태를 형성해 가는 것은 고령층의 새로운 도전을 의미하며, 거기에는 고령자의 유형에 따른 복지문화 혹은 노인문화가 일정 형태로 형성되어가고 있음을 보여주기도 한다[17].

물론 고령자의 노인문화는 삶을 영위하는데 있어서 필요한 여러 형태의 생활자원(인적자원·물적자원·정보·기술 등)을 활용하며 일상의 생활에서 형성·축적해 나가는 연속과정이며 그것이 조직화되는 과정이 사회적 생활상으로 표출된다고 하겠다.

문화이론에서는 문화를 가치와 신념체계뿐만 아니라 사회적 관계, 삶의 양식을 포함하는 것으로 보고 있다. 문화이론에서 중요시되는 기본개념은 사람과 사람과의 관계, 즉, 사회적관계이며 특정한 사회적관계가 특정한 문화적 편향과 세계관 등을 형성한다고 본다.

碩哉:2002)『余暇と遊びの福祉文化』明石書店. 그리고 이치방가세·바바·고바야시(一番ヶ瀬康子·馬場清·小林博:2002) 『地域社会と福祉文化』明石書店. 마스코(增子勝義:2006)『福祉文化の創造』北樹出版. 2006. 을 들 수 있으며 여기에서는 노인을 중심으로 하여 복지현장에서 일어나는 노인들의 생활양식을 일종의 복지문화로 보고 있다.

17 사회복지 측면의 문화적 발달과정의 이론분석으로서 박병현 「복지국가의 문화적분석」『한국사회복지학』한국사회복지학회. 2005. pp. 277-304.를 들 수 있다. 주요내용을 재인용하면, 사회복지차원에서의 문화이론(Culture Theory)으로서 대표적 인류학자인 메리 더글러스(Mary Douglas)가 제창하고, 윌답스키(Aaron Wildavsky)가 정책결정 과정에 적용하면서 발전하였는데 문화란 반드시 동질적인 것이 아니고 이질적이 하위문화가 생성될 수도 있다는 점을 지적하고 있다. 그와 더불어 정기룡 「고령사회 일본의 노인문화」『일어일문학연구』한국일어일문학회. 2003. pp.291-311. 에서는 노인문화의 개념을 규정하고, 노인의 일상생활을 통해 일본의 고령자의 활동상조사를 통해 전통형문화에서 신조류형문화로의 변화를 지적하였다.

여기에서 주목해야 할 점은 정체성과 행위에 관한 구분이라고 하겠는데, 일본의 베이비붐세대의 문화형성에 있어서도 여러 요인이 혼재되어 있을 것이다.

따라서 고령사회와 베이비붐세대에 관한 문화적 분석은 여러 측면에서 가능하겠지만, 본서『노인문화창조』에서는 먼저, 한국과 일본의 인구고령화에 따른 문제점을 사회정책적 시각으로 분석해나가고자 한다. 그런 다음, 최근 발아하고 있는 고령자의 활동적인 사회참가 활동에 착목하여 고령자의 사회적 지위 및 역할 그리고 노년기의 공통적 문화특성에 관해 살펴보고자 한다.

나아가 이와 같은 이론 및 정책분석을 통해 생명주기적 변화를 근거로 한 노년기의 라이프스타일에 관한 구축을 시도하고자 한다. 이러한 작업은 실제 일어나는 사회적 현상을 구체적으로 논리화시키는 과정이므로 어려운 작업일 수도 있겠다. 왜냐하면, 문화란 매우 복잡하며 다양한 학문영역을 섭렵하여야 하며, 사실에 입각한 논리로서 증명하기에는 너무 광범위할 뿐만 아니라 논리도출 과정에 따라 그 결과가 다르게 나타날 수 있기 때문이다[18].

그럼에도 불구하고 노인문화창조에 관한 시도는 분명 현 시점에서 필요한 것으로 보인다. 이는 고령자도 분명 현실사회의 사회구성원이며 정년 이후에도 사회적 활동과 욕구충족을 위해 가정뿐만 아니라 지역사회에서 일정한 역할을 수행함으로써 얻는 만족감과 삶의

---

18 연구자의 학문영역에 따라 민속학, 가정학, 문화인류학, 노년사회학, 의학 등의 입장에서 각각의 논리가 형성될 수 있을 것이다. 그 외에도 문화인류학(미국), 사회인류학(영국), 민족학(독일·오스트리아 등)의 방법론으로서 문화진화론, 문화전파론, 문화사론, 문화영역론, 문화기능론, 문화구조론 등의 영역에서도 문화를 다루고 있어 역사적인 문화와 현재의 모든 문화가 그 연구대상이 되고 있는 것이 현실이다. 이와 같이 각 연구영역의 배경과 시각, 국가, 지역 등에 따라 노인문제를 달리 볼 수 있으며, 연구 분석방법이 상이하기 때문에 단적으로 논할 수 없는 것이 현실이다.

보람, 나아가 인생영위의 의의를 가질 수 있기 때문이다. 또한 개인으로서나 사회의 일원으로서 떳떳한 역할을 담당하여야 할 구성원이므로 그 구성원의 노후 라이프스타일 구축을 정책적 분석에 입각해 문화론으로 살펴볼만한 가치가 있다는 생각에 기초한다.

특히 일본에서는 20세기에 접어들면서 사회복지측면에서 복지문화[19]가 발아하고 있는데, 향후 고령자의 공통된 생활양식의 견인차가 될 베이비붐세대의 생활양식을 문화적 측면에서 살펴볼 필요가 있다. 왜냐하면 이미 2012년부터 고령층(65세 이상)에 속하게 된 일본의 베이비붐세대(団塊世代)는 이전의 고령자들과는 달리 생활보장자원의 확보에 적극적이며 다양한 개성표현과 더불어 적극적으로 사회참여에 임하고 있는데 이러한 활동은 점차 확대될 것으로 보이기 때문이다.

이렇듯 문화의 개념을 노인생활에 연장시켜보면, 노인문화란, 고령자의 일반적인 생활양식이기는 하지만 고령자의 다양성을 존중하면서 노인들의 행복추구를 위한 문화생활과 관련되어 드러나는 일정한 형태 혹은 공통적인 체계라고 할 수 있다.

일본은 공적(대외적)으로나 사적(대내적)으로나 계층구조(집단주의 내에서 지위와 역할을 구별하는 계층주의 문화)에 종속하여 자기가 속한 공동체에 강한 충성심을 공유하려는 내향성이 강한 사회로 알려져 있다. 이러한 공동체 의식은 베이비붐세대에도 통용된다고 하겠는데, 현역시절에

---

19 마스코(増子勝義:2006) 『福祉文化の創造』北樹出版. pp.12-16. 복지문화란 구성원에 의해 학습되며, 복지에 관한 암묵적 이해와 다수 특정집단의 다양성, 즉 문화상대주의적 관점에서 인식방법과 규칙이 존재한다고 보고 있다. 따라서 문화란 단적으로 생활양식이며 복지란 생활문제의 해결 혹은 생활문제로부터의 복귀기능을 의미하므로 환경적응을 위한 물질적·지적장치로써 인간의 물적, 심리적, 사회적 적응문제를 해결하는 것이 바로 생활양식으로서의 문화가 바로 복지문화라고 보았다.

이미 기업조직 내에서의 조화와 화합, 긴밀한 상호이해, 신뢰감 공유 등의 경험을 축적해왔기 때문일 것이다.

제2차 세계대전 이후 일본의 베이비붐세대의 성장과정에서도 베이비붐세대(団塊世代)는 태어날 때부터 이른바 「무리적 특성」이 강하게 드러났고 경쟁을 극복해 왔다. 그러나 현역시대를 거쳐 정년퇴직 시점에 이르러 나타나는 「개별적 행동」으로의 변화에 대해서는 재분석해 볼 필요가 있겠다. 왜냐하면 이러한 집단적 약점은 공동체를 구성하던 개개인이 회사를 퇴직하여 개개의 생활로 접어들면 매우 허약한 수동형이 되어 일정형태의 무리를 떠나서는 원활히 행동할 수 없게 될 수도 있기 때문이다.

즉, 퇴직 후의 개별행동과 광범위한 상호교류가 필요한 지역사회 활동과 생활에 있어서 무리사회의 행동이론은 어쩌면 기업과는 전혀 다르게 작용하여 사회로부터 고립될 위기(외톨이, 고독사 등)를 초래할 수도 있는 것이다. 이러한 부작용을 수용하고 싶지는 않지만, 한국의 베이비붐세대에 있어서도 이런 유사한 문제가 드러날 수도 있다.

따라서 인구고령화에 따른 고령자대책의 패러다임 전환과 구체적인 실천을 위해서는 고령자를 둘러싼 산발적인 노력을 종합하고 유기적인 네트워크를 연계하여 지속적인 정책추진이 필요할 것이다. 이러한 맥락에서 본서에서는 베이비부머의 삶의 질(Quality of Life)을 제고할 수 있는 방안을 다각적으로 모색해보고자 한다. 이러한 결과는 현재의 고령자는 물론이고 향후 고령자 층에 속하게 될 전 연령대의 노후대책 수립을 위한 기초자료가 될 것이다.

고령사회대책 수립방안을 크게 분류해보면, 대략 인구변화에 따른 사회구조 인식, 고령자의 고용기회 제고, 사회참여기회 제공, 생활보장자원 확보, 활기찬 노후생활을 위한 지원 등이 필요할 것이다. 나아가 베이비부머를 비롯한 고령자의 욕구변화에 따른 새로운 산업분야의 가능성까지 포괄하는 내용이어야 할 것이다.

　이에 본서에서는 한·일 베이비붐세대가 동 시기에 등장한 건 아니지만, 10여년 정도의 시간차이를 두고 등장한 양국의 베이비붐세대의 생활상에 관한 변화과정 및 고령자대책에 대한 한·일 비교시점에서 '노인문화창조'지향의 취지를 담아보고자 한다.

　먼저, 한국의 인구고령화와 더불어 베이비붐세대의 미래상을 전망해본 다음, 우리나라보다 먼저 초고령사회(超高齡社会)를 맞아 부심하고 있는 일본의 인구고령화의 사회문제 즉, 사회보장, 고용과 연금을 비롯하여 여가활용, 고령자학습, 실버산업, 노인문화 등에 관한 고령자대책을 면밀히 분석해 볼 것이다. 나아가 베이비붐세대의 생활상 및 고령자대책에 관한 한·일 비교를 통해 도출된 결과를 토대로 [노인문화창조]를 위한 구축방법과 향후 전망으로 마무리하고자 한다.

제2장

한국의 인구고령화와
베이비붐세대

 1. 인구고령화의 현황

우리나라의 총인구는 행정자치부의 발표(2017년 5월말 현재)에 의하면 51,732,586명으로서 2030년 무렵까지는 완만하게 인구성장을 지속한 다음, 2031년경부터 마이너스 성장으로 돌아서 2060년에는 총인구가 대략 1992년 수준으로 줄어들게 될 것으로 보인다.

〈표 2-1〉 총인구와 인구성장률

(단위 : 천명, %)

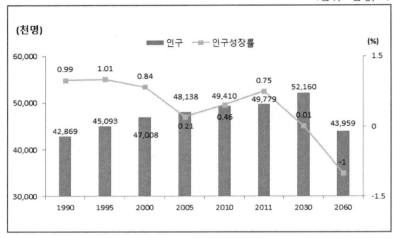

연도	총인구	남여합계		인구성장률	인구성장 구성요인		
		남자	여자		출생	사망	자연증가율[1]
1990	42,869	21,568	21,301	0.99	650	242	9.5
1995	45,093	22,705	22,388	1.01	715	243	10.3
2000	47,008	23,667	23,341	0.84	635	246	8.2
2005	48,138	24,191	23,947	0.21	435	244	3.9
2010	49,410	24,758	24,653	0.46	470	255	4.3
2011	49,779	24,942	24,837	0.75	471^P	257^P	4.3^P
2030	52,160	25,901	26,259	0.01	-	-	-
2060	43,959	21,767	22,193	-1.00	-	-	-

자료 : 통계청 「장래인구추계」 2011.12, 「2011 출생·사망 통계」 보도자료 2012.2.
　　　 참고 작성.
　주 : 1) 자연증가율 = 인구 1천 명당 자연증가 수

　　인구성장 추이(중위가정)에 따르면, 2010년의 총인구 4,941만 명에서
2030년 5,216만 명까지 성장한 다음 그 후부터 점차 감소하여 2060년
에 이르면 약4,396만 명(대략 1992년 수준)에 이를 것으로 전망되고 있다.

인구성장률은 2010년의 0.46%에서 점차 정체하다가 완만하게 감소
하여 2031년부터는 총인구에서 마이너스로 전환될 것으로 예상되며
2060년에 이르면 -1.0% 수준까지 감소될 것으로 예측된다.

〈표 2-2〉 연령계층별 고령자인구의 추이

(단위 : 천명, %)

중위가정		1960년	1970년	1980년	1990년	2000년	2010년	2020년	2030년	2040년	2050년	2060년
총 인 구		25,012	32,241	38,124	42,869	47,008	49,410	51,435	52,160	51,091	48,121	43,959
구 성 비		100.0	100.0	100.0	100.0	100.0	100.0	100.0	100.0	100.0	100.0	100.0
고령자	65세+	2.9	3.1	3.8	5.1	7.2	11.0	15.7	24.3	32.3	37.4	40.1
	65-74세	2.2	2.3	2.8	3.5	4.9	6.9	9.1	14.6	15.8	15.3	15.1
	75-84세	-	-	-	-	2.0	3.4	5.1	7.2	12.5	14.4	14.8
	85세+ (75세+)	(0.7)	(0.8)	(1.1)	(1.6)	0.4	0.7	1.6	2.5	4.1	7.7	10.2

자료 : 장래인구추계(2010년~2060년) http://kostat.go.kr 참고 작성.

65세 이상의 인구비율이 1960년에는 2.9%(약 73만 명)이었으나 지속
적으로 증가하여 〈표 2-2〉 와 같이 2010년에는 11%(약545만 명)에 달하
였고, 2030년에는 24.3%(1,269만 명)으로 그리고 2060년에는 무려
40.11%(약 762만 명)수준으로 늘어날 것으로 예상된다. 특히, 85세 이상
인구가 2010년에는 0.7%(약 37만 명)이었으나 2060년에 이르면 무려
10.2%(약 448만 명)에 달하게 되어 50년 사이에 10배 이상 증가할 것으
로 예상된다.

UN의 추계에 따르면, 현재 상황에서 특단의 조치가 강구되지 않
을 경우, 2030년 전후에 주요 국가들이 총인구의 저성장 또는 마이너
스 성장단계로 진입하게 될 것으로 전망하고 있다. 먼저, 2010년대에
는 일본과 독일의 인구가 마이너스 성장하여 총인구가 줄어들며,

2030년대에는 한국, 스위스, 중국, 이탈리아 등이 마이너스 성장을 하게 될 것으로 예상하고 있다.

65세 이상의 인구는, 전체 4명중 1명 수준을 보이고 있는 일본을 비롯해 그에 근접하고 있는 이탈리아, 독일 등에 비해서 한국은 2010년 현재, 10명중 1명꼴로 비교적 낮은 편이지만, 2060년경에는 10명 중 무려 4명 이상으로 고령자가 늘어날 것으로 전망됨으로써 이탈리아, 독일보다 고령화율이 높아질 것으로 예상된다.

이처럼 고령인구는 2020년까지 연평균 4%p 수준의 성장세를 나타낼 것으로 예상되는 가운데 베이비붐세대가 고령층(65세)에 접어드는 2020년~2028년 사이에는 무려 연평균 5%p대로 급증한 다음, 점차 성장세가 둔화될 것으로 보인다.

고령인구를 연령계층별(65-74세, 75-84세, 85세 이상)로 구분해 보면, 65-74세 인구는 고령인구 전체에서 차지하는 비중이 2010년에는 62.4%이었으나 2060년에는 37.7%로 비율이 감소하는 반면, 75-84세 인구는 30.8%에서 2060년 36.9%로 증가하며, 특히 85세 이상 초고령인구의 비중은 6.8%에서 2060년 25.4%로 무려 3.7배 이상 증가할 것으로 예측된다.

각 연령대별 고령인구의 비중은 베이비붐세대가 고령층에 진입하는 시기에 급격히 상승될 것으로 예상되는 가운데 65~74세의 비중은 2020년 57.6%에서 2030년 60.0%로 증가한 다음 감소할 것으로 보인다. 그에 반해 75~84세의 비중은 2030년 29.6%에서 2040년 38.5%로 증가하는 한편, 85세 이상의 비중 또한 2040년 12.6%에서 2050년에는 20.6%로 증가할 것으로 전망된다.

이는 평균수명의 연장으로 수명이 늘어나 장수하는 고령자가 늘어난다는 것을 의미한다. 그러나 노후의 생활보장이 준비된 경우라면 매우 바람직하다고 하겠지만, 경제적 준비가 불충분하거나 건강에 이상이 있으면서 와병상태로 수명이 연장되는 경우에는 의료·간병 등의 면에서 매우 큰 부담이 될 것이다. 왜냐하면 이러한 추세는 고령자 개인의 부담은 물론이고, 전 연령층의 의료비를 비롯하여 사회보장제도와 직접적으로 관련되기 때문이다.

이를 반영하듯 우리나라 전체 의료비는 〈표 2-3〉과 같이 2010년 현재 약43조6,570억 원이었는데, 이 가운데 65세 이상 고령자의 의료비는 13조7,847억 원으로 31.6%를 차지하고 있다. 특히 65세 이상 노인 의료비 가운데에서 후기고령자로 구분되는 75세 이상의 고령자의 비중이 약 39.6%로 가장 많이 차지하고 있음을 알 수 있다. 이렇듯 향후 전체 의료비의 확대추세는 물론 고령자의 의료비의 증가는 향후 한 동안 계속될 것으로 예상되고 있다.

〈표 2-3〉 건강보험 65세 이상 노인의료비 지출

(단위 : 억 원, %)

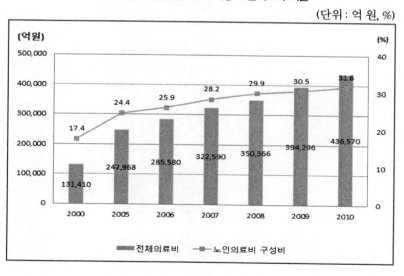

연도	전 체[1] 의료비	65세 이상 노인의료비				전체의료비중 노인의료비 구성비
		계	65~69세	70~74세	75세 이상	
2000	131,410	22,893	9,332	6,770	6,790	17.4
2005	247,968	60,556	23,569	17,724	19,263	24.4
2009	394,296	120,391	39,871	35,552	44,968	30.5
2010	436,570	137,847	43,013	40,293	54,541	31.6

자료 : 건강보험심사평가원, 「진료비통계지표」 각년도 참고 작성.
주 : 1) 심사실적 기준의 요양급여비(총 진료비)임.

한편, 고령층의 인구증가와 더불어 노인복지와 그와 관련된 생활 시설수도 지속적으로 늘어나고 있는 추세로〈표 2-4〉에서 보는 바와 같이 4,150개(2010년 현재) 수준에 이르고 있다. 그 가운데 노인주거 복 지시설(375개)의 대부분은 양로시설이며, 노인의료 복지시설은 3,775 개가 있는데 이 가운데 64.3%가 요양시설인 것으로 나타났다.

〈표 2-4〉 노인복지 생활시설 현황

(단위 : 개소)

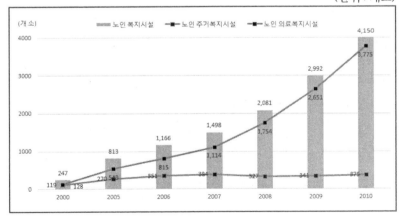

연도	노인복지 생활시설 수	노인주거 복지시설	양로 시설	노인 공동생활 가정	노인의료 복지시설	요양 시설	노인요양 공동생활 가정
2000	247	119	119	–	128	128	–
2005	813	270	270	–	543	543	–
2006	1,166	351	351	–	815	815	–
2007	1,498	384	384	–	1,114	1,114	–
2008	2,081	327	306	21	1,754	1,332	422
2009	2,992	341	285	56	2,651	1,642	1,009
2010	4,150	375	300	75	3,775	2,429	1,346

자료 : 보건복지부, 「보건복지통계연보」 각년도 참고 작성.

2. 한국의 베이비붐세대

최근 인구고령화의 사회현상에 대한 인식을 가속화시키는 매스미디어의 관심을 계기로 베이비붐세대에 대한 사회적 관심이 높아지고 있다. 따라서 고령사회의 사회문제는 당사자인 베이비붐세대[20]뿐만 아니라 일반 국민들에게 있어서도 정책대응의 필요성이 고조되고 있는 추세에 있다.

베이비붐세대에 대한 관심은 이미 이들이 2010년부터 은퇴를 시작하였고, 이제 몇 년 후인 2020년이 되면, 이 세대가 속하는 고령자 모두가 65세 이상에 속하는 본격적인 노년기에 진입하게 된다. 베이비부머는 2016년 현재, 총인구 중에서 약 14.6% 정도를 차지하고 있어

---

20 베이비부머란 통상 1955년에서 1963년까지 태어난 세대로 총인구의 14.6%(2016년)를 차지하는 거대 인구집단으로(약714만 명) 타 연령대보다 높은 교육수준(고졸이상 74.6%)과 고용률(75.5%)을 보이는 특징을 나타내고 있다.

서 그 규모가 상당히 크다. 이 정도 규모의 인구가 65세 노인인구에 포함될 경우, 고령화율이 매우 급격히 높아지게 되는 것은 당연하다. 베이비붐세대는 한국전쟁 이후, 근대화 및 산업발전과 함께 경쟁사회를 극복하며 성장해 온 세대이기 때문에 그들이 갖고 있는 사회적 영향력을 적극적으로 표출할 가능성이 매우 높다.

과연 이 베이비붐세대가 어떻게 정년과 노후생활을 맞이할 것인가?에 따라서 2020년 이후의 노인특성과 사회적부담 수준이 달라질 것이다. 또한 어떠한 정책대응을 실행할지에 따라 현대의 노인상(老人像)을 새롭게 정립할 수도 있을 것이다. 즉, 베이비붐세대의 경험을 활용한 인적자원 활용과 수요확대를 통한 새로운 산업발굴측면에서 유용하게 활용할 수도 있는 반면, 연금제도를 비롯한 사회보장의 재정적 측면에서 현역세대에게 부담이 될 수도 있는 것이다.

한편, 베이비붐세대의 고령자는 이전 세대의 노인과는 달리 비교적 학력이 높고, 사무자동화를 비롯한 직장경험을 축적해 왔으며 노후생활자원에 관한 인식이 이전 고령자와는 다르다는 특성을 갖고 있다. 바로 이러한 점이 정책적 관심을 모으고 있는 이유일 것이다. 베이비붐세대가 갖고 있는 역사적 경험과 각종 특성은 그들의 욕구 내용 및 서비스 기대수준 등에 변화를 가져와 정책적 대응의 범위와 방향에도 큰 영향을 미치게 될 것이다.

실제 베이비붐세대는 기존의 노인세대에 비해 사회적, 문화적, 경제적 욕구가 높으며, 적극적이고 활동적인 문화 및 여가생활을 영위하고 자기계발에 대한 욕구를 표출할 가능성이 높으며 특히 사회참여활동의 욕구가 무엇보다 높게 나타나는 것으로 분석되고 있다[21].

---

21 강현정(2012)「베이비붐세대의 사회활동참여 여부가 사회통합감에 미치는 영향」『노인복지연구』한국노인복지학회. 57호. p.431.

그들이 경험해온 우리사회의 압축적인 사회·경제·문화적 변화로 인하여 이전 고령세대와는 다른 특성을 갖고 있기 때문에 그에 따른 특성과 문제점을 파악하여 선제적인 정책대응을 통해 안정적으로 인구고령화의 사회적과제를 해결해나가야 할 것이다. 따라서 인구고령화의 사회문제에 적절한 정책대응을 하기 위해서는 무엇보다 고령자의 삶의 질을 향상시키는 방안과 더불어 노후대비를 위한 방안을 알기 쉽게 제시할 필요가 있을 것이다.

 ### 베이비붐세대에 대한 정책대응

베이비붐세대의 생애 후반기 자립기반 조성을 위해서는 「활기찬 노후생활지원에 관한 법률(안)」 등의 제정을 통해 체계적인 노후생활 지원을 위한 정책적 기반을 마련하여야 한다. 예를 들면 개인의 욕구와 경력 분석을 토대로 한 맞춤형 노후설계 서비스를 지원하는 한편, 재취업 및 생애전환기 노후설계교육을 수강하도록 유도하는 방법이 요구된다. 또한 공적연금을 비롯한 노후의 소득보장을 확충시켜 노후빈곤[22] 등 위기상황에 도달하지 않도록 생애에 걸친 노후설계교육의 이수가 현역세대에서도 이루어져야 할 것이다.

최근에는, 기업은 '더 고용하고', 개인은 '더 일할 수 있는' 환경여

---

22 퇴직세대 빈곤률 : 노인빈곤문제가 사회적 문제로 대두되는 가운데, OECD 노인빈곤율(2011)은 우리나라가 압도적인 1위로 나타났다. 즉, OECD 노인빈곤율이 평균 15.1% 수준인데 반해 우리나라는 무려 45.1% 수준인 것이다. 또한 베이비붐세대의 노후준비에 대한 인식을 살펴보면, ① 노후준비가 미비하다 약 53.7%, ② 어느 정도 준비되었다 약 44.1%, ③ 노후준비가 충분하다 약 2.2%로 나타났다 (2011. 복지부 국민인식조사).

건을 구축하여 50세 이상의 근로자가 현재의 일자리에서 오래도록 일하면서 제2의 인생도 설계할 수 있도록 고령자 고용촉진을 위한 근로시간 단축청구권제도[23] 등이 운영되고 있다. 이러한 사업장이 더욱 늘어날 수 있도록 고용지원금을 지원하는 제도가 개선될 것으로 보인다.

또한 베이비붐세대의 창업과 관련해서는, 퇴직 후 준비되지 않은 창업으로 실패하지 않도록 소상공인 상권정보시스템[24]을 통해 창업의 성공가능성을 높이기 위한 지원을 제공하고 있다. 나아가 2013년부터 과밀정보 업종 100개 확대 및 소상공인 방송인 yes-TV와 연계하여 베이비붐 세대를 비롯한 자영업자의 창업 노하우와 성공사례 등이 제공되고 있다. 일괄적인 정책대응이라고는 할 수 없지만 정부 부처별 고령자지원 정책과제의 개략적인 추이는 다음과 같다.

‖ 보건복지부 ‖

생애후반기 설계 지원책으로서 「노후생활지원에 관한 법률(가칭)」제정으로 노후설계 서비스제공 기반을 구축하고, 고령자의 욕구 및 경력을 분석하여 그에 입각해 맞춤형 노후설계 서비스를 지원하도록

---

23 합리적인 이유 없이 연령을 이유로 하는 고용차별을 금지하고, 고령자(高齡者)가 그 능력에 맞는 직업을 가질 수 있도록 지원하고 촉진함으로써, 고령자의 고용안 정과 국민경제의 발전에 이바지하는 것을 목적으로 한 「고용상 연령차별금지 및 고령자고용촉진에 관한 법률(2008.3.21)」개정에 이어 해당 사업장에 1년 이상 근무한 장년층 근로자에게 원칙적으로 근로시간 단축청구권 부여하도록 하는 고령자고용촉진법 등의 개정이 이루어지고 있다. (법률 제13897호 일부개정 2016.01. 27) 참조.

24 소상공인 상권정보시스템이란, 창업을 원하는 사람에게 주변상권의 경쟁업소분석, 위치정보, 유동인구 등 총 49종의 정보를 제공하는 시스템으로서 2011년에는 58만1천 건의 이용률을 보였다. 특히 컨설턴트가 이용자의 36%를 차지하는 등 예비창업자뿐 아니라 전문가 또한 신뢰하는 시스템으로 인정받고 있다. 이러한 정보를 고령자도 이용할 수 있다. http://sg.sbiz.or.kr/main.sg#/main 참조.

한다. 또한 생애전환기에 1회 이상 노후설계교육 이수를 유도하고 국민연금 실버론 신청자, 퇴직연금 담보 대출자 등 재무 위험도가 높은 계층은 노후설계교육을 사전에 이수할 수 있도록 지원 하고 있다[25].

종합정보 제공측면으로서는 퇴직 후 인생준비와 관련된 모든 정책 및 통계자료 등을 한 곳에서 제공하는 '베이비부머종합정보포털'을 구축하는 동시에 국민연금공단, 국민건강보험공단, 고령화연구패널조사 등의 자료를 활용하여 소득, 건강 등 베이비붐 세대의 생애주기별 특성 및 사회활동에 영향을 미치는 위험요인을 연령별로 분석·축적하여 선제대응에 나서고 있다. 또한 건강지원체계 내실화를 위해서는 베이비붐세대를 비롯하여 전 연령대의 생애주기별 특성 및 건강 위험요인 등을 고려한 건강검진체계의 개편에 관해 검토 중이다.

‖ 고용노동부 ‖

고용연장은 주된 일자리에서 고용연장으로 조기퇴직에 따른 경제·사회적 비용을 최소화하고 50세 이상 근로자가 근로시간의 단축을 청구할 수 있도록 하는 한편, 기업의 임금피크제도 도입을 장려하고 더욱 촉진시키기 위해 임금피크제와 관련된 지원금의 지급요건 등을 개선해나가고 있다.

나아가 취업능력 향상을 위해 퇴직한 베이비붐세대의 원활한 전직 및 조기 재취업을 지원하며 정년퇴직, 경영상 해고 등 비 자발적사유로 이직하는 장년층 근로자에 대한 대기업의 전직지원 제공을 의무화하도록 한다. 또한 저소득 미취업자를 대상으로 통합 취업지원서비스를 제공하며, 폴리텍대학 등에 베이비붐세대를 위한 특별교육과

---

25 국민연금공단 행복노후설계센터 141개 활용하여 사회복지사 등 보건복지서비스 제공인력을 활용한 노후설계 상담서비스 제공을 내실화 있도록 추진토록 함.

정(2012년, 300명)을 점차 확대하고 있다.

위의 조치와 더불어 베이비붐세대 등 고령자에 대한 부정적인 인식개선을 위해서 세대 간 함께 일하는 사회적 분위기를 조성하고 있다. 그러한 노력의 일환으로 베이비붐세대의 창업교육 강화를 위해 민간위탁교육에서 탈피하여 소상공인전문학교를 지정해 운영(2012년, 50개)하도록 지원하고 있다.

‖ 농림수산식품부 ‖

귀농·귀촌을 위한 정보제공 및 취득을 위해 전문가 상담을 한곳에서 제공하는 '귀농·귀촌종합센터(One-Stop 정보제공)'를 설치·운영하고 있다. 특히 베이비붐 세대의 접근성을 고려하여 지자체와 연계한 지역별 방문상담 등의 체계를 구축하여 단계별, 직업별, 수준별 수요에 걸맞은 장·단기 귀농·귀촌 맞춤형교육을 개발·운영하고 있다.

또한 농촌으로 이주하였을 경우에는 초기의 경험미숙 등에 따른 위험부담을 최소화하기 위해 영농기술 습득 및 지역사회 융화, 경제적 부담을 지원한다. 예를 들어, 초보 귀농인의 위험부담을 최소화하기 위한 지원방법으로 경제적 안정 및 기술습득에 필요한 실습비를 지원하고 있다. 그와 더불어 성공한 귀농인을 멘토로 양성하여 신규로 귀농하는 사람을 대상으로 지역사회에 융화하고 적응을 용이하게 할 수 있도록 지원하고 있다.

‖ 기획재정부 ‖

고령자의 지식과 경험을 사회에 기여할 수 있는 다양한 나눔 프로그램을 확대한다. 즉, 전문직 퇴직자가 비영리 단체, 사회복지시설 등에 마케팅, 재무관리 컨설팅 등에 지식 제공 혹은 방과 후 학교 등에 자원봉사를 실시할 수 있도록 하며 문화예술 재능 나눔 및 스포츠·여가프로그램 확대로 지역사회 참여와 재능 나눔활동을 활성화하는 동시에 의료, 환경, 문화·예술, 교육 등 4개 분야 '드림봉사단'을 구성해 지역별 재능 나눔 활성화를 추진하고 있다.

그와 동시에 노년기 삶의 질을 향상시키기 위한 다양한 정책개발에 나서고 있다. 그 가운데 몇 가지를 소개하면 먼저, 노후소득 보장 강화를 위하여 노인인구의 70%까지 상대적으로 어려운 고령자를 대상으로 기초연금을 지급하도록 하고, 노인 일자리를 확충(매년 5만개)하는 등 중층적인 노후 소득보장체계 구축 등을 추진하고 있다. 그리고 노후의 건강 및 안전 제고를 위해 치매특별등급 신설(2014년), 65세 이상 고령자의 틀니와 임플란트 건강보험 급여확대(2016년), 독거노인 돌봄서비스 확대 등을 도모하고 있다. 나아가 안정되고 보람 있는 노후생활 지원을 위하여 '노후설계지원법' 제정, 온라인 평생학습 포털 구축, 다양한 노인 자원봉사 프로그램 개발 등을 추진하고 있다.

한편, 베이비붐 세대가 갖고 있는 양적·질적 특성에 적절히 대응하기 위해서는 인구고령화에 대한 대응책의 인식변화가 요구된다.

이에 정부는 제2차 저출산고령사회기본계획(2011-2015)에서 베이비붐세대의 고령화 대응체계 구축을 독립적인 정책영역으로 설정하는 등 정책대상자를 65세 이상(2010년 시점)에서 베이비붐세대로 확장하였다. 또한 고령화대응정책 마련에 기초가 될 수 있는 경험적 자료를 확보하기 위한 실태조사를 실시한 바 있다[26].

그러나 이러한 경험적자료 및 정책방안 등의 모색은 일본의 고령자대책에 비하면 아직 초기단계라고 하겠다. 그러므로 베이비부머의 고령화가 진정한 고령자정책의 패러다임의 전환과 구체적인 실천을

---

26 정경희·남상호·오여희 외(2011) 『베이비 붐 세대의 실태조사 및 현황 분석』보건복지부·보건사회연구원. 조사결과 참조.

위해서는 이러한 산발적 노력을 종합하고 유기적 연계를 추구할 수 있는 구심점이 요구된다고 하겠다. 이처럼 베이비붐세대의 삶의 질을 제고할 수 있는 방안이 다각적으로 모색되고 있으므로 향후에는 보다 체계적이며 유기적인 정책협조에 입각한 고령자대책이 계속 이어질 것이다.

한편, 정부는 향후 우리나라 사회보장정책의 비전과 정책과제를 종합적으로 제시한 「제1차 사회보장기본계획(2014-2018)」을 국무회의 심의·의결을 통해 확정하여 실시하고 있는데, 이 기본계획은 생애주기별 평생사회안전망 구축을 기본방향으로 하는 사회보장기본법(2013.1월 전면개정안 시행)에 의해 처음 수립된 계획이라고 하겠다. 이는 이전에 수립되었던 「사회보장 장기 발전방향」과는 달리 개별계획보다 우선한다고 명시함으로써 기본계획의 구속력을 강화하였다. 또한 소요재원 및 조달방안을 포함하여 구체성을 강화하였다. 즉, 복지수요 확대 및 복지재정의 한계를 고려하여 사회보장제도의 지속가능성을 제고하기 위하여 다음과 같은 시책을 펼치고 있다.

〈표 2-5〉 사회보장 기본계획(2014-2018)의 비전과 틀

비전	더 나은 내일, 국민 모두가 행복한 사회

정책목표	생애주기별 맞춤형 사회안전망 구축 일을 통한 자립 지원 지속가능한 사회보장기반 구축

⇧

	미래세대의 건전한 성장	건강하고 안정된 생활
생애주기별 맞춤형 사회안전망 구축	▪ 행복한 임신 및 출산 지원 ▪ 안심하고 양육할 수 있는 여건 조성 ▪ 아동·청소년의 건전한 성장 지원	▪ 의료보장성 강화 및 지속가능성 제고 ▪ 주거안정 대책 강화 ▪서민가계 생활비 경감
	편안하고 활력 있는 노후	다양한 욕구에 대응한 맞춤형 지원
	▪ 노후소득 보장 강화 ▪ 노후의 건강 및 안전 제고 ▪ 안정되고 보람 있는 노후생활 지원	▪ 저소득층 맞춤형 지원체계 구축 ▪ 장애인의 사회경제적 자립 지원 ▪ 농어업인 사회안전망 및 정주여건 개선 ▪ 다양한 형태의 가족 지원

⇧

일을 통한 자립 지원	고용-복지 연계
	▪ 청년의 조기 노동시장 진입 지원 ▪ 여성의 경력단절 예방과 맞춤형 재취업 지원 ▪ 중장년의 더 오래 일하기 및 퇴직 후 재취업 지원 ▪ 근로빈곤층의 자립 및 생활안정 지원

⇧

	사회보장제도의 지속가능성 제고	맞춤형 복지전달체계 구축
지속가능한 사회보장기반 구축	▪ 사회보장제도의 효율적 운영 ▪ 사회보장정보시스템 고도화 및 운영 확대 ▪ 중앙과 지방정부의 적정복지 재정 분담 ▪공적 연금 재정 안정화	▪ 지방자치단체 복지행정체계 개편 ▪ 사회복지공무원 확충 및 처우 개선 ▪ 공공과 민간분야 협력 활성화 ▪ 양질의 사회서비스 제공을 위한 혁신

자료 : 보건복지부(2014) 참고 작성.

먼저, 사회보장제도의 효율적 운영을 위하여 유사·중복사업을 조정하고 복지사업 표준화 방안을 마련하며 부정수급 조사 및 예방사업 지속적 운영 등을 추진하는 것을 담고 있다.

또한 사회보장정보시스템 고도화 및 연계 확대를 위하여 업무처리 지원시스템 확대 및 민관 복지자원 통합데이터베이스(DB)를 구축하고 '사회보장급여의 이용 및 제공에 관한 법률(가칭)' 제정 등을 추진할 것으로 보인다.

〈표 2-6〉 활기찬 노후를 맞이하기 위한 정책지표

지표	실시현재	2018년	출처
❖ 은퇴 후에도 안정적인 소득과 사회참여 기회 보장			
· 국민연금 수급률	28.2%(2012)	33%	보건복지부
· 60세 이상 노인자원봉사 참여율	7.8%(2013)	10.0%	통계청
❖ 다양한 의료지원과 돌봄서비스를 통해 건강한 노후생활 향유			
· 건강수명	71세(2011)	75세	WHO
· 장기요양서비스 수혜율	5.8%(2010)	7%	보건복지부

자료 : 보건복지부(2014) 참고 작성.

나아가 중앙정부와 지방정부 간의 적정 복지재정 분담을 위하여 지방소비세 전환을 단계적으로 확대하며 장애인·노인양로시설 등에 대해 국고보조사업으로 추진하는 내용을 포함하고 있다. 끝으로 공적연금의 재정안정화를 위하여 국민연금 장기재정 목표설정(2018년) 및 직역별 특수성을 반영한 직역연금 제도개선안과 연금연계제도 등을 추진하는 것을 목표로 삼고 있다.

4. 베이비붐세대의 자각

　노인들이 느끼는 불안감과 소외감을 완화시켜 줄 수 있는 것은 사회구성원으로서의 '인정'과 '소통'일 것이다. 자신의 살아온 인생경험을 토대로 자신의 존재감을 누군가로부터 인정받고 싶을 때, 그 삶의 과정과 현실문제에 대해 타인과 의사소통이 원활하게 이루어질 때, 노인들의 불안감과 소외감은 줄어들 것이다.

　이점에 관해 우리 사회는 과연 어떠한가? 노인의 경험이 젊은 세대로부터 인정받고 있는가? 고령자세대의 지혜와 견해가 젊은이들과 온전히 소통되고 있는가? 이에 대한 답은 여러 가지로 나타날 수 있겠다. 예를 들어, 효(孝)를 중시해 온 일부 가정의 풍토에서는 가능할 수도 있겠지만, 사회전반에서 이러한 상호관계를 기대하기는 어려운 현실이다. 바로 이러한 점을 극복해야만 노인문화가 새로운 문화로서 꽃피우게 될 수 있을 것이다.

　또한 고령기에 접어드는 베이비붐세대의 고령자가 스스로 인식전환을 해야 할 시기에 이르렀다. 한국전쟁 이후에 태어나 국가의 경제개발계획과 함께 치열한 경쟁사회에서 열심히 살아온 베이비붐세대는 성실성과 인내심으로 견뎌온 세월만큼 자부심도 크고 생활력도 강한 편이다. 그래서 더욱 자신의 인생경험과 기능이 특별한 것이라는 생각에 빠지기 쉽다.

　그러나 정보화와 국제화가 급격하게 진전되는 현실에서 과거는 과거일 뿐이다. 왜냐하면, 베이비붐세대는 인정하고 싶지 않겠지만, 평생에 걸쳐 축적해 온 경험과 숙련기술이 때로는 시대착오적인 기능이 될 수도 있기 때문이다. 따라서 이러한 변화를 인식하는 동시에 보람된 노후를 맞이하려는 자세로 새로운 노인문화를 구축하려는 시도는 고령기의 신선한 도전이라고 하겠다.

 ## 5. 한국 고령자상의 미래

앞으로 평생현역사회를 전망할 것 같으면, 활동적인 고령자에게는 기회가 될 수도 있지만 한편에선 고령자의 자립을 강요하는 측면 또한 없지 않다. 물론 정책적 측면에서 고령자에게 사회보장제도에 입각한 각종 혜택이 주어지기는 할 것이다. 그러나 기본적으로는 「노인을 위한 회사, 노인을 위한 사회, 노인을 위한 국가는 없다」라는 생각을 갖고 생활에 임하는 자세가 바람직하다.

왜냐하면 노후의 각종 문제를 스스로 해결할 수 있어야 기대에 대한 실망과 서운함이 덜할 것이기 때문이다. 즉, 노인문제에 대한 모든 해결책은 본인이 나서지 않으면 아무도 도와주지 않는다는 사실을 명확히 인식하여야 한다. 이른바 고령자의 자립이 요구되는 사회인 것이다. 따라서 막연한 기대보다는 스스로 나서서 그동안에 쌓아 온 경험과 지식과 지혜로 슬기롭게 노인문화창조에 직접 나선다면, 그에 따른 지원은 부수적으로 수반될 것이다.

실제로 보건복지부는 '2016년 베이비붐 세대 사회공헌활동 지원사업'을 실시한다고 밝혔다. 이러한 베이비붐 세대의 사회공헌활동 지원사업 참여자 모집은, 보건복지부가 전문성과 경험을 가지고 있는 베이비붐 세대들이 사회공헌활동을 할 수 있는 기회를 제공하는 하나의 예가 될 것이다. 〈표 2-7〉과 같은 '베이비붐 세대 사회공헌활동 지원 사업'은 자신의 역량을 사회에 환원하고자 하는 베이비붐 세대에게 사회참여 기회를 제공함으로써 이들의 자존감을 제고하고 활력 있는 노후생활을 유도하는데 목적이 있다.

〈표 2-7〉 2016년 베이비붐세대 사회공헌활동 사업

사업명	대상	활동내용	활동기관	모집기간
베이비부머 마에스트로	지역영농인, 취업·창업 희망자	경영분야 전문 경력의 베이비붐 세대가 농어촌 지역의 영농자 및 예비 창업자·취업자에게 직무에 필요한 컴퓨터 교육(엑셀 등) 실시	영농지원센터, 비영리법인협동조합 등	2016.6.22.-6.30 (1차), 7.11-8.5 (2차)
모닝/ 이브닝 애프터 맘	영유아, 초등학교 저학년	여성 베이비붐 세대가 맞벌이 저소득층 등 취약계층 가정의 아동들을 어린이집 동행 등교와 어린이집 아침보육 보조, 방과후 수업 보조 역할 수행	가정, 국·공립 어린이집, 아동복지시설, 초등학교 방과후교실 등	2016.7.1.-7.29
종이접기 아저씨	영유아, 초등학교 저학년	남성 베이비붐 세대가 아동들에게 종이접기 교육 등 레크리에이션 강사로 활동	어린이집, 아동복지시설 등	2016.7.1.-7.29
스마트 에티켓교육	초·중·고등학생	청소년들에게 올바른 스마트폰 사용 방법 등 SNS 관련 교육 실시	공공 또는 민간 교육기관, 복지시설 등	2016.7.1.-7.22 (1차), 8.1-8.19(2차)
아동학습 및 진로 지도 지원	아동, 청소년	베이비붐 세대가 지역아동센터 등 기관에서 취약아동 대상 학습지도와 진로교육 등 실시	지역아동센터 등 아동복지 시설, 초·중학교 등	2016.7.4.-8.10 (1차), 8.15-9.30(2차)

자료 : 보건복지부(2016) 참고 작성.

전체인구에 대한 베이비붐세대(1955~1963년생)[27]의 비율은 약 14%(2015년 말, 통계청)로써 베이비붐세대는 평균학력 수준이 타 연령대보다 비교적 높고, 사회참여 의욕도 높기 때문에 은퇴 후에도 장기간 쌓아온 지

---

27 베이비붐 세대 중 대학교 졸업자는 15.9%, 대학원 이상 졸업자는 2.8% (보건사회연구원, 2010) 참조, 베이비붐 세대의 약 7.3%는 자원봉사에 참여 중이며 약 43.9%는 자원봉사에 참여를 희망(보건사회연구원, 2010)하고 있는 것으로 나타남.

식과 경험을 적극 활용하려는 의도에서 〈표 2-8〉과 같은 사업을 2011
년도부터 지원해오고 있다.

〈표 2-8〉 2016년 베이비붐세대 사회공헌활동 지원 프로그램

사업명	베이비부머 마에스트로	모닝/이브닝 애프터 맘	종이접기 아저씨	스마트 에티켓 교육	아동학습 및 진로지도 지원
참여자 조건	교육·금융·사무직 퇴직자, OA 관련 자격증 소지자 1953-1965년생	사회복지사, 아동보육관련 퇴직자, 보육·상담 등 자격증소지자 1953-1965년생	퇴직자, 종이접기 관련 자격증 소지자, 교육에 관심 있는 자 1953-1965년생	인성 및 상담 관련교육수료자, 아동·청소년 교육에 관심 있는 자 1953-1965년생	분야별 퇴직자, 교육에 관심 있는 자 1953-1965년생
활동 대상	지역 영농인 취·창업희망자	영유아 및 초등학교 저학년	영유아 및 초등학교 저학년	초·중·고등학생	아동, 청소년
수강 교육프 로그램	4-5일 교육, 기본교육(필수) / 직무교육 (강의스킬, 비즈니스 엑셀)	3-4일 교육, 기본교육(필수) / 직무교육 (보육·학습지도, 안전관리)	3-4일 교육, 기본교육(필수) / 직무교육 (종이접기, 안전관리)	4-5일 교육, 기본교육(필수) / 직무교육 (인성교육, 올바른 SNS 활용법)	3-4일 교육, 기본교육(필수) / 직무교육 (직업탐색, 청소년 상담)
활동 내용	농어촌 지역의 영농자 및 예비 취·창업자에게 농업경영에 필요한 비즈니스 컴퓨터 교육 강의	맞벌이 저소득층 등 취약계층가정의 아동 어린이집 동행 등교와 어린이집 아침 보육 보조, 방과 후 수업 보조 역할	아동·청소년 대상 종이접기 교육 등 레크리에이션 강의	SNS 이용 폐해를 예방하기위한 강의	방과 후 학습 지도 (인성교육, 진로교육 등)
활동처	영농지원센터, 비영리(농어촌) 법인 협동조합, 지자체 등	가정, 국·공립 어린이집, 지역 아동센터, 초등학교 저학년 방과 후 교실 등	국·공립 어린이집 지역 아동센터 초등학교 저학년 방과 후 교실 등	공공·민간 교육기관, 지역 복지관, 초·중·고등학교 등	지역아동센터 등 아동복지시설, 초등·중학교
활동기간	2016.6월11월				
활동비 수당	월 20만원(32시간)~월 40만원(64시간)				

자료 : 보건복지부(2016) 참고 작성.

사회공헌활동 분야는 영농인 대상 컴퓨터 교육, 아침과 저녁 시간에 맞벌이와 저소득 가정의 아동 돌봄, 아동·청소년 대상 종이접기 및 인터넷 사용법 교육 등의 형태로 추진될 계획이다.

보건복지부의 2014년 조사에 의하면, 이러한 베이비붐 세대가 은퇴 후 가장 염려하고 있는 내용은 '생산적이고 의미 있는 삶의 유지(25.9%)', '노후에도 경제적으로 필요해서 일을 해야 하는 상황(23.2%)' 등으로 나타났다. 이를 반영하듯이 고령사회고용진흥원(2016년 6월-12월)에서는 고령자 사회공헌 관련 사업을 추진하고 있는데 전국의 베이비붐세대 중에서 각 활동영역별로 모집하고 있다[28]. 이러한 사업은 향후에도 지원할 계획에 있으며 참여희망 고령자는 고령사회고용진흥원 또는 베이비부머종합정보포털에서 손쉽게 신청서양식을 다운받아 작성 후 이메일(e-mail) 또는 팩스(FAX)로 신청하도록 되어 있다.

보건복지부에서는 위와 같은 사업을 통해서 베이비붐세대가 그들의 직업경험과 능력을 지역사회 발전에 기여하는 동시에 제2의 인생을 설계하는데 도움이 될 수 있는 사업을 발굴하고 있다. 이러한 사업은 관련 산업의 활성화 및 고령자의 능력 활용에도 유리하기 때문에

---

28 베이비붐세대의 사회공헌활동 지원사업이란? 사회공헌활동을 통해 베이비붐 세대가 은퇴 후 지식과 경험을 사회적 자본으로 적극 활용하여 새로운 가치로 창출하는 사업으로서 그 대상은 전문분야 퇴직자로 사회공헌활동을 통해 지식과 경력을 사회에 환원하고 지역사회 내 도움이 필요한 사회적 약자를 위해 본인의 경험과 노하우를 제공할 수 있는 자로서 모집인원은 초년도에 총 500명이었다. 자격요건은 1953-1965년생으로서 사회공헌활동을 희망하는 자로서 관련분야에서 3년 이상의 경력 있는 전문경력퇴직자(단, 활동희망분야에 활용 가능한 국가자격, 민간자격을 소지한 자는 3년 경력과 동일인정) 혹은 관련분야에서 자원봉사활동 3년 이상의 경력을 증명할 수 있는 자이다. 지원내용은 교육비가 무료(기본교육+직무교육)이며 활동기간은 최대 5개월(1일 4시간-8시간 월8회)이었다. 선정된 자의 활동비는 월20만원(32시간)-40만원(64시간)까지에서 선택이 가능하다. 고령사회고용진흥원(http://www.ask.re.kr) 또는 베이비부머종합정보포털(http://www.activebb.kr) 참조.

지원과 관리가 지속적으로 이루어져야 할 것이다.

이러한 환경을 활용하여 베이비붐세대 자신도 은퇴가 본격화되는 시점을 계기로 자신의 역량을 발휘할 수 있는 기회를 획득하는 동시에 고령자 자신의 능력이 지역사회에 활용될 수 있다는 적극적인 자세로 나서야 할 것이다.

제3장

일본의 저출산과
인구고령화

 1 **인구구조의 변화**

일본은 유례없이 빠른 속도로 인구고령화가 진전되고 있다. 2017
년에 공식발표(2017년 4월 1일 확정치)된 일본의 인구는 1억2,676만1천명
으로서 전년 동월에 비해 21만5천명이(-0.17%) 줄어든 것으로 나타남
으로써 총인구는 최근 감소추세로 전환되었다. 그러나 65세 이상의
인구는 전년 동월 대비 60만 명(1.75%) 늘어난 3,489만8천 명으로 늘어
났다.

이러한 추세는 평균수명이 늘어난 결과이기도 하지만 그와 더불어
출생률 저하에 따라 앞으로 인구고령화가 더욱 빠르게 진행될 것이
라는 점을 시사하고 있다. 총인구의 변화추이도 감소경향이 두드러

지는데 10년 전인 2007년에는 1억2,778만 명으로 정점에 달한 다음 매년 감소경향을 보이고 있다. 이러한 인구변화를 반영한 장기추계에서는, 2100년경에 이르면 일본의 인구가 5000만 명 내지 7000만 명 정도까지 줄어들 것이라는 전망도 나오고 있다.

급격한 인구의 감소는, 고용, 연금, 복지와 교육 등 다양한 사회·경제시스템에 많은 영향을 미치게 된다. 예를 들면, 여성들의 취로의욕이 비교적 높은데 반해 자녀양육 및 보육, 교육부담, 사회보장과 고용제도 등의 각종 요인들로 인해 육아와 일의 양립조건이 충분치 못하게 되는 등의 문제도 대두될 것으로 보인다.

100년 사이에 반감하는 인구를 연률로 환산할 것 같으면, 그 감소율이 약 0.7%수준이다. 이는 인구 1인당의 GDP가 변하지 않는다고 가정한다면 GDP가 연간 0.7%의 베이스로 감소하게 된다는 의미이다. 반대로 적어도 GDP가 현재의 수준에서 급격한 변동 없이 추이하거나 플러스 성장을 유지하기 위해서는 1인당 0.7% 이상의 성장을 해야 하는 것이다[29].

이러한 환경변화 속에서 65세 이상의 고령자 모두가 부양해야 할 존재인 것일까? 라는 의문이 대두되었다. 최근에는, 고령자의 비율을 75세 이상으로 하려고 할 만큼 65세 이상이지만 매우 건강한 사람도 있으며 활동적으로 일을 하고 있는 사람, 충실한 여가를 보내고 있는 사람, 봉사활동과 NPO에서 활약하는 사람 등 그 활약상이 다양하다. 바로 이러한 다양한 모습이 이 시대의 고령자의 특징이라고도 할 수 있다. 그렇기 때문에 65세 이상 인구의 급속한 증가가 반드시 바로 사회의 활력저하와 발전의 정체를 가져오는 것은 아니다. 그것보다 중

---

29 즉, 1인당 GDP의 성장이 인구와 노동력의 공급을 똑같이 작용해야 한다고 가정하면, 노동력 1인당의 노동생산성이 적어도 0.7% 이상 상승해야 한다는 계산이다.

요한 것이 바로 건강한 초기 고령자의 사회참가를 어떻게 만들지가 우선인 것이다.

일본에서는 1990년대에 접어들면서 급속한 인구고령화와 관련된 여러 사회문제가 이슈화 되었다. 예를 들면 장기요양보험의 도입 필요성이라든지 연금제도개혁 등의 사회보장의 분야는 물론, 기업의 연공서열형 고용체계의 재검토 등이 바로 그 대표적인 예라고 하겠다. 또한 급격한 인구고령화로 인해 일본은 향후 한동안 의료, 연금, 장기요양에 대한 부담을 피할 수가 없었다. 따라서 일본의 사회보장 수준은 현재 다른 선진국에 비해 결코 높지 않은데, 앞으로도 사회보장수준을 포함한 「일본형복지시스템」을 어떻게 구축할 것인지에 대한 전 국민적 논의가 계속되고 있다.

2. 저출산의 사회문제

일본은 저출산에 의해 고령사회를 맞이하는 속도가 가속화되고 있으며 세계적으로 유수의 빠른 속도로 고령화가 진전되고 있다. 다른 선진국과의 비교에서는 매우 낮은 수준으로 합계특수출생률(合計特殊出生率)[30]이 1.20수준까지 내려가기도 했다(2005년). 고소득 국가일수록 저출산 경향이 두드러지지만, 이러한 수준의 출생률이 지속되는 것은 바람직하지 않은 것으로 생각하고 있는 사람이 남·여 모두 40%를

---

30 합계특수출생률(Total Fertility Rate : TFR)은 15세부터 49세까지의 여성의 연령별 출생률을 합계한 수치로서 그 해의 연령별 출생률이 앞으로도 변하지 않는다고 가정하였을 경우 1인의 여성이 일생동안 출산하는 평균 아동수인데, 우리나라의 경우는 합계출산율이라 부르고 있다.

넘고 있어 저출산 경향을 문제시하는 의식이 상당히 높은 것을 알 수 있다.

앞에서도 예로든 바와 같이 급격한 인구의 감소는 고용상황 및 연금제도, 복지수준과 교육제도 등 다양한 사회·경제시스템에 다양한 문제를 초래할 수 있다. 인구의 증감변동이 큰 변화 없이 안정적으로 추이하면, 세대 간 갈등도 줄어들어 안정적인 사회유지가 가능하게 된다. 그렇기 때문에 급격한 저출산에서 탈피하여 안정적인 인구규모를 유지하는 것은 매우 중요한 정책과제인 것이다. 따라서 합계특수출생률을 일정수준으로 유지하는 것은 매우 중요하다. 그러나 아이를 출산하지 않는 가장 큰 요인은 최근의 만혼(晚婚)과 더불어 육아 및 교육에 소요되는 경제적·시간적인 부담이 크기 때문일 것이다.

일본의 육아지원은 서비스공급 형태와 재원 등의 측면에서 충분하지 못한 편이지만 점차 개선이 이루어지고 있다. 그러나 일반적으로 보편성이 높은 서비스는 자기부담 비율 또한 높아지는 경향이며 육아지원서비스의 공급수준도 각 지방자치체마다 약간씩 다르게 나타나고 있다. 이러한 차이는 여성의 사회활동에 따른 결과로서 불균형에 대한 시정이 해결과제로 대두되고 있다. 따라서 저 출산을 개선하기 위해서는 육아 및 교육에 관한 비용부담을 줄이고, 가정뿐만 아니라 직장과 지역사회에서도 남·여 공동참여[31]가 중요한 요인으로 작용하고 있는 것으로 보인다.

한편, 여성들의 취로의욕이 상당히 높게 나타나고 있음에도 불구하고 육아와 보육, 교육부담, 고용제도 등의 요인들이 복잡하게 얽혀 있어, 육아와 일을 양립할 수 있는 여건[32]이 갖추어지지 못한 것이 문

---

31 가정과 직장 그리고 지역사회에 있어서 남·여 공동참여를 추진하기 위해서는 남성이 가사와 육아를 분담하려는 노력이 필요할 것이다. 왜냐하면 여성도 남성과 함께 사회활동을 하므로, 남성도 가사를 분담해야 할 필요가 있기 때문이다.

제이다. 또한 여성의 사회참여가 두드러지는 가운데, 결혼연령이 늦어지는 만혼화현상이 동시에 나타나고 있다. 이렇듯 결혼 적령기 남녀에게 기혼·미혼을 불문하고 육아와 교육이 결혼 이후의 가정생활을 영위하는데 있어서 큰 부담으로 인식되고 있는 점이 이러한 배경에 있는 것이다.

출생율의 회복과 일정수준의 인구규모 유지를 위한 대책 없이 새로운 사회시스템으로 이행하려는 계획은 결국 후세대의 부담과중으로 인해 세대 간 갈등을 초래하게 된다. 그러므로 1990년대부터 실시해 온 육아지원 기존정책 즉, 엔젤플랜과 신엔젤플랜 수준의 지속적인 육아지원 대책이 앞으로도 한동안 필요할 것이다.

3 장수와 인구고령화

세계는 나날이 변화하고 있고 그 변화의 속도가 최근 더욱 빠르게 느껴지고 있다. 이는 경제발전과 더불어 국제화·정보화·고령화에 기인한 바 크다. 장수국 일본에서는 1990년대인 20세기말에 이른바 '잃어버린 10년'이라고 일컬어지던 암울한 시기를 거치기도 했다. 그 시기에 눈에 잘 보이지 않는 성과도 있었는데 그것은 다름 아닌 인구고령화에 대한 인식이 일본인 대다수에게 확장된 점이다. 즉, 인구고령화의 사회문제에 슬기롭게 대처하지 않으면 안 된다는 의식을 갖게

---

32 그를 위해서는 남·여 모두 잔업 축소, 노동시간 단축, 근무형태의 탄력적 운용을 비롯하여, 육아와 개호를 위한 중도휴직과 복직 등 다양한 근무형태가 정비되어야 할 것이다. 또한 출산을 위한 퇴직 후 일정기간 교육기관에서 재교육을 받아 다시 일을 시작할 수 있는 기회를 제공하는 고용정책을 생각해볼 수 있다.

된 것이다. 인구 고령화가 초래한 사회문제는 여러 측면에 영향을 미치기 때문에, 일본의 사회경제 시스템을 어떻게 변화시켜 나갈 것인지에 대한 고민을 정부 및 학계, 산업계 나아가 일반국민에 이르기까지 광범위하게 인식하게 되었다.

먼저, 초고령사회(超高齡社會)에 어떻게 대응하여 어떤 사회를 만들어 갈 것인가? 또한 21세기를 맞이한 본격적인 초고령사회의 상황에서 일본경제가 과연 활력을 유지해 나갈 수 있을 것인가? 나아가 인구의 고령화라고 하는 사회변화를 새로운 산업의 창출을 위한 원동력으로서 활용할 수는 없을까? 하는 시점에서 본다면, 경제의 활력은 기업경영과 밀접한 관계가 있으므로 미지의 고령사회는 새로운 비즈니스기회로 검토할만한 가치가 있다.

일반적으로 고령기란 본격적인 직업생활로부터 은퇴를 준비하는 노후를 의미한다고 할 수 있다. 현대사회에서 노인문제가 발생하는 배경은 무엇보다 고령자인구의 급격한 증가라고 할 수 있다. 실제 장수국 일본의 고령화율은 〈표 3-1〉과 같이 2014년 10월 1일 현재, 무려 26.0％에 달하고 있다. 총인구는 1억2,708만 명으로서 향후 점차 줄어들 것으로 전망되는 한편, 저출산이 지속되는 가운데 65세 이상의 고령자인구는 과거 최고수치인 3,300만 명에 달하고 있다[33].

또한 일본인의 평균수명은 향후에도 연장될 것으로 예상되며 이미 세계 최고 수준의 장수국가가 되었다. 특히 65세 이상 인구는 베이비붐세대(団塊世代:1947-1949년 출생자)가 65세에 도달한 2012년에 3,000만 명

---

[33] 65세 이상을 남녀별로 볼 것 같으면, 2014년 10월 1일 현재, 남성은 1,423만 명, 여성은 1,877만 명으로 성비(여성인구 100명 대 남성인구)는 75.8% 수준이다. 또한 총인구에서 차지하는 65세 이상 인구비율(고령화율)은 무려 26.0％에 달하고 있으며 「65-74세 인구」(전기고령자)는 1,708만 명으로서 총인구에서 차지하는 비율로는 13.4%, 「75세 이상 인구」(후기고령자)는 1,592만 명으로서 총인구에서 차지하는 비율이 12.5％로 나타났다.

을 넘어섰으며, 2018년에는 3,500만 명에 이를 것으로 전망된다. 그 이후에도 노인인구는 계속 늘어나 2042년에 3,863만 명으로 정점을 찍은 후 감소경향으로 돌아설 것으로 추정되고 있다.

〈표 3-1〉 일본의 인구구성

분 류		단위 : 만 명(인구)/ %(구성비)		
		총수	남	여
인구 (만 명)	총인구	12,708	6180(성비) 94.7	6,528
	고령자인구(65세 이상)	3,300	1423(성비) 75.8	1,877
	65-74세 인구	1,708	810(성비) 90.2	898
	75세 이상 인구	1,592	612(성비) 62.5	979
	생산연령인구(15-64세)	7,785	3926(성비)101.7	3,859
	연소자인구(0-14세)	1,623	832(성비)105.1	792
구성비 (%)	총인구	100.0	100.0	100.0
	고령자인구(고령화율)	26.0	23.0	28.8
	65-74세 인구	13.4	13.1	13.8
	75세 이상 인구	12.5	9.9	15.0
	생산연령 인구	61.3	63.5	59.1
	연소자 인구	12.8	13.5	12.1

자료 : 日本総務省(2015) 「人口推計」(2014.10.1. 현재)『高齢社会白書』참고 작성.
성비는 여성인구 100명에 대한 남성인구임.

이러한 추세로 인해 고령화율 또한 향후에도 계속 상승해 2055년 에는 무려 40.5%에 달해, 국민 2.5명 중 1명이 65세 이상인 초고령사 회가 도래할 것으로 예상된다. 고령인구의 증가원인으로는 소득향상 에 따른 의·식·주의 생활개선 및 의료기술 발달, 보건위생의 개선 등 에 의한 평균수명[34]의 연장이 가장 큰 배경이라고 하겠다. 이러한 수

34 일본총무성의 「인구추계(2012.10.1현재」와 국립사회보장·인구문제연구소의 「장래인구추계(2015년 이후:2012.1추계)」에 따르면, 2011년 현재의 평균수명은 남성이 79.44세, 여성은 85.90세로서 나타났으며 2060년에는 남성이84.19세, 여성

명연장은 축복이기에 고령자 스스로 노년기의 행복한 삶을 위해 노후준비가 필요하며 노후를 준비한다는 것은 노후의 생활만족, 즉 노년기 삶의 질을 높이기 위한 일일 것이다.

물론 실제 고령기의 증상이 언제부터 시작되는지는 고령자에 따라 다르게 나타날 수 있다. 따라서 고령자 개개인이 처한 상황은 다양할 것이다. 즉, 고령층이지만 건강하게 현역처럼 일하고 싶은 자립형 고령자도 있을 수 있고, 그렇지 못한 경우도 있다. 따라서 제도운영에 필요한 연령구분을 설정해 놓더라도 향후에는 연령보다는 경제환경 및 사회참여 의욕, 심신의 건강상태 등 개인적 차이를 고려할 필요가 있을 것이다. 그렇기는 하지만, 아직까지 일본인의 평균수명이 지속적으로 늘어나고 있는 추세에 있기 때문에 고령자인구가 지속적으로 증가한다면 결국 다음과 같은 사회문제를 수반할 수밖에 없는 것이다.

첫째, 노인빈곤을 비롯한 생활보장문제와 건강·의료서비스 문제, 삶의 질 향상과 사회복지서비스 수요증가 문제 등에 대해 이와 관련된 대책마련이 복합적으로 요구되는 수요급증이 문제로 대두되었다. 이러한 문제는 공적연금의 축소, 고용 및 퇴직제도의 변화 등 경제적·제도적 측면이 21세기를 전후해 급격하게 변화되었는데 그에 반해 사회문제에 대한 제도와 시스템은 신속하고 충분히 제공되지 못한 것이 원인일 것이다.

둘째, 산업사회에서 구조조정 등의 영향에 따른 조기퇴직이라든가 정년으로 인한 역할상실 등 가족과 사회로부터의 소외감문제가 등장하였다. 노인은 체력적인 측면에서 전문적인 지식과 기술이 있더라도 일단 퇴직을 하게 되면 재취업이 어려운 것이 현실이므로 경제적

90.93세로 예상되고 있다. 또한 65세 시점에서는 평균여명이 1955년에는 남성이 11.82년, 여성이 14.13년이었으나 2060년에는 남성이 23.33년, 여성이 27.72년으로서 고령기가 점점 길어질 전망이다(高齡社會白書 2015. pp.5-6)

소득저하와 더불어 사회적 역할마저 상실함으로써 물질적·정신적으로 소외되는 문제가 발생하는 것이다.

셋째, 정책적인 노인보건·복지정책은 비교적 원만하게 갖추어졌지만, 국가와 지방자치체와의 유기적인 협조체계의 보완이 필요하며 노인문제에 관한 지역사회의 지원체계의 정비가 필요한 점이다. 현재 일본에서는 여러 각종 고령자대책을 통해 사회보장제도 및 사회복지서비스가 보완·유지되고 있지만, 도시와 농어촌, 대도시와 소도시 등의 지역적인 격차를 어떻게 극복할 것인지가 당면한 해결과제일 것이다.

최근에는 이러한 점에 대해 정부당국의 정책뿐만 아니라 학계에서도 노화와 고령기의 발달단계에 관한 연구가 시도되고 있다. 그러나 이러한 학문적 발전과 정책적 대응과는 달리 인간의 생애주기에 있어서 점차 고령기의 기간과 비중이 늘어나고 있음에도 불구하고 개인적으로는 고령기에 대한 이해와 준비가 부족한 것이 현실이다. 이러한 문제는 결국 인구고령화에 따른 사회적 대응과 개인적 차원에서의 노후준비에 있어서 불균형과 불일치를 초래하게 된다.

이와 같은 인식변화는 인구고령화의 사회문제를 국가에만 의존할 것이 아니라 기업, 지역사회, 그리고 가정에 이르기까지 공통적으로 대처하는 사회시스템구축이 필요한 시점에 이르렀다는 인식이 저변에 확산되고 있다는 반증이기도 하다. 따라서 노후를 소극적으로 부양받는 여생이 아니라 보다 적극적으로 고령자대책을 활용하여 인생을 잘 마무리하는 매우 중요한 시기로 인식해야 한다는 점에서 일본의 고령사회대책은 일대 전환점을 맞게 된 것으로 보인다.

일본에서는 이미 1995년 12월에 고령사회대책기본법이 시행되었다. 이 법의 전문(前文)에 「장수를 모든 국민이 기쁨 속에서 맞이하고, 고령자가 안심하고 살 수 있는 사회형성이 바람직하다. 그와 같은 사회는 모든 국민이 안심하고 살 수 있는 사회이다」라고 명기하고 있으며, 「고령화의 진전속도에 비해 국민의 의식과 사회시스템의 대응이 늦어지는 문제」를 제기하고 있다. 그렇다면 과연 바람직한 사회시스템이라고 하는 것은 어떤 것이고, 어떤 모습일지 그 귀추가 주목된다.

그렇다면 일본의 고령자는 고령사회대책기본법에서 밝힌 것처럼 행복할까? 같은 해 일본 총무청(総務庁)의 「고령자의 생활과 의식에 관한 국제 비교조사」에 의하면, 자신은 「행복하다」혹은 「약간 행복하다」고 답한 고령자의 비율이 70%에 달해, 미국의 56%, 독일의 39%와 비교하면 상당히 높은 수준으로 나타났다. 그에 비해 「그다지 행복하지 않다」혹은 「행복하지 않다」고 답한 사람은 7%에 지나지 않는다.

반면, 고령자는 안심할 수 있는가? 라는 질문항목에 대해서는 경제적 불안이 10%, 고립에 대한 불안이 7~8%, 장기요양에 관한 불안이 18%에 육박하는 것으로 나타났다. 이러한 불안은 모든 질문항목에서 미국과 독일보다도 높은 결과인 것으로 일본의 고령자는 행복하다고 느끼면서도 경제적·사회적 측면에서의 불안을 동시에 느끼고 있는 것으로 파악된다.

또한 다른 외국들과 비교해볼 때 일본 고령자는 두드러지게 높은 취업의욕을 보이고 있다. 여타 산업분야보다 특히 농림수산업을 중심으로 60세 이상의 고령자가 상당수 취업하고 있는데 이러한 취업률은, 미국의 2배, 독일의 7배 수준이다. 이처럼 높은 취업의욕을 살리기 위해 생애교육의 필요성이 고조되고 있다. 이와 같이 높은 취업률과 취업의욕은 무엇 때문일까?

단지 일본인의 성실함만으로 결론지을 수는 없을 것이다. 물론 일을 하는 보람도 중요하겠지만, 어쩌면 취업에 의한 수입이 생활자원으로 기능하고 있는 것은 아닌지 하는 추측도 가능할 것이다. 여기에서 문제시해야 할 점은 행복과 불안을 동시에 느끼고 있는 일본 고령자의 생활상[35]일 것이다.

즉, 일본은 산업화에 의해 일정부분 풍요로워졌고, 사회보장 등 제도적인 노후보장이 갖추어졌다. 그러나 도시화와 핵가족화가 진전되면서 전통적인 상호정신과 가족과 공동체의 상실(고립에 대한 불안)이 불안요인으로 작용한 것이다. 그로 인하여 후기고령기의 생활보장을 위해서는 아직 일할 수 있을 때에는 일을 하고자 하는 의욕이 바로 높은 취업률로 나타났다고 하겠다.

또한 경기가 활성화되거나 인구가 줄어드는 상황에 처하게 되어 노동력이 부족할 경우에는, 장기간 현역생활에서 숙련된 고령자의 직업능력의 활용과 고령자의 취업의욕을 살리는 방향에서 일자리 제공 및 그와 관련된 생애교육의 필요성이 제기되었을 것으로 보인다.

4 환경변화와 기술개발

일본의 제조업은 1980년대까지는 자동차와 가전 등 내구소비재를 중심으로 수출경쟁력을 발휘해왔다. 1990년대 이후에는 엔화 강세의

---

35 우선, 일본의 고령자는 고령사회대책기본법에 나와 있듯이 과연 행복할까? 일본 총무청(總務庁)의 「고령자의 생활과 의식에 관한 국제 비교조사(1995년도)」에 의하면, 자신은 「행복하다」혹은 「조금 행복하다」라고 답한 고령자의 비율은 70%에 달해, 미국의 56%와 독일의 39%와 비교해 높은 수준이다. 대조적으로 「그다지 행복하지 않다」혹은 「행복하지 않다」고 답한 사람은 7%에 지나지 않는다. 그런데 고령자는 안심하고 있는가에 대한질문에서는 경제적 불안을 10%, 고립에 대한 불안이 7-8%, 개호에 대한 불안을 18%에 약간 밑도는 비율로 느끼고 있다. 이렇듯 불안에 관한 모든 질문항목에 대해서는 미국과 독일보다도 많게 나타났다. 이러한 결과에서 유추해볼 것 같으면, 20세기말부터 이미 일본의 고령자들은 행복하다고 하면서도 경제적으로나 사회적으로 불안을 동시에 느끼고 있는 것을 알 수 있다.

환경변화에 따라 수출의 대부분이 반도체, 생산기계, 정밀부품 등의 생산·제조지원형태로 변화했다. 물론 현재까지도 일본의 조립·가공기술을 비롯한 핵심기술은 유지·발전되고 있다. 그렇지만 저 출산과 고령화가 더욱 진전되는 향후에는 과연 어떤 기술이 산업의 중심기술이 될 것인가? 소자·고령사회는 비용측면의 여러 문제를 안고 있지만, 반면 또 다른 형태의 기술시장이 형성되며 새로운 수요가 생겨날 것이다.

그 하나는 바로 의료·복지 분야의 기술시장이다. 고도의 의료기기, 개호기기와 거택케어와 더불어 원격의료시스템 등은 이러한 기술의 대표적인 예일 것이다. 또한 신약기술 발명과 의료기술 개발도 기대할 수 있을 것이다. 또 다른 하나는 생활지원서비스 기술로서 고령자와 여성취업자를 주요 대상으로 하여 생활지원 문제를 해결하는 형태의 서비스지원기술이 예상된다. 예를 들면, 고령자가 안전하고 편리하게 운전할 수 있도록 지원하는 기술이라거나 안전한 주택생활을 지원하는 방범시스템 나아가 원격교육과 생활용품의 택배 등 인터넷을 활용한 가정과 오피스 간의 편의생활 지원정비 기술 등이 그 대상이 될 수 있을 것이다.

실제 일본기업들은 향후 선진 미래기술의 전체 중 상위 1/5정도가 저출산·고령화 관련기술로 예상하고 있으며, 2010년의 시장규모가 약 16조엔 수준이었는데 향후 점차 늘어날 것으로 전망하고 있다. 따라서 앞으로 의료복지 관련기기, 의약품, 바이오기술, IT기술을 활용한 생활편의시스템 등이 급성장 할 것으로 예상되며, 이러한 변화에 대응하기 위해 많은 기업이 혁신적인 기술개발을 진행하고 있다.

사회문제는 각 시대의 경제·사회의 환경변화에 따른 시대적 산물로서 그 기능과 역할이 변천하는 속성을 갖고 있다. 따라서 시대적 변화를 일정한 주제(고령화)를 갖고 고찰하는 것은 매우 큰 의미를 갖는

다. 실제로 소자·고령화의(少子·高齡化) 진전은 여러 형태의 사회문제
를 유발시켰는데, 그 변화에 대한 대응책에 의한 결실도 상당히 있었
다. 먼저, 공적측면에서는 의료보험, 공적연금, 실업보험, 산재보험에
이어서 장기요양을 지원하는 개호보험(介護保險:2000년)이 도입되어 사
회보험이 완성되었으며, 기업측면에서는 연공서열 형태의 고용체계
에 대한 재검토, 지역사회측면에서는 복지서비스체계와 생애교육 등
이 펼쳐지고 있다.

이처럼 사회변화에 따른 문제를 살펴보면, 정부와 기업 그리고 지
역사회와 가정에 이르기까지 다방면에 영향을 미치게 되어 그러한
변화에 대응하는 새로운 사회시스템이 필요하게 된다. 이미 일부에
서는 국제화, 정보화, 고령화로 인하여 급속하게 사회보장시스템과
관습이 변화하고 있다. 기업 활동에서도 세계적인 경쟁 속에서 효율
성을 중시한 시장원리가 작용하고 있으며, 개인생활 측면에서는 핵
가족화가 진행되는 가운데, 다양하고 개별화된 개인주의 경향이 강
해지고 있다.

반면, 새로운 방향으로의 대응이 늦어지고 있는 것은 행정과 지역·
공동체의 원리가 작동되었다고 할 수 있다. 또한 모든 정당이 개혁을
내세우고는 있지만, 일본의 개혁속도는 그다지 신속하지 못했다. 나
아가 지방자치를 내세워 분권이 이루어지고는 있으나 행정체계에는
중앙집권적 형태가 남아 있다. 지방분권과 주민참가를 강조하는 주
장이 반복되고 있지만 그 형태는 지방행정과 공동체의 원리가 대부
분 비슷하며, 그 방향성은 주로 '자립, 봉사, 지역개성, 정보공개와 참
가' 정도를 표방하고 있다.

최근 두드러지는 변화는 각종 조합조직이 출현하고 있는 점인데,
그 공동체의 원리는 '협력·공동·공생'을 내걸고 주로 개호·교육·거
주환경 등의 문제를 거론하면서 행정과는 별도의 조직인 NPO(비영리

법인) 중심으로 활동하고 있다. 나아가 소자·고령사회를 극복하기 위해서는 국제적으로도 보편성이 있는 생활지원 관련 기술의 개발과 편리한 생활문화의 형성이 필요할 것으로 보인다.

이러한 사회의 실현을 위한 기본정책으로 다음과 같은 점을 고려해야 할 것이다. ① 생활관련 부문의 공공정책 충실화, ② 행정의 정보공개를 중심으로 한 민주정치의 추구, ③ 사회참가와 취업 등 참가·퇴출(退出)이 용이한 사회, ④ 세계적인 네트워크형 기업과 사회제도 등이 고려되어야 할 것이다.

나아가 고령사회 생활관련 서비스의 충실화와 그에 따른 기술개발은 향후 기업의 수익사업이 될 수 있으므로 기업이 담당할 필요가 있다. 이미 교통행정 정보의 공개는 교통체증과 도로지도 정보를 활용한 내비게이션 시장을 형성하여 편리하게 이용되고 있다. 간병수발(介護) 관련시장에서도 지능로봇기술이 나오고 있다. 또한 각종 교육과 강의도 IT기술의 발전으로 집에서 학습할 수 있게 되는 등 바야흐로 고령자가 안심하고 쾌적하게 생활할 수 있는 21세기 생활관련 기술의 개화가 기대된다.

5. 일본의 저출산·고령화 대책

저출산대책은, 1990년의 합계출산율 「1.57쇼크」를 계기로 출생률 저하를 일본정부가 심각한 사회문제로 인식하게 되었다. 그 후 육아문제에 대한 구체적인계획은 1994년 12월에 발표된 「엔젤플랜」이라고 하겠다. 이어 보육시설(어린이집)의 양적 확대, 다양한 보육 서비스의 충실, 지역 육아지원센터의 정비 등을 꾀하기 위한 「긴급보육대책

5개년사업」이 책정되었고, 1999년 12월에는 「출생률 감소대책추진 기본방침」이 결정되어 「신엔젤플랜」이 발표되었다.

신엔젤플랜은 2000년도를 시작으로 5년간의 계획으로 시행되었으며 최종년도에는 보육서비스뿐만 아니라 고용, 모자보건·상담, 교육 등 폭넓은 내용을 포함하였다. 주요 저출산대책으로는 차세대육성지원대책추진법(2002년 9월), 저출산사회대책기본법(2003년 7월), 신저출산대책(2006년 6월), 육아간호휴직법(2009년 6월), 보육시설(어린이집) 대기아동대책(2009년 4월), 아동수당의 신설과 고교의 실질적 무상화(2010년 3월) 등을 시행하고 있다.

특히 아동수당은 중학생까지를 대상으로 삼아 국고부담의 예산으로 아동 일인당 월1만3000엔을 지급하고, 고교무상화법에 의해 공립 고등학교에 대해서는 수업료를 징수하지 않으며 공립고등학교 이외의 학생에게도 수업료 지원으로 일정액(연액11만8,800엔)을 지급하는 등 육아에서 교육까지의 지원을 하고 있다.

또한 보육시설에 들어갈 수 없는 대기아동 문제를 해소하기 위해 2014년도말까지 보육시설(탁아소)의 정원을 20만 명분을 늘렸으며, 그 후 3년간 20만 명의 추가증원을 통해 보육피크를 맞이하는 2017년도 말까지 대기아동 제로(0)를 목표로 하고 있다. 또한 일본정부는 최장 1년 반의 육아휴직 기간을 3년간으로 연장할 수 있도록 경제단체에 요청한 상태이다.

나아가 2012년 8월에 성립한 「어린이·육아지원법(子ども·子育て支援法)」「인정유치원법(認定こども園法)의 일부 개정」「어린이·육아지원법 및 인정유치원법(認定こども園法)의 일부 개정법의 시행에 수반하는 관계 법률의 정비 등에 관한 법률」등 어린이·육아 관련 3법에 근거한 제도를 가리키는데 이 새로운 제도는 2015년 4월부터 본격 시행되고 있다.

한편, 고령자대책으로는 먼저, 취업소득을 위해 고령자 고용·취업기회의 확보(65세 정년연장), 중고령층의 재취업 지원촉진과 창업원조를 위해 60세 이상의 고령자를 새로 고용한 사업주에 대해 특정구직자 고용개발조성금을 교부하고, 창업 고령자에 대한 융자 등 재정적 지원을 실시한다. 그와 더불어 정보통신을 활용한 원격근무형태의 개발·보급 그리고 공적연금제도의 안정적인 운영(기초연금 외에 피용자연금 일원화:2015.10.1)으로 고령자의 소득보장을 강구하고 있다.

건강·복지대책으로서는 2000년부터 「건강일본21」을 추진하였고, 2002년에는 「건강증진법」을 제정하였으며 2008년도부터 「건전한 생활습관 국민운동」이 전개되었다. 또한 장기요양보험제도의 충실(2005년 6월 「개호보험법 등의 일부를 개정하는 법률」이 성립)화를 도모하는 한편, 2006년 4월부터 보험운영을 예방 중시형으로 전환하였다. 나아가 치매고령자 지원대책을 추진하기 위해 후생노동성은 2008년 4월부터 치매환자의 의료와 생활의 질을 향상시키는 프로젝트를 실시하고 있다.

학습·사회참가 분야는 생애학습사회의 형성 「생애 학습의 진흥을 위한 시책 추진 체제 등의 정비에 관한 법률(1990년)」에 근거하여, 생애학습사회의 실현을 위한 대책으로서 대학 등 고등 교육기관에 있어서 사회인(고령자 포함)에게 학습기회를 제공하는 동시에 사회참가 활동을 촉진하는 한편, 여유로운 주거생활 확보를 위해 2006년 6월에 「주생활기본법」을 제정하여 고령자의 주거안정을 도모하고 있다.

생활환경의 지원으로는 유니버설디자인을 배려한 지역조성을 위해 「도시공원 안전·안심 대책긴급종합 지원사업」을 추진하여 고령자가 안전하고 안심하며 이용할 수 있는 도시(도로·공원 등)를 정비하고 있다. 그와 더불어 교통안전 확보와 범죄예방 및 보호를 위해 「제8차 교통안전기본계획(2006년 3월)」에 근거하여 고령운전자에 대한 교통안전대책을 실시하고 있다.

나아가 고령자 특유의 질병 및 건강증진에 관한 조사연구를 추진하면서 대인안전 기술의 확립, 국제표준화, 정보통신 등에 관한 연구개발, 고령자 헬스케어와 생활지원서비스를 제공하는 로봇개발을 추진하고 있다. 이렇듯 고령사회대책의 종합적인 추진을 위해 고령자의 라이프스타일에 관한 정책연구 및 조사를 실시하고 있다. 이에 관한 분석은 각각의 장에서 다루기로 한다.

노인문화창조

−베이비붐세대의 한·일 비교 분석−

제4장

일본의
고령자 사회정책

1. 인구고령화의 분석시각

　사회문제를 해결하려는 사회정책은 경제정책과 노동정책 그리고 생활정책 등과 관련된 문제를 대상으로 다양한 논의를 거치면서 변천하고 있다. 그 연구대상의 다양성은 실천학문으로서 일본 사회정책학회의 공통논제의 주제변화를 통해서도 엿볼 수 있다[36]. 이와 같

---

36 다케가와(武川正吾:1999)『社会政策のなかの現代』東京大学出版会. p.289. 일본에서 사회문제를 대상으로 학술적으로 논하는 사회정책학회가 창립된 시기는 1897년으로서, 21세기의 초반인 현재 100년 이상의 학회활동을 지속하고 있다. 사회과학 분야의 학회로서는 상당한 전통을 갖고 있으며, 이 기간 동안 사회정책학회의 주요 공통논제의 예를 볼 것 같으면 16회는 '퇴직금' 31회는 '사회보장론' 71회는 '사회정책의 위기와 국민생활' 92회는 '21세기의 사회보장' 97회는 '고령사회와

은 배경에 입각하여 본장에서는 주로 일본의 인구 고령화의 사회문제를 사회정책론의 시각에서 조명해보고자 한다.

사회문제는 그 시대의 경제·사회의 환경변화에 따른 시대적 산물로서 대두되며, 사회문제를 해결하기 위한 각국의 사회정책[37]은 그 사회를 구성하는 각 기능과 역할과 관련하여 변천하는 속성을 갖고 있다. 특히 인구 고령화에 따른 사회문제의 대상은 결국 고령기에 속하는 고령자가 해당될 것이다.

일본정부는 베이비붐세대(団塊の世代:1947-49 출생자)가 2012년부터 65세 이상 고령층에 속하게 된 시점(2012년)을 계기로 '고령사회대책대강(高齢社会対策大綱)'을 재개정하였으며 보다 명확한 향후비전과 생활보장시스템이 제시되어야 한다는 지적이 나오고 있다. 왜냐하면 인구 고령화는 물론이고 종래의 일본의 사회구조(사회시스템과 관습 등)가 급속히 변화하고 있는 가운데 복지재원은 한정적인 한편, 경제적 효율성을 앞세운 시장원리가 현저히 확산되고 있기 때문이다. 따라서 연구시점도 지금까지 주류를 이루었던 복지레짐론에서 탈피하여 생활보장시스템론으로의 이행이 필요하다는 주장[38] 등이 대두되고 있어 그

사회정책' 106회는 '새로운 사회정책의 구상' 그리고 109회 학술대회(2004.10) 테마는 '少子化·家族·社会政策' 등으로 변해왔다.

37 사회정책은 초기의 노동력 확보차원에서 발아하여 사회보험과 함께 사회통합의 수단으로 발전하여 왔으며 여타 정책체계와 마찬가지로 국민의식, 경제력, 문화, 전통 등의 여러 가지 요소의 제약과 영향을 받는다. 따라서 영국·독일·일본 등 각 선진국의 사회정책의 정의와 범위는 약간씩 차이가 있다. 이와 관련해서는 다케가와 쇼고(武川正吾)·김성원(2004:29-76), 정기룡(2013)『일본의 사회정책』전남대학교출판부. pp.34-53. 등 참조요.

38 오사와(大沢真理:2013)「生活レジーム論から生活保障システム論へ」『GEMC journal』No.9. pp.6-29.는 여기에서 재화와 서비스의 분배 또는 그 구매력의 분배에 있어서 필요한 재화와 노동력 사이에서의 상품화뿐만 아니라 비상품화로 구분된다고 하겠는데, 현실은 재화와 복지서비스 등의 상품화와 비상품화를 비롯하여 그에 따른 복지서비스의 수요증가와 개인부담의 증가가 동시에 확대되는 과정에 있기 때문에 이론적 시각 또한 생활보장에 관한 시스템적 필요성이 대두되고 있다.

와 관련하여 새로운 사회정책의 관점에서 고령자대책을 분석해보고 자 한다.

이렇듯 인구고령화로 인해 복지수요가 증가하고 있는 현실에서 고 령자를 둘러싸고 있는 생활보장시스템 즉, 정부, 기업, 지역사회, 가 족 등이 어떻게 대응해나가야 하는지? 이러한 대응이 요구되는 환경 에서 고령자대책은 어떻게 변화해왔는지에 관해서 사회정책 시점에 서 살펴볼 필요가 있다고 하겠다. 여기에서는 장수국 일본의 고령자 사회정책에 관한 선행연구[39] 이후에 급변하고 있는 인구고령화의 사 회문제에 입각해 그에 대한 대책인 '고령사회대책대강'의 초기(1996년) 내용과 재개정(2012년)된 대강과의 목적을 비롯한 특징적인 내용을 살 펴보고자 한다.

그와 더불어 일본의 사회정책이론[40]의 변화과정을 가치비평적 시 점에서 고찰하는 한편, 정책변화와 정책적 딜레마를 규명하여 얻은 결과를 토대로 활력 있는 고령사회구축을 위한 사회정책론을 명확히 하는데 부차적인 목적을 두고자 한다. 또한 사회시스템의 역할과 기 능이 변화하는 현실적인 사회문제에 대한 분석결과가 정형화된 논리 에 머물기보다 선행 사회정책의 계보와 어떻게 다른지를 명확히 하 는 한편, 21세기 초고령사회의 현실적인 정책제안 관점에서 살펴보 고자 한다.

---

39 일본의 고령자사회정책과 관련된 선행연구(鄭基龍:2000, 2002, 2003, 2004)에서 는 20세기말의 일본의 고령자대책에 관한 이론 및 생활보장 관련 분석한 결과로 요약되었다.
40 초기 오코우치 카즈오(大河內一男)가 주장하는 사회정책론의 체계는 사회정책의 궁극적인 의도가 노동력의 보전을 통하여 국가총자본에 유익하다는 노동자정책의 일환으로 사회정책을 정의하였다. 니시무라·아라마타(西村豁通·荒又重雄:1992) 80–81, 鄭基竜『일본의 사회정책』전남대학교출판부. 2013. pp.80–87. 그 후 핫토리 (服部英太郎 1949)와 기시모토(岸元英太郎)에 의해 사회정책 본질논쟁으로 전개 되어 '오코우치이론'에 대한 비판이 고조되었다.

2 **일본형 복지국가론**

일본은 복지국가의 유형화로 분류할 때, 우즈하시(埋橋孝文)는 서구의 복지국가와는 달리 고용을 중시한 노동중심국가를 지향해 왔다는 시각을 제시하고 있다. 실제 일본은 사회복지확대에는 소극적인 반면, 완전고용지향 소복지국가로서 고용을 중시하는 독특한 노사관계가 확립되어 바바(馬場敬之助:1980)의 주장처럼 산업민주주의와 일본적 노사관행의 특징도 엿보인다.

또한 1970년대 정부주도의 종합사회정책론이 등장하는 가운데 복지국가 유형의 국제비교[41]가 확산되면서 일본은 새로운 사회정책적 과제로서 사회보장의 필요성에 입각한 사회정책이 요구되기에 이르렀다[42]. 즉 생활자 특히 고령자의 생활유지를 위한 생활보장자원으로서 사회보장제도의 정비가 필요하게 된 것이다. 왜냐하면 새로이 드러난 사회문제는 노동문제에 한하지 않고 생활자를 중심으로 한 사회의 분배기능(조세, 사회보험 등) 균형에 결함에 드러났기 때문이다.

다양한 선행연구에도 불구하고 일본의 사회정책은, 사회정책을 노동정책으로 수렴시킨 오코우치(大河内一男)의 이론에 관한 반론과 비판이 이어졌다. 즉, 사회정책본질논쟁[43]을 비롯하여 정부주도의 '종

---

41 퍼니스와 틸톤(Furniss & Tilton)은 복지국가를 분류함에 있어서 적극적 자유국가, 사회보장국가, 사회복지국가로 유형화하였고, 에스핑·엔더슨은(Esping-Andersen)은 자유주의적 복지국가, 보수주의적 복지국가, 사회민주주의적 복지국가로 유형화하기도 하였다.

42 타마이(玉井金五)는 사회정책연구의 계보와 오늘날의 과제라는 주제연구에서 생활정책의 필요성 특히 고령자의 고용과 연금 그리고 고령자의료 및 간병수발의 사회보험화 구상을 사회정책과제로 제시하였다.

43 사회정책의 본질논쟁은 토호쿠(東北)대학의 핫토리(服部英太郎)교수가 도쿄(東京)대학의 오코우치 카즈오(大河内一男)교수의 사회정책론을 비판 한 것이 논쟁

합사회정책론'을 거쳐 변용되었고, 평균수명의 연장에 따른 장수사
회대책(1970년대), 나아가 1980년대 이후의 고령사회대책에 이르기까
지 반세기의 과정을 거치며 고령자대책이 변화를 지속하였다[44].

이와 같은 변화는 노동력의 보전과 배양, 즉 노동력의 재생산을 위
한 오코우치의 '총자본론'에 대한 비판[45]에도 불구하고 일본의 사회
정책이 민주화와 산업화에 영향력을 미치면서 사회보장과 사회복지
등을 포함하는 '생활정책론'으로 변화해 왔다. 최근에는 일본의 사회
정책학계에서도 노동과 관련된 편협한 연구영역에서 벗어나 연구대
상범위의 확대를 동반한 사회정책의 재구축이 시도되고 있다.

예를 들면, 고령자케어를 노인복지차원에서 확대시킨 마츠하라 (松
原一郎)의 고령자케어의 사회정책학을 비롯해 고령자의 의료·고용·주
거·여가를 포함하는 고령자사회정책으로 우츠미(内海洋一)는 복지정

의 단초가 되었다. 이 논쟁은 다른 여러 연구자를 참여시켰고, 이를 통해 공통연구
에 대한 관심이 생겼으며 연구자 간 교류도 활발해졌다. 학회 재건의 직접적인 계
기가 된 것은 1950년 1월에 교토(京都)의 기시모토(岸本英太郎)교수가 오코우치
교수와 면담을 계기로 사회정책학회의 재건이 논의되었다. 이러한 초기의 논쟁
을 거쳐, 종합사회정책론으로 변용·발전하였으며, 20세기말까지 사회문제에 대
한 생활정책론의 기초로서 응용되고 있음을 알 수 있다.

44 일본의 복지원년(1973년) 선포 이면에는 오일쇼크와 선진국의 복지재검토 등이
이루어지는 가운데 특히 인구구조의 변화에 따라 인구고령화의 사회문제가 사회
정책의 주요 과제로 대두되었다. 인구고령화에 대한 시각도 장수화와 고령화로
양분되어 진행됨으로서 사회보장의 확충과 개혁을 반복하며 고령자대책이 이어
지고 있다. 오코우치교수의 생애라이프사이클론적인 고령자대책의 하나의 성과
로서 최근까지 남아 있는 것이 고령자의 능력을 활용하고 있는 일본실버인재센터
의 활동이라고 하겠다.

45 일본의 사회정책 이론 구축에 있어서는, 오코우치 이론의 경제주의적인 해석과
계급시점의 결여에 대한 이론에 관한 논쟁이 이루어졌다. 특히 기시모토 에이타
로(岸本英太郎)의 본질논쟁과 방법론논쟁, 이시하타(石畑良太郎)·사노(佐野稔)
는 오코우치이론의 변모에 관련하여 동요의 원인에 대해 국가론의 결여라는 지적
도 있었다. 나아가 다이요지(太陽寺順一)는 사회정책의 주체와 총자본의 입장에
관해 오코우치의 인식오류를 논했으며 다카다(高田一夫)는 오코우치이론의 변
모와 의의에 대해 현대적으로 해석하며 오코우치이론을 시대착오적 혼미라고 비
판하기도 했다.

책을 사회정책으로 융합하려는 시도를 하였다. 또한 니시무라·아라마타(西村豁通·荒又重雄編)가 시도한 복지국가의 위기와 사회정책과의 관계분석, 또한 사카와키·아베(坂脇昭吉·阿部誠)는 고령자의 생활자원으로서 연금과 고용과의 연계를 사회정책 시각에서 분석하였으며 새로운 사회정책의 지향방향에 관한 전망을 망라한 타카다(高田一夫)의 연구가 두드러진다.

그와 더불어 사회복지와 생활보장에 관한 이론이 사회정책과 중첩되는 과정에서 1990년대를 전후해 복지레짐론이 한동안 일본학계의 주류를 이루기도 했다. 최근에는 인구고령화 등을 배경으로 사회보장자원의 종합적 지원시점의 오사와(大沢真理)의 주장, 즉 민간의 제도·관행과 정부의 법·정책과의 접합 혹은 융합측면에서의 생활보장 시스템론의 필요성 등의 다양한 이론이 거론되고 있는 실정이다.

이렇듯 일본의 고령자대책은 1970년대의 복지원년 선포 이후 노인복지가 확충되는 한편, 1990년대 생활대국 정책 이면의 거품경제 붕괴로 인해 2010년대에 이르기까지 잃어버린 20년 동안, 이론은 이론대로, 정책은 정책대로, 현실은 현실대로 시행착오를 겪었다. 따라서 이제는 고령자를 지원하는 대책 또한 '복지레짐론'의 이론에 머물기보다 '생활보장시스템론' 혹은 라이프사이클에 입각한 '고령자사회정책'시점에서 실용적인 고령자대책이 수렴되는 과정에 있는 것으로 보인다.

이러한 시각에서 본 일본의 인구고령화의 사회문제는 성장과 유연성문제에 직면해있었기 때문에 즉 '복지국가론의 한계'에 대한 문제에도 불구하고 오가와(小川喜一) 등이 주장하는 일본형복지사회론이 대두되기도 했다. 결국 사회정책이란 사회문제에 대한 일정 형태의 대응방안인 동시에 사회가 사회문제를 해결하기 위한 사회적 함의·결집에 의해 수행되는 정책이라고 할 수 있을 것이다.

한편, 정책연구에 있어서 가치비평적 분석은 사회문제의 해결을

위해서 사회적상황의 비판을 가능케 하고 보다 나은 사회로의 지향
가능성을 제시한다는 점에서 필자의 연구도 그와 같은 정책적함의[46]
를 포괄하는 입장에 있다. 단, 고령자를 대상으로 한 관련 영역의 연
구동향 변화에도 불구하고 한·일비교와 문화적 분석을 제외하면, 그
대상과 범위가 많은 비판이 있었던 오코우치(大河内一男)가 수정했던
'전 생애에 걸친 사회정책'관점과 유사한 형태로 분석하게 된 점이
어쩔 수 없는 한계일 것이다[47].

3. 고령사회 대책의 현상분석

(1) 고령자의 생활보장

일본의 20세기말 고령자사회정책의 주요내용은 고용과 연금을 주
축으로 한 대책으로써 그 법적 근거로는 고령사회기본법(1995)에 입각
해 공적연금제도와 고령자의 고용확보를 중심으로 형성되었다. 먼
저, 일본의 공적연금제도는 1942년에 발족된 노동자연금제도가 일반

46 사회문제를 해결하는 연구방법으로서는 기능주의이론, 갈등주의이론, 상호작용
주의이론, 교환주의이론 및 구조주의이론 등이 있는데 특히 정책연구에서 요청
되는 것이 연구결과의 환류를 위한 적시성, 행동성, 지향성, 용어 및 개념의 일반
적 통용성, 자원배분의 효율성, 갈등 및 투쟁에 대한 현실성, 그리고 정보의 중요
성 등이라고 하겠다. 그러나 실증주의 접근방법을 사용한 연구결과가 분석 및 평
가에 있어서 실증주의적 접근방법만으로는 부족한 면을 드러내게 되었다. 반면,
이를 보완하는 가치비평적 접근방법은 실증주의에서 간과한 연구자와 대상자가
가진 가치에 대한 분석을 통해 특정이념과 사회적 속박에 대해 비판적 시각을 제
공해 주며, 면담과 세미나를 통해 수정된 지식은 인간의 자율성 회복이라는 측면
또한 담고 있다.
47 이는 사회문제에 대한 대응책으로서의 다양한 학자(사회학, 사회복지학, 사회정
책학 등)들의 주장도 결국은 그 대상과 범위가 대부분 인간의 출생·성장·성숙·노
쇠·사망에 이르는 인간의 생애과정을 다루고 있기 때문이다.

인을 대상으로 한 연금제도의 효시가 되었다.

그 후 노동자 연금은 1944년에 후생연금보험으로 개칭되었고, 1961년 농민·자영업자 등의 피용근로자 이외의 전 국민을 대상으로 한 국민연금이 발족됨으로써 전 국민의 연금체제를 갖추게 되었다. 그러나 연금제도는 인구고령화의 진전으로 인해 후세대에'부담이 가중될 것으로 전망됨에 따라 관련 법률에 근거해 그동안 수차례에 걸쳐서 연금제도가 개정되었으며 그와 관련된 연구[48]도 상당부분 진척되었다.

일본의 연금제도는 특수직역과 일반근로자, 자영업자 등으로 대상자를 구분하여 국가공무원공제조합, 지방공무원공제조합, 사립학교교직원공제조합, 농림어업단체공제조합, 후생연금, 국민연금 등으로 분리되었고, 국민연금 이외의 연금제도는 모두 피용자 연금제도로서 수차례 개정을 거쳐 분리·통합을 거듭하다가 1997년 4월부터 공무원 등의 공제조합 가운데 연합회를 제외한 공제조합은 후생연금에 통합되었다.

1985년의 연금개정에서는 1986년 4월부터 국민연금이 전 국민을 대상으로 하는 기초연금제도로 개편되어 후생연금·공제연금 등의 피용자연금은 기초연금의 추가적인 소득비례연금제도로 전환되었다. 개정의 또 다른 특징은 기초연금 및 중층구조의 공적연금 기반을 구축하여 노후 생활보장원을 확보하는 동시에 근로자의 배우자(제3호 피보험자)를 모두 국민연금에 가입하도록 의무화하여 전업주부의 연금권을 확보하도록 하였다(福祉士養成講座編集委員会).

---

48 노후생활보장 관련 연금제도와 관련된 주요 연구동향으로서는, 타카야마(高山憲之) 는 생활보장을 위한 공·사 역할분담 측면에서 고령자의 연금과 고용의 연대 필요성을 제기하였다. 그와 더불어 모리야마(盛山和夫)는 고령자의 노후생활에 직결되는 생활보장 수단이 연금인 만큼 신뢰받도록 연금일원화를 주장했다. 나아가 연금제도는 과연 누구를 위한 제도인가? 라는 질문과 더불어 니시자와(西沢和彦)가 연금제도의 개혁 방향성을 탐색하는 한편, 조추용은 일본의 연금개혁과 노후생활보장 등 연금개혁 측면의 연구를 추진했다.

특히 2015년의 공적연금의 큰 변화는, 연금재정의 안정과 더불어 연금수급권 확보에 중점을 둔 피용자연금제도의 일원화(통합)가 특징적이라 하겠다. 공적연금의 일원화에 대한 추진배경은 먼저, 회사원과 공무원의 우선 통합을 주장해온 연립여당이 중심이 되어 2006년 4월에 각의 결정하여 동12월에 정부·여당이 합의한 바 있다.

이러한 경과과정을 통해 연금제도의 안정성·공평성 확보, 연금제도에 대한 국민적 신뢰도 제고차원에서 후생연금법 개정 법률안에 의거, 2015년 10월 민간피용자, 공무원 및 사립학교교직원에게 동일 보험료에 의한 동일 연금급부를 목적으로 한 공적연금제도의 통합이 이루어진 것이다[49].

이로써 공무원, 사학교직원 대상인 공제연금과 회사원을 대상으로 하는 후생연금이 1985년 국민연금을 기초연금으로 전환한 이후 30년의 과정을 거쳐 일원화(2015년 10월 통합시행)[50]를 이루었다.

---

49 일본의 연금일원화 논의 및 성립 과정은, 1985년 국민연금의 기초연금화로 1층 부분의 통합, 일원화의 기초적인 틀 이루었고, 그 후 수차례 연금제도의 공정·공평화를 위한 사전작업 실시하였으며 2007년 4월 13일 「피고용자 연금제도의 일원화 등을 도모하기 위한 후생연금보험법 등의 일부를 개정하는 법률안」 이른바 일원화법 제출하였다. 2009년 7월 21일 중의원 해산에 따라서 폐안 처리되어 2012년 4월 13일 「피고용자 연금제도의 일원화 등을 도모하기 위한 후생연금보험법 등의 일부를 개정하는 법률안」, 이른바 일원화법이 다시 제출되었는데 2012년 6월 26일 중의원의 가결을 거쳐 참의원으로 송부되어 2012년 8월 10일 참의원 가결, 성립돼 2012년 8월 22일 공포된 것이다. 2015.10현재 일정에 따른 일원화작업 및 변화에 대응하고 있다.

50 日本年金機構, 厚生労働省, 財務省 각 내부자료 등, 2015.11. 참조요. 일원화의 포인트는 공제연금과 후생연금의 제도적 차이를 후생연금을 기준으로 하여 통일하였다. 현재까지의 각각 다른 보험요율(회사원:16.412%, 공무원:15.862%, 사학교직원:13.292%)을 점진적으로 조정하여 18.3%로 동일 부담과 동일 급부를 지향하게 된다. 그와 더불어 공제조합에서 공무원 등에 지급하는 가산금을 2015년 10월 이후에 폐지하여 공적 연금으로서의 3층의 직역부분 폐지 이후, 새로운 연금에 대해서는 그 본연의 취지 관해 별도의 법률로 정하기로 하고 있다.

　　고령자의 노후 소득원 가운데 하나인 공적연금제도는 수입수준과
가입연수의 차이로 인한 연금수급액의 다소와는 별개사안으로서 전
국민을 대상으로 한 연금제도는 기초연금과 후생연금일원화로 인해
〈그림 4-1〉과 같이 노후의 소득보장을 위한 기초제도로서 정비되었
다고 하겠다.

〈그림 4-1〉 일본 연금제도의 변화 체계도

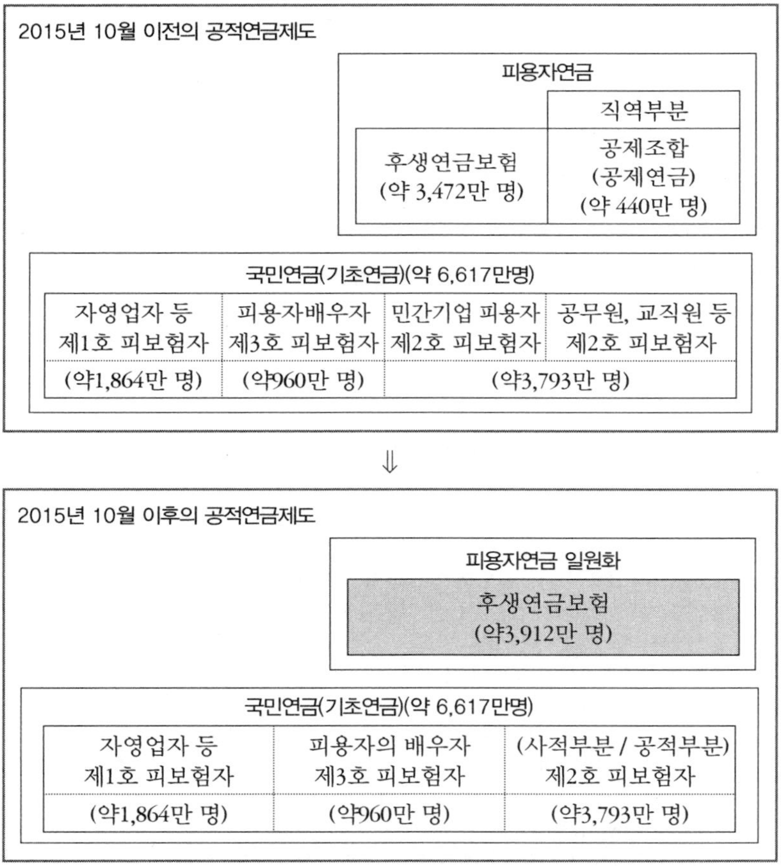

2015년 10월 이전의 공적연금제도			
		피용자연금	
			직역부분
	후생연금보험 (약 3,472만 명)	공제조합 (공제연금) (약 440만 명)	
국민연금(기초연금)(약 6,617만명)			
자영업자 등 제1호 피보험자	피용자배우자 제3호 피보험자	민간기업 피용자 제2호 피보험자	공무원, 교직원 등 제2호 피보험자
(약1,864만 명)	(약960만 명)	(약3,793만 명)	

⇓

2015년 10월 이후의 공적연금제도		
	피용자연금 일원화	
	후생연금보험 (약3,912만 명)	
국민연금(기초연금)(약 6,617만명)		
자영업자 등 제1호 피보험자	피용자의 배우자 제3호 피보험자	(사적부분 / 공적부분) 제2호 피보험자
(약1,864만 명)	(약960만 명)	(약3,793만 명)

자료 : 제57회 사회보장심의회 연금수리부회 자료(2015.10) 참고 작성. 인원수
는 매년, 약간의 변동이 있음.

(2) 현실적인 재정문제

고령자 인구는 2040년까지 계속 늘어나 독신 고령자 또한 증가하고 있다. 2020년에는 고령화율이 무려 30%에 달할 것으로 예상되는 등 일본의 인구고령화는 세계에서 제일 높은 수준이다. 반세기 전만 해도 65세 이상 노인 1명을 약 9명의 현역세대가 지원하는 '헹가래형 사회'였으나 최근에는 3명이 1명을 보살피는 '기마형사회'로 변하였고, 이대로 추이한다면 2050년경에는 국민의 40%가 고령자가 되어 노인1명을 1.2명의 현역세대가 지원하는 '목마형사회'가 도래할 것으로 전망되고 있다.

한편, 사회보장제도는 전체적인 혜택의 균형을 이루기 위한 재원 부담이 어렵고 그 기능을 유지하기 위한 제도의 지속가능성을 위한 개혁이 요구되고 있는 실정이다. 향후 인구구조의 변화로 고령화가 더욱 진전되더라도 연금, 의료, 개호를 비롯한 사회보장제도를 지속 가능할 수 있도록 유지하기 위해서는, 혜택은 고령자세대 중심인데 반해, 부담은 현역세대 중심인 현재의 사회보장제도를 재고하여 형평성을 고려한 제도로서 기능하도록 해야 할 것이다. 즉, 급부와 부담 양면에서 세대간·세대내의 공정성이 확보된 제도로의 개혁은 필요 불가결한 것이다.

왜냐하면 일본의 재정은 세수가 세출의 절반에도 미치지 못한 경우가 많아 국가 및 지방의 장기채무 잔고(2012년 말 현재)가 GDP 대비 196% 수준으로 높아져 상당히 어려운 상황에 처해 있기 때문이다[51].

---

51 일본의 일반 세출에서 차지하는 사회보장관계비의 비율이 50%를 넘고 있어, 세수가 세출의 절반조차 조달치 못하는 현상에 비추어 보면, 사회보장관계비의 상당부분을 미래세대의 부담으로 미루고 있는 상황이다. 그 외에도 매년 1조엔 규모의 사회보장의 자연증가가 불가피하기 때문에 현세대가 누리는 사회보장혜택에 대한 부담을 확보하지 않은 채 그 부담을 미래세대에게 계속 연기한다면, 사회보장의 지속가능성 확보와 재정건전화는 곤란할 수밖에 없을 것이다.

〈그림 4-2〉 사회보장개혁의 배경

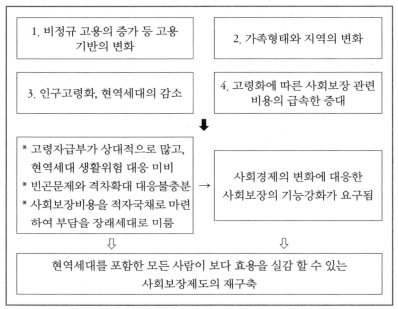

| 1. 비정규 고용의 증가 등 고용 기반의 변화 | 2. 가족형태와 지역의 변화 |

| 3. 인구고령화, 현역세대의 감소 | 4. 고령화에 따른 사회보장 관련 비용의 급속한 증대 |

* 고령자급부가 상대적으로 많고, 현역세대 생활위험 대응 미비
* 빈곤문제와 격차확대 대응불충분
* 사회보장비용을 적자국채로 마련하여 부담을 장래세대로 미룸

→ 사회경제의 변화에 대응한 사회보장의 기능강화가 요구됨

현역세대를 포함한 모든 사람이 보다 효용을 실감 할 수 있는 사회보장제도의 재구축

자료 : 정기룡(2013)『일본의 사회정책』전남대학교출판부. p.241. 참고 작성

따라서 사회보장의 안정적 재원확보와 재정건전화를 도모함에 따라 '재정운영전략(2010년 6월 22일 각의결정)'에서 정하고 있는 내용 즉, 2015년의 단계에서 재정건전화를 지향하여 사회보장제도의 지속가능성을 확보하는 동시에 2020년까지 기초재정수지를 흑자로 전환시키려는 목표는, 고령자부양을 자립으로 전환할 수밖에 없는 현실상황을 드러낸 것이라고 하겠다.

일본에서 이루어지고 있는 고령사회대책은 먼저, 취업·연금 등의 분야를 비롯하여 간병수발·의료, 사회참가·학습, 생활환경, 고령사회 시장 활성화 및 조사연구추진, 전세대가 참여하는 초고령사회 기반구축 등에 이르기까지 매우 다양하다. 그중에서도 취업·연금이 가장 중심인 내용은 고용과 연금을 테마로 한 고령자사회정책의 테마로서 예산규모가 전체의 57%를 넘고 있어서 제일 많은 비중을 차지하고 있다[52].

따라서 사회보장제도의 중점 개혁사항은 앞의 〈그림 4-2〉에서 보는 바와 같이 현역세대는 줄어들면서 인구고령화가 진전되고 있으므로 다음과 같은 목표를 설정하고 있다.

① 공조·연대를 기초로 한 국민 개개인의 자립지원
② 사회보장 기능충실과 철저한 급부의 효율화
③ 세대 간 및 세대 내에서의 공평성 중시
④ 의료, 간병수발서비스, 연금, 빈곤·격차대책 개혁
⑤ 소비세 세수충당을 「연금·의료·개호·육아」의 4분야로 확대
   (소비세율 2014년 4월부터 8%, 향후 10% 인상예정)
⑥ 취로촉진에 의한 사회보장제도 유지 및 기반강화 추구 등이다.

이러한 개혁배경[53]을 통해 일본에서는 일단 2025년을 목표로 개혁을 추진하는 과정에 있다고 하겠다.

---

52 2014년도의 고령사회대책 예산 중 일반회계(특별회계 별도)의 예산, 전체 196,623억 엔 가운데 고령자의 취업과 연금에 관한 예산이 무려 112,228억 엔에 달해 전체 예산의 57%가 넘고 있다. 15년 전의 1999년 예산 103,215억 엔 중 취업 및 소득과 관련된 52,095억 엔의 50%보다 비율의 증가율도 상당하지만, 금액으로는 무려 두 배가 넘는 지출이 이루어지고 있는 실정인 것이다.
53 이러한 환경변화에 입각해 제180 국회에서 성립된 '사회보장제도개혁추진법(2012년법률제64호)'에 근거해 구성된 '사회보장제도국민회의'는 인구고령화의 심각한 재정문제에 대처하기 위한 보고서를 제출하여 '지속가능한 사회보장제도 확립을 도모하기 위한 개혁추진에 한한 법률(2013년법률제112호)'을 제185회 국회에 제출하여 2013년 12월 5일에 성립되었다(高齢社会白書 2016:74-76).

4. 고령자대책의 성과와 과제

(1) 고령사회대책과 생활보장

인구고령화의 사회문제는 세계적인 관심사가 되고 있는데 일본정부는 이미 1970년대에 인구고령화의 사회문제를 인식한 이후 줄곧 고령화대책을 지속적으로 전개해 왔다. 또한 평균수명 연장에 의해 본격적인 고령사회의 도래에 대비해 고령자를 지원하는 이른바 장수사회대책대강(長壽社会対策大綱:1986.6.6)[54]을 각의 결정하였다.

또한 활력 있는 고령사회의 관점에서 나이에 상관없이 일을 하고자 하는 의욕과 업무능력이 있는 고령자에게는 직업생활을 계속할 수 있는 사회를 실현하는 것이 기본관점이었다. 그 하나의 방법으로 지속적인 고령자대책이 '고용대책기본계획'[55]이었다. 그 중심적 내용은, 고령자의 취업욕구에 맞도록 고령기의 삶을 선택하고 고용시스템을 계획적·단계적으로 구축하려는 고령자 고용취업대책이었다.

한편, 노후의 생활보장자원은 여러 형태로 그 역할과 기능을 수행한다고 하겠는데, 21세기에 들어선 이후에는 고령자를 둘러싼 생활보장시스템이 공적보장, 기업보장, 사적보장, 지역사회활동 중 어느

---

54 장수사회대책대강은 ① 경제사회의 활성화를 도모하고 활력 있는 장수사회를 구축한다. ② 사회연대의 정신에 입각한 지역사회의 형성을 도모하고 포용력 있는 장수사회를 구축한다. ③ 생애에 걸쳐 건강하고 충실한 생활을 보낼 수 있도록 장수사회를 구축한다는 기본방침이 포함되었다.

55 고령자고용대책에 관해 살펴볼 것 같으면, 1983년에 나온 「제5차고용대책기본계획」과 1986년의 「고연령자고용안정법」의 시행은 대표적인 고용대책이라고 하겠다. 이른바 고령자고용안정법에 입각하여 민간기업의 고령자고용 장려책으로서 「고연령자다수고용보장금제도」를 1986년 10월에 시행하였고, 1989년 10월에는 당시 노동성(현 후생노동성) 직업안정국에 「장수사회고용비전」연구회가 설치되었으며 그 결과 1990년 10월에는 「고령자활약시대의제언」이라는 부제를 단 보고서가 공포되었다(정기룡 2000).

측면에서도 고령자를 지원하기 어려운 여건에 처해 있어서 전망이
밝지 못했다.

그와 더불어 생활보장자원을 구성하는 데에는 어느 한 측면에 전
적으로 의존해 부담을 주기보다는 생활보장 공급원(자원)의 상호 보완
적 작용을 통해 고령자의 생활보장체계를 구축하는 방안이 현실적인
문제해결의 실마리가 되었다.

중간수준의 부담과 중간 수준의 복지혜택을 지향하고 있는 일본은
연금제도를 비롯하여 사회보장제도의 개혁을 거듭하면서 급부는 축
소되거나 특수성을 분해시키며 일반화되어 왔다. 이러한 추세는 당
분간 지속될 것으로 예상된다. 따라서 향후의 생활보장시스템은 개
인의 선택을 존중하는 생활보장자원의 상호 보완적인 형태, 혹은 각
개인이 처한 형편에 따라 선택적인 복지자원의 실현형태로 추진될
것으로 전망된다.

(2) 고령사회대책대강의 개정과 방향성

일본의 ‘고령사회대책대강’은 인구고령화의 사회문제에 앞서서
수명연장과 일본경제의 성장을 바탕으로 ‘장수사회대책대강’이 결
정된 바 있다. 그러나 장수화의 기쁨을 만끽하기도 전에 연금, 의료,
장기요양 등의 면에서 고령사회의 문제점이 드러남에 따라 약 10년
경과시점인 1996년 7월 5일 장수사회에서 고령사회로 정책방향이 선
회한 과정을 겪게 되었다.

그 후 ‘고령사회대책대강’은 2001년 12월 28일에 한차례 내용수정
을 거친 후 재차 11년이 경과된 2012년 시점에 개정(현행)되었다. 이는
‘고령사회대책기본법(1995년 법률제129호)’ 제6조의 규정에 입각해 고령
사회대책으로서 정한 것이었다.

이러한 점을 고령자의 생활보장시스템 구축의 시점에서 보면, 생

활보장자원을 복합적으로 작용하도록 구성하려는 이른바 복지혼합 (welfare mix)의 효율적인 종합과 조정이 필요하게 될 것이다. 왜냐하면 이러한 생활보장자원은 단일형태가 아니라 다양한 형태로 생활보장 을 공급하게 되지만, 각 개인은 다양한 생활보장자원 가운데 본인의 상황에 맞는 선택과 획득을 취하려는 행동에 나설 것으로 예상되기 때문이다.

① 1996년 각의 결정된 「고령사회대책대강」 목적의 요약

일본의 인구구조의 고령화는 매우 급속도로 진행되고 있으며 경제사회 시스템의 전환과 더불어 국민생활에 광범위한 영향을 미치고 있다. 향후, 전후에 태어난 인구규모 가 큰 세대가 고령기를 맞이해 일본은 본격적인 고령사회 로 이행하고 있다. 이러한 가운데 국민 한 사람 한 사람이 **오래 장수해서 좋다는 자부심**을 실감하며 **마음이 통하는 연대정신이 넘치는 풍요롭고 활력 있는 사회**를 확립해가 기 위해서는, 경제사회의 시스템을 향후의 고령사회에 걸 맞도록 부단히 검토하고 개인의 자립과 가정의 역할을 지 원하며, 국민의 활력을 유지·증진함과 동시에 자조(自助), 공조(共助) 및 공조(公助)의 적절한 조합으로 더욱 안심할 수 있는 생활을 확보하는 등 경제사회의 건전한 발전과 국민 생활의 안정향상을 도모할 필요가 있다. 이를 위해서 고령 사회대책기본법(이하 「법」이라 한다.) 제6조의 규정에 의거해 정 부가 추진해야 할 기본적이며 종합적인 고령사회대책의 지침으로서 이 대강을 정한다.

② 2012년 각의 개정된 「고령사회대책대강」목적의 요약

제2차 세계대전 이후의 경제성장에 의한 국민의 생활수준의 향상과 의료체제의 정비, 의료기술의 진보, 건강증진 등에 의해 평균수명이 늘어나 일본은 제1의 장수국이 되었다. 이는 일본 경제사회가 성공한 증거이며 자랑이자 차세대에게도 계승해야 할 재산이라고 할 수 있다. 그렇지만, 전례 없는 속도로 인구고령화가 진행되어, 세계 최고수준의 초고령사회를 맞이하고 있다. 베이비붐세대가 65세에 편입되기 시작한 지금, 「인생65년시대」를 전제로 한 <u>고령자상에 대한 의식개혁</u>을 비롯해 고용, 사회참가, 지역커뮤니티에서의 생활환경을 <u>「인생90년시대」를 전제로 한 구조로의 전환</u>이 필요하다. 또한 능력이 있는 고령자에게는 사회의 버팀목이 되거나 자립할 수 있도록 하되, 도움이 필요할 때에는 인간답게 생활할 수 있도록 초고령사회를 실현시켜 나갈 필요가 있다. 따라서 고령자뿐만 아니라, 청년, 여성의 취업향상과 직업능력 개발의 추진 등을 통해 국민 각 개인의 의욕과 능력을 최대한으로 발휘할 수 있도록 전 세대가 서로 지지하는 사회구축이 필요하다. 이를 위해서 고령사회대책기본법 제6조의 규정에 의거해 정부가 추진해야 할 기본적이며 종합적인 고령사회대책의 지침으로서 이 대강을 정한다.

자료 : 정기룡(2016) 「일본의 고령자 사회정책에 관한 연구」 『일본연구』제68호. 한국외국어대학 일본연구소. p.153. 참고 작성

이처럼 초기에 각의 결정된 일본의 '고령사회대책대강(1996년 7월 5일)'은 2001년 12월 28일 개정 시에 폐지되었고, 그 후 환경 변화에 의

한 재개정이 요청됨에 따라 새로운 고령사회대책의 정부지침으로 현
행 '고령사회대책대강(2012.9.7.)'이 국무회의에서 결정되어 이전의 대
강은 폐지되었다. 2012년에 재차 개정된 대강(大綱)에서는, 일본이 이
제 '인생80년시대'를 넘어서 이른바 '인생90년시대'에 적합한 초고령
사회를 지향하고 있다는 사실을 인식하는 동시에 고령자대책으로 각
료회의에서 결정한 사실을 국민에게 공표하는 것이었다.

그럼 과연 20세기말과 21세기초엽의 시대적 전환기(16여년경과)사이
에 고령자대책의 주요내용이 어떻게 변화되었는지? 초기에 각의 결
정된 '고령사회대책대강(1996.7.5.)'과 2012년에 개정된 '고령사회대책
대강(2012.9.7)[56]'의 특징적 차이를 비교해보기로 하자.

위의 ① ②항의 목적처럼, 초기의 대강과 재개정된 대강은 내용에
있어서 고령자를 지원하기 위해 마련된 미사여구(美辭麗句)는 비슷한
수준이지만, 내용면에 있어서는 상당부분 차이가 있음을 알 수 있다.
즉, 개정된 대강은 급격한 인구고령화의 사회적 부담에 따른 정부역
할의 축소와 고령자의 역할참여 유도, 지역사회의 네트워크 확대 나
아가 전 세대가 초고령사회를 지지하는 사회구축의 필요성을 강조한

---

56 2012년의 '고령사회대책대강'의 골자는 다음과 같다. (1) 고령자상에 대한 의식개
혁 : 고령자의 의욕이나 능력을 최대한 살리기 위해 의욕과 능력이 있는 65세 이상
의 고령자에게는 지지하는 측에 설 수 있도록, 국민의식 개혁을 도모, (2) 노후의
안심을 확보하기 위한 사회보장제도의 확립 : 사회보장제도의 설계를 위해 자조·
공조·공조의 균형유지를 위해 가족과 국민 상호의 협력 구조 지원, (3) 고령자의
의욕과 능력의 활용 : 고령자의 의욕을 살려 연령에 관계없이 일할 수 있는 사회를
목표로 유연한 일자리 창출 환경정비 도모, (4) 안정적인 지역사회의 실현 : 지역사
회에서 고령자의 활기 있는 라이프스타일을 창조하기 위해 네트워크 형성과 상호
부조의 재구축 추진, (5) 안전·안심 생활환경의 실현 : 고령자를 범죄, 소비자 트러
블 등으로부터 고령자의 안전·안심을 확보하는 사회구조 구축을 위해 정보입수
와 이용이 용이한 정보시스템 개발, (6) 청년기부터 「인생90년시대」에 대한 준비
와 세대 순환 실현 : 고령기를 건강하고 활력 있게 보내기 위해서는 젊은 시절부터
건강관리, 평생학습, 자기계발의 중요성을 강조하는 동시에 고령자의 자산을 사
회에 환류 시키는 구조구축을 도모한다는 내용이다.

점이 특징이라고 할 수 있다.

즉, 1995년 제정된 고령사회대책기본법에 따라 1996년에 처음 각의 결정된 '고령사회대책대강'은 고령자에 대한 일종의 시혜적 복지대책이 중심이었다. 그 후 2001년엔 급속한 인구고령화에 따라 고령자의 고용촉진과 취업환경을 개선하는 내용으로 수정되었다. 2012년에 개정된 대강은 65세 이상 고령자를 부양받는 대상이 아니라 '인생90년시대'를 전제로 한 사회의 버팀목 역할도 수행하도록 근로의욕과 능력을 가진 고령자의 직업능력[57] 등을 활용하자는 인식변화 내용이 이전과 다른 점이다.

이를 뒷받침하듯이 일본의 장래인구추계에 의하면, 2050년에는 65세 이상 고령자인구가 무려 38% 수준으로 급증할 것으로 예상됨에 따라 고령사회에 대처하기 위한 사회문제에 관한 실험과 연구 그리고 정책적인 대안제시 등이 정부와 관련기관 등이 주도하여 활발히 행해지고 있다.

이로 인한 사회보장제도의 개혁 및 '고령사회대책대강' 개정 등의 사회제도의 변화는 결국 인구고령화에 기인하는 사회문제에 대한 대응책이라고 하겠다[58]. 이렇듯 인구고령화의 사회문제가 심화되고 있

---

57 2012년 개정 시의 60~64세 취업률 57.3%에서 향후 8년 후에는 63%(2020년) 수준으로 끌어올리려는 목표설정과 더불어 기업이 65세까지 고용을 의무화하는 '고령자고용안정법'에 입각해 정년 후의 고령자를 재고용하는 제도개선이 이루어지게 되었다.

58 인구장래추계: 총무성 「국세조사(2010)」 및 「인구추계(2013)」, 국립사회보장·인구문제연구소 「일본의 장래인구추계(2012)」 등에 의하며, 고령자대책과 관련된 연구에서는 고령자대책의 주요 내용으로서 ① 고령자의 고용·노동정책, ② 고령자의 소득보장, ③ 고령자의 의료정책, ④ 고령자의 주거문제, ⑤ 고령자교육·레저대책, ⑥ 노인복지계획 등을 거론하고 있다. 또한 일본사회정책학회에서도 인구구조의 변화를 사회문제로 인식하여 학술대회의 주요 테마로서 인구고령화의 사회문제를 다루고 있다. 또한 공표된 일본정부의 고령사회대책에 관한 정보는 일본내각부 등의 사이트에서 검색할 수 있다.

는 가운데, 사회보장재정에서 기인하는 정부역할은 축소경향을 보이고 있다. 반면, 시장기능의 활용이 요구되고 있으며 그 밖에도 기업, 지역사회, 가정 등의 생활보장시스템에 관한 재구축이 필요한 전환기로 파악된다. 따라서 앞으로는 고령자대책을 위한 논리구축에 사회정책을 비롯하여 노인복지, 사회보장 등 학제적 논의가 확대될 것으로 예상 된다[59].

 5 향후 고령자대책의 전망

최근 고령화가 급격히 진전되고 있는 일본의 인구고령화의 실태와 고령사회의 사회문제에 대해 고령자대책의 분석을 통해 실태와 문제의 해결방향을 모색해보고자 하였다. 특히 일본 정부의 중장기 고령사회대책의 토대로서 각의 결정된 '고령사회대책대강'을 살펴보았는데 초기의 대강이 고령자의 생활안정 등 부양정책을 주로 거론했다면, 개정된 '고령사회대책대강'에서는 고령자의 자립을 강조한 점이 대비된다고 하겠다.

이러한 일본정부의 정책전환은, 21세기 초엽까지 실시해온 고령사회대책이 이미 한계에 이르렀기 때문이다. 즉, 사회·경제적으로 침체되어 있는 현실상황을 배경으로 지속적으로 늘어나고 있는 고령자에

---

59 왜냐하면 최근 사회문제의 해결방법으로서 사회보장에 관하여 경제학적 접근이 시도되고는 있지만, 인구고령화처럼 인구구조의 변화에 의한 인간의 생애와 관련된 사회문제를 경제이론만으로는 해결할 수 없기 때문이다. 따라서 노인문제와 인구문제 등과 관련된 사회문제는 사회정책학적 분석시각은 물론이며 가정학, 사회복지학, 인류학 등의 학제적 연구가 병행된다면, 보다 효율적인 대책이 도출될 것으로 보인다.

대한 부담을 이전의 시스템으로 더 이상 감당할 수 없게 된 것이다. 따라서 이제는 '인생90세시대'를 전제로 내세워, 중장기 고령자대책으로 방향을 선회해 65세 이상의 고령자를 부양대상으로 규정했던 기존의 고령자에 대한 정의를 바꾸는 동시에 고령자에 대한 시각을 '노인부양'에서 '노인자립'으로 전환하였다. 결국, 65세 이상의 고령자일지라도 건강하게 일할 수 있는 사람에게는 취로기회를 확대하는 등 자립지원으로 방향을 수정한 것이다.

이러한 시각변화는 일본인의 평균수명이 최근 80세를 훌쩍 넘는 한편, 의욕과 능력을 갖춘 고령자 또한 점차 늘어나고 있는 만큼 고령층의 능력을 활용하는 동시에 인구고령화에 걸맞은 고령자대책을 마련하기 위한 고육책에 기인한다고 하겠다. 또한 공적연금을 비롯한 각종 사회적 부담을 줄이는 한편, 저출산으로 인해 향후 부족할 것으로 전망되는 노동력확보 차원에서도 고령자고용은 유용한 정책수단으로 활용될 것으로 보인다. 그와 동시에 기업은 정년을 65세까지 연장하는 한편, 60세부터 지급하던 공적연금의 연금지급 개시연령을 2025년까지 단계적으로 65세로 상향 조정하는 등 연금과 고용의 연계차원에서 고령자사회정책의 전환을 이루어가고 있다.

결국, 일본의 초고령사회의 사회문제를 해결하기 위해서는, 제도와 정책은 고령사회대책으로서 정부가 주도하면서도 시장기능, 민간의 제도와 관행, 지역사회 나아가 기업을 망라하여 활용하는 생활보장시스템의 재구축이 필요할 것이다. 왜냐하면 '고령사회대책대강'과 같은 각의·결정된 지침이 16년 사이에 세 번째 개정된 대강에 입각해 유지될 수밖에 없는 일본사회는, 인구구조가 일정수준으로 안정되기까지 '복지형성'과 '복지위기'가 동시에 진행하는 전환기에 있기 때문이다. 따라서 초고령사회의 사회문제에 관한 논의는 당분간 지속될 것으로 전망된다.

한편, 우리나라의 경우에도 베이비붐세대(1955-1963년 출생자)의 은퇴가 시작된 시점에서 연금과 고용을 연계하는 고령자대책이 시급히 요구된다. 즉, 공적연금제도의 안정적인 유지와 더불어 연금제도에 대한 신뢰성 제고를 비롯하여 명예퇴직에 몰리는 중장년의 비애를 초월하여 정년연령과 연금수급연령의 연계를 위한 논의가 이루어져야 할 것이다. 나아가 퇴직고령자의 재취업과 취로를 적극 지원하는 생활보장시스템의 구축이 필요한 시점이 바로 지금일 것이다.

제5장

고령자 고용대책과
사회연대

1 고령자취업 및 고용대책

세계는 21세기를 맞이하여 새로운 시대의 전환기에 접어들었다. 시대의 전환기에는 미래의 모습을 예견하기가 매우 어려우며 또한 과거에 지나쳐 온 자취를 쉽게 망각하기 쉽다. 그러므로 다가 올 장래를 예측하여 발전적인 방향으로 사회시스템을 유지해 나가기 위해서는 과거의 추이를 비교 관점에서 분석한 결과에 입각하여 합리적인 정책론으로서 현재의 문제를 해결하고, 향후를 전망해보는 방법이 유익할 것이다.

고령자고용대책과 관련해서는 고령자취업을 노동경제학적 시각에서 분석해 온 세이케(清家篤 2004)의 연구를 비롯하여 베이비붐세대의 정년으로 고용과 연금이 일본경제에 미치는 영향을 분석한 히구치(樋口美雄 2004) 등의 분석에서 고령자를 대상으로 한 고용 및 노후의 생활보장 나아가 평생현역세대를 지향하는 전망 등이 제시되었다. 또한 베이비붐세대와 관련한 연구에서는 사회보장제도뿐만 아니라 노후 생활면에서의 고령자의 고용과 소득보장 등의 과제를 다루고 있다[60].

이처럼 연구뿐만 아니라 일본정부의 주요 고령자대책은 고령자를 대상으로 한 사회정책 범위의 확장을 보여주고 있다. 그 가운데에서도 고령자의 고용과 관련해서는 무려 8차에 걸친 '고용대책기본계획'을 통해서 고령자의 고용지원책을 내놓고 있으며 또한 각료회의에서 결정하는 '고령사회대책대강' 또한 앞에서 살펴본 바와 같이 3차례의 개정을 거쳐 고령자대책으로 공표하고 있다[61].

이러한 변화는 이미 20세기 말경부터 시작된 잃어버린 20년의 과

---

60 고령자를 대상으로 한 사회정책연구로서는 우츠미(內海洋一:1992)의 고령자사회정책, 다케가와(武川正吾:2004)의 일본의 사회정책과 복지국가론, 사카와키·아베(坂脇昭吉·安部誠:2007)의 현대 일본의 사회정책, 정기룡(2013) 『일본의 사회정책』전남대학교출판부. 등이 개별적으로 수행되었으나 기존의 사회정책이론과는 별개의 고령자사회정책론으로 확립되었다고 보기에는 충분치 못하다. 그리고 세이케(淸家篤:2004)의 고용과 연금과의 관계로서 고령자의 취업행동을 연금과 연계한 방법론을 제시한 연령차별금지 시각의 고령자고용제도, 세이케(淸家篤:1998)의 생애 현역사회의 조건으로서의 고령자고용과 연금과의 관계를 논한 연구 등을 들 수 있다.

61 일본정부의 중장기 고령화대책인 '고령사회대책대강'의 주요 골자는 의욕과 능력이 있는 고령자의 취업을 적극 지원한다는 것으로서, 앞에서 살펴본 바와 같이 1996년에 최초로 '고령사회대책대강'을 작한 이후 2001년 개정이 이루어졌으며 재차 2012년에 3차 개정에 이르렀다. '고령사회대책대강(2012.9.7)'의 3차 개정은 평균수명이 늘어난 결과이기도 한데, 20세기말의 '인생80년시대'를 넘어 현재에는 이른바 '인생90년시대'에 적합한 고령사회를 지향한다는 문구가 각의 결정된 '고려사회대책대강'에 포함되어 있을 정도이다. 이러한 변화는 일견 시대에 부합하는 정책이기는하지만, 고령자 각 개인에 있어서는 복지축소의 경향을 내포하고 있는 것으로서 인구구성상 수명은 늘어나고 고령자의 급증으로 인한 고육책으로 정리될 수밖에 없었던 것으로 파악된다(日本內閣部 2015:46-50).

정을 거치면서 인구고령화가 더욱 진전(2015년고령화율:26.8%)되었기 때문에 경제학적 분석뿐만 아니라 이른바 21세기형 사회정책론의 재구축이 요청되고 있는 것이다. 즉, 이전의 사회정책론에 대해 이론적 재고를 통해 사회정책의 개념과 대상 및 범위의 재규정이라든가 사회정책, 사회복지, 사회보장의 학제적 연구 및 국제비교의 필요성을 제기하는 등 이른바 일본형복지국가형성과 새로운 사회정책학에 대한 재구축을 주장하기에 이르렀다[62].

한편, 정년연장이 진전하고 있는 배경으로 경제상의 이유뿐만 아니라, 건강상 이유, 그리고 근로의욕을 고취하려는 '고연령자 등의 고용안정에 관한 법률'에 근거한 기업 측의 촉구에 의한 것임을 알 수 있다. 그와 더불어 21세기 초엽에 노동력인구 중에 차지하는 고령자의 비율이 현저하게 높아져 미리 정년연장 등의 고용관리에 대처하고 있는 것으로 파악된다.

근무연장·재고용제도등과 함께 정년을 맞이하는 고령자에 대해 취업기회를 제공하는 조치로서 재취업 알선도 행하고 있다. 고령자 취업의 동향을 전망할 것 같으면, 일본의 경제활동인구는 줄어들 것으로 보이며 노동력의 공급제약과 고령화가 동시에 진행되고 있어 그러한 변화에 대응하기 위해서는 고령자의 노동력활용이 필요할 것으로 보인다.

즉, 인구고령화에 따른 구조적인 노동력공급제약이 예상되고 있는 상황에서 앞으로 경제활동인구가 줄어들면, 고령층의 노동자는 직업을 선택할 수 있는 기회가 늘어날 것이며 고령자의 희망에 따라 단시

---

62 이러한 움직임은 이미 20시기 이전에도 있었는데, 사회보장이론의 추구를 스미야(隅谷三喜男:1993)와 다케가와(武川正吾:1999)『社会政策のなかの現代-福祉国家と福祉社会』東京大学出版会.에 등에 의해 시도된 바 있다. 그에 관해서는 동 한국어판 서문 및 pp.359-369. 등에서 엿볼 수 있다.

간근무와 격일근무, 재택근무 등 다양한 취업형태를 적극적으로 도 입하는 등 고령자가 일하기 쉬운 직장환경이 제공되어야 할 것이다.

 ## 2. 고용관행의 변화와 임금조정

(1) 고용관행과 노동력의 변화

일본의 고용제도의 특징을 단정하는 것은 이론(異論)이 있겠지만, 일 반적인 특징으로는 '종신고용제도', '연공서열제도', 그리고 '기업별 노동조합'의 세 가지가 주로 거론된다. 이러한 일본적 경영[63]의 특징 인 고용시스템은 일본경제성장의 한 요인으로 평가되어 왔다. 그러나 거품경제의 붕괴 후, 침체중인 일본경제의 환경에서 '종신고용'과 '연 공서열'을 지속할 수 없게 될 것으로 보는 견해가 주류를 이룬다[64].

중장기적인 관점에서는 인구구성 면에서 노동력의 공급제약이 예 상되므로 고령자 노동력의 활용도 고려할 필요가 있다. 기업의 노동 수요는 젊은 층의 노동력이 감소할 경우, 고령자의 노동력 활용 가능

---

63 일본적경영의 「일본적」이라는 의미는 먼저, 일본의 특수한 제도라는 의미의 일 본적으로 또한, 기능은 각 외국의 유사하여도 형태가 다르기 때문에 일본형이라 는 의미로 사용되는 경우의 일본적인 것이다. 특히 글로벌적 일본기업의 경영실 체를 연구대상으로 하고 있는 경우에 일본적이라고 분류할 수 있다. 일본적경영 에 관한 주요연구로는, 일본적 특수의 의미로 종신고용, 연공임금, 기업별조합의 세 가지를 일본적 경영의 특징으로 본 C.Abegglen(1958) 및 잃어버린 10년, 장기불 황을 이겨낸 힘으로서의 일본경제의 힘에 관한 C.Abegglen(2007)의 연구 등을 들 수 있다.

64 종신고용은 장기고용을 보장하며, 연공서열은 직장 귀속의식을 만든 일본경제의 성공요인이라는 평가를 받아왔다. 하지만 버블경제의 붕괴 후, 「일본적경영」에 대한 평가는 낮아졌다. 따라서 저성장 경제하에서 종신고용과 연공서열 등의 일 본의 고용시스템은 변화하지 않을 수 없게 되었다.

성은 커질 것이다. 따라서 노동시장의 상황이 극단적으로 악화되지 않는 한 기업은 고령자의 노동력을 활용하기 위해 다양하고 유연한 취업형태와 근무형태를 적극적으로 도입하여 능력과 경험을 발휘하도록 고령자의 직장환경을 만들어갈 것으로 보인다.

(2) 고용연장과 임금조정 구상

기업의 고용연장에는 임금이 큰 작용을 하고 있다. 특히 대기업에서는 고령자의 계속고용에 소극적일 수 있는데, 그 이유는 바로 연공적인 임금구조에 의해 연령이 높으면 임금 또한 높게 책정될 수 있기 때문으로 보인다. 세이케(清家篤)교수는 연공형임금을 장기고용 관계로서 고용기간 전체를 통해 파악하고 있다. 즉, 일반적으로 임금과 업무능력은 거의 균일하도록 설정되어 있으므로 노동자에 대해 기업은 자선도 착취도 하지 않는 장기고용에 대한 임금구조로 되어 있다는 것이다.

따라서 기업은 고용기간 전체에 걸쳐 업무능력에 준하여 임금을 균일하게 지불하려 하기 때문에 고용기간 전체를 통해 보면, 지불된 임금의 총화와 업무의 총화가 일치한 형태가 된다고 본다. 이러한 'zero profit wage path'야 말로 일본의 연공적인 임금체제를 유지해 온 근거라고 이해할 수 있다[65].

그러나 이와 같은 가정은 어디까지나 지속적인 경제발전과 노동력이 풍부하여, 신입사원의 확보가 용이해 젊은 층의 노동공급이 풍부한 인구구조의 모델이다. 하지만 향후 본격적으로 젊은층의 근로자

---

65 세이케(清家篤:1992)『高齢者の労働経済学』日本経済新聞社, PP.99-105. 일본경제신문사. 여기서 논한「zero profit wage path」라는 것은 고용기간 전체를 통해서 보면 임금의 총체와 노동의 총체가 일치하므로 기업은 자선도 베풀지 않고, 착취도 하지 않음을 의미한다.

가 줄어들어, 초임의 상승을 피할 수 없게 된다. 그럴 경우 노동력이 부족하여 고령자 노동력을 이용할 수밖에 없게 된다.

그러한 모델을 노동력의 공급제약 조건 하에서 고찰해보기로 하자. 먼저, 〈그림 5-1〉처럼, 고용연장과 초임금의 임금상승 부분을 관련시켜 설명하고 있다. 즉, 이때까지 AB였던 임금곡선을 AB1과 같이 변화시키면, T의 정년을 T1로 연장하면 그 연장된 기간 T-E 구간의 임금총액을 고려하여 초임도 H구간에서 조정하는 것이 가능할 것이다. 즉, 임금곡선은 근로자와 기업 간에 설정되어 있는 정년까지, 〈그림-1〉처럼 초임급의 A혹은 A1점에서 출발하여, B점, 혹은 B2점, 또는 B3점이라고 하는 일정시점, 즉, 각 기업이 정해놓은 정년까지 이어질 것이다.

〈그림 5-1〉일본인의 업무능력과 임금체계

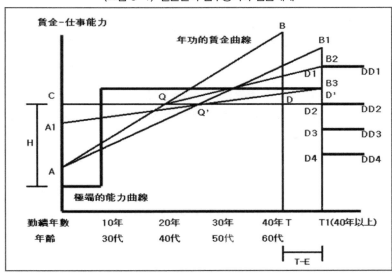

자료 : 정기룡(2011)「일본의 고령자 라이프스타일에 관한 연구」『일본연구』57호. 한국외국어대학교 일본연구소. P.17. 참고 작성

이는 T에서 T1으로 정년을 연장해도 일(업무능력)과 임금의 균형을 유지한다면, 여러 형태의 임금구상이 가능하다는 점을 보여준다. 예를 들면, AQB2와 같이 도중까지는 정년 T의 경우 임금곡선과 같도록 하고 중고령기에 임금상승을 억제하는 방법도 가능할 것이다. 또한 근로자가 부족해 초임이 상승할 가능성도 있기 때문에, 젊은 시기의 임금을 A부터 A1까지 올린 다음, 그 후 AQ'B3처럼 중고령기의 임금곡선을 낮추는 방법 등을 제시하고 있다.

그러나 이와 같은 가정은 퇴직금과 연금 등을 염두에 두지 않고, 고령자노동력의 활용을 단순히 근무기간만 연장하여 임금과 업무능력의 균형은 유지할 수 있다는 시각으로 고용연장의 가능성을 검토한 정년연장모델이라고 하겠다. 따라서 정년 이후의 계속근무나 재고용의 임금곡선이 제시되지 않았기에 이에 추가하여 고령자의 정년이후의 취로와 관련된 임금곡선을 제시하기로 한다.

일본의 베이비붐세대는 이미 T-E 이후의 구간(65세 이후)에 도달했지만, 베이비붐세대 이후의 고령자도 차례로 60~65세의 정년(B1)을 맞이하게 될 것이다. 고령자의 업무능력은 체력에 따라 희망하는 취업형태도 다양할 것이며, '가치한계생산력곡선'은 정년까지는 CD처럼 균형을 이루지만, 정년 이후의 '가치한계생산력곡선'은 고령자의 능력과 체력에 따라 T1점에 달하면, D1부터 D4등으로 여러 형태로의 임금수준의 변화가 예상된다.

노후의 주요 소득원으로서 공적연금이 지급되는 B1(65세) 수준의 임금을 받던 시점 이후의 취로는, 고령자 개인의 업무능력과 건강상태 그리고 연금소득 수준을 고려해 각 고령자와 기업측이 상호선택하는 형태가 될 것이다. 즉, 정년 이후에도 취로를 원하는 고령자가 DD1, DD2, DD3, DD4 등과 같은 임금곡선을 고령자의 건강상태와 의지에 따라 선택함에 있어서는 「자선과 착취」가 없는 상태에서 업무능력에 상응하는 임금수준으로 사용자측과 고령자와의 협의에 의한 취로가 성립될 수 있을 것이다. 즉, 그 시점에서 고령자 자신이 선택한 재고용, 계속근무, 임시고용 등의 이른바 자유계약을 나타내는 DD1부터 DD4까지라고 가정한 「선택적 굴절형 임금」[66]이 예상된다.

선택적 굴절형 임금구조, 즉, 고령자를 위한 고용연장과 함께 새로운 임금 시스템의 확립은 고령자고용촉진을 위해서의 행정적 지원과 기업의 '유연한 인재' 활용, 그리고 고령자의 '선택적 취업'에도 유리한 관계가 될 것으로 예상된다.

이러한 구상은 저출산·고령사회의 인구구조 추이와 고령자의 삶의 보람측면에서도 필요성은 높다고 하겠다. 그러한 의미에서 정부·기업·노동자의 적극적인 관여는 고령자노동력의 유효활용을 가능하게 하는 전제조건이 될 것이다. 이렇듯 고령자의 취로는 상당한 의미를 갖는다. 취로의욕과 업무능력을 보유한 고령자의 취로는 직접적인 소득증가는 물론이고, 일에 대한 보람과 더불어 향후 저 출산에 의한 노동력부족 대비 등의 의미가 크다.

그렇지만 고령자의 취로확대에 있어서는 다음 두 가지 기본원칙이 필요할 것이다. 첫째는 고령자의 업무능력이 최대한 활용되어야 한다. 즉, 고령자의 업무능력 개발과 취업형태의 다양성 제고, 고령자의 생활기반 안정을 위한 제도적지원이 필요할 것이다. 둘째는 노·사 상호 간에 채용과 은퇴의 자유가 확보되어야 한다. 취로를 위한 의사결

---

66 여기서 말하는 '선택적 굴절형 임금'이라는 용어는 필자가 고안한 개념이다. 그림 1에서 출발한 가치한계임금곡선(기업 내에서의 업무능력)은 고용연장후의 D1에 달하면 고령자개인의 능력과 체력에 따라 변화가 나타날 것이다. 그러면 업무능력곡선은 T1선 상에서 굴절한 형태인 D1-DD1혹은 D4-DD4등과 같이 여러 곡선이 되는 것이 예상된다. 이런 기업 측이 고령노동력을 필요로 하면, 양측은 상호 선택적이 되어 임금은 이전의 연공적인 임금곡선과는 달리 굴절된 형태가 될 것으로 예상된다.

정의 자립을 위해서는 고령자에게 은퇴의 자유가 언제든지 확보되어
야 하며 기업은 이를 존중해야 할 것이다. 그와 더불어 연금재정 안정
화를 위한 연금제도 개선에 있어서도 연금과 고용간의 유기적 관계
(소득보장)가 고려되어야 할 것이다.

3 고령자의 능력활용과 고용대책

일본정부는 1970년대부터 인구고령화의 사회문제를 인식한 이래
종합적인 고령자대책을 전개해 왔다. 특히 본격적인 고령사회의 도
래를 대비해 '인생80년시대'에 적합한 경제사회를 목표로 정부가 추
진하는 장수사회의 대책의 지침으로 '장수사회 대책대강(1986)'을 각
료회의에서 결정해 고령자대책을 추진해온 경위가 있다.

장수사회대책대강은 ① 경제사회의 활성화를 위한 활력 있는 장수
사회 구축, ② 사회연대의 정신에 입각한 지역사회의 형성으로 장수
사회 구축, ③ 전 생애의 건강유지로 장수사회를 구축한다는 기본방
침을 제시하고 있다[67]. 따라서 일본은, 경제사회의 활력을 유지하기
위해서 고령자를 위한 구체적인 지원책[68]에 입각하여 가능한 한 많은

---

67 「長壽社會對策大網」(1986年)에서 구체적인 대책으로 ① 고용·소득보장은 고용·
　　취업을 통해서 고령자의 능력을 활용하며, 공적연금제도에 따른 노후소득을 보
　　장하는 것, ② 건강·복지는 생애를 통해 건강유지·보건·의료·복지서비스를 충실
　　히 하는 것, ③ 학습·사회참가는 생애학습체제의 체계적 정비, 고령자의 사회참가
　　활동을 촉진하는 것, ④ 주택·생활환경은 고령자를 배려한 주택공급, 고령자가 안
　　전하게 살기 좋은 생활환경을 형성하는 것 등을 제안하고 있다. 나아가 1996년에
　　는 고령사회대책으로 「고령사회대책대강」이 추가 발표되었다.
68 勞働省編『日本の勞働政策』勞働基準調查会. pp.53-64.1999. 고령자고용지원의
　　구체적인 내용은 다음과 같다. ① 정년연령의 연장을 위한 단계적인 추진 : 인사관

고령자가 건강과 업무능력이 있다면 나이와 상관없이 일 할 수 있는 사회를 실현하려 하고 있다.

노동력 부족 하에서 양질의 인재와 노동력을 확보하는 것은 기업 측에 있어 중요한 기업전략의 하나이다. 서비스경제화, 취업구조의 변화, 취업의식의 변화 등의 경향으로, 다양한 형태의 취로형태의 등장 등 노동자의 욕구가 변하여, 고령자의 활용에 관한 관심이 높아졌다. 그리고 노동자의 근무의욕과 능력을 충분히 발휘할 만한 일하기 쉬운 고용시스템이 필요하게 되었다. 그 내용으로 직무재설계, 전문직제도, 고령자의 능력개발 등이 일어나고 있는 것이다.

예전에는 고령자의 능력이라 하면, 근면성 혹은 장기간에 걸쳐 축적된 경험과 숙련도 등을 중시하였지만, 앞으로 요구되는 노동능력은 그것만으로는 불충분하다. 고령자에게 기대하는 노동능력을 보다 고 부가가치의 생산성을 살리기 위해 기능습득 기회를 제공하여, 노동생산성을 유지시키는 것이 중요하게 된 것이다. 이를 위해서 생애 교육훈련에 따른 능력개발을 실시하게 되었다.

향후에 예상되는 구조적(소자·고령화)인 노동력 공급제약 하에서는 노동력을 원활히 조달하기 위해 기업은 다양한 형태의 노동과 라이프스타일에 대응한 고용관리 체제를 갖추어나갈 것으로 전망된다. 특히, 중·고령자에게는 교육·훈련을 통해서 역할의식을 고조함으로써 보람되게 일하고 싶은 욕망을 높이려는 능력개발이 필요하다.

리제도의 재검토와 능력개발을 병행하면서 단계적으로 정년연령의 연장을 행하는 사업주에 대한 지도·지원이며, ② 계속고용 정착촉진조성금은 65세 이상의 계속고용제도를 통한 사업주와 고령자를 다수 고용하는 사업주에 대한 지원으로서 사업주가 인사관리제도의 재검토와 능력개발을 실시하여 단계적으로 정년연령을 연장하는 것을 촉진하기 위해 동 조성금의 확충을 계획하는 것이었다. 구체적으로는 61세 이상으로 정년연장을 실시하는 사업주에 대한 조성과 정년연장 그리고 그에 따른 직업적응능력 향상을 위한 경비의 일부를 조성하는 조치를 추가하였다.

물론 고령자는 개인에 따라 체력, 건강상태, 취업의식 등에서 차이가 있으므로 초기에는 단시간근무와 격일근무, 재택근무 등 다양하고 융통성 있는 취로형태·업무형태를 도입하는 등 고령자에게 적합한 유연한 형태의 고용관리를 행하는 기업[69]이 늘어날 것으로 보인다.

4. 고령자의 취로지원

여기에서는 현역에서 은퇴한 고령자가 비교적 일하기 쉬운 유연한 형태의 고용지원사업에 관해 검토해 보도록 하자. 먼저, 실버인재센터의 사업은 고령화가 급속히 진행되고 있는 상황을 반영하여 건강한 체력과 일을 하려는 의욕과 능력을 지닌 고령자의 희망에 부응하기 위해서 1974년에 설립되어 현재까지 왕성한 고령자의 참여가 두드러지고 있다. 새로운 발상과 이념에 기초해 고령자가 사회에 참여하여 일을 하도록 지원하는 시스템으로 조직된 실버인재센터에서는 센터에 소속된 회원의 확보와 육성을 목적으로 인재개발의 코스 등을 개발하는 등 효율적인 운영을 위해 힘을 기울이고 있다[70].

---

69 Atkinson, J.(1985). "Flexibility, Uncertainty, and Manpower Management" IMS Report, No.89 Institute of Manpower Studies 「유연성기업 모델」은 기간노동자와 주변노동자로 구성되지만, 전자는 장기고용 보장의 종업원인데 반해, 후자는 단기고용의 이른바 파트타임노동자인 것이다.

70 공익사단법인 실버인재센터 편 『会員ハンドブック』 2014.의 예를 들면, 직업개발은 개인지도, 시설관리, 건물청소, 페인트, 노인가정의 원조, 건축도장 등을 들 수 있다. 실버인재센터의 사업과 활동으로 보아 고령자 취로의 의미는 고령자 자신의 경제적인 여유뿐만 아니라 사회참여, 삶의 보람 제고측면이 강하다. 또한 사회적인 의미로서 인적자원으로서의 고령자 능력 활용을 통해 지역사회의 활성화를

또한 고령자를 위해 일본정부가 구체적인 목표와 시책으로 내놓은 주요정책으로는 이른바 골드플랜 즉, '고령자 보건복지 추진10개년 전략(1989)'의 책정을 들 수 있다. 그 후 골드플랜을 수정하여 개정판 '신 골드플랜(1994)'을 내놓았다. 나아가 장수국의 자부심으로 만들었던 '장수사회 대책 대강'은 예상외로 빠르게 고령화가 진전되고 심각하게 사회적인 부담이 증가하는 배경에 의해 '고령사회대책대강(1996/2001/2012수정)'으로 그 명칭과 내용이 수정되었다. 특히 중·고령자의 취로지원을 위한 고령자대책은 지속적으로 추진되어 왔다. 왜냐하면 일본의 고령자는 다른 나라의 고령자와 비교해 볼 때, 비교적 취업의욕과 취업률 등이 높게 나타났고 이러한 건강한 고령자의 여가를 취로활동으로 활용할 필요성이 제기되었기 때문이다.

실제 일본에서는 평균수명이 길어져 정년퇴직 이후에도 건강한 고령자 중에는 연금소득뿐만 아니라 자신의 노동능력을 활용하려는 사람이 늘고 있다. 후생노동성의 조사에 의하면, 65-69세 남성의 약 50%, 여성의 약29%가 현재 현업에서 일을 하고 있는 것으로 나타났다. 또한 평균수명이 연장되는 환경변화 속에서 정년 이후의 재취업과 고용연장은 일본경제에 큰 영향을 미치고 있다. 이러한 변화를 계기로 '고연령자고용안정법(高年齡者雇用安定法)'이 개정됨에 따라 2006년 4월부터 일본기업은 정년폐지, 정년연령 연장, 계속고용 등의 방법을 통해 고령층의 고용연장에 적극적으로 나서게 되었다[71]. 그후에도 지속적으로 고령자가 건강하고 의욕과 능력을 발휘할 수 있도록

기대하고 있다.

71 고령자 고용정책에 관해서는 일본후생노동성 고령자고용대책 참조요. 高年齡者雇用安定法의 2013년의 개정은 정년에 달한 고령자를 계속 고용하는 「계속고용제도」의 대상자를 노사협정에서 한정한 조항의 폐지 등을 담고 있다. http://www.mhlw.go.jp/stf/seisakunitsuite/bunya/koyou_roudou/koyou/koureisha/index.html

평생현역사회의 실현을 지향하는 시책이 이어지고 있다.

2016년도의 고령자고용 지원동향은 고령자가 의욕과 능력이 있는 한 연령과 무관하게 일할 수 있는 기업의 확대를 위해 고용환경의 정비와 더불어 고령자를 고용하는 기업을 충실히 지원하는 한편, '생애현역사회'실현을 위해 사회적 분위기 형성을 도모하는 성공적인 기업사례 등을 홍보하고 있다.

또한 '고령자 고용안정 조성금'의 지급은 고령자의 취업을 실시하는 사업주, 그리고 고령자의 유기계약 근로자를 무기고용 근로자로 전환한 사업주를 대상으로 조성을 실시하고 있다. 또한 「고령·장애·구직자고용지원기구」에 의해 사업주에 대한 상담 및 원조를 동 기구에서 실무적인 지식과 경험이 풍부한 전문가인 「고령자고용어드바이스」에 의한 상담 및 조언서비스를 실시하고 있다.

나아가 실버인재센터사업의 추진을 위해 지역사회에서 고령자의 다양한 욕구에 부응할 수 있도록 취업기회를 확대하도록 지원하는 한편, 지방자치체 등과 연대하여 취업기회를 창조하고 취업시간의 요건완화에 따른 틈새 노동시장의 활용을 도모하고 있다.

고령자취로를 위한 실버인재센터의 신규사업(2016년도)은 '생애현역촉진지역 연대사업'으로 지방자치체가 중심이 되어 구성된 「협의회」의 제안에 입각해 지역사회에서 고령자의 취로촉진을 위한 사업을 폭넓게 실시하고 있다. 이는 고령자가 안심하고 재취직지원을 받을 수 있도록 전국의 주요 헬로워크(ハローワーク)라는 단체를 활용하여 직업생활재설계와 관련된 지원과 취로지원을 실시하는 등 재취직 지원을 강화하고 있다[72].

---

72 전국의 주요 헬로워크(ハローワーク) 80개소에 설치된 「생애현역지원창구」에서는 고령자 취로 종합 지원사업으로서 65세 이상의 고령구직자에 대한 재취직지원과 구인개척을 중점적으로 실시하고 있다.

또한 공익재단법인 산업고용안정센터에서는 고령퇴직예정자의 경력 정보를 등록하여, 고령자의 능력을 활용하고자 하는 사업자에게 정보를 제공하고 있다. 나아가 '특정구직자고용개발조성금' 등의 지급도 행하고 있는데, 이는 고령자를 헬로워크 등을 통해 고용한 사업주에게 조성하는 제도이다. 그와 더불어 '시니어워크프로그램사업'은 사업주단체와 공공직업 안정기관 등과 연대하여 고령자의 기능강습 및 모의면접 등을 일괄적으로 실시하고 있다.

5. 고령자의 자립과 사회연대

일본의 고령사회는 21세기형 「자립」과 「연대」를 가능케 하는 새로운 생활보장시스템을 어떻게 구축할 것인가? 라는 문제에 당면해 있는데, 고령자생활보장의 기본원리인 「자립」과 「연대」는 고령사회에 있어서 결코 해결하기 어려운 일은 아니라고 본다. 왜냐하면 산업사회로부터 복지사회에 이르는 과정에서 이미 자립과 연대를 경험하여 왔기 때문이다. 그 연장선상에서 다음과 같이 자립과 연대의 가능성을 간략히 기술하도록 한다.

1) 자립 : 사회의 구성원은 기회의 평등이라는 원칙 아래 공정한 원칙에 의거하여 업적주의를 지향하며 행동하고 그 결과로는 보편주의에 입각하여 공정하게 평가된다. 만일 결과의 불평등이 생기더라도 이를 자기책임으로 받아들인다. 문제는 사용자측이 고령자가 자립할 수 있는 체계를 갖추도록 구체적인 일자리를 제공할 수 있을지? 또한 근로자측은 업적주의에 입각해 형성된 연공형 임금체계와 기업의 업

적주의에 고령자가 적응할 수 있을지의 접점에서 해결책이 필요할 것이다.

2) 연대 : 결과의 불평등이 있더라도 사회 구성원 모두가 「공통된 생활」을 영위할 수 있도록 조정해 가는 것이 복지사회이며 이 조정을 지탱하는 원리가 바로 연대주의에 입각한 것이라고 하겠다. 예를 들어 연대는 건강보험제도와 공적연금제도 등 사회보장제도 내에서도 재분배 성격이 기본적으로 포함되어 작용하고 있으므로 그 틀을 한층 확대시키면 고령자를 둘러싼 사회적 연대를 구축할 수 있을 것이다.

단지, 개인의 자립이 가능한 고령사회를 구축하려 하더라도 고령자는 개개인의 심신의 건강상태·직업능력·경제적 상황 등에 의해 개인차가 있으므로 다양한 욕구가 대두될 것이다. 한편, 고령자의 고용문제는 불황에 의한 고용사정의 악화라고 하는 순환적 문제와 인구구조의 변동에 따른 구조적 문제가 동시에 겹쳐서 복잡한 양상을 나타내고 있기 때문에 후자의 문제가 보다 심각하다고 하겠다.

왜냐하면 인구구조 변동의 관점에서 보면 고령자의 고용문제는 단지 고령자만의 문제가 아니라 근로자 전체의 고용환경에 이르기까지 그 논점이 미치기 때문이다. 일본은 노동·고용을 중시해 온 워크페어(workfare)국가로서 「종신고용제도」, 「연공서열제도」, 「기업별노동조합」을 바탕으로 한 일본형 고용시스템이 경제성장의 하나의 요인이었다고 평가되어 왔다.

그러나 거품경제 붕괴 후의 장기간 계속된 경기침체 하에서 종신고용제도와 연공서열제도가 붕괴될 것이라는 견해도 있었는데 일본적 고용시스템을 순환적인 경기주기에 의한 관점이 아니라 경제·사회의 구조적인 안정에 유효한 시스템으로서 고용제도를 재검토하여 수정·유지하고 있는 실정이다. 즉, 저출산에 의한 노동력부족 사태를 상정할 것 같으면 그에 대처하기 위해서도 고령자의 노동력을 활용하려는 체제를 갖추어야 할 것이다.

이는 지금까지의 종신고용제라고 하기보다는 '인생90년시대'의 현역고령자의 관점에서 개인의 선택에 의한 고령자의 노동력을 활용한 예로 파악할 필요가 있다. 단, 노동시장에 있어서의 수급균형을 달성하기 위한 정부·기업 쌍방의 적극적인 대처 노력은 노동현장에 있어서의 주체인 노동자의 욕구 또한 충분히 고려하여야 할 것이다.

또한, 고령기의 생활기반이 되고 있는 공적연금제도는 사회보장의 중심축으로서 사회 연대 의식을 강화하여 사회의 안정을 유지하는 역할을 하고 있다. 그러나 최근, 공적연금을 둘러싼 환경이 현저히 변화하고 있다. 특히 예상을 초월하는 급속한 고령화의 진전으로 인하여 연금재정의 부담은 앞으로 크게 상승될 것으로 예상된다. 이러한 예상과 더불어 경제의 저 성장에 입각하여 장래의 현역세대에게 부담이 크게 늘어나지 않도록 하기 위하여 연금급부와 연금보험료 부담의 균형을 도모하려는 관점에서 연금개혁이 요구되고 있다.

따라서 공적연금제도 개정에는 고령화의 진전, 경제기조의 변화, 고용관행의 재검토 등의 환경변화에 입각하여 장기적으로 안정된 제도로서의 재구축이 필요한 것이 사실이다. 그러나 고령자의 생활보장의 관점에서 보면 연금제도는 고령자의 고용사정과 각 기업의 고용제도·임금제도와 연동 하는 체계가 요구되며 소득원으로서의 고령자 고용과 상호 불가분의 관계에 있으므로 이러한 측면을 종합적으로 검토하는 시점이 반드시 필요하다고 하겠다.

결국 고령자 생활보장을 구축함에 있어서 공적연금의 재편 방향은 연금급부의 삭감으로 연금수지의 균형을 맞추려는 안이한 시산(試算)이 아닐지라도 건전한 연금재정의 유지와 세대 간의 공평성을 유지하기 위하여 수급연령을 올리는 방법을 비롯한 연금제도의 재구성이 요구되고 있다. 그러나 연금제도의 개정은 고령자의 생활에 중대한 영향을 미치는 문제로서 고령자의 고용과도 병행하여 명확한 좌표축을 두고 행하지 않으면 안 될 것이다.

노인문화창조
-베이비붐세대의 한·일 비교 분석-

제6장

일본의 노인복지와 사회보장

1 사회변화와 정책대응

　일본은 인구고령화와 관련하여, 만혼(晩婚)과 저출산(少子化)에 의해 고령화의 속도가 더욱 가속되고 있다. 실제 출생률이 급격히 줄어 합계특수출생률이 한국과 마찬가지로 매우 낮은 수준이다. 이렇듯 출생률이 급격히 낮아지게 되면 향후 생산인구가 줄어들게 되므로 인구고령화를 가속화시킬 뿐만 아니라 사회보장부담 측면에서도 후세대에게 국민부담률[73]이 늘어나게 하는 요인이 될 것으로 보인다.

---

73 국민부담률이란, 조세부담률과 사회보장부담률의 합계를 일컫는다. 조세부담률은 조세수입금액(국세+지방세)을 국민소득으로 나눈 것으로 세금의 경중(輕重)을 나타내는 지표가 된다. 또한 사회보장부담률은 분모가 국민소득, 분자가 의료

또한 산업사회의 발달에 의해 핵가족화와 여성의 사회진출이 두드러져 가족기능이 약화되는 동시에 양육기능이 저하되고 있다. 이러한 사회적 분위기 속에서 발표된 육아지원정책[74]의 내용을 보면, 출생률의 회복이라는 인구구조의 문제를 주로 취업여성에 대한 지원을 통해 해결하고자 하고 있다. 그 일련의 조치로써 후생노동성에서는 1990년대 이후 엔젤플랜, 신엔젤플랜과 같은 대책을 지속적으로 시행하고 있는데, 이는 향후 공공측면의 사회적 부양을 더욱 확대시키는 계기가 될 것으로 보인다.

일본의 자녀양육 관련정책[75]으로는 보육을 실질적으로 지원하기 위하여 보육서비스를 제공하고 소득에 따라서 양육비의 일부를 분담하는 것이 주류를 이룬다. 구체적인 지원책으로는 보육원운영, 아동수당, 육아휴직이 중심적인 내용이다. 먼저, 보육원운영은 보육서비

보험이나 연금의 보험료 등 사회보장부담의 총액이다.

74 신엔젤플랜과 같은 정책구상의 취지는 사회적 재생산을 이전에는 가족의 개인적 자유와 책임에 국한시켰으나 이제 저 출산 문제가 사회문제로 대두됨에 따라 사회적 부양이라는 인식에 의한 것으로 파악된다. 이와 관련된 문제는 학계뿐만 아니라 각종 연구기관에서도 제기되었다. 이러한 위기상황은 급격히 변화하는 현재의 가족상을 재고하게 되었고, 자녀양육에 관한 사회적인 지원체계를 정부차원에서 재정비하기에 이르렀다.

75 일본의 자녀양육정책의 전개과정은 제2차 세계대전 이후 초기에는 산업화의 영향으로 노동력이 필요하게 되었고, 여성의 사회참가에 따른 보육문제가 대두되어 1947년 「아동복지법」이 제정됨으로써 보육제도가 법제화되었다. 그 이후 일본사회의 자녀양육 지원정책을 시대별로 살펴보면, 1960년대 후반은 경제사회적 변화가 성장원인이 되었다고 할 수 있다. 이어서 1970년대에는 두 차례의 오일쇼크와 외환위기를 겪으면서 지원정책의 방향이 축소경향을 보였고, 1980년대에는 이미 확보된 보육원은 출산과 육아기의 여성 노동력율의 점진적 증가에 기여하는 성숙기를 맞게 되었다. 나아가 경제의 소프트화와 더불어 여성의 사회참가가 늘어나 「남·여고용기회균등법(1986년)」이 발효되었으며, 거품경제 붕괴 후의 경기 정체기에는 복지민영화의 환경에서 자녀양육 지원정책은 명목적인 지원과 확대 제한이라는 모순적 양면성을 띠는 가운데, 「육아휴업법(1991년)」이 성립되었다. 나아가 1995년에 「고용보험법」이 개정되어 휴업하기 이전 임금의 25%를 육아휴업수당으로 지급 받을 수 있게 되었다. 그런데 문제는 이러한 대책이 강구되었음에도 불구하고 최근의 출생률이 전후 최저수준을 보이고 있는 점이다.

스를 제공하는 것으로써 아동복지 시설을 이용하는 현물서비스를 일컫는다. 가족의 양육기능 저하가 사회문제로 대두되면서 보육원운영은 그동안 가족(주로 모친)이 맡아왔던 자녀양육을 사회적 책임으로 인식하는 계기가 되었다.

또한 아동수당은 자녀양육의 경제적 부담을 경감시키기 위한 현금급부이기는 하지만, 아동을 양육하는 보호자의 노동에 대한 지원이 아니라 직접 아동을 지원 대상으로 하는 자녀양육 지원제도이다. 나아가 육아휴직은 육아휴업법에 근거하여 근로자가 보육을 위해 휴직을 청구하여 양육권을 보장받는 제도로 육아의 남녀 공동책임을 규정하고 있다. 이러한 일본사회의 자녀양육 지원정책은 공적보장 측면에서 발아기, 성장기, 성숙기를 거쳐 왔는데 최근에 큰 전환기[76]를 맞고 있다.

이런 가운데 산업구조의 재편이 계속되어 서비스업, 정보·컴퓨터, 유통·금융 등의 3차 산업 분야에서 경제의 소프트화가 진전되어 여성과 고령자의 고용이 늘어나면서 주부와 고령층의 파트타임 취업이 대폭 증가하였다. 특히 결혼, 출산, 육아, 가사의 일을 맡게 되는 여성은 생애주기[77]에 따라 취업과 비 취업 사이를 이동하고 있다.

이는 고령자 노동력과 같이 노동시장의 유연한 주변 노동력으로 활용할 수도 있지만, 여성노동의 질적인 향상을 도모할 수 없는 부정적 측면도 있다. 나아가 20세기말에 머물지 않고 21세기 초에도 남·

---

76 이와 같은 일본의 자녀양육정책의 변화를 복지국가 유형론 측면에서 필자의 주관으로 변화과정을 구별할 것 같으면, 발아기와 성장기에는 서유럽형의 복지국가를 지향했던 반면, 성숙기에는 신보수주의형 복지국가의 성격을 띠었고, 최근의 전환기에는 자유주의적 복지국가의 형태를 보이고 있다.

77 여성의 라이프사이클측면의 M자형 취업형태가 출산과 육아로 일시적으로 일을 중단하였다가 일정기간 후에 파트타임으로 재취업하는 형태가 주류를 이루게 된 것이다. 이렇듯 일본사회에서는 가정과 일의 균형을 전제로 한 여성취업 유형이 정착되어 왔는데, 이는 자녀양육 지원정책의 효과도 있는 것으로 파악된다.

여 모두 만혼(晩婚)현상을 보이고 있어 출산율 저하가 지속되고 있기 때문에 인구의 고령화는 더욱 고조될 것으로 보인다.

따라서 기존의 자녀양육지원책만으로는 출생률의 저하를 저지할 수 없다는 인식과 더불어 후세대에 부담이 가중되는 문제를 방치할 수 없다는 판단에서 일본정부는 「신엔젤플랜(1999)」에 이어 「소자화사회간담회(2002.3)」를 구성하여 정부차원의 자녀양육과 교육문제에 대한 지원을 재고하게 되었다.

그와 동시에 후생노동성은 「소자화대책플러스원(2002)」을 발표[78]하여 다각적인 대책을 제시하였는데, 그 중심적 내용은 ① 남성을 포함한 근무형태의 재검토, ② 지역사회에서의 자녀양육지원, ③ 사회보장에 의한 차세대지원, ④ 젊은 세대의 자립지원 등이다. 이러한 대책은 자녀를 양육하는 삶이 가능한 사회, 자녀를 양육하고 싶고, 젊은 층이 자립하여 자녀를 낳아 기를 수 있는 활기찬 사회를 지향하고자 하는 취지에 입각한다고 하겠다.

이러한 대책은 가족기능의 약화, 특히 여성의 사회진출에 따른 양육기능의 저하 등 여성의 모성역할 회피에 대해 논란이 되고 있는 가운데 나온 것이다. 발표된 일련의 육아지원정책의 내용을 보면, 출생률 회복이라는 인구구조의 문제를 취업 모자가정에 대한 지원을 통해 해결하고자 하는 것이다.

이와 같은 정책의 근저에는 사회적 재생산을 부모의 책임으로 간주하고, 특히 모친에게 자녀양육이라는 임무를 부과시키는 통제적 의도가 작용하고 있다. 사회적 현상인 출생률 저하에 대한 정책적 대응에 관한 논의에서 문제가 되는 것은 취업을 한 모친이 아니라 오히

---

78 스즈키(鈴木りえこ:2003) 「国の主導で育児の社会かを」『中央公論 1425』中央公論新社, p.158. 「소자화대책플러스원」의 주요내용 참조요.

려 국가의 사회적 재생산 메커니즘에 문제의 소지가 크다고 하겠다. 따라서 변화된 오늘날의 가족제도를 직시하고, 자녀양육에 관한 사회적인 지원체계를 정비해야 한다는 소리가 관련단체 및 정부 심의기관 등에서 제기되고 있는 것이다. 이와 같이 일본 사회에서는 자녀양육의 공공적 측면에 관한 논의가 지속되어 왔으며, 이러한 논의를 통해 자녀양육을 지원하는 정책이 점차 체계화된 모델로 형성되고 있다고 하겠다.

2 일본의 노인복지

일본의 노인복지는 1963년의 노인복지법을 계기로 크게 진전되기 시작했다. 노인복지법의 제정 이전에는 구빈사업 성격의 양로사업이 생활보호법에 편입되었던 양로사업으로 전개되어 왔다. 이 때문에 그 사업의 주요 대상은 여러 이유로 자립할 수 없는 생활 빈곤층의 노인이었으며, 그 대책의 중심은 생활보호를 위한 양로시설의 수용보호가 특징이었다.

노인복지법의 등장은 경제의 고도성장에 의한 급격한 경제·사회의 변동 속에서 이전의 생활기반이 붕괴되어 시장경제의 경쟁에서 뒤쳐진 노인의 생활대책을 도모하려는 계기가 되었다. 그와 더불어 1961년에는 공적연금, 의료보험제도의 정비가 이루어져, 이른바 전국민연금·보험(国民皆年金·皆保険)시대를 맞이하게 되었다.

1960년대의 사회보장정책으로는, 뒤쳐진 사회복지의 정비와 확충의 필요성을 새로 인식하게된 것이 그 이유였다. 그러한 배경 하에서 노인에 대한 종합적인 복지대책이 필요하게 되어 노인복지법을 제정하게 된 것이다. 노인복지법의 제정에는 여러 가지 의의가 있겠지만, 그에 의해 종래의 구빈적 양로사업에서 탈피하여 사업대상이 생활 빈곤 노인뿐만 아니라 일반 노인에까지 확대된 것은 주목할 만한 성과이다.

이 가운데 있어 원조가 필요한 노인시책으로는 양로시설인 양호노인홈 이외에도 간병·수발 등 복지욕구에 부응하는 새로운 형태의 노인홈(특별양호노인홈, 경비노인홈) 등 다양한 노인복지시설이 새롭게 설치되었다. 나아가 가정봉사원(home helper) 파견사업 등 재택노인복지대책에 관련되는 사업이 새로이 법제화되기도 하였다. 또한 일반노인을 대상으로 하는 건강진단이나 여유로운 노후생활을 지원하기 위한 노인클럽활동, 취로알선사업, 그 밖의 사회활동의 지원 사업이 추진되었다.

이와 같은 내용의 노인복지법이 10주년을 맞이한 1973년부터 노인복지의 확대와 발전을 이루게 된다. 그 배경에는 첫째, 일본인구의 고령화가 한층 진전되어(1970. 고령화율 7.1%) 고령화가 사회문제로 인식된 점, 둘째, 그와 관련하여 노인문제에 대한 대응이 국민적 과제로 수용된 점. 셋째, 고도성장에 의하여 비교적 재정적 여유가 있었던 점 등을 들 수가 있다. 이러한 배경에 입각하여 연금이 5만엔 모델연금이 등장하였고, 그 후 노인보건법에 흡수되었지만, 지방자치체에서 실시해 온 노인의료비의 공비부담제도가 노인복지법에 편입하는 등, 노인복지의 확충이 이루어졌다.

그러나 1974년경부터는 제1차 오일쇼크(1973년)의 영향으로 고도경제성장이 멈추어 재정이 악화됨으로써 1975년에는 적자채권을 발행하는 등, 재정적 제약으로 인해 노인복지의 확충은 그 후 1~2년경과 후 일단 멈추게 되었다. 그러나 고령화의 급진전에 따른 고령자 복지욕구는 보다 다양화되어 노인복지의 새로운 대책이 마련되기에 이르렸다.

그 특징 중 첫 번째는 재택노인복지의 모색이다. 이 움직임은 커뮤니티 케어(community care)라고 불리는 것으로써 1970년 전후에 검토되었던 것이 이 시기에 구체적으로 추진되었다. 그리고 노인 홈 등의 시설케어와 함께 재택케어에 관한 시책이 병행 추진되었다. 두 번째로 재택복지의 확충과 관련하여, 홈·헬프(home help)사업이 확대되어 그때까지 저소득세대를 대상으로 해온 구빈성격의 선별적서비스인 홈·헬퍼(home helper)의 파견이 소득과 관계없이 누구라도 필요에 따라 이용이 가능한 보편적서비스로 방향이 전환되었다.

나아가 세 번째는 복지욕구의 확대와 다양화의 변화 속에서 복지시설 및 서비스 공급 또한 다원화되어 행정기관과 비영리단체인 사회복지법인뿐만 아니라, 유료노인홈 같은 영리단체에 의한 서비스 공급이 등장하였다. 이어서 네 번째로 후기고령자가 늘어남에 따라 노인복지와 보건의료의 연대가 필요하였고, 재택케어와 관련하여 주택정책 나아가 고령자를 위한 취로와 교육 등의 새로운 형태의 서비스제공이 필요하게 되었다.

이와 같은 움직임과 관련하여 복지시책을 안정적으로 추진하기 위해 1985년부터는 노인복지를 포함한 사회복지제도에 관한 정부의 심의회가 이루어졌으며, 1990년에는 노인복지법을 비롯한 복지관계 8법이 개정되었다. 이 법률개정에 의하여 노인복지에 있어서는 특히 ① 재택복지의 개호사업 등을 법제화 하여 복지서비스를 적극적 추진하며, ② 특별양호노인홈으로의 입소 결정 등의 사무를 정·촌에 위임하며, ③ 재택복지와 시설복지를 종합적으로 추진하기 위해 시정촌(市·町·村) 및 도도부현(都·道·府·県)에 노인보건복지계획의 책정을 의무화한 것 등이 그 주요 내용이다. 그리고 이 개정과 병행하여 21세기의 본격적 고령사회에 대응하기 위하여 '고령자보건복지 10개년전략'을 수립하여 거택복지서비스와 시설정비를 적극적으로 추진하였다.

또한 일본의 고령자 고용대책을 살펴볼 것 같으면, 1983년에 나온 「제5차고용대책기본계획」과 1986년의 「고연령자고용안정법」의 시행이 대표적인 일례라고 하겠다[79]. 이른바 고령자고용안정법의 제정에 입각해 실시된 민간기업의 고령자고용 장려책으로 「고연령자다수고용보장금제도」를 1986년 10월에 시행하였다. 나아가 1989년 10월에는 노동성직업안정국 내에 「장수사회고용비젼」연구회가 설치되었다. 이러한 연구회의 활동결과 1990년 10월에는 '고령자 활약시대의 제언'이라는 부제를 단 최종보고서가 공포되기에 이르렀다.

그 후 고령자고용안정법은 「고연령자지역고용개발사업」을 신규사업으로 책정하는 등 부분적인 개정을 거쳐 65세까지 고용기회를 확보하기 위한 「고령자직업안정대책기본방침」이 작성되었다. 이와 같이 이전의 보호적인 시책에 머물렀던 고령자 고용문제가 사회정책의 주요문제로 인식되면서 고령자고용에 적극적으로 대처해 나가게 되었다. 그와 더불어 여성과 장애자에 대해서도 1980년대에 들어서부터 유사한 움직임이 나타났다.

---

79 1983년 제5차 고용대책기본계획이 책정되었다. 第5次雇用対策基本計画 : 1983~1988. 내용은 「향후 예상되는 급속한 고령화, 산업구조의 전환 등을 적절히 대응하기 위해 노동력수급의 불일치를 도모하고 완전고용을 달성하여 활력 있는 경제사회 형성을 지향 한다」로 되어 있다. 이 계획에 의해 고 연령자의 고용대책으로 60세 정년의 일반화, 60세대 전반 층의 고용취업대책 그리고 고령자의 재취직 촉진 등이 실시되었다. 특히 정년연장의 입법화가 검토되어 1986년 第104回 통상국회에서 「中高年齢者等の雇用の促進に関する特別措置法の一部改正」이 행해짐으로써 고령자 고용취업대책의 종합적인 정비가 이루어졌다. 그 내용은 고용연장의 추진, 재취직의 촉진, 정년퇴직 후의 일자리 확보 등 행정 주도적이기는 하지만 노사를 비롯하여 전 국민에게 명확한 목표와 전망을 제시하였다. 또한 「高年齢者雇用安定法」이 1986년 4월 30일에 공포되어 동10월 1일부터 전면적으로 시행되었다.

1986년에는 「남·여고용기회균등법」[80]이 시행되어 여성의 사회참가가 한층 더 활발해졌으며, 1987년에는 신체장애자고용촉진법의 개정이 이루어져 장애자의 고용촉진이 활발해졌다. 그 후 1990년대의 거품경제 붕괴는 사회보장체제의 재구축을 필요로 하게 되었고, 소자·고령화, 핵가족화 등 가족구조의 변화, 그리고 사회구조의 변화는 국가책임의 사회보장을 사회연대와 개인책임으로 이동하게 만든 요인이 되었다. 그 결과 사회보장제도심의회의 권고(1995)에서는 사회보장의 책임구조가 상당부분 변화되었는데, 그것은 바로 개인의 자립과 자기책임을 강조하는 '사회복지기초구조개혁'[81]으로서 이른바 일본형 복지국가론을 뒷받침하는 내용이라고 할 수 있다.

특히 고령화의 급속한 진전과 낮은 출생률, 고용구조의 변화에 의하여 연금제도개혁(2004, 2012, 2015년)을 비롯한 사회보장의 다면적인 문제점이 제기되고 있다. 나아가 인구장기추계에 입각하여 초고령사회에 대처하기 위한 노후생활에 관한 실험 및 연구를 추진하고 있다[82]. 이처럼 사회정책의 내용과 범위는 부단히 변화하고 있음을 알

---

80 쓰치아나(土穴文人:1990) 『社会政策制度史論』啓文社. pp.762-763. 第3項, 性差別 是正と母性保護問題-「男女雇用機会均等法」の制定(1985年 5月), 1960년 시점에서 2,370만 명이었던 고용 노동자 수는 1985년에는 4,313만 명으로 1.82배 증가하였다. 그 가운데 여성은 738만 명에서 2.1배인 1,548만 명으로 전체고용에서 차지하는 여성의 비율이 상대적으로 높아졌다. 문제는 고용형태로서의 남성 노동자와의 격차였다. UN의 국제 부인의 해 세계대회(1975年 6月)를 계기로 ILO에서도 성차별 금지에 관한 조약·권고를 채택함에 따라 일본의 법체계가 정비되어 남녀평등 보장, 성차별 금지 등을 담은 「남·여고용기회균등법(1986)」이 제정되었다.

81 고토(高藤昭:1999) 「社会保障·福祉における(措置から契約へ)論」『週刊社会保障』法研. 1995년 사회보장제도심의회 권고의 주요 논점은 다음과 같다. ① 사회보장 책임주체의 문제, ② 사회보장의 재정문제, ③ 공·사 역할분담문제, ④ 사회보장과 소자·고령화문제, ⑤ 사회보장과 남녀평등, ⑥ 사회보장수급자의 자기결정권 확립문제, ⑦ 간병수발의 사회보험 제도화 문제, ⑧ 사회보장의 국제화 대응문제 등.

82 우츠미(内海洋一:1992)編『高齢者社会政策』ミネルヴァ書房. 정기룡(2003) 「고령사회의 노인문화」『일어일문학연구(43집)』한국일어일문학회. pp.291-311등. 이

수 있으며, 바야흐로 사회정책의 대상이 노동자정책에 머물지 않고 우리 인간의 전 생애에 걸친 사회문제로 대두되었음을 알 수 있다.

이상 살펴본 바와 같이 산업사회 발전에 따른 사회문제의 해결을 위한 사회정책론은, 결국 사회구조에 기반을 둔 에밀 뒤르켐(Emile Durkheim)의 '유기적연대'와 더불어 '경제와 사회의 균형'을 내세운 후쿠다케(福武直)의 주장처럼 평등주의와 자조 나아가 연대에 기초하여 사회보장은 물론이며 사회복지 전 분야로까지 보다 확대되어 변천해 나갈 것으로 전망된다.

3. 사회보장이란?

사회보장(social security)은 개인이 처해진 위험요인 즉, 질병·부상·실업·출산·장애·노쇠·사망 등의 생활상의 문제에 대해 빈곤을 예방하고 빈곤층의 생활을 안정시키기 위해 국가 또는 사회가 소득이전으로 최저생존권을 보장하고 의료와 간병수발 등의 사회서비스를 제공하는 제도를 말한다. 사회보장이라는 용어는 간혹 사회복지와 동의어로 사용되는 경우도 많지만, 공적으로는 사회복지 외에 공중위생을 포함하여 보다 넓은 개념으로 사용되고 있다.

1929년 월가의 주식 대폭락을 계기로 시작된 대공황은 전 세계에 대량 실업자가 발생하여 사회불안이 커졌다. 미국에서는 프랭클린

와 같은 연구에서는 고령자 사회정책의 주요 내용으로서 ① 고령자의 고용·노동정책, ② 고령자의 소득보장, ③ 고령자의 의료정책, ④ 고령자의 주거문제, ⑤ 고령자교육·레저대책, ⑥ 노인복지계획 등을 주로 거론하고 있다. 또한 일본사회정책학회의 최근 학술대회에서는 지속적으로 고령화, 저출산, 가족 등을 테마로 한 사회문제를 주로 다루고 있다.

루즈벨트 대통령이 뉴딜정책의 일환으로 1935년에 연방사회보장법 (Social Security Act)을 제정하였다[83]. 사회보장이라는 말이 이 때 처음으로 사용되었지만, 이 연방사회보장법은 노령연금, 실업보험, 장애인보조, 모자보건 및 아동복지사업 등을 그 내용으로 하고 있지만 반드시 오늘날 사용되고 있는 사회보장을 의미하는 것은 아니었다.

사회보장이라는 용어가 국제사회에 본격적으로 쓰이게 된 것은, 비버리지보고 이후이다. 영국에서 전시중인 1942년에 윌리엄 비버리지가 「사회보험 및 관련서비스」 라는 제목으로 보고서를 제언한 다음, 여러 나라의 사회보장 발전에 크게 영향을 주게 된다. 이 보고서는 사회보험제도를 중심으로, 공공부조·관련 제반서비스를 종합하여 "요람에서 무덤까지" 를 슬로건으로 한 사회보장 계획을 제창했다. 그에 따라 사회보장을 정의하면, 비버리지보고서에서의 사회보장이란 실업, 질병 또는 부상으로 인하여 수입이 중단된 경우, 이에 대처하며 또 고령에 의한 퇴직이나 본인 이외의 사망으로 인한 부양상실에 대비하고, 나아가서는 출생, 사망 및 결혼 등에 관련한 특별지출을 보충하기 위한 소득의 보장을 의미한다고 보고 있다.

이렇듯 사회보장이라고 하면 일반적으로 사회보장비의 국제비교에 있어서 ILO에서 정한 다음과 같은 7개의 부문에 기초하고 있다. ① 사회보험 및 유의제도, ② 가족수당, ③ 공무원제도, ④ 공중보건서비스, ⑤ 공적부조 및 유의제도, ⑥ 전쟁희생자원호, ⑦ 제도간의

---

83 사회보장이라는 용어는 뉴딜정책에 있던 미국 연방사회보장법(Social Security Act 1935)에 의해 처음으로 사용되었다. 당시 미국은 1929년 이후 세계 경제공황으로 인해 실업자가 대량 늘어나며 범죄·질병·빈곤 등 생활불안이 심각한 상태에 빠지게 되었다. 이에 이러한 사회현상을 타개하기 위한 강력한 경제정책으로서 공공복지를 목표로 삼아 해결하려 하였다. A. J. Culyer, Economics of Social Security, 1974. pp.156-158. 참조.

배분되지 않는 관리비 등이다. 이러한 ILO의 정의는 사회보험을 비롯해 공적부조와 보건서비스가 보완하는 입장을 취하고 있다. 이로인해 사회복지의 관계가 명확하지 않은 문제점이 드러나기도 한다. 일본에서는 후생노동성에서 발표하는 통계가 ILO의 기준에 입각하고 있는데 사회보장의 국제비교에 있어서 그 외에 대체소득은 ILO베이스의 사회보험 급부비보다 적게 나타나는 경향이 있다.

일본은 전후 GHQ주도의 1946년 신헌법을 제정하였는데 신헌법 제25조에는 모든 국민은 건강하게 문화적인 최저한도의 생활을 누릴 권리를 가진다. 국가는 모든 생활 부분에 대해 사회복지, 사회보장 및 공중위생의 향상 및 증진에 노력하여야 한다고 명기하여 국민의 생존권과 국가의 사회보장 의무를 명시하고 있다. 또한 스에타카(末高信)는 사회보장이란 사회정책의 한 부문으로 국민의 생존권을 확인함으로써 그 생활을 보장하기 위한 국가정책이라며 정책론적 입장에서 사회보장을 정의하기도 하였다[84].

따라서 국민이 그의 생활을 영위함에 있어 봉착하게 되는 소득의 중단 또는 영구적 상실, 질병 및 부상 등 생활상의 각종 곤란한 상황에 대해 국가가 국민의 생존권실현을 위한 소득재분배를 통해 국민의 최저생활보장을 도모하는 각종 정책체계를 포괄하는 내용으로 구성되었다.

물론 자본주의사회에서의 생활원리는 철저한 자기책임 원리가 기본이 된다. 임금을 기본적 소득으로 하고 있는 노동자들의 경우, 노후의 생활은 도식적으로는 노동력의 일상적·생애적·세대적 재생산비로서 임금수입의 시간적 자기배분에 의한 대응을 가정할 수 있다. 그러나 현실적으로 임금은 전적으로 생산에 대한 공헌도나 노동능력의

---

84 고하시(孝稿正一:1971)『社会政策と 社会保障』ミネルウア書房. p.139.

척도에 따라 결정되는 것이 아니고, 생활임금·세대임금(世帶賃金)의 요청이나 소비욕구와 직접적으로 관련되어 결정되는 것도 아니다. 비록 임금이 상당한 수준에 있더라도 그 수준의 생활에 필요한 일상지출을 감당한 후에 장래에 다가 올 불확실한 필요규모 수준의 노후준비를 미리 충당한다는 것은 매우 어려운 일일 것이다.

사실 노후의 불안은 노령에 의한 노동능력과 노동기회의 상실 등에 기인하는 생활자금 부족이라는 점이 크다. 그와 더불어 인간의 자연적·생리적인 사고의 변화, 사회체제 및 경제조직의 변화, 정년제도의 사회적 강제, 기술혁신에 의한 고령 미숙련자의 현역에서의 탈락 등과 같은 사회적 문제가 발생하게 된다.

경우에 따라서 임금생활자는, 임금으로 생활을 영위하는 데 충분한 여유가 없을지라도 노후의 위험을 대비하는 데 있어서 개인이 준비하기보다 조직적인 제도를 통하면 개별적인 준비가 용이하지 않은 미래위험의 여지를 줄일 수 있을 것이다. 연금보험의 입장에서 보면, 위험의 측정이 어려운 고령자에 대한 노후 생활비용을 공동 계산·부담하여 사회보험이라는 강제보험으로써 확보하려는 제도인 것이다[85].

---

85 자본주의 국가에서는 일찍이 사회보험을 전개 발전시켜 왔다. 이때 형성되는 보험기금(연금적립금)은 임금 가운데 평균적으로 계산된 노후생계비의 강제저축 형태이며, 가계지출의 구조를 합리화시키기 위한 임금의 특정부문에 관한 사회적 관리를 의미하는 것이라고 하겠다. 연금제도는 노동능력이나 기회를 상실한 자에 대하여 생활수단을 제공하여 주므로, 이런 점에서 하나의 사회적 임금이라 할 수 있겠다. 즉, 자본주의 발달에 의한 생활구조의 변모, 평균수명의 연장에 따른 인구고령화 현상과 도시형 생활구조의 정착, 기업 내에서의 연금의 역할 및 국민경제적인 측면에서의 연금의 기능이 필요하게 된 것이다.

4 일본의 사회보장제도

일본의 사회보장제도[86]는 제2차 세계대전 이전의 독일 비스마르크의 사회정책을 모방해 사회보험이 만들어졌다. 일본 최초의 사회보험은 1927년에 시행된 건강보험법이며 농촌에 대한 구제책으로 1938년에 국민건강보험법이 제정되었다. 1941년에는 노동자를 대상으로 한 노동자연금보험법이 창설 된 다음, 그 대상을 직원과 여성까지 확대하여 1944년에 후생연금보험법이 제정되었다.

1961년은 일본의 사회보장에 있어서 기념비적 해라고 할 수 있다. 그 이유로서는 1958년과 1959년에 각각 제정된 국민건강법과 국민연금법이 1961년에 시행되었기 때문이다. 이 두 제도는 일본사회보장제도의 양 축을 구성하고 있으며, 생활보호법(1946), 고용보험법(1974)과 함께 질병, 사고, 실업, 가령(加齡)에 의한 위험을 완화시키는 주요한 사회정책으로서의 역할을 하고 있다. 그러나 1973년에 오일쇼크가 발발, 유가상승이 인플레이션을 초래해 기업수지가 악화되었으며 반면 사회보장비가 급증해 고도 경제성장 시대가 종언을 맞이했다.

그 후 인구고령화에 적합하도록 사회보장제도의 재검토가 이루어져, 1982년 노인보건제도가 창설되어 노인의료비에 대해 환자 본인의 일부부담이 도입되었다. 1984년에는 건강보험의 본인부담을 10%

---

86 일본헌법 제13조의 행복추구권은, 모든 국민은 개인으로서 존중된다. 생명·자유 및 행복추구에 대한 국민의 권리에 대해서는 공공의 복지에 반하지 않는 한 입법 기타 국정에서 최대의 존중을 필요로 한다고 명문과 더불어 제25조의 생존권에 입각한 기본적인 사회보장제도는, 질병, 부상, 분만, 폐질, 사망, 노령, 실업, 다자녀 압박의 원인에 대해 보험수단 또는 직접 공공부담으로 경제적 보장의 방안을 강구하여 생활 곤궁에 빠진 자에게 국가보조에 의해 최소한의 생활을 보장함과 동시에 보건 및 사회 복지 향상을 도모하고, 모든 국민이 문화사회의 성원으로서의 생활을 영위 할 수 있도록 하는 것을 목적으로 하고 있다.

로 올리고, 퇴직자의료제도를 도입했으며 1985년에는 전 국민의 기
초연금제도가 도입되는 한편, 연금급여 수준은 상당히 낮아졌다.

그와 더불어 노인 간병수발 문제가 노후의 불안요인으로 인식되는
한편, 2000년 개호보험제도를 사회보험방식으로 재구성하였는데 전
체적인 사회보장제도의 범위는 〈표 6-1〉 과 같다.

〈표 6-1〉 일본의 사회보장제도 범위와 구조

(1) 협의의 사회보장 = 공적부조 + 사회복지 + 사회보장 + 공중위생 및 의료	
(2) 광의의 사회보장 = 협의의 사회보장 + 은급(恩給) + 전쟁 희상자 원호	
(3) 그 외 관련제도 = 주택정책 + 고용(실업)대책	
사회보장 주요제도	의료보험 의료공급체제의 관리 결핵, 에이즈, 암과 등의 질병예방 개호보험 공적연금 소득부조 ※(공공부조) 고령자서비스 ※(고령자생활보호) 장애인부조 ※(장애인생활보호) 아동수당 ※(아동생활보호) 공중위생 고용보험 산업재해보험

자료 : 정기룡『일본의 사회정책』전남대학교출판부. 2013.p.106. 참고 작성.
※ 표는 사회보장 이외에도 정부지원으로 제공하는 제도임.

일본의 사회보장제도를 이전의 사회보장제도심의회의 분류에 따
르면, 주로 사회보험·공적부조·사회복지·보건 및 의료·노인보건 등
5개 부문으로 나뉘어 있다. 넓은 의미로는 이에 은급(恩給)과 전쟁희생
자 원호를 추가하는 형태이다. 일반적으로 사회보장은 협의의 사회
보장을 주로 가리키며, 사회보장 가운데 중심적 제도는 사회보험이
라고 하겠다.

사회보험은 개인보험처럼 자유의사에 의해서 가입하는 것이 아니

라 보험료도 개인·기업·국가가 서로 분담하는 것이 원칙이다. 보험료의 계산에 있어서도 위험의 정도보다는 소득에 비례하여 분담함을 원칙으로 함으로써 소득의 재분배 기능이 작동한다.

협의의 사회보장을 상세히 살펴보면, ① 사회보험은 의료보험, 연금보험, 산재보험, 고용보험, 개호보험으로서 각자가 보험료를 지불하고 각종 위험보장을 제공하는 시스템에 원칙적으로 강제 가입되는 상호부조형 제도라고 하겠다. ② 공적부조는 생활이 어려운 사람에 한해 국가가 최소한의 생활보장과 자립을 돕는 시스템이다. ③ 사회복지는 노인복지, 장애인 복지, 아동복지, 모자복지 등 사회생활을 하는데 있어서 입지가 약하거나 불리한조건(handicap)에 있는 사람을 지원하는 시스템이다. ④ 보건 및 의료는 감염대책, 식품위생, 수도, 폐기물처리 등으로 국민이 건강하게 생활 할 수 있도록, 전염성질환과 생활습관질병의 예방과 조기발견을 목표로 하는 시스템이라고 하겠다. 끝으로 ⑤ 노인보건은 노인보건제도에서 개선되어 75세 이상의 고령자를 대상으로 한 의료제도로 2008년 4월 1일부터 후기고령자의 료제도로 개선되었다.

사회보험을 조금 더 살펴보면, 노령, 질병, 업무상의 사고, 실업 나아가 간병수발 등의 가정과 사회를 둘러싼 각종 위험에 대비하기 위해 사회 구성원이 위험에 처하거나 취약계층으로 전락하는 것을 방지하려는 목적으로 국가가 실시하는 사회보장제도의 강제보험을 말한다. 이는 임의로 가입하는 것이 아니라 의무적으로 가입해야 한다는 점과 공공기관이 관장하며 수익을 창출해 배분하지 않고, 일정부분 국고보조가 이루어지는 점에서 민간보험과는 다르다. 또한 보험료의 일정액을 노·사가 함께 부담하고 보험료는 소득비례로 부과되고 있어 재분배성격을 띠고 있다.

보험의 내용에 따라서 분류하면 연금보험, 의료보험, 산업재해보상보험, 실업보험, 개호보험으로 나뉜다. 연금보험은 노령으로 인한 퇴직이나 다른 사유로 인해 노동이 불가능할 경우의 생활보장을 목적으로 만들어진 제도로써 급부수준은 현역시의 임금에 준해 가입기간 등의 연금산식을 통하여 결정된다. 의료보험은 개인적 질병에 대한 보험으로 사회구성원들이 경제적 부담을 경감하여 질병치료를 받도록 하는 데 그 목적이 있다. 의료보험료는 소득에 비례하지만 급부는 연령과 자격, 수혜범위에·따라 의료기관 이용 시 약 20~30%의 자기부담 방식으로 의료서비스가 제공되고 있다.

산업재해보상보험은 가입자가 사업장에서 업무수행 중에 발생하는 사고에 대비해 보험금을 지급하는 보험으로 사용자가 전액부담하는 것을 원칙으로 한다. 실업보험은 불경기로 인한 구조조정 등으로 실직한 노동자에게 실업기간 중의 생활안정을 목적으로 지급하는 실업급여와 재취업을 위한 교육기회 비용제공으로 행하는 보험으로 노·사가 보험료를 분담하고 있다.

또한 공적부조제도는 자력으로 기초생활 유지가 곤란한 저소득층의 소득을 보전하기 위해 생활보조 즉, 생계, 의료, 주택, 학비보조 등을 지급하는 제도이다. 복지사무소의 개인별 자산과 소득조사를 통해 수혜자가 인정되며, 일정기준에 의해 급부가 결정되지만 그 재원이 조세라는 점에서 보험료 수입에 의존하는 사회보험과는 성격이 다르다.

그동안 경제성장에 의해 안정적으로 운영되던 일본의 사회보장제도는 21세기에 접어들면서 본격적인 소자(저출산)·고령사회를 맞이해 제도 수정이 불가피하게 되었다. 실제로 사회보장방안에 관한 간담회(내각관방장관주재:2004년 7월)에서 향후에도 사회보장제도를 지속 가능하도록 사회보장제도 전반에 관한 세금 및 보험료의 부담과 혜택에 관한 실체를 포함한 총체적인 검토가 필요하다는 문제의식에 입각해 '향후사회보장의 본연의 자세에 대해'라는 방침(2006)[87]이 제시되기도 하였다.

또한 2007년 1월에 각의결정 한 '일본경제의 진로와 전략'에서는 향후에도 지속 가능하고 신뢰할 수 있는 사회보장제도를 구축하기 위해 자조·공조(共助)·공조(公助)의 역할분담 아래 세대 간 공평성을 도모하고, 서비스 질의 유지와 향상을 도모하면서 효율성을 추구해 공급비용을 절감시켜 가겠다는 의도를 나타내고 있다. 이러한 사회보장 개혁에는 제도의 빈번한 설치와 개정이 반복됨으로써 혼란을 초래하기도 했다[88]. 그러면 사회보장제도의 세부적인 내용을 조금 더 살펴보기로 하자.

(1) 생활보호

생활보호제도는 헌법 제25조(생존권보장)를 구체화한 것으로 생활이 어려운 국민에 대해 그 곤궁의 정도에 따라 필요한 보호를 실시하여 건강하고 문화적인 최저한도의 생활을 보장함과 동시에 그 자립을 촉진하기위한 제도이다. 생활보호 절차의 과정은 「사전상담 → 보호신청 → 보호비지급」으로 진행되며 상담 및 신청창구는 주소지의 복지사무소에서 신청이 가능하다.

생활보호는 생활부조(식비, 의류비, 광열비 등), 교육부조(학용품비용 등), 주택지원(집세, 지대 등), 의료보조, 간호보조, 출산부조, 생업부조(생업비용, 기술습득비용, 취업준비비용), 장례부조의 8종류로 나누어져 있으며 필요에

---

87 상세내용은 ① 자조·공조(共助)·공조(公助) 및 세금·보험료의 역할 분담, 세대 간·세대 내 형평성 등에 유의하면서 사회보장제도 전체를 파악하기위한 총체적 검토를 추진한다. ② 사회보장 혜택은 국민이 부담 가능한 범위가 되도록 지속적으로 검토한다. ③ 사회보장을 위한 안정적인 재원을 확보하고, 미래세대로의 부담 이연을 막는다는 내용이다.

88 예를 들면, 후기고령자의 의료비 급증과 더불어 보험료 갹출지역과 병원비 지출지역의 괴리를 비롯한 운영 효율성이 결여됨에 따라 2008년부터 시행했던 후기고령자의료제도가 다른 제도와의 관계·조정을 통해 폐지되기도 했다.

따라 단일 또는 병행 지원된다. 생활보호는 원칙적으로 세대단위이
며 생활보호에 의해 보장되는 생활수준(생활보호기준)은 피보호자의 연
령, 세대구성, 거주지 등에 따라 달리 정하고 있으며 매년 개정된다.

(2) 의료보험제도

1961년 이후 일본에서는 모든 사람이 공적 의료보험에 가입되어
있다. 국민보험제도라고 하는 이제도에 의해 질병과 부상을 당했을
경우에도 안심하고 의료기관에서 진료할 수 있다. 일본의 의료서비
스는 강제적인 의료보험제도에 의해 재정을 조달하고 있으며 직역(일
반회사·공무원·사립학교 교직원 등)을 기준으로 한 의료보험과 지역을 기준
으로 한 의료보험의 두 가지 형태로 구성되어 있다. 전자를 건강보험
이라고 하며 일정규모 이상의 기업의 사업주와 피고용자는 개별적인
조합관장건강보험을 결성하고 있다.

전국의 1,670여개 기업이 이러한 건강보험조합을 운영하고 있으
며, 상대적으로 소규모의 기업에서 일하는 피고용자를 위해서 정부
는 정부관장 건강보험으로서 단체건강보험을 제공하고 있다. 나아가
공무원, 일용직노동자 그리고 어업종사자와 같은 특별직종 종사자의
경우 각각 특정피용자보험을 형성하고 있다.

건강보험의 적용을 받지 못하는 자들은 지역을 기준으로 한 의료보
험인 국민건강보험 가입이 요구되고 있으며 지방자치단체(市町村)가 독
립적인 보험업자 역할을 담당하고 있다. 대부분의 자영업자, 농업종사
자, 소규모기업의 노동자 그리고 이들의 가족들은 국민건강보험에 가
입하고 있어 공적의료보험은 거의 전 국민을 적용대상으로 하고 있다.

① 직장보험은 일반근로자(직장인)와 부양친족을 대상으로 한 '건강
보험'과, 공무원과 선원 등 특정근로자와 부양친족을 대상으로 하는

'공제조합'과 '선원보험'이 있다. '건강보험'은 주로 중소기업 근로자 등을 대상으로 한 '전국건강보험협회건강보험'과 주로 대기업 근로자 등을 대상으로 한 '조합관장건강보험'이 있다. 보험료는 급여에 따라 근로자 본인과 사용자가 거의 절반씩 부담하고 있다.

② 지역보험으로는 개별도시가 운영하는 '국민건강보험'이 있다. 보험료는 세대별로 소득과 자산, 가구규모 등에 따라 결정되며 거주지 시정촌(市·町·村)에 따라서 보험료가 다르다. 그 밖에 특정 직종에 설립되어 있는 '국민건강보험조합'이 있다.

③ 2008년부터 시행된 '후기고령자의료제도'는 국민건강보험에서 후기고령자를 대상으로 한 의료보험제도인데, 75세가 되면 가입할 수 있다. 최근 〈표 6-2〉의 동 후기고령자의료제도[89]에 대한 폐지 혹은 대체제도를 만들기 위한 논의가 이어지고 있다.

〈표 6-2〉 후기고령자의료제도 현황

구 분	피보험자수(천명)	현역수준의 소득자(천명)	1인당 의료비(엔)
2008년	13,210	1,073	785,904
2009년	13,615	1,033	882,118
2010년	14,059	1,012	904,795
2011년	14,483	1,013	918,206
2012년	14,904	1,016	919,529
2013년	15,266	1,021	929,573
2014년	15,545	1,038	932,290

자료 : 後期高齢者医療事業状況報告(각년판) 참고 작성.

---

89 75세 이상의 '후기고령자'를 대상으로 하여 피보험자가 되는 별도의 「후기고령자 의료제도」에 속하게 되는 의료보험시스템(단, 65세 이상 75세 미만이라도 일정한 장해가 인정되면 이 제도에 포함)으로써 지역 국민건강보험 혹은 직장건강보험 등의 의료보험제도와 별도로 운영되는 제도임. 2016년 5월 26일 현재, 15조 엔의 예산과 1,660만 명의 75세 이상의 고령자가 대상으로 운영되고 있음.

(3) 노동자재해보상보험

근로자의 재해보상을 보장하기 위한 노동자재해보상제도는 1884년 독일의 재해보험법을 효시로, 현재 여러 나라에서 시행하고 있다. 산업재해로 인한 보상에 관련한 법이 제정되어 근로기준법의 적용을 받는 사업 또는 사업장의 근로자에 대한 업무상의 재해를 신속·공정하게 보상함과 동시에 이에 필요한 보험시설을 설치·운영함으로써 노동자보호에 기여하였다. 이는 사용자의 입장에서도 산업재해로 인한 위험부담을 분산·경감해 주고 안정된 기업 활동을 할 수 있도록 지원하는 이점이 있다.

일본에서 노동자재해보상보험(산재보험)의 시행 초기에는 근로기준법상의 보상 수준을 그대로 대행하는 책임보험의 영역에서 벗어나지 못하였으나, 그 동안의 경제발전과 몇 차례의 법 개정을 통하여 보험급여의 수준을 향상시켰고, 산재근로자를 위한 여러 복지시설을 설치·운영하는 등 사회보장제도의 면모를 갖추었다. 근로자가 산재보상을 청구하기 위해서는 그 재해가 업무상 발생한 것이어야 하며 업무상의 재해여부는 업무수행성과 업무기인성 등을 고려하여 판단하고 있다.

산재보험은 업무상 재해 또는 통근시의 재해로 인해 부상 혹은 장애가 남거나 사망한 경우, 노동자와 유족에게 보험급부를 실시하는 제도이다. 노동자를 한 명이라도 고용한 사업(개인경영의 농업, 수산업에서는 근로자 5인 미만의 경우 제외)은 적용사업체로써 산재보험법의 적용[90]을 받게 되고, 보험료를 납부해야 하며 보험료는 전액 사업주 부담이다.

중소기업 사업주, 목수·미장 등의 감독과 가족업자 등은 신청에 의

---

90 산재보험의 대상이 되는 근로자는 정규직뿐만 아니라 파트타이머, 아르바이트 등 임금을 지급하는 모든 사람이 대상이며 고용형태와 관련 없이 노동자만 대상이 된다.

해 특별히 가입할 수 있다. 산재보험의 혜택은 의료기관에서 요양을 받을 때 '요양급부'와 환자가 요양을 위해 노동할 수 없어 임금을 받을 수 없을 때 '휴업급부' 그리고 장애가 남았을 때의 '장애(보상)급부', 나아가 장기요양이 필요할 때 '상병(보상)급부' 간병이 필요할 때 ' 개호(보상)급부' 사망 시 '유족(보상)급부' 장례비 등이 있다. 그 외에 의족 지급, 사후관리 등 사회복귀촉진사업도 실시하고 있다.

(4) 고용보험

자본주의 경제에서는 자본축적 과정에서 발생하는 노동력의 수급 변화 속에서 현실은 고용기회를 이루어 낼 수 없는 실업[91]이 발생하기도 한다. 실업의 존재형태는 그 발생 원인에 따라 여러 가지로 구분할 수 있다. 먼저, 노동시장에 있어서의 수급관계의 불균형과 마찰로부터 발생하는 일시적, 단기적인 실업으로 다음과 같은 것이 있다.

또한 자본주의가 성숙기로 이행하면서 자본축적 패턴의 변화로부터 대량의 실업이 존재하게 되었다. 이런 실업은 만성적 실업 혹은 구조적실업이라고 부르기도 한다. 실업보험의 발달이 그 원인이 되어있는 측면도 무시할 수 없다. 이런 종류의 실업이 장기화하면 할수록 궁핍한 생활고에 따른 저임금, 비숙련 고용형태로 취업하는 노동자가 발생하는 경우가 있다. 이들 노동자는 현재화된 실업이 아닌, 노동시장에 잠재화된 정체적 실업으로 나타나기 때문에 취업하더라도 불완전 취업의 형태라고 할 수 있다.

고용보험은 노동자의 생활 및 고용안정과 취업촉진을 위해 실직한

---

91 실업의 종류는 다음과 같다. ① 계절적 실업 : 실업의 계절적 변화에 의해 노동력수요가 변동하여 생긴다. ② 경기적 실업 : 산업의 경기순환과정에서 발생한다. ③ 마찰적 실업 : 자본의 산업적·지역적 배분의 변동에 의해 발생한다. ④ 자발적 실업 : 임금 등 노동조건이 맞지 않다고 판단한 노동자가 자발적으로 이직하여 발생한다.

사람과 교육·훈련을 받는 사람 등에 대하여 급부를 지급하는 제도이다. '1주간의 소정 근로시간이 20시간 이상' 혹은 '31일 이상의 고용가능성'이 있을 경우, 근로자는 사업장의 규모에 관계없이 원칙적으로 모든 고용보험의 피보험자가 된다.

고용보험의 보험료는 근로자 본인과 사용자가 지불하고 국고부담도 있다. 고용보험 수급요건은 취업하려는 의사가 있고 취업 할 수 있는 능력이 있음에도 불구하고, 직업에 종사 할 수 없는 상태에 있으며 이직일 이전 2년간에 피보험자 기간이 통산 12개월 이상이어야 한다.

고용보험 급부는 '구직자급부(기본수당, 기능습득수당, 기숙수당, 상병수당)'와 '취업촉진수당', '교육훈련수당', '고용계속급부(고연령자고용계속급부, 육아휴직급여, 개호휴업급부)'가 있다. 일반적으로 실업보험이라고 하는 것은 구직자 급부의 기본수당이다. 기본수당의 소정급여 일수(기본수당의 지급을 받을 수 있는 기간)는 이직일의 연령, 고용보험피보험자기간, 이직사유 등에 따라 90~360일 사이의 지원이 결정된다.

한편, 고용보험은 임의가입보다는 대부분 강제가입을 원칙으로 한다. 이는 실업상태에 처한 근로자를 돕고 경제의 효율성과 안정성을 증대시키려는 목적에 연유한다. 그러나 실업을 단기적인 현상으로 보고 노동력이 있는 사람만을 대상으로 한다는 점에서 사회보장제도의 한계를 갖고 있어서 고용정책과 경기대책 등의 정책이 필요하다.

나아가 노동능력이 없는 사람을 위해서는 의료보험 및 넓은 의미에서의 사회보장제도가 요구된다. 이렇듯 고용보험은 실업예방, 고용촉진, 근로자의 직업능력의 개발·향상은 물론 생활에 필요한 급여를 지급하여 실직근로자의 생활안정 및 재취업을 지원하는 사회보장제도의 기능을 맡고 있다.

(5) 개호보험(장기요양보험)

일본에서는 2000년 4월부터 개호보험제도(介護保険制度 : 장기요양보험)가 도입되어 실시되고 있다. 개호보험제도는 고령자에 대한 장기요양(간병·수발)을 실시하는 것을 주된 목적으로 하고 있으며 이 제도가 도입되기 이전에는 의료보험과 복지정책에 의해 부분적으로 제공되었다. 이는 공동체의식의 약화, 핵가족의 증가, 여성의 노동시장 참가, 개호에 대한 가족의 심리적, 재정적 부담의 증가와 같은 급격한 사회적 변화를 배경으로 실시되게 되었다.

개호보험제도는 사회 전체 구성원들 사이에 고령자에 대한 개호부담을 분담하는 것에 의해 가족의 부담을 경감시키는 이른바 개호의 사회화를 그 주된 목적으로 하고 있다. 즉, 개호보험제도는 고령화에 대한 사회의 주요 현안에 대응하기 위한 제도를 확립하여 개호지원이 필요한 개호대상자를 사회전체가 보호하려는 목적에서 시행되었다. 나아가 고령사회의 진전과 더불어 발생하는 의료비 증가에 의한 의료보험제도의 재정적 부담을 경감하는 것도 그 목적 중의 하나라고 하겠다.

인간이면 누구나 건강하기를 바라지만, 노인이 되면 노화에 의한 질병으로 노쇠와 치매 등으로 간병·수발이 필요할 수도 있다. 자신과 배우자, 타지의 부모가 개호가 필요한 상황이라면 누군가의 도움이 없으면 무리가 따른다. 따라서 40세 이상이 되면 모두 보험료를 지불하도록 하는 한편, 간병·수발이 필요하게 될 경우에는 경제력·체력·부담이 가볍도록 지원하는 사회보험이 바로 '개호보험(介護保険)이다.

개호보험의 가입은 만40세가 된 달부터이며 의료보험(건강보험·국민건강보험)에 가입되어 있는 40세 이상의 사람은 별도의 절차 없이 모두 피보험자(가입자)가 된다. 제1호 피보험자는 65세 이상이면, 질병 등 원인과 상관없이 노쇠·치매 등으로 간호지원이 필요하다고 인정될 경우 개호서비스를 이용할 수 있다. 제2호 피보험자는 40세부터 64세로서 말기암, 관절류마티스 등 노화에 의한 '16종류의 특정질병[92]'으로 개호가 필요하게 된 경우에 한하여 개호서비스를 이용할 수 있다.

만 65살 개호보험 제1호 피보험자가 되면, 의료보험증과는 별도로 1인당 1매의 개호보험피보험자증이 교부되며, 요개호(要介護) 인정 신청 및 케어플랜 작성제출 등 각종 서비스를 받을 때 보험증이 필요하다. 그리고 40세부터 64세까지의 제2호피보험자는 개호(介護)·요지원(要支援)을 인정받은 사람에게 보험증이 교부된다. 공적개호보험에서 받을 수 있는 서비스는 가정방문형 재택서비스와 개호보험시설에 입소해 이용하는 시설서비스로 크게 분류된다.

5. 일본 노인복지의 향방

향후 일본의 노인복지를 전망하면서 특히 유의해야 할 점으로는 효율적인 간병수발을 위한 고령자 케어시스템(care system) 구축이 가장 시급한 문제로 보인다. 최근 일본의 고령화는 한층 빨라져, 65세 이상 인구가 21세기 초엽에 총인구의 1/4 수준을 넘어서게 되어 초 고령사회의 도래가 확실시되고 있다.

인구의 고령화는 다양한 사회문제를 초래하는 것으로 지금까지 파악되어 왔는데, 특히 80세 이상의 후기 고령자가 급격히 늘어나면 간

---

92 특정질병 : ① 초로기치매(알츠하이머 병, 뇌혈관성 치매, 야코프병 등) ② 뇌혈관 질환(뇌출혈, 뇌경색 등) ③ 근위축성 경화증 ④ 파킨슨병 관련 질환 ⑤ 척수소뇌 변성증 ⑥ 위축증 ⑦ 당뇨병의 합병증 ⑧ 폐색성 동맥 경화증 ⑨ 만성폐쇄성 폐질환 ⑩ 관절염 ⑪ 류마티스 관절염 ⑫ 인대골화증 ⑬ 척추협착증 ⑭ 골다공증에 의한 골절 ⑮ 조로증 ⑯ 말기 암 등이다.

병·수발이 필요한 요개호(要介護) 고령자문제가 매우 심각할 것으로 보인다. 즉, 이전에는 고령자의 '케어'는 주로 가족개호를 기반으로 (여성중심) 실시되어 왔으나, 고령화의 진전과 더불어 가족기능이 변화하여 이제 '케어'의 사회화가 새롭게 요구되는 것이다.

일본의 노인복지시책은 그동안 어떤 의미에서는 이러한「케어」의 사회화라고 하는 새로운 변화를 모색하여 왔다. 시설복지 대신에 재택복지의 홈헬프서비스를 비롯하여 각종 복지서비스가 지역단위로 보급·정착되어 온 것이다. 그리하여 현재, 이러한「케어」의 효율적 관점에서, 케어·메니즈먼트(care management)를 비롯한 각종 새로운 지원방법이 개발되고 있다. 또한 서비스 공급과 방문 간병·수발지원을 위한 재택개호지원(在宅介護支援)센터 등의 새로운 조직도 생겨나고 있다.

나아가「케어」를 주체적으로 담당하는 케어워커(careworker)의 역할이 중요시되어, 1987년에는 사회복지사가 국가자격제도로 정비되었다. 이와 같이「케어」를 주축으로 하는 복지서비스의 확대는 일본의 노인복지를 비롯한 사회복지 전반에 큰 영향을 주고 있다. 그리고 이처럼 고령화가 진전되는 가운데「케어」의 사회화는 보다 확대·발전될 것이 확실하다. 특히 주시할 점은 케어니드(care needs)의 일반화를 통한 사회복지의 사회서비스로의 전환이라고 하겠다. 사회서비스에 관해서는 여러 가지 방법이 있을 수 있다.

가령 국민 대다수의 생활보장에 필요한 서비스를 공급함에 있어서 국가가 어떠한 형태로든 관여할 필요가 있는 서비스가 있다고 가정하자. 즉, 고령화에 따른 케어욕구는 본인과 가족과는 차이가 있을지라도 누구라도 발생 가능성이 있기에 그에 필요한 서비스를 개인적으로 조달하기 어렵다고 할 때, 향후의 케어서비스는 특정계층, 특정집단에 지원하던 종래의 사회복지서비스 수준을 초월해 누구라도 혜택을 받을 수 있는 사회서비스로 확립되어 가야 한다는 것이다.

그를 위해서는 누구라도, 언제라도, 어디서라도 필요에 따라 적절한 서비스를 이용할 수 있는 케어·시스템의 구축이 필요한 것이다. 그런 의미에서 먼저 「누구라도」라고 하는 것은, 종래의 선별주의적 사회복지로부터 탈피하여 보편주의적 사회복지의 확립이라고 하겠으며 앞으로 이러한 방향으로 추진해 나갈 필요가 있다. 또한 「언제라도」 서비스를 이용할 수 있도록 하기 위하여, 복지사무소와 보건소 이외에도 재택개호지원(在宅介護支援)센터, 데이서비스센터(day service center)를 비롯하여 관련 장소에 정보제공과 상담체제의 확립이 중요하다[93].

21세기의 일본은 국제화, 정보화, 경제의 서비스화와 같은 산업사회의 변화와 더불어, 또 다른 한편에선 고령화의 진전에 따른 복지욕구의 보편화 등 사회전반이 변화하고 있다. 고령화의 진전 속에서 「케어」문제에 초점을 맞추어 어떻게 지역주민이 「케어」문제를 남의 문제가 아니라 자신의 문제로 받아들이며, 어떻게 함께 참여할 수 있을지가 향후 지역복지의 중요한 과제가 될 것이다. 특히 「케어」문제는 경제적 풍요만으로는 절대 해결될 수 없으며 누군가의 도움을 필요로 한다.

앞에서 살펴본 누구라도, 언제라도, 어디에서나 적절하고 필요한 서비스를 제공받을 수 있도록 하기 위해서는 「공적서비스」만으로는 불충분하며, 지역주민이 참여하는 다양한 형태로 만들어 나갈 필요가 있다. 이렇듯 사회복지 관련제도의 개혁뿐만 아니라 지역주민이

---

93 나아가 「어디서라도」라는 관점은 시정촌(市·町·村)을 기초로 다양한 노인복지시설과 재택복지서비스의 정비와 복지네트워크(net-work)화를 의미한다. 그리고 또한 「적절한 서비스」란 서비스 제공의 다원화를 추진하여 다양한 「욕구」에 대한 여러 형태의 서비스메뉴(service menu)를 마련하는 동시에 서비스에 대한 평가시스템이 확립되어야 할 것이다.

상호 지원하는 연대구성이 필요한 것이다.

이러한 발상은 인간은 누구라도 노후를 맞이하며, 나이가 들수록 심신기능이 감퇴한다는 인식에서 출발한다. 나아가 각 개인의 차이는 있겠지만, 허약·장애·질병 등에 의하여 노후의 와상상태를 거쳐 사망에 이르는 과정은 피할 수 없는 일이기에 복지욕구의 보편화와 일반화를 논할 수밖에 없는 것이다. 그러한 가운데 세계에서 가장 빠른 속도로 고령사회에 돌입한 일본에 있어서 전인구의 1/4 수준이 넘는 고령자가 존재하는 현실적인 사회복지서비스는 모든 국민의 문제로 받아들일 수밖에 없다.

21세기의 일본은 성장형 산업사회로부터 벗어나 이른바 안정된 성숙사회로 진행되고 있다. 그러한 변화 속에서 경제, 사회, 문화 등의 모든 면에 있어서 구조조정이 이루어지고 있는 것이다. 이와 관련하여 보다 구체적인 과제는 저출산·고령화에 수반되는 사회문제에 대한 대응책으로 협조·공생의 가치관이 지금 필요한 시점이라고 하겠다. 왜냐하면 일본은 현재에도 복지환경은 매우 급변하고 있는데 일본의 복지환경은 고부담의 고복지보다는 중부담에 중복지를 목표로 하고 있으며, 그 근저에는 지속적으로 「사회보장구조개혁」이라는 사회정책의 대응이 필요하기 때문이다.

또한 개호보험제도의 개호서비스 이용의 확대로 민간기업의 개호 비지니스 업계와 의료지원사업 등은 성장추세[94]이다. 이른바 정책견인과 함께 민간기업의 시장참가 나아가 고령자 스스로 지역사회에 자발적으로 참여[95]함으로써 생활환경 변화에 대처하기 위한 복지문

---

94 日本經濟新聞社編(2002)『日經大予測』日本經濟新聞社, pp.190-191. 및 ビジネス リサーチ·ジャパン(2002)『図解業界地図』三笠書房, p.25. 고령화가 초래하는 사업으로서 기업의 개호·의료지원사업(예:在宅介護支援事業, 医療サポート事業)을 비롯한 휴먼 서비스의 증가추세를 엿볼 수 있다.
95 고령자가 직접 참여하는 구체적인 노인활동의 예로서 고령자협동조합을 들 수 있

화[96]를 형성하고 있다.

베이비붐세대(団塊世代)가 고령층에 진입한 현재, 일본은 정치, 경제, 사회의 일상생활 전 분야가 전환기에 처해있다. 따라서 노인문제와 관련된 사회문제에 대해 정부와 국민 모두 환경변화의 위기와 도전으로 인식하고 있으며 위기극복을 위해 고령사회대책의 일환으로 복지문화 구축에도 나서고 있는 것이다.

이는 고령사회의 생활양식 변화가 다음 세대에도 확실히 이어질 것이라는 국민의 공통된 인식이 저변에 확산되어 있기 때문에 가능한 것일 것이다. 단, 노인복지법 등의 제도로서 고령자의 생활문화를 향상시켜나가고는 있지만 아직까지 복지를 문화로 승화시키는 데에 따르는 추상적이거나 관념적인 요소가 사회전반에 남아 있는 실정이다. 따라서 대다수의 고령시민의 수요확대 즉, 보편적인 생활문화의 향상을 위한 환경정비와 복지문화 욕구가 진전된다면, 복지문화 혹은 노인문화는 향후의 사회적 해결과제로서 이슈(issue)화 될 것으로 보인다.

다. 1995년 미에(三重)현에서 처음 설립된 고령자협동조합은 5년 만에 전국 27개 도·도·부·현(都道府県)에 설치되기에 이르렀으며, 고령자가 「지역사회의 주인공」으로서 일과 복지, 보람을 위한 생활문화의 정착에 나서고 있다.
96 조사대상의 토쿄(東京)와 나가사키현(長崎県) 두 복지시설에서의 지원활동을 복지문화적 측면에서 볼 것 같으면, 시설관계자와 자원봉사자들은 이용자의 문화적 욕구를 찾아내고 그러한 욕구를 만족시킬 수 있도록 시설내의 취미·문화강좌, 운동회, 오락회, 위문회 등의 활동을 실천에 옮기고 있었음. 또한 비교적 활동적인 건강한 고령자들은 비디오와 사진촬영, 노인에 의한 노인의 생활강좌, 지역사회 꽃꽂이, 초등학교 교육지원, 공원관리 등의 실천적 문화활동이 공개적으로 이루어지고 있음.

노인문화창조

-베이비붐세대의 한·일 비교 분석-

제7장

고령자의
생활보장시스템

 1 **생활보장의 배경**

본 장에서는 일본의 생활보장대책을 분석함으로써 생활보장론의
시점을 명확히 설정하여, 자립과 연대가 가능한 생활보장시스템으로
제언할 것을 목적으로 하고 있다. 생활보장시스템은 생활자라고 하
는 주체가 맞이하는 다양한 리스크를 예측하여 생활보장자원의 효율
적인 운용에 따라 생활유지를 할 수 있도록 만들어진 제도적 장치라
고 하겠다.

21세기를 맞이한 현재, 일본 사회복지의 기본적 동향은 복지제도
의 재정비에 입각하여 연금제도와 의료보험을 비롯한 사회보장제도
의 개혁에 맞추어져 있다. 나아가 공적보장을 넘는 수요에 대한 대응

으로는 기업연금 등의 기업보장과 지적·자립의 사적보장에 지역사
회활동까지 포함한 다원적 생활보장시스템이 이상형으로 그려지고
있다.

이러한 환경변화를 배경으로 일본이 「자립, 상호협조, 민간의 활력」
을 기본으로 한 복지국가를 지향하는 생활보장시스템에 국민이 의존
할 수밖에 없다고 한다면, 그 전제조건으로써 국민이 자립할 수 있는
환경구축을 추진하여야 할 것이다. 다만 그 대책은 개인에 따라 생활
환경이 달라 일률적이지 않기 때문에 몇 가지 형태의 선택과 자립지
원체제를 구축해 제공할 필요가 있다. 그 자립지원체제에 입각하여
생활하는 개인은 국가와 기업, 가족, 지역사회에 단순히 지원을 받기
만하는 것이 아니라 자신의 경험을 살려서 노력하는 자립 지향적인
사람도 있기 때문에 사회의 여러 조직이 연대하여 지원기능을 발휘
해 나가야 할 필요가 있다.

오늘날처럼 급변하는 상황 속에서 생활보장시스템의 변화를 분석
하는 것은 쉽지 않은 일이지만, 사회적, 경제적, 문화적으로 큰 변화
가 예상되는 시대인 만큼 사회정책적 시각에서 장래를 전망해보는
것도 매우 의미 있는 일이라고 하겠다. 최근 일본에서 생활보장에 관
해 관심이 높아지고 있는 것은 급격한 인구고령화를 비롯한 사회변
화가 배경이 되고 있기 때문이며 그로 인해 사회·경제적인 시점에서
다양한 분석[97]이 시도되고 있음을 엿볼 수 있다.

---

97 생활보장 관련 주요 분석 문헌으로서는 사다케·아라키(佐武弘章·荒木兵一
郎:1991)編『高齢化社会政策の実験』新評論.가나모리·이베(金森久雄·伊部英男:
1992)編『高齢化社会の経済学』東京大学出版会.다치카·가네코·(田近栄治·金子能
宏·林文子:1995)『年金の経済分析』東洋文庫. 및 야시로(八代尚宏:1997)編『高齢化
社会の生活保障システム』東京大学出版部. 오시오(小塩隆士:2005)『人口減少時代
の社会保障改革』日本経済新聞社.2005. 사카와키·아베(坂脇昭吉·阿部誠:2007)編
『現代日本の社会政策』ミネルヴァ書房.2007. 오시오(小塩隆士:2013)『社会保障の
経済学(4版)』日本評論社. 社会政策学会編『社会政策-新しい公共と社会政策(第5巻

하지만 현재까지 대다수의 사람들이 공감하는 생활보장이론의 체계가 확립되었다고 단정할 수는 없다. 물론 '일본형생활보장시스템'은 일본의 특수성[98]을 유지하면서 각 시대적 사회경제변동의 적응과 함께 변화해 왔다고 하겠는데 그러한 일본적 특징은 다음과 같이 요약된다. 즉, 일본정부는 '생활대국' 기치를 내걸면서도 20세기 말까지 성장을 우선시해 복지확충에는 소극적이었음을 부정할 수 없다. 또한 전후 경제체제에 있어 무엇보다 고용을 중시하여, 기업의 사회적 역할이 서구기업보다 비중이 컸기 때문에 일본적 생활보장체계 형성에 있어서도 이러한 점이 반영되어 특유의 일본형 복지국가[99]를 구축해왔다는 시각이 일반적이다.

第1号)』ミネルヴァ書房,2013. 등을 들 수 있다.

98 바바(馬場啓之助:1980)『福祉社会の日本型形態』東経選書. 일본사회가 근대화, 산업화되어도 서구사회와는 다른 비서구적인 특수성을 남기고 있다. 바바(馬場啓之助)는 이러한 비서구적 요소를 사회구성의 원리로서 중간집단주의 속에서 찾으려했다. 중간집단주의란 사회의 구성에 있어 국가와 개인 과 가정의 중간에 위치한 조직체, 예를 들면 기업조직에 역점을 둔 것을 가리킨다.

99 우즈하시(埋橋孝文:1997)『現代福祉国家の国際比較』日本評論社. pp.160-164. p.190. 埋橋孝文는 에스핑-엔더슨[Esping-Andersen:1990]의 유형화를 심층 분석하여 그것을 토대로 제4의 새로운 일본모델을 구상하였다. 그 모델은 다름이 아니라 완전고용정책을 유형화의 한 특징으로서 채택한 것이다. 에스핑-엔더슨의 유형 규정에 있어「완전고용의 보장에 전면적인 관여」라는 속성을 분류기준으로 하면, 일본모델의 특징은 노동과 복지의 대체적관계가 강하다. 즉, 완전고용을 하나의 비교 축으로 일본형 복지국가 유형을 설정한 것이다. 거기에는 실업률이 낮은 것이 전제조건이 되므로 일본의 낮은 실업율의 근거를 찾으려하였다. 일본은 실업률이 낮기 때문에「사회의 각종문제의 최소화」를 달성하여 결과적으로 사회보장지출이 절약되었다. 또 일을 희망하는 사람이 일을 할 수 있는 환경이 정비되어 중요한 역할을 수행했다는 것이다. 즉, 고용·노동시장의 양호한 행동이 사회보장=국가복지의 기능을 대체하는 관계가 되어 생활보장의 방법으로서 웰페어(welfare)보다 워크페어(workfare)를 선택하는 시스템이며 이러한 점이 일본모델의 특징이라고 주장하고 있다. 송호근(1993)「한국의 복지정책:형식적 기업복지의 이론적 기반」『복지국가의 현재와 미래』나남출판, p.333. pp.360-363. 여기에서는 일본을 기업복지의 전형적인 국가로서 파악한 다음, 문화적 시점에서 복지정책의 한·일 비교를 행하고 있다.

　이러한 관점을 배경으로 여기에서는 먼저, 생활보장을 기본으로 한 전후 일본의 생활보장대책의 질적전환을 전후부흥기, 고도성장기, 안정성장기, 그리고 최근의 동향으로 나누어 역사적 전개측면에서 분석을 시도하고자 한다. 다음으로 향후의 생활보장시스템의 재구축에 있어서는 공적보장, 기업보장, 사적보장, 나아가 지역사회활동까지 포함하는 다원적인 생활보장자원을 통합적인 시점으로 보아 개인생활자의 생활보장대책으로 자립과 연대가 가능한 시스템구축을 구축해보고자 한다.

2 생활보장시스템이란?

　생활보장은 여러 형태의 생활보장자원의 기능과 역할이 유기적으로 작용하는 시스템에 따라 구성된다고 할 수 있다. 생활보장시스템은 사회·경제구조의 환경변화에 대응하여 시대의 흐름에 따라 변화하게 된다. 따라서 현재의 생활보장시스템 또한 변천사적 결과로 구축되었기 때문에 이러한 시스템이 앞으로 변하지 않으리라고는 볼 수 없다.

　특히 사회보장 제도개혁이 이루어지고 있는 전환기인 지금이야말로 미래의 생활보장시스템에 대한 재구축 또한 필요하다고 하겠다. 오늘날 일본이 직면하고 있는 저 출산·고령사회의 시대적 정책과제 중의 하나는 저성장기에도 유지가능한 생활보장제도의 구축일 것이다. 따라서 여기에서는 생활보장자원을 분석소재로 채택하여, 인구고령화과정에 있어서의 생활보장시스템 구축과 더불어 향후의 방향성에 관해 살펴보고자 한다.

일본에서는 거품경제 붕괴 이후의 경제침체와 고령화의 급진전 등
에 따라 국민의 불안의식이 높아지고 있다. 현재의 생활수준을 향후
에도 계속 유지할 수 있을지에 대한 불안을 느끼는 사람이 적지 않다.
그 이유는 어느 정도 생활의 질의 개선을 위해 노력을 하더라도 적절
한 생활보장수단을 소홀히 할 경우에는 수명연장에 따른 노후의 생
활보장을 기대할 수 없기 때문이다. 반면, 아베노믹스[100]를 통한 내수
확대와 더불어 생활의 질적 내용(quality of life)에 대한 관심이 고조되고
있다.

이러한 의미에서 생활보장시스템의 정비는 국민생활의 토대를 형
성하는 주요 관심사이므로 생활보장자원의 기능과 역할에 관해 명확
히 해둘 필요가 있다. 일본국민은 이미 1980년대부터 정부주도의 소
득배증계획[101]과 마에가와보고서(前川レポート)[102] 등에 따라 생활의 풍
요[103]를 인식하여 생활의 질적 향상에 대해 관심을 갖게 되었다.

---

100 일본의 아베신조(安倍晋三) 총리가 2012년 10월말-11월초에 제시한 경제회복 정
　책으로서 양적완화의 금융정책, 기동적인 재정지출, 구조개혁 및 민간투자 유도
　정책을 동시에 추진하려는 경기부양을 도모하기 위한 경제정책이다. 문제는 저
　축과 연금수입 말고는 기대할 수입이 없는 고령자에게 물가상승은 불리하게 될
　수밖에 없는 점이다.
101 所得倍增計画(1960) : 이것은 1961년도를 초년도로 하는 10개년 계획으로서 전후
　일본의 본격적인 경제계획이라고 하겠다. 주요테마는 고도경제성장을 실현하고
　계획기간에 일인당 국민소득을 실질적으로 두 배로 끌어올리려는 것이었다.
102 마에가와리포트(前川レポート:1986) : 1986년 4월. 당시 큰 폭의 경상흑자의 지속
　은 외국으로부터 일본비판의 위기적 상황이었으며, 그것을 축소하는 것이 일본
　의 「중기적 정책목표」였다. 그 달성을 위해 일본경제의 구조를 수출의존 형태에
　서 내수중심 형태로 전환하자는 것이 前川보고서의 취지였다. 즉, 내수확대를 통
　한 생활대국 지향이 목표인 것이었다. 그러나 前川레포트는 고미야(小宮隆太郎)
　를 중심으로 한 학자들에 의해 경상흑자 삭감을 정책목표로 내걸어 1987년 新前川
　レポート로 변경되었다. 수요면 뿐만 아니라 공급측면의 개혁이 강조된 점이 새
　로운 내용으로서 특히 고용불일치의 구조조정을 과제로 내걸었다.
103 야마다(山田雄三:1997)『社会保障政策論』東京大学出版会. pp.141-142. 풍요로움
　이란 보통, 물질적인 재화 등의 재산을 가리키며, 그러한 재화의 축적이 많은 상태
　를 풍요라고 한다. 동시에 영어로는 wealth이며, 어원적으로는 well＋ness를 의미

그렇지만 30여년이 지난 지금에도 공적보장의 급부수준은 고령화의 급진전 등에 의해 엄격히 제한되고 있다. 예를 들면, 그동안 수차례 이어진 공적연금제도의 개혁에 의해 연금수급자의 연금은 지속적으로 삭감되는 등 제도의 최소보장 범위 내에 한정되어 있다. 따라서 개인은 공적보장을 기초로 하여 다양한 생활보장자원 중에서 어떤 생활보장자원을 선택·활용할 것인지 결정하지 않으면 안 되게 되었다.

한편 일본은 노동과 고용을 중시한 일관적인 정책의 결과, 완전고용지향 소규모 복지국가[104]의 측면도 갖고 있다. 즉, 일본형노사관행이 사회복지를 대체한 고용안정형 '워크웨어 국가'[105]라는 시각이 있

하고 있다. 경제학에서는 마샬과 피구에 의해 「후생」이라든가 「복지」라고 하는 이휘가 사용되었으며 wealth와 거의 차이가 없다. 피구에 의하면, 「경제적후생」은 화폐액으로 측정된 「국민소득」에 의해 표시되는 것으로서 물질적인 풍요로움에 의해 후생이라든지 복지라고 여겨지고 있다.

104 Therborn, G., "Welfare State and Capitalist markets," *Acta Sociologica 30*. pp.237-254. 1987. Therborn은 사회복지정책의 확대정도(social entitlement)와 노동시장과 완전고용에 대한 정책의 두 가지 측면에서 복지국가를 네 가지로 유형화하였다. 머저, 제1유형은 사회복지에 대한 개입이 강하고 완전고용정책을 강조하는 강력한 복지국가(strong interventionist welfare state)로서 스웨덴, 노르웨이, 오스트리아 등이 속한다. 그리고 제2유형의 사회복지정책은 노동시장정책이 약한 보상적복지국가(soft compensatory welfare state)로서 벨기에, 덴마크, 네덜란드 등이 속하며 프랑스, 독일, 이탈리아가 근접 모델국가이다. 나아가 제3유형은 노동시장정책을 통해 완전고용정책을 강조하며 복지확대는 소극적인 이른바 완전고용지향소복지국가(Full employment-oriented small welfare state)로서 일본과 스위스가 포함된다. 끝으로 제4유형은 노동정책도 다른 유형보다 약하고, 사회복지의 확대에는 소극적인 시장중심적복지국가(market-oriented welfare state)로서 미국, 영국, 캐나다, 호주, 뉴질랜드 등이 이 유형에 속한다. 이 가운데 Therborn은 일본을 노동시장과 완전고용에 주력하는 제3의 완전고용지향 소 복지국가에 가장 가까운 나라라고 보았다.

105 「복지국가(Welfare state)」의 대치개념이다. 「전쟁국가(Warfare State)」가 호전적 국가라는 의미가 아니듯 군수산업이 자본제사회 속에 내포된 국가체제임을 암시하듯 이와 같이 워크페어(workfare)란 노동, 고용 중시의 의미로서 웰페어(welfare)를 변용시킨 용어이다.

기 때문에 노동자는 중간집단주의에 따른 기업보장에도 상당히 기대
어 왔다. 그러나 기업보장의 질적내용은 일반적으로 공적보장에 비
해 수준이 낮았으며 그것을 획득하는 조건이 고용관계에 의존하지
않으면 안 된다는 점에서 보편적이라고 할 수는 없다. 따라서 기업보
장은 생활보장시스템을 구성하는 하나의 요소로써 그 역할과 기능을
수행해 왔던 것이다.

 일본 생활보장시스템의 변천

　일본의 생활보장시스템은 시대적 사회환경에 따라 변화해왔는데,
여기에서는 제2차 세계대전 이후부터 최근에 이르기까지의 생활보
장시스템의 변천과정을 전후부흥기, 고도성장기, 안정성장기, 그리
고 최근의 경제·사회의 전환기 순으로 살펴보고 약간의 정책전망을
시도해 보기로 하자.

(1) 전후부흥기의 생활보장시스템

　제2차 세계대전 이후 일본의 최대의 과제는 경제부흥이었다. 또 미
국점령군의 방침에 따라 일본도 복지국가를 목표로 하기 시작하였
다. 1946년 11월에는 일본헌법이 새로이 제정되었는데, 제25조 제1항
에 "모든 국민은 건강하고 문화적인 최저한도의 생활을 영위할 권리
가 있다"는 국민의 생존권[106]을 설명하고 있으며, 제2항에서는 "국가

---

106 勝本正晃·小山昇編修『模範六法』三省堂. pp.21. 1991. 현행 생활보호의 틀은 헌법
　　25조의 생존권을 보장하는 구체적인 제도로서 1950년에 제정되었다.

는 모든 생활부문에 있어 사회복지, 사회보장, 공중위생을 함께 증진
하기 위해 힘을 기울이지 않으면 안 된다"는 국가의 사회적 사명을
명기하고 있다.

무엇보다도 궁핍한 국민생활에 대처하기 위해 공적부조를 복지정
책의 중심으로 한 연합군의 지시에 따라 (구)생활보호법이 1946년 10
월에 제정되었다. 이 구법은 실시과정에서 수급권, 공적분리 원칙 등
에서 문제가 발생하여, 1950년 5월에 현행의 생활보호법이 공포시행
되었다. 새로운 법은 "곤궁한 국민에게 건강하고 문화적인 최저한도
의 생활을 권리로 보장한다"는 것이었다. 생활보호의 급부는 생활,
교육, 주택, 의료, 출산, 산업, 장제의 총 7종의 부조로 나누어져 있고
원칙으로써 현물급부인 의료부조를 제외한 다른 부조는 거의 금전급
부이다.

생활보호제도는 개인이 아닌 세대를 단위로 결정되는데 자원, 능
력, 부조의무 등을 활용하여도 여전히 최저생활을 유지할 수 없는 빈
곤세대를 대상으로 재산조사를 거쳐 보호수급이 인정되었다[107]. 이렇
듯 생활보호제도는 국민에게 있어서 사회보장 최후의 안전망(the last
safe net)이라고 할 수 있다. 이렇게 전후부흥기의 공적 사회보장은 생
활보호제도를 중심으로 전개되었다고 할 수 있다.

일본의 사회보험제도[108]는 패전 후 붕괴위기를 맞기도 하여 제대로
기능을 발휘하지는 못하였다. 또한 전후의 국민생활은 극도로 궁핍
하였고 인플레이션에 따른 물가고등(物価高騰)으로 인해 사회보험제도
의 재검토가 요구되었다. 연금제도는 국가공무원공제조합법(1948년),

---

107 오누마(小沼正他:1984)編『社会保障槪論』川島書店. pp.98-114.
108 일본의 사회보험은 1922년에 제정하여 1927년에 전면 시행된 건강보험이 시초인
　　데, 그 후 1932년에 노동자재해부조책임보험, 1938년에 국민건강보험, 1940년에
　　선원보험, 직원건강보험, 1942년에 노동자연금보험(1944년에 노동자뿐만 아니
　　라 일반 근로자까지 대상으로 한 후생연금보험으로 개칭)이 실시되었다.

사립학교교직원공제조합법(1953년), 시·정·촌 직원공제조합법(1954년), 공공기업체직원 등 공제조합법(1956년), 농림어업단체 직원공제조합법(1958년)이 차례로 제정되면서 공적연금제도가 세분화되었다.

일반기업의 피용자를 대상으로 한 후생연금보험은 전후의 인플레이션 대책을 위해 여러 차례 개정이 이루어졌지만, 후생연금보험법의 전면적 개정은 사회보험심의회와 사회보장제도심의회의 답신으로 각의에서 결정(1954년 3월 16일)되기에 이르렀고, 제19회 국회에 제출되어 '신후생연금보험법'이 성립(1954년 5월 1일 실시)되었다[109].

한편 노동자의 생활보장에 있어 기업에 의한 고용보장은 소득보장이라는 중요한 기능을 맡게 되었다[110]. 하지만 전후의 경제혼란기에는 기업기능이 충분히 발휘되지 못해 실업자가 대량 발생하였으며 고용되더라도 임금이 낮아 국민생활은 기아적 곤궁을 겪게 되었다. 따라서 노동자의 임금은 생활비를 중시하지 않을 수 없었기 때문에 연공서열형의 임금제도가 형성된 것이었다.

그러한 배경을 바탕으로 노동조합 운동이 자유화되어 전국각지에서 자연발생적으로 노사문제가 일어났다. 노동자 측은 복리후생의

---

109 厚生省年金局『厚生年金保険50年史』法研. pp.47-50. 1993. 동법에 의해 ① 종래의 보수 비례제를 고쳐 정액플러스 보수 비례형으로 한다. ② 노령연금의 지급개시 연령을 일반남자는 종래의 55세가에서 60세로 올린다. ③ 재정방식을 완전적립 방식에서 보험료를 30/1000으로 유지하되(광부35/1000). 이를 5년마다 올리는 수정적립방식으로 변경한다. ④ 국고부담률을 종래의 급부비의 10%에서 15%(광부20%)로 인상하는 등의 개혁이 시행되었다.

110 馬場啓之助『福祉社会の日本型形態』東経選書. p.18. 1980. 현대기업의 존재이유는 다음과 같다. 그 첫 번째는 공급책임이다. 기업은 경영자원을 유효 활용하여 사회가 요구하는 재화 및 서비스를 안정가격으로 공급하고 그 경제활동을 통해서 공해 등의 형태로 사회비용을 지역사회에 전화시켜서는 안 된다. 두 번째는 배당책임이다. 기업은 주주의 신탁을 받아 자본의 가치를 유지하고 적정 배당을 행하지 않으면 안 된다. 세 번째는 소득보상책임이다. 기업은 종업원으로 안정된 일자리를 제공하여 적어도 사회의 평균적 수준에 달하는 생활을 보장하지 않으면 안된다. 이러한 책임은 어느 것도 무시해서는 안 된다.

단체교섭과 노동조건 개선을 요구하였다. 이에 대해 기업 측은 저임금을 보전하는 것으로 각종 현물급부의 형태를 부가급부(fringe benefit) 형태로 기업복지를 전개하였다[111].

한편, 기업연금제도는 미국에 비해서 현저히 늦었지만, 기업 내의 복리제도로 1950년대 중반 경부터 상당수의 회사에서 도입하였다. 이렇듯 전후부흥기의 기업복지는 사회보장의 대체적인 역할과 기능을 발휘했음을 알 수 있다.

(2) 고도성장기의 생활보장시스템

일본의 고도성장기에는 경제·사회의 전반적인 상황이 개인과 가족생활에 있어서 이전과는 다른 큰 변화를 일으켰다. 이와 함께 생활보장시스템도 변화하였다. 가족 중심이었던 전통적인 생활보장시스템이 변화하여 공업화와 도시화가 진행됨으로써 핵가족화가 진전되었다. 이에 따라 가족의 상호부조기능이 약화되는 한편, 기업의 복지기능이 강화되었고 공적보장제도가 정비되기 시작했다.

1955년부터 1973년에 이르기까지 일본경제는 고도성장을 이루었다. 산업구조의 고도화와 함께 제1산업의 취업인구가 급감하는 한편, 제2차 산업과 제3차 산업으로 노동력이 대거 이동하였다. 고도성장기에는 실업률이 낮아져 그 결과 국민의 상당수가 중류의식을 갖게 되었으며, 실질소득이 증가하여 대량 소비사회가 도래하게 되었다. 이른바 '소비혁명'이 일어나 각종 가전제품과 자동차 등이 급속도로 보급되었다. 그렇지만 고도성장기에 있어서도 경쟁에서 뒤쳐져, 사회변화에 적응할 수 없는 고령자와 생활보호세대, 모자세대, 신체장

---

111 이시하타·사노(石畑良太郎·佐野稔:1987)編『現代社会政策』有斐閣双書.p.175. 편자는「일본의 복리비는 단체교섭사항이 아니라 기업측의 노무관리적 시책」이라는 시각을 제시하고 있다.

애자 등의 사회적약자가 늘어나 1960년대 중반에는 '풍요로움 속의
빈곤'이 사회문제로 대두되었다.

　이러한 사회경제적 변화에 의해 가족에 의한 상호부조기능은 현저
히 저하되었는데 그중에서도 고령자의 생활보장시스템 구축이 가장
중요한 과제였다. 1960년의 소득배증계획(所得倍增計画)은 경제성장에
의해 소득수준과 소비수준을 향상시켜 복리향상과 빈곤해소, 소득격
차해소, 완전고용이라는 성장 중시 목표가 우선시되었다. 따라서 사
회보장은 경제발전을 위한 인적자원의 능력향상과 노동력 이동의 원
활화를 용이하도록 하는 부차적 역할에 지나지 않았던 것이다.

　한편, 1959년 3월 국민연금법이 성립되었고, 1961년 3월에는 '통산
연금통칙법안' 및 '관계 법률의 일부개정안'이 제 39회 임시국회에 제
출되어 11월 1일 공포 시행되었다. 이에 따라 공적연금 상호간에 노령
보장에 관한 통산조치가 실시되었다[112]. 이렇듯 전 국민 연금제도가
확립되었으나 연금제도가 성숙기에 이르지 못했기에 수급권자도 적
고 수급권자 대부분이 급부수준이 낮은 소액의 복지연금을 받았다[113].

　일본에서의 1973년은 '복지원년'으로 일컬어지는 시기였던 만큼
연금제도에 대한 국민들의 기대와 관심이 매우 높아졌다. 후생연금
의 경우, 표준적인 모델(가입기간 27년, 재평가 후의 평가보수 월84,600엔)을 상정
하여 현역근로자의 평균보수의 60%정도가 되도록 설정하였다. 이전
까지 공적연금은 최저생활보장이 목표였는데, 1973년의 개정을 통해
서 연금의 중요성이 반영되어 소득증가·생활수준향상·가족형태의
변화와 인구고령화 등 환경변화에 걸맞게 재정비되었다.

112 財団法人厚生統計協会(1995) 『保険と年金の動向』財団法人厚生統計協会. pp.26-27.
113 초기의 후생연금보험은 1965년 개정으로 모델연금 월1만 엔의 급부개선과 재직
　　노령연금을 신설되었다. 국민연금도 1966년 개정으로 급부의 대폭적인 개선이
　　이루어져 부부1만 엔 연금이 확보되었다. 나아가 1969년에는 후생연금 2만 엔, 국
　　민연금 부부2만 엔 연금으로 개선되는 과정을 거쳤다.

　반면, 일본경제의 고도성장은 노동시장을 1950년대의 후반까지의 '수요중심시장'으로부터 '공급중심시장'으로 역전시켜 '노동력부족' 현상이 나타났다. 나아가 기술혁신, 산업구조의 고도화와 더불어 노동력의 질적 향상이 문제가 되었다.

　일본적 고용관행은 신규졸업 노동력의 확보와 동시에 종업원의 정착이 노무관리 상 중요한 요인으로 작용하여 기업복지 면에서 개선이 눈에 띄게 향상되었다[114]. 그 결과 종업원의 생활을 대폭 향상시키는 조치가 이루어져 퇴직일시금 외에도 교통재해, 노동재해의 사고에 대비한 유족보상대책 등이 기업의 관심사가 되었다. 이러한 기업복지의 목적은 노동자의 생애에 걸친 종합적복지의 확립이라는 이념이 확립된 것이다. 이렇듯 전후부흥기에는 사회보장의 제도적 준비 부족에 의해 기업복지는 사회보장의 대체기능을 발휘하였다면, 사회보장이 확충됨에 따라 고도성장기에는 기업복지가 사회보장의 보완기능으로 변하였다.

　한편, 고도성장기였음에도 불구하고 1965년의 일시적인 불황기에는 임금상승과 함께 복리비의 증가가 경영자의 위기의식을 환기시키기도 했다. 일경련(日経連)은 1965년의 「복리후생합리화의 기본방향」속에서 총 인건비의 복리후생비라는 시점에서 합리성을 내걸어 기업복리제도를 수정하게 되었다.

　특히 노무관리의 일환으로 복리후생을 경영목적에 기여하도록 하였다. 이러한 변화에 노동자 측도 임금·생활수준의 향상이 일정부분 달성됨으로써 지금까지의 임금상승 요구 중시에서 그 중심내용을 바

---

114 고도성장기의 기업의 복리후생기능은 「일본적경영」의 근간을 이루는 것으로 강화되었다. 일본기업은 단순히 이익추구집단이 아니라 사회집단으로서의 성격을 겸하고 있다. 이 집단적 특질이 고도성장기에 더욱 증폭되어 복리후생의 활성화되는 계기가 되었다. 일본의 경우 생활보장시스템 속에서의 기업은 복리·후생기능의 중요한 위치를 점하고 있다.

꾸게 되었다. 즉, 노동시간단축, 정년연장, 주택구입원조 등을 포함한 광범위한 기업복지를 요구하게 된 것이다[115]. 이런 점에서 기업복지와 사회보장은 분업관계를 맡게 되었고, 기업복지는 사회보장을 보완하는 동시에 노동자의 생애에 걸친 종합복지를 이루는 요소로 기능하고 있음을 알 수 있다.

(3) 안정성장기의 생활보장시스템

1973년에 발생한 제1차 오일쇼크는 세계경제는 물론, 일본경제에도 심각한 타격을 주었다. 무엇보다 1978~1980년의 제2차 오일쇼크가 지속되는 동시에 무역마찰도 일어나 일본경제는 고도성장에서 안정성장으로 이행하였다. 이 시기 산업구조는 보다 고도화되어 경제의 서비스화, 정보화, 국제화가 진행되었다. 나아가 취업구조도 변화하여 제3차 산업의 취업자가 급격히 증가했다. 또 인구구조의 고령화와 핵가족화가 진행되어 1970년대 후반부터는 고령화사회의 대응이 경제·사회의 주요과제로 논의되었다.

이러한 사회경제적 요인의 변화가 생활보장시스템의 재점검을 초래하였다. 제1차 오일쇼크가 일본경제의 고도성장부터 저성장으로의 분기점이 된 것처럼 사회보장 분야에서도 전환기를 맞이한 것이다. 즉, 1973년은 정부당국에 따라 '복지원년'이라는 기치 하에 사회보장·복지국가의 충실화가 국민적과제로 인식되었지만, 공교롭게도 같은 해에 오일쇼크와 전후 최대의 불황과 인플레이션에 따른 고물가에 따라 국가재정이 막대한 적자를 초래해 복지 재검토 필요성이 대두되었다[116].

---

115 日本生命企業保險設計部編(1986)『総合企業福祉』日本生命相互会社, pp.16-18.
116 일본은 1973년 다수의 복지국가의 영향을 받아 복지원년을 선포했다. 그러나 일본의 재정수지는 1973년도에는 217억 엔의 흑자를 보였으나 1974년도에 881억 엔

그 후 환경변화에 대응하여 새로운 일본형복지사회의 실현을 목표로 한 '신경제사회7개년계획(1979년)'이 공표되었다. 또 1981년에는 '활력 있는 복지사회'의 건설을 목표로 삼아 사회보장의 개선을 추구하는 동시에 가족, 지역공동체, 기업, 직장 등의 사적시스템 강화에 기초한 자립자조를 강조함으로써 행정개혁과 민간활용, 양 노선을 제창하게 되었다.

연금부문에서는 제도의 성숙과 더불어 연금수급자가 매해 급증하는 한편, 1973년 개정이후의 경제변동에 대처하기 위해 재정재계산을 앞당겨 연금제도를 개선하였다. 그 주요 내용으로서는 재직노령연금의 지급제한완화, 가족연금·장해연금의 통산제도창설, 가족연금의 급부개선이 계획되었다[117]. 그 후 전국민연금제도 달성 이래의 대개혁이라고 불리어진 연금제도의 개정(1986년 4월)을 통해 기존의 3종류 7제도의 공적연금제도가 재형성되었다[118].

오일쇼크 이후, 구미 각국에서는 실업자가 급증하여 사회문제가 되었지만 일본의 실업률은 종신고용제도 등의 고용관행과 무역흑자 등에 의해 서구 선진국보다 실업률이 낮은 수준이었다. 노동력인구의 고령화에 따라 중 고령층 노동자의 고용정책도 추진되어 55세 정년제를 채택하는 기업은 매년 감소하는 반면, 60세 이상을 일률적으로 정년으로 정한 기업이 늘어나 1984년에는 60세 정년 기업이 50%를 넘었다. 이와 같은 '60세 정년' 목표는 고령사회에 대한 노사양측

의 적자를 기록한 이후 일정기간 적자가 늘어났다. 따라서 복지국가의 실현을 정책목표로 한 일본은 1973년의 석유위기를 계기로 성장저하에 의한 재정위기와 복지원년으로 상징된 고령화의 진행에 따른 복지욕구의 급증 등의 모순이 발생하여 이러한 문제를 어떻게 조화시킬 것인지가 사회적 과제로 대두된 것이다.

117 厚生統計協会(1995)『保険と年金の動向』財団法人厚生統計協会. pp.31.

118 야마구치(山口剛彦:1985)「年金制度の現状と課題-1985年の改正を振り返って-」『週間社会保障』第1342号,法研. p.46. 주요 쟁점으로 ① 기초연금의 도입에 따른 제도의 재편성, ② 급부와 부담의 적정화, ③ 부인의 연금권 확립 등이 거론되어 있다.

의 인식제고에 의해 설정된 것이었다.

한편, 기업복지분야는 오일쇼크를 계기로 하여 일방적인 확충이 허용되지 않았다. 기업수익의 순화, 고령화의 진행에 따른 인건비의 급증, 법정복리비의 증대 등에 의해 기업복지제도를 개선시키려는 움직임이 나타났다. 이러한 배경에서 일본생산성본부는 1975년 '기업복지개선론'을 내놓았다. 또 다른 면에서는 임금결정에 관한 사회보장의 개선과 공적연금의 한계가 드러나 종래 기업연금에 소극적이었던 노동조합에서도 적극적으로 도입하려는 태도로 전환되었다.

이러한 노사관계의 흐름 속에서 1975년 이후에는 '종합 기업복지 비전'을 초월한 기업이 나타나기도 했다. 그 기본적인 조류는 재직 시부터 생애에 걸친 복지, 즉 '생애복지'의 철학과 '경제적인 복지(hardware)뿐만 아니라 정신적인 복지(software)까지' 포함하는 기업복지의 변화였다.

기업의 복리후생제도에 있어서는 기업이 고령화를 어떻게 파악하여 대처할 것인가에 대한 문제에 주의를 기울였다. 고령세대가 증가함에 따라 복리후생제도에 대한 욕구도 명확히 변화하고 있는 것이다. 즉, 고령화가 급진전됨에 따라 홈헬퍼 제도나 개호(장기요양)휴가 등 고령화에 따른 제도가 급속히 증가하고 있다.

퇴직금과 기업연금 제도의 도입 등 노후보장제도가 확충된 것도 노후의 불안요인이 작용하였기 때문일 것이다. 본래 복리후생이라는 것은 재직 중의 종업원에 대한 배려 차원이었지만, 퇴직 이후의 생활에 대해서도 원조와 지원을 필요로 하는 종업원의 욕구가 여러 형태의 기업복지 제도로서 도입되었다. 반면, 고령화에 따른 복리후생제도에 대한 기업부담을 살펴보면, 기업연금은 가입자와 수급자의 성숙화가 진행되어 수급자가 증가하면 보험료 납입도 어려워지며 적립금이 부족해진다. 또한 고령화에 따라 퇴직비용, 법정비용 등을 포함하여 복리후생에 관한 부담이 증가하게 된다.

그에 대한 대응으로 일경련(日本経済団体連合会)은 이미 1995년부터 '신시대 -일본적경영- 도전하는 방향과 그 구체적인 대책'을 발표하였다. 그 주요 내용은 기업의 인재를 '고용유연형', '전문능력활용형', '장기축적능력활용형'의 세 개의 그룹으로 종업원 층을 나누어 유연한 고용관리시스템을 제언한 것이다. '장기축적능력활용형' 그룹의 복지시책을 보면 종래처럼 퇴직 후까지 포함하는 충실한 시책이지만, 전문능력활용형과 고용유연형그룹에 대해서는 노동비용을 절약하는 한편, 복리후생의 수준도 매우 낮아지는 것을 알 수 있다.

결국, 그 제언의 중심은 일부 그룹에게만 종래의 복리후생을 지원하며 그 이외의 그룹에게는 부담을 경감하는 내용인 것이다. 이처럼 대다수의 일본기업은 향후 유동화 속에서 노동코스트(비용)가 높은 조직을 회피하는 대신 복리후생 부담을 가볍게 하는 조직을 선호하게 되어 비정규직이 늘어나는 계기가 되었다.

(4) 최근의 경제·사회 환경의 변동

오늘날, 일본에서는 무엇보다 인구구조의 급격한 변화 특히 초고령사회에 대한 불안이 고조되고 있다. 이러한 정세 속에서 고령화사회위기론에 입각하여 사회보장개혁을 비롯한 경제·사회시스템의 재검토가 제기되었다. 이는 결국 국가역할의 축소·시장의 활용을 기조로 하는 것으로 생활보장시스템의 전환기임을 시사하고 있다.

오일쇼크 이후의 '복지의 재검토'는 기업의 복리후생에도 영향을 미치게 되었다. 인구고령화 또한 일정수준에 달하면 국민생활뿐만 아니라 경제·사회시스템까지 영향을 주게 된다. 이러한 의미에서 인구고령화가 사회정책과 깊은 관계가 있음을 알 수 있다. 따라서 최근의 인구구조의 변화, 사회복지와 사회보장의 구조개혁, 기업의 복리후생제도의 변화 등의 측면에서 살펴보기로 하자.

〈표 7-1〉 일본의 장래추계인구

분 류	중위(천명)	저위(천명)	고위(천명)	중위추계의 고령화율
1995년	125,570	125,570	125,570	14.6%
1996년	125,869	125,869	125,869	15.1%
1997년	126,156	126,143	126,178	15.6%
1998년	126,420	126,378	126,492	16.2%
1999년	126,665	126,577	126,813	16.7%
2000년	126,892	126,742	127,140	17.2%
2005년	127,684	127,031	128,690	20.2%
2010년	127,623	126,281	129,531	22.0%
2015년	126,444	124,384	129,175	26.8%
2020년	124,133	121,391	127,608	26.9%
2025년	120,913	117,484	125,201	27.4%
2030년	117,149	112,938	122,473	28.0%
2035년	113,114	107,985	119,689	29.0%
2040년	108,964	102,820	116,868	31.0%
2045년	104,758	97,579	113,959	32.0%
2050년	100,496	92,309	110,962	32.3%

자료 : 국립사회보장·인구문제연구소(기본집계결과에 따른 추계) 참고 작성.

먼저 일본정부(인구속보기준)의 인구 개산치(2016.10.1. 槪算置)에 따르면, 일본의 총 인구는 약1억2693만 명이다. 이 가운데 65세 이상 인구는 약3,434.3만 명(남자 약1,486.3만 명, 여자 약1,948.1만 명)으로서 27%의 인구 고령화율을 보이고 있다. 나아가 일본의 장래추계인구[119]에 따르면 총 인구가 2007년에는 1억2,778만 명(중위추계)으로 정점에 달한 후에 감

---

119 국립사회보장·인구문제연구소는 정기적으로 「日本の将来推計人口」를 공표하고 있다. 본 자료는 1996년 11월말, 1995년의 국세조사의 기본집계 결과와 2016년 자료를 통해 발표한 전국의 남녀연령별 장래인구추계를 조정한 결과이다. 2016년 이후의 인구는 2015년 국세조사 인구속보 집계에 의한 인구로 수정하고 있다. 확정치는 매년 4월 1일자로 발표하며, 5년 후의 인구는 최신 국세조사인구와 반드시 일치하지 않으므로 5년마다 국세조사 사이에 매달 1일의 인구추계에 입각해 보정을 행하고 있다.

소로 전환되었는데, 2050년에는 1억50만 명 정도로 축소될 것으로 예상된다. 특히 저출산경향[120]은 젊은층의 노동력을 감소시키는 한편, 그들의 사회보장 부담은 점차 늘어나게 될 것이다.

다음으로 사회보장의 구조개혁 변천과정을 보면, 1991년의 노인복지법개정(방문간호제도의 창설 등), 1992년의 복지인재보호법, 간호사 등 인재확보법, 의료법개정, 1994년의 신골드플랜의 개정, 1996년의 개호보험법안 국회제출, 1997년의 아동복지법개정, 1999년의 연금제도의 개정, 2000년 4월부터 사회보험의 완성이라고 불리는 장기요양보험제도가 개호보험(介護保險)으로 실시되고 있는데, 이는 간병과 수발을 가족제도와 의료보험제도로부터 개혁하여 사회복지 측면의 종합적인 요양보험으로 실시하고 있다.

최근의 고령자고용 관련 동향으로서는, 2013년 4월에 시행된 개정 「고연령자고용안정법(高年齡者雇用安定法)」에 의해, 65세 정년제가 추진되고 있는 점이 주목된다. 정년제란 해당연령에 도달한 종업원과의 고용관계를 자동적으로 종료하는 제도이다. 이 개정을 통해 이전의 60세 정년제에서 실질적인 정년연령을 65세로 늘리는 것이다.

따라서 고용주에게는 2025년도까지 종업원 희망자 모두에게 고용을 65세까지 확보하도록 하는 ① 정년퇴직제도의 폐지, ② 정년연령의 연장, ③ 재고용제도 중에서 어느 것이든 한 가지 이상 선택·실시하는 것이 의무화된다. 이는 실질적인 '65세 정년제'로 이행하는 고용제도의 혁신이었는데 특히 후생연금(厚生年金)의 수급 개시연령이 60세에서 65세까지 단계적으로 늦춰지는데 맞추어 정년 또한 그에

---

120 저 출산경향은 합계특수출생률이 저하된 결과로부터 알 수 있다. 일본의 합계특수출생률은 제2차 세계대전 이전에는 5.0을 넘은 적도 있었지만, 전후에는 출생률이 급격히 낮아져 지속적으로 축소경향을 보여 왔다. 국립사회보장·인구문제연구의 집계에 따르면 합계특수출생률(중위가정)은 1995년 1.42, 2000년 1.32, 2005년 1.43, 2010년 1.50, 2020년 1.59, 2025년 1.61로 되어있다.

대응해 연금수급시기까지 수입이 없는 소득공백 기간을 줄이겠다는 목적으로 파악된다.

한편, '65세 정년제'의 위험도 존재한다. 이 제도가 모든 기업에 정착되기까지는 시간이 걸리기 때문에 이전까지 시행되던 60세 정년제에 의해 일단 60세에 회사를 그만두는 고령자는 그 시점에 고용계약을 다시 맺게 된다. 그러나 이 고용계약에는 위의 세 가지 고용연장제도 가운데 ③ 재고용제도가 주류를 이루게 된다면 이러한 재고용에는 몇 가지 문제점이 있을 수 있기 때문이다.

첫째, 단순한 정년연장이 아니라 급여가 60~70% 수준으로 줄어들 수 있다. 두 번째, 고용형태가 60세 이상인 재고용자의 경우에는 신분이 촉탁직 혹은 계약직사원으로 채용되게 된다. 또한 현역시절에 능력을 발휘해 온 전문부서 이외의 부서에 배속된다거나 시대적 기술능력의 괴리로 인해 정리해고 후보로 몰리게 될 수도 있다. 세 번째, 2013년 4월 2일 이후에 이전처럼 60세에 정년퇴직 했을 경우, 연금을 한동안 수급할 수 없는 이른바 「공백기간」이 생길 수 있다.

이러한 공백이 생기는 이유는, 이전까지는 60세부터 연금이 지급되었지만 2013년도부터는 연금지급 개시연령이 61세부터 65세에 이르기까지 연령을 단계적으로 높여서 지급하기 때문이다. 따라서 65세까지 정년연장을 못하고 60세에 퇴직하게 된다면, 1개월부터 최대 5년간 급여와 공적연금도 받을 수 없는 위험에 노출되는 고령자가 생길 수 있다. 따라서 이에 대한 세심한 제도운영이 뒷받침되어야 할 것이다.

4. 노후 생활보장과 고령자대책

(1) 일본의 사회변화와 생활보장

일본은 제2차 세계대전 이후, 다른 선진국에 비해 급격히 고도성장을 이루어 물질적인 면에서는 상당히 윤택해졌다. 그러나 경제전체의 풍요로움과는 대조적으로 개인이 실감하는 여유와는 약간의 차이가 있다. 이 때문에 정권이 바뀔 때마다 생활대국의 실현을 위한 정책제안이 나오고 있다.

특히 생활대국 5개년계획(1992년)에 있어서는 생활대국을 실현하기 위해서 완전고용의 달성과 물가의 안정을 전제로 실천에 나서기도 하였다. 그러나 1990년대에는 거품경제의 붕괴로 경기가 악화되어 한동안 마이너스성장과 디플레이션[121]을 경험하게 되었다. 2000년대에 접어들어서는 경기회복의 조짐을 보이기도 했지만, 내수확대를 위해서는 단순한 캐치프레이즈보다는 국민경제의 목표가 보다 직접적으로 생활의 질을 향상시킬 수 있는 사고와 발상의 전환이 필요할 것이다.

예를 들면, ① 노동시간을 단축하고는 있지만 여가의 방법이 부족하므로 보다 여유 있는 생활의 실현, ② 연소자 인구부족에 따른 여성과 고령자가 사회에 참여할 수 있는 환경정비와 불안 없는 육아와 노후생활대책, ③ 내외 가격차이의 시정과 더불어 투명한 시장경로의

---

121 경기의 정체와 물가의 하락이 동시에 일어나는 현상을 디플레이션이라고 한다. 인플레이션이 물가의 상승만을 가리키며 경기의 상승까지는 의미하지 않는 점에서 디플레이션이 반드시 인플레이션 대조적인 의미는 아니다. 공급량을 넘어 초과수요가 발생하는 경우, 물가는 상승한다. 반대로 수요가 공급을 밑도는 경기정체기에는 가격이 하락하고 실업이 발생한다. 이렇게 경기침체 시에는 실업률이 높아지고, 물가수준은 하락하는 것이 일반적인 견해였다. 그러나 1970년대 이후, 경기 정체기에도 불구하고, 물가가 상승하는 현상이 세계적으로 나타났는데 이를 스태그플레이션이라고 한다.

확립, ④ 양질의 주택을 보유할 수 있는 토지·주택대책의 추진, ⑤대
도시 집중을 시정하기 위한 각 지역의 특색과 지역 활성화를 위한 네
트워크 정비가 필요할 것으로 보인다.

　현재 일본에서 가장 사회문제가 되고 있는 것은 인구구성의 급격
한 변화이다. 간략히 연령별 인구구성의 추이를 보면, 총인구가 2010
년 무렵부터 감소하는 가운데, 생산연령인구(15~64세)의 비율은 1993
년을 정점으로 이미 상당기간 이전부터 감소하기 시작하였고, 노령
인구(65세 이상)의 비율은 역으로 급속하게 높아져 일본은 최고수준의
초고령사회가 되었다.

　이는 평균수명이 연장되는 한편 저출산 경향이 초래한 결과라고
하겠다. 특히 전후 베이비붐 시기에 많이 태어난 단괴(団塊)세대가
2006년부터 대부분 정년에 접어들게 되어 베이비붐세대가 고령자 층
에 속하게 되면서 인구고령화가 더욱 가속화되고 있다.

　이러한 급격한 환경 변화는 가족과 사회에 다방면으로 영향을 미
치고 있다. 예를 들면 고령층은 젊은 층에 비해서 소득이 적어 그동안
저축해둔 예·적금을 인출해 소비하는 경향이 크기에 저축률이 저하
되는 등 경제구조의 변화가 예상된다.

　그와 더불어 2000년부터 개호보험이 실시되고는 있으나 핵가족세
대가 늘어나고 있으며, 상대적으로 고령자세대 혹은 고령자 단독세
대가 늘어나고 있기 때문에 사회적으로 고립되거나 고독한 생애를
보내는 고령자가 수시로 드러나고 있다. 따라서 고령자가 심적으로
윤택한 생활을 영위할 수 있도록 지역사회활동에 참여를 촉진시키는
등의 대책도 필요할 것이다.

　또한 현행의 연금제도에서는 보험료를 토대로 연금적립금을 운용
하고는 있지만, 대부분 연금을 지급시점의 취업자가 부담하도록 하
는 수정적립방식으로 설계되어있기 때문에 향후 연금을 받는 고령자

가 늘어나면 후세대의 부담이 점차 커지게 되어 있다. 그럴 경우, 연금 수급이 원활치 못하면 고령자의 생활을 지탱할 수 없게 될 가능성이 있어 연금제도의 개선이 5년마다 연금재정검증이 이루어지고 있다.

따라서 활력 있는 초고령사회의 유지를 위해서는 노후생활을 안심하고 보낼 수 있도록 소득보장과 의료보장 등의 사회제도뿐만 아니라 고령자의 다양한 욕구에 부응할 수 있는 각종지원방안을 강구하고 다양화되고 개별화된 욕구를 일정형태로 유형화하여 제공할 필요성이 있다.

결국 고령인구의 증가로 인한 노인문제[122]란 가령(加齡)에 수반되는 고령자의 사회생활상의 각종 곤란함을 의미하는데, 일반적으로 노인들은 신체적 약화, 경제적 빈곤, 부양보호 미약, 사회에서의 역할상실 등으로 인해 생활의 어려움을 겪게 된다.

특히 고령자 빈곤의 특징으로는 일단 직장에서 퇴직하면 재취업의 기회가 제한되고 수명은 연장되어 빈곤이 장기화된다. 또한 핵가족화에 의한 고령세대 증가로 인하여 대량빈곤이 발생되며, 그런 한편에서는 고령층의 일자리가 줄어들게 된다. 또한 정년제[123]에 의해 경제적으로 여유가 없는 시기에 수입원을 잃게 되므로 빈곤문제가 가속화될 수 있다. 이러한 사회문제에 대처하기 위한 사회제도가 사회

---

122 노인문제의 발생요인은 학자나 관점에 따라 다양하지만 주요요점을 요약하면 다음과 같다. 첫째, 고령인구의 급속한 양적증대, 둘째, 핵가족화에 따른 고령자세대의 분리 증가, 셋째, 산업구조의 변화에 따른 가족제도의 붕괴, 넷째, 고령기의 노후대책 미비, 다섯째, 고령자의 역할상실과 소외, 여섯째, 노인복지대책의 미흡 등을 들 수 있다.

123 65세 정년제: 2013년 4월부터 시행된 개정 「고연령자고용안정법(高年齡者雇用安定法)」에 의해 「65세 정년제」가 향후 점차 정착될 것으로 보인다. 이는 2025년도까지 종업원 전체의 고용을 65세까지 확보하도록 「정년퇴직제도의 폐지」, 「정년연령의 연장」, 「재고용제도」중 선택·실시가 의무화 되며, 후생연금(厚生年金)의 수급개시연령인 65세와 연동되도록 하기 위한 목적이라고 하겠다.

보장제도라고 하겠다.

(2) 생활보장자원의 확보

앞장에서도 살펴본 바와 같이 사회보험은 이른바 국가가 사회보장 제도의 하나로 운영되는 강제보험이다. 즉, 사회구성원이 위험에 처하거나 취약계층으로 전락하는 것을 방지하려는 목적으로 노령, 질병, 업무상의 사고, 실업 나아가 장기요양에 따른 간병수발 등 가정과 사회를 둘러싼 각종 문제와 위험에 대비하기 위해 실시하는 사회보장제도의 주축이 되고 있다.

나아가 가족기능의 변화에 따른 고령자의 가족보장의 약화와 개호보험의 실시에 의해 최근 일본에서는 노인복지시설의 운영이 늘어나고 있으며, 출산율이 줄어들어 여성취업의 증가와 핵가족화의 진전에 따라 아동복지시설인 보육원을 비롯하여 보육제도에 대한 지원이 늘어나는 등 사회복지서비스의 충실화가 이루어지고 있다.

이렇듯 일본의 사회보장 제도는 유형으로는 여타 선진국에 뒤떨어지지 않는 수준이 되었으나 저 출산과 고령화의 급진전에 의해 사회보장비의 증대가 부담으로 작용할 수밖에 없으며, 사회보장의 급부와 부담의 효율화, 세대 간 형평문제의 해결을 통해 국민생활의 안정을 확보해 나가는 것이 사회정책의 과제라고 할 수 있다.

이처럼 최근의 생활보장은 기본적인 최소보장에 머물고 있으나 향후 여러 형태의 욕구가 분출되면 그러한 욕구를 어떤 방식으로 충족시킬 것인가? 혹은 어떠한 생활보장체계를 구축해나가야 할 것인가? 하는 점이 초고령사회에 있어서 현안이 되고 있다.

정부의 공적보장을 넘어서는 부분의 충족을 위해서는 기업연금을 비롯한 기업보장과 자조·자립이라는 사적보장, 나아가 협동적 지원과 지역사회활동 등에 기대할 수밖에 없다. 즉, 〈그림 7-1〉의 개념도

처럼, 공급측면은 다원적·종합적인 생활보장자원의 제공이 이상적일 것으로 보이며, 수요측면은 각 개인생활자의 입장에서 합리적이며 선택적인 생활보장자원의 효율적인 확보가 필요하다고 하겠다.

<그림 7-1> 생활보장시스템의 개념도

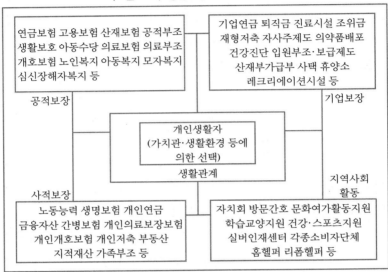

자료 : 노동후생성, 건강보험조합연합회 등의 공표자료를 참고하여 생활보장시스템을 개인생활자 중심으로 재구성함.

5. 생활보장시스템 재정비

일본은 이미 저출산·초고령사회를 맞이하였다. 이러한 가운데 고령사회 위기론과 저성장경제를 배경으로 한 재정재건의 필요성에 입각해 사회보장제도를 비롯한 경제·사회의 전반적인 시스템의 전환이 요구되고 있다. 그것은 정부 역할의 축소, 시장 활용을 기조로 하고 있어 생활보장시스템의 전환기임을 시사하고 있다.

앞에서도 살펴본 바와 같이 고령자의 생활보장시스템은 공적보장, 기업보장, 사적보장, 지역사회활동 등 어느 측면을 보더라도 모두 어려운 여건에 처해 있어 앞으로의 생활보장 전망은 결코 밝지만은 않다. 그러나 공적·협동적·사적보장의 어느 한 측면에 부담을 의존하는 것보다는 생활보장 공급원의 상호 보완적 작용으로 고령자의 생활보장 체계를 구축하는 방안이 현실적인 문제해결의 실마리가 될 것이라고 본다.

실제, 일본에서는 사회보장개혁이 실시되는 한편에서 다양한 생활보장시스템이 구축되고 있다. 이러한 환경변화는 종래의 사회보장제도가 향후에는 효율적으로 작용할 수 없는 현실인식에 기인한다. 즉, 중 부담, 중 복지를 지향하는 일본의 사회보장제도는 앞으로 개혁을 거듭하면서 급부는 약화되거나 특수성을 분해시키며 일반화될 것으로 보인다. 결국, 향후의 생활보장시스템은 개인의 선택을 존중하는 생활보장자원의 상호보완적이며 선택적인 복지자원의 복합적인 실현이 추진되고 있는 것이다.

이 점을 생활보장자원의 시점으로부터 보면, 복지국가위기론에 대응할 수 있는 방법으로써 생활보장자원을 복합적으로 작용시키는 복지다원주의(welfare pluralism), 혹은 복지혼합(welfare mix)의 효율적인 조정이 필요할 것으로 보인다. 왜냐하면 이러한 생활보장자원은 단일 형태가 아니라 다양한 형태로 생활보장을 공급할 수 있으며 각 개인은 생활보장자원을 선택적으로 획득할 가능성도 존재하기 때문이다.

이상 살펴본 바와 같이 현재 일본에서는 급격한 인구구조의 변화에 따른 사회문제가 제기되고 있어, 바야흐로 사회정책의 전환기임을 암묵적으로 시사하고 있음을 알 수 있다. 따라서 사회정책의 전환기 특히 초고령사회에 있어서 지금 가장 필요한 것은 새로운 과제에

대해 사회정책의 범위설정 등 사회정책론의 재구축이 요청되는 시기
인 동시에 정부역할의 재고, 기업의 사회적 책임제고 나아가 시장기
능과 지역사회를 활용하는 생활보장시스템 재구축이라고 하겠다.

또한 현 시점의 일본사회의 특징을 '복지사회형성'과 '복지사회위
기'가 동시에 진행되고 있다고 본다면, 그에 따른 과제와 대책으로
이제 사회정책 대상은 노동자문제뿐만 아니라 저출산·고령자를 대
상으로 한 저출산·고령화대책을 비롯한 '전 국민의 생활정책'으로
파악해야 할 것이다. 왜냐하면 고령사회와 저출산은 경기순환과 같
은 일시적 현상이 아니라 공업화, 국제화 등과 같이 체제변동에 따라
변화할 수밖에 없는 사회전체의 구조조정이 필요한 사회현상이기 때
문이다.

결국, 사회정책의 중심문제로 대두된 인구고령화의 사회문제일지
라도 현명하게 대처하면 해결책을 구축할 수 있을 것이다. 먼저, 출생
률을 회복하여 인구구조가 일정수준으로 유지되기까지에는 상당한
기간이 소요될 것이므로 우선 당면대책으로 정부지원의 정책유인뿐
만 아니라 지역사회와 직장환경 등을 포함하는 '복지서비스의 사회
화'가 필요할 것이다. 그와 더불어 고령사회대책으로는 가족기능의
재검토와 더불어 건강한 노인이 자립할 수 있는 기회제공, 그리고 복
지서비스가 필요한 노인을 위한 복지서비스의 연대가 재구축되어야
한다.

물론 사회문제의 해결을 위해 사회보장에 관한 경제학적 접근이
시도되고는 있지만, 인구구조의 변화 등 인간의 생애와 관련된 사회
문제를 경제이론만으로는 해결할 수 없을 것이다. 따라서 노인문제,
여성문제 아동문제 등 가족제도와 관련된 문제는 경제학적 분석은
물론, 가정학, 사회복지학, 사회인류학 등 학제적인 연구가 추진되어
야 효율적인 정책론이 도출될 것으로 보인다.

　끝으로 정년과 은퇴시기의 고령자에게 있어서 생활보장자원의 획득은 각 개인의 형편과 선택을 존중해야 할 것이다. 그렇기는 하지만 생활보장자원을 효율적으로 획득하기 위해서는 다양한 공적·협동적·사적보장자원 등의 자원을 상호보완적이며 선택적으로 확보할 수 있도록 제도적 지원과 정보제공이 필요할 것이다. 특히 생활보장자원 가운데에서도 현재 고령자의 주요 소득원이 되고 있는 공적연금제도의 중요성은 재고할만한 가치가 있다고 하겠다.

노인문화창조
-베이비붐세대의 한·일 비교 분석-

제8장

은퇴와
노후 소득보장

1. 일본의 연금제도

앞장에서 일본의 생활보장 시스템을 살펴보았지만, 일본 고령자의 노후 생활자원으로 가장 신뢰를 얻고 있는 소득원은 연금제도이다. 그리고 고령자가 갖고 있는 근로의욕과 더불어 다년간의 경험과 능력발휘에 입각한 취업을 통해 얻을 수 있는 고용소득이 연금 다음으로 기대되는 고령자의 소득원이라고 하겠다.

먼저, 연금과 관련하여 연금수급기간 축소조정에 관한 의미 분석 및 일본의 후생연금, 국민연금, 공제조합 등 각각 공적연금제도 간의 연계제도에 관한 변천과정, 나아가 공적연금 일원화를 이루는 주요 쟁점에 관해 살펴보기로 하자. 이 과정은 고령자의 주요 소득원이 되고 있는 일본 연금제도의 현황 및 문제점 파악 나아가 연금수급권 확보를 위한 작업이 현지조사를 통해 이루어졌다[124].

일본 공적연금 가입자의 수급권 확보를 위한 제도개선은, 연금제도의 개정에 따른 통산연금제도와 합산제도 그리고 국민연금의 기초연금화 및 피용자연금 일원화과정을 거치면서 수정되어 왔다. 이에 연금일원화의 목적을 명확히 하는 동시에 연금사각지대의 해소와 연금수급권 강화 등에 관한 의미를 도출해보기로 하자.

일본은 전 국민 연금시대를 지향하며 1961년 4월 국민연금을 실시하게 됨에 따라 연금제도 간 전직자(직장이동 등)의 연금 사각지대 해소 목적을 위해 통산연금제도를 도입(「통산연금통칙법」1961.11월 제정, 1961.4월부터 소급적용)하였다. 당시 국민연금의 최소 가입기간은 25년, 후생연금 및 공제연금은 20년의 가입기간 요건이 수급권 확보로 설정되어 있어 연금제도 간 이동시 상당수의 사각지대 발생이 우려되었다. 따라서 1959년, 세 종류의 공공기업체직원 공제연금이 후생연금에서 독립됨에 따라 제도 간 연계문제가 크게 부각되어 일본정부는 「통산연금통칙법」에 입각해 모든 연금제도의 노령연금에 대해서 강제사항으로 적용하는 연금연계제도를 도입하였다.

또한 사회보장제도의 실현 및 재정건전화를 위한 연금개혁 관련 법안 등 개정이 이루어졌는데 그와 관련된 경과과정을 요약하면, 사회보장·세제일체개혁대강(2012.2.17 각의결정)에 따라 부담과 급부구조를 통일하기로 하였고, 연금기능강화법, 피용자연금일원화법을 비롯한 사법(四法)이 2012년 8월 10일에 성립되어 동 8월 22일에 공포되었

---

124 관련기관 담당자와 전문가 인터뷰를 통해 현황 및 문제점 파악이 필요하였기에 연금제도 담당자와 학계 전문가 등과의 의견교환 및 자료수집이 필요하였기 때문에 일본 현지조사(일본재무성, 일본후생노동성, 일본연금기구 등, 2015.11.15-18)에 임하였다.

다. 이는 사회보장·세제일체개혁대강과 「국민연금법 등 일부 개정법률안」(연금기능강화법안) 그리고 「후생연금보험법 일부 개정법률안」(피용자연금 일원화 법안) 등의 내용을 포함하고 있다.

특히 일본은 연금일원화를 계기로 연금수급 자격기간을 대폭 단축(2015.10월 시행)하였는데 이는 공적연금 가입자의 노후생활을 보장하기 위하여 수급권을 강화한 점이 가장 큰 변화이자 특징이다. 즉, 연금수급 자격취득에 필요한 기초연금(국민연금)의 가입기간을 기존 25년에서 10년으로 단축하였고, 기초연금(국민연금)의 임의가입 피보험자기간 중 보험료 미납기간(60세 이상 기간은 제외)에 대해서도 합산대상으로 포함해 연금수급 자격기간으로 합산시켰다.

수급자격 기간단축은 소비세율 10%(2017년 현재 8%)로 인상시기와 연동하여 실시하기로 하였으며 기초연금(국민연금) 지급액은 보험료 납부기간에 비례해 납부기간이 10년일 경우, 대략 40년 납부자 만액(滿額)의 1/4 수준을 수령할 수 있도록 하였다.

2 일본 공적연금 개관

(1) 공적연금제도의 성립과 적용확대

∥ 군인·공무원 등 대상 ∥

일본의 공적연금제도는 메이지(明治)시대 초기부터 중기에 걸쳐 군인 및 관리(공무원)를 대상으로 창설된 은급(恩給)제도를 효시로 하고 있다. 1875년에 해군퇴은령, 1876년에 육군은급령, 1884년에 관리은급령이 제정되었다.

은급제도의 적용을 받고 있지 않는 현업관청의 고용인에 대해서는

1907년의 제국철도청구제조합의 창설을 시작으로 전매, 인쇄, 체신, 조폐 등 현업관청에 각각의 공제조합이 설립되어 별도로 시행되던 은급제도가 1923년의 은급법이 제정됨으로써 일률적으로 시행되게 되었다.

은급제도는 그 후 1950년대에 들어서면서 폐지되고, 공공기업체직원공제조합법, 국가공무원공제조합법, 지방공무원공제조합법의 개정 및 제정됨에 따라 1958년에 모든 국가피용인(관리 및 고용인)이 공제조합이라는 하나의 제도에 통합하게 되었다.

|| 민간피용자 대상||

민간피용자를 대상으로 하는 연금제도는 일본의 쇼와(昭和)시대 초기인 1939년의 선원보험법을 시작으로 1942년에는 노동자연금보험법이 발족되었는데 노동자연금보험법은 남자육체근로자에 적용이 제한되었지만, 1944년의 개정에 의해 명칭이 후생연금보험으로 변경되었고 적용대상도 1945년 사무직원과 여성까지 확대되었다.

후생연금보험법은 여성 및 사무직원 등 전시 전 국민 동원의 강화를 위한 것으로 5인 이상 사업장의 전피용자에게 확대 적용된 제도였는데 전후 경제사회적인 혼란의 영향을 받아 거의 완전히 기능이 정지되어 있다가 1954년에 전면 개정되어 사회보장 이념 하에 재건되었다.

적용대상은 당시 한국전쟁특수 경제부흥기를 배경으로 하여 토목, 건축, 교육, 연구, 조사, 의료, 조제, 간호, 조산, 통신 등 전 업종 피용자에게까지 확대되고(서비스업 종사자 제외, 1994년 개정으로 서비스업 법인사업장 강제적용), 급부형태도 완전소득비례연금에서 재분배기능을 내포하는 정액부분과 보수 비례부분으로 구성된 급여로 전환되었다.

교직원과 농림어업단체직원에 있어서도 1953년과 1958년에 각각

공제조합법이 제정되어 1985년의 연금개혁에 이르기까지 3종류(자영
자연금제도, 피용자연금제도, 공무원 등 연금제도)의 9개제도(국민연금, 후생연금, 4개의
국가공무원 공제조합, 지방공무원공제조합, 사립학교교직원공제조합, 농림어업단체직업공
제조합) 등으로 다양하게 운영되어 왔다.

(2) 일본 공적연금제도의 골격

고도성장기 초기(1950년대 말)에 사회보험원리를 적용하기 용이한 직
업군부터 피보험대상을 확대하면서 공무원, 회사원, 교직원, 자영업
자 등으로 제도가 각각 분리 운영되어 왔다. 특히 1985년 개혁에서는
공적연금제도의 일원화, 안정화, 공평화를 도모해 국민연금을 전 국
민 기초연금으로 재편성함으로써 일본 연금제도의 일대 혁신을 이루
었다.

제도분립에 따른 과제(제도간의 격차, 과잉·중복급부, 산업구조, 취업구조변화에
의한 재정기반의 불안정화, 여성노령보장 문제 등)를 해결하기 위해 기초연금을
도입하였고, 후생연금·공제연금 등의 피용자연금은 기초연금의 추
가급여(소득비례)를 담당하는 제도로 전환되어 수급부담의 적정화를
도모하고 있다.

2015년 9월말까지는 전 국민 공통의 국민연금(기초연금)과 피용자 연
금제도인 후생연금 및 공제연금으로 다음 〈표 8-1〉 과 같이 크게 3가
지로 구성되어 운영되어 왔다. 그러나 각 운영주체의 구분이 연금제
도초기에는 영역별로 관리하기가 용이하였으나 사회 환경변화에 따
른 제도개선이 필요하게 됨으로써 최근(2015년 10월)에 연금일원화를
이루게 되었다.

〈표 8-1〉 일본 연금제도의 기본골격

- **국민연금**
  국민연금은 일본에 거주하는 20세 이상 60세 미만의 모든 사람에게 공통으로 적용되는 연금제도로 1961년 발족되어 1986.4월 후생연금, 공제연금 가입자의 월 보험료 일부를 자동적으로 국민연금에 적립토록 하여 전 국민에게 기초연금을 지급하는 기초연금(국민연금)제도로 재편성되었다.

- **후생연금**
  제한적 업종의 정규직 근로자 중심이 70세 미만의 피용자가 가입대상(납부대상)이며 민간 기업에 근무하고 있는 근로자가 가입하는 연금으로서 노·사가 연금보험 납입금액의 50%씩을 분담하고 있다. 2015.10.1 이후에는 공제연금이 후생연금으로 흡수·통합되어 피용자 연금제도의 일원화를 이루게 되었다.

- **공제연금**
  국가공무원, 지방공무원, 사립학교교직원 등이 가입하는 연금으로 후생연금과 동일하게 노·사 50%씩 납입액을 분담하며 가입대상자의 연령제한은 특별히 없는데 후생연금에 비해 공무원의 경우가 보수 및 연금에서도 직역부분만큼 상대적으로 높다.

(3) 피용자 연금제도

연금제도의 안정성·공평성 확보, 연금제도에 대한 국민적 신뢰도 제고차원에서 2015년 10월 공제연금제도를 후생연금제도에 통합하여 민간피용자, 공무원 및 사립학교교직원에게 동일 보험료에 의한 동일 급부를 목적으로 한 일원화가 성립되었다.

국민연금 3종류의 피보험자(1986년 4월 이후)는 제1호 피보험자 : 20-60세 미만의 자영업(배우자 포함), 농림어업, 학생, 무직자 등 국민연금에만 가입한 자로서 본인이 보험료를 직접 납부, 제2호 피보험자 : 후생연금 또는 공제연금 가입자로 근무처에서 보험료 납부 대행, 제3호 피보험자 : 제2호 피보험자의 피부양 배우자(20세 이상 60세 미만의 자로 보험료 부담 없음)로 구성되는데 일원화 이후의 기초연금(국민연금)은 일본연금기구에서 계속 총괄하기로 되어 있다.

원칙적으로 25년 이상(300개월, 보험료 면제기간 등 포함) 국민연금에 가입하여야 연금수령 자격이 주어졌으나 2015년 10월부터 가입기간이 10년으로 단축되었다. 한편, 연금 지급개시연령은 제도발족 당시에는 55세였으나 수차례 개정을 거쳐 현재는 65세를 목표로 해 단계적으로 상향 조정되어가고 있는 과정에 있다.

<표 8-2> 표준 연금액의 예

(2013년 10월부터 2014년 3월까지)

구 분		남편이 피용자였던 세대[1]	자영업자였던 세대[2]
남편	노령후생연금	98,841엔	—
	노령기초연금	64,875엔	64,875엔
부인	노령기초연금	64,875엔	64,875엔
부부 합계		228,591엔	129,750엔

자료 : 후생노동성발표 「2013년 10월 이후의 연금액」에 준함
 ※1) 남편의 후생연금이 평균적수입(평균 표준보수 36만엔)으로서 후생연금 40년 가입이며, 부인은 전업주부로서 국민연금 40년 가입한 경우임.
 ※2) 부부 모두 국민연금만 40년 가입한 경우를 상정

‖ 연금수령액(표준예시) ‖

• 국민연금 가입자 : 정액의 기초연금만 수령

보험료를 40년간 납부한 경우 2013년 기준, 기초연금액 만액이 연778,500엔으로 독신자는 매월 64,875만 엔, 부부는 129,750엔 수준이며 25년 동안 국민연금에 보험료를 납입하였을 경우, 단신자의 연금액은 매월 약40,547엔(6.57만 엔 X 25/40) 수령할 수 있다.

• 후생연금 등 가입자 : 정액 기초연금+납입보험료에 비례 계산된 후생연금 등 추가 수령

후생연금 보험료는 표준보수월액(상여금 포함 연수입/12)에 보험료율을 곱한 금액으로 산출하며 공적연금의 수급 연금액은 연금제도 가입기간의 장단에 의해서 또 직장인(회사원, 공무원, 사학교직원 등)기간의 근무경력, 그리고 현역 재직 시의 급여 및 상여금 수준이 모두 가산되어 계산된다. 일본 후생노동성이 제시한 표준적인 연금액(참고)은 〈표 8-2〉와 유사하게 남편이 회사원이었던 세대일 경우, 부부 합계금액이 월 약22.9만 엔이었으며, 자영업 세대의 경우는 약13.0만 엔으로 발표되었다.

3. 연금제도의 발전과 제도개혁

(1) 공적연금과 제도개정 과정

사회보장 체계에서 중심축을 이루는 공적연금은 장기소득보장을 부여하는 사회보험의 일종이다. 이렇게 볼 때, 연금제도의 보험사고(保險事故)는 일정연령 이상 생존하여 노령이 되거나 또는 노령에 의하여 소득 능력의 현저한 감퇴·상실 등이 일어날 경우에 해당되게 된다.

연금제도, 특히 공적연금(公的年金)은 ① 소득의 상실 또는 상당한 저하가 발생하였을 경우 장기간에 걸쳐 생활위험상의 보호를 받게 되는 점, ② 급부는 개개인의 요구에 대응하는 것이 아니라 미리 설정된 기준에 따르는 획일적 급부라는 점, ③ 사후적 구빈책이 아니라 보험기술에 기초를 둔 사전적(辭典的) 구빈책이라는 점, ④ 자산조사(資産調査)를 하지 않는다는 점 등에서 공적부조(公的扶助) 혹은 저축이나 적금이 아니라 바로 사회보험인 것이다.

일본에서 전 국민을 대상으로 한 공적연금제도[125]는 이미 반세기를

넘어 성숙단계에 접어들었는데, 그동안 수차례의 연금개혁의 공과와
는 별도로 노후의 소득보장을 중심으로 한 복지제도의 일환으로 제
도시행 이후 정부주도 하에 줄곧 시대적 환경 변화에 따라 관리·운용
되어 왔다. 그러나 최근에 이르러 수차례의 연금개정에도 불구하고
연금수급액이 줄어드는 반면, 연금보험료 부담은 상당히 늘어나고
있다. 또한 사회보장재정 보전을 위한 소비세 인상이 최근 정치적 이
슈로 떠올라 일본인들의 관심이 증폭되고 있는 실정이다[126].

일본의 공적연금제도는 1942년에 발족된 노동자연금제도가 일반
인을 대상으로 한 연금제도의 효시라고 하겠다. 그 후 노동자 연금은
1944년에 후생연금보험으로 개칭되었고, 1961년 농민·자영업자 등
의 피용근로자 이외의 전 국민을 대상으로 한 국민연금이 발족됨으
로써 전 국민의 연금체제를 갖추게 되었다.

1950년대를 전후하여 사회보험 원리를 적용하기 용이한 직업군을
대상으로 먼저 공적연금제도를 시작하여 피보험 대상이 확대되었다.

---

125 정기룡(2012) 「일본 공적연금제도의 복지이념에 관한 연구」 『일본언어문화』 한
   국일본언어문화학회. 제23호 p.514. 일본 공적연금제도(public pension system)는
   노령, 장애, 사망 등의 재해 발생 시 개인의 소득과 생활보장을 위해 정부에 의해
   제도가 운영된다. 보험료 부과는 강제적이며 장기간 연금지급을 이행할 수 있는
   재정안정을 위해 재정계획이 필요하다. 연금제도는 연금재원 조달방식에 따라
   적립방식(Pension credit method) 및 부과방식제도(pay-as-you-go system)로 재정
   이 운용될 수 있으며, 결정된 급여지출이 근로세대의 보험료 적립과 운용 및 기여
   로 재원을 조달하는 방법으로 연금재정이 운영된다. 일본의 경우는 노동인구에
   비해 인구의 고령화가 급격히 진행되면서 수입이 줄고, 지출이 급증하면서 연금
   재정이 악화되어 점차 적립방식에서 수정적립방식(혹은 수정부과방식)을 거쳐
   부과방식으로 전환되는 과정에 있다고 하겠다. 이하 일본 공적연금제도의 전반
   적 내용에 관해 동 문헌 pp.518-523. 및 pp.531-532. 내용을 요약 기재함.
126 2012년 12월의 중의원 총선거에서는 그동안 사회보장 재원을 위한 소비세 인상을
   내걸었던 여당인 민주당이 참패하여 기존 230의석에서 57석으로 줄어든 반면, 자
   민당(자유민주당)은 118석에서 294석으로 과반수인 240석을 훨씬 넘어서 정권재
   창출을 이루었다. 이에 따라 공명당(31석)과 연합하면, 중의원에서 재의결이 가
   능한 수준 이상의 의석을 확보하게 되었다.

먼저, 특수직역과 일반근로자, 자영업자 등으로 대상자를 구분하여
국가공무원공제조합, 지방공무원공제조합, 사립학교교직원공제조
합, 농림어업단체공제조합, 후생연금, 국민연금 등으로 분리되어 운
영되었다. 국민연금 이외의 연금제도는 모두 피용자연금제도이며 수
차례 개정을 거쳐 분리·통합을 거듭하다가 1997년 4월부터 공무원
등의 공제조합 가운데 연합회를 제외한 공제조합은 후생연금에 통합
되었다.

일본의 연금제도는 그 후 인구고령화의 진전으로 인해 연금재정이
후세대에 부담이 가중될 것으로 전망됨에 따라 관련 법률에 근거해
그동안 연금제도개혁이 이루어졌다. 현재의 국민연금·후생연금·공
제연금 등의 공적연금제도는 수차례에 걸친 개정을 통해 변천되어
온 결과이다.

먼저, 일본의 복지원년이라 일컬어지는 1973년 개정[127]에는 모델연
금과 현역노동자의 임금대체율[128] 60%를 목표로 표준보수의 재평가
와 인플레이션에 따른 슬라이드를 도입해 새로운 연금시대를 열게
된다. 이런 조치는 급부가 인상된 반면, 부담 증가로 인해 연금운영방
식을 수정적립방식으로 변형시키게 되었다.

1985년의 연금개정[129]에서는 1986년 4월부터 국민연금이 전 국민

127 1973년의 개정 : 모델연금과 현역노동자의 임금비율, 임금대체율 60%를 목표로
한 개혁으로서 표준보수의 재평가제도, 인플레이션 슬라이드 도입으로 새로운
연금시대를 지향하였으며 이러한 급부방식은 수급자에겐 유리하지만, 이에 따른
부담은 장래세대로 이연시키게 되어 결국 부과방식으로 전환하게 되었다.
128 福祉士養成講座編集委員会編(2007)『社会保障論』中央法規. p.115. 급부수준은
일반적으로 현역세대의 평균 연간 순수입에 대한 비율로 표시하며, 퇴직 후의 연
금에 대체되는 의미의 소득을 소득대체율이라고 한다. 본 개정에 의해 표준적인
후생연금수급세대(남편 40년간 근로, 배우자 전업주부의 경우)의 소득대체율은
개정 전 59.3%에서 차츰 줄어 2023년경에는 50.2%로 전망한 수치임.
129 1985년의 개정 : 연금재정 안정화를 위해 구체적인 개혁의 필요성을 인식함. 기초
연금과 2층 연금구조의 토대가 이 시기에 구축됨으로서 급부억제 수반에 따른 효

을 대상으로 하는 기초연금제도로 개편되어 후생연금·공제연금 등
의 피용자연금은 기초연금의 추가적인 급여(소득비례연금) 제도로 전환
되었다. 즉, 1986년 이전의 국민연금제도를 변형한 기초연금제도를
도입하여 자영업자를 비롯하여 후생연금과 각종 공제연금 가입자 및
그 배우자를 모두 포괄하는 형태의 통합을 이루었다. 이로써 근로자
의 배우자(제3호)도 모두 국민연금가입이 의무화되어 전업주부의 연
금권이 확보되었다[130].

1989년의 개정에서는 연금수급액의 완전 자동물가 슬라이드제가
도입되는 한편, 적정연령의 학생도 국민연금제도에 강제로 가입되
었고 피용자연금제도 간 비용부담 조정사업이 창설(1997년도에 폐지)되
었다.

그 밖에도 기업연금에 해당하는 일반피용자계층을 위한 부가적 후
생연금기금제도가 1966년에 도입되었으며, 1991년 4월부터는 자영
업자를 위한 부가연금제도로서 국민연금기금제도가 도입되었다. 이
러한 제도개선에도 불구하고 후생연금의 경우에는 가입자 간 갹출에
부합하는 급부보장이 명확하지 않다는 불만이 고조되었으며, 국민연
금은 정액급부와 정액보험료 갹출이라는 사회보험으로서의 소득재
분배 논의가 불가능하다는 비판이 있었다.

1999년의 재정재계산보고서에서는 후생연금의 재정평가와 재정
계획의 기준은 먼저, 장래의 보험료율을 단계적 상승 보험료율에 의

과는 있었지만, 지급개시 연령 인상조치는 1994년에 이르러 실시되었는데 1986
년 기초연금의 도입에 따라 일부 제도통합을 이루었기 때문에 이로서 피용자연금
(후생연금과 각종 공제연금)은 외견상 1층의 기초연금이 통합된 모양을 갖추게
되었다. 한편, 자영업자 등의 국민연금은 정액급부로서 사회보험이므로 보험료
는 강제징수이지만 40%대의 미납이 발생하기도 하는 등 연금제도에 대한 신뢰가
떨어지고 있는 경향을 보였다.
130 福祉士養成講座編集委員会(2007)『社会保障論』中央法規 pp.110-111. 참조

하며 최종보험료율에 도달할 때까지 5년마다 인상하고, 또한 최종보
험료율은 장기적인 재정균형을 이루도록 하는 한편, 연금적립금의
운용은 피보험자의 이익을 위해 안전하고 효율적인 운용을 목적으로
하는 '연금자금운용기금'으로 복지사업단(가입자 및 수급자의 복리후생을 도
모하기 위한 (구)후생성 산하기구)을 해산하는 동시에 민간 금융기관을 활용
한 연금자금 관리운용을 개편하였다.

나아가 2004년의 연금개정[131]에서는 부과방식을 기본으로 하되 향
후 100년간 연금제도를 안심시키겠다는 기치 하에 ① 장래의 보험료
율의 인상계획과 그 상한을 명확하게 설정, ② 모델연금을 명시하고
급부수준의 하한선 설정, ③ 적립금의 인출예정을 명문화, ④ 5년마
다 실시했던 재정재계산[132]을 폐지하는 대신 재정검증을 채용하는 등
상당한 개혁이 이루어졌으나 연금액 개정방식과 지급개시연령에 관
한 논의는 연차적인 실시로 미뤄졌다. 2004년 개정이 계획대로 추이

---

131 2004년도 연금개정 : 본 개정(2004)으로 2017년 이후의 연금보험요율이 18.3%로
고정되게 되어있지만, 10여년 간 연금보험료 부담이 점진적으로 늘어나게 되었
다. 또한 저출산·고령화 추세 하에 대 GDP 비중이 급속한 증가가 예상됨에 따라
매크로경제슬라이드제를 도입하여 급부총액을 보험료수입과 국고부담 한도 내
에서 억제하는 시스템을 적용하였고 나아가 표준적인 후생연금세대의 급부수준
은 현역세대의 평균적 수입의 50% 수준의 연금대체율 유지하도록 하였다.
132 국민연금법 제87조3(보험료 관련) : 보험료는 이 법에 의한 급여에 필요한 비용의
예상액, 예정운용수입[연금재정기반강화를 위한 연금복지사업단 업무의 특례
및 국고납부금의 납부에 관한 법률(1987년 법률 제59호) 제8조 제1항의 규정에 의
한 국고납부금을 포함] 및 국고부담액에 비추어 장래에 걸쳐 재정의 균형을 유지
할 수 있는 금액이어야 하며, 적어도 5년마다 이 기준에 따라 재계산을 실시하여
그 결과에 입각하여 필요한 조정을 하여야 한다. 후생연금보험법 제81조의4(보험
료관련) : 보험료율은 보험급여에 필요한 비용(기초연금부담금 포함)의 예상액,
제89조2제2항에 규정된 특별보험료, 예정운용수입[연금재정기반강화를 위한 연
금복지사업단 업무의 특례 및 국고납부금의 납부에 관한 법률(1987년 법률 제59
호) 제8조제1항의 규정에 의한 국고납부금을 포함] 및 국고부담액에 비추어 장래
에 걸쳐 재정의 균형을 유지할 수 있는 금액이어야 하며, 적어도 5년마다 이 기준
에 따라 재계산을 실시하여야 한다.

되었다면, 일본의 연금개혁은 향후 100년간 제도안정과 가입자 및 수급자 모두에게 안정적인 연금제도로 인식되었을 것이다.

그러나 연금채무 누적과 연금적립금의 비효율적인 운용결과는 결국 연금제도의 구조적문제를 노출하였고, 이에 대한 해결방안이 보험료율 인상과 더불어 연급수급액의 축소가 중심이었다. 이렇듯 연금재정재계산이 미진하게 추계되어 실행되었기 때문에 현재에도 연금제도의 안정적 유지에 대한 불안감이 지속되고 있는 것이다.

2012년의 개정에서는 사회보장·세제일체개혁에 의한 연금제도 대개혁이 이루어졌으며, 부자(父子)가정에 대한 유족기초연금 지급(2014년 4월 1일)이 시행되었다. 또한 연금 수급자격기간을 가입기간 25년에서 10년으로 단축(2015년 10월 1일)시키는 동시에 후생연금으로 공제연금(공무원 및 사학교직원)을 이동하여 공적연금의 2층 부분이 후생연금으로 일괄 통합(2015년 10월 1일)되었다. 또한 공제연금에 있던 공적연금의 3층부분(직역부분)은 폐지(2015년 10월 1일, 다른 방식으로 전환 예정)되었다. 또한 단시간 근로자에 대한 후생연금·건강보험이 적용확대(2016년 10월 1일)되었으며 기타 부가보험료 납부기간은 연장하도록 조치하였다.

이렇듯 최근 2015년의 공적연금의 큰 변화는, 연금재정의 안정과 더불어 연금수급권 확보에 중점을 둔 피용자연금제도의 일원화(통합)가 특징적이라고 하겠다. 공적연금의 일원화에 대한 추진배경은 먼저, 회사원과 공무원의 우선 통합을 주장해온 연립여당이 중심이 되어 2006년 4월에 각의결정에 이르렀다. 그 후 정부·여당이 합의과정을 통해 연금제도의 안정성·공평성 확보, 연금제도에 대한 국민적 신뢰도 제고차원에서 후생연금법 개정 법률안에 의거, 2015년 10월부로 민간피용자, 공무원 및 사립학교교직원에게 동일 보험료에 의한 동일 연금급부를 목적으로 한 공적연금제도의 통합이 이루어지게 되었다[133].

이로써 공무원, 사립학교교직원 대상인 공제연금과 회사원을 대상으로 하는 후생연금이 1985년 국민연금을 기초연금으로 전환한 이후 약 30년의 과정을 거쳐 일원화(2015년 10월 통합시행)[134]를 이루었다. 고령자의 노후 소득원 가운데 하나인 공적연금제도는 수입수준과 가입연수의 차이로 인한 연금수급액의 차이는 있겠지만 국민을 대상으로 한 연금제도가 기초연금과 후생연금 일원화를 이루어 노후의 소득보장을 위한 기초제도로 재정비된 것이다.

결국, 이러한 결과는 그동안 연금재정의 장기재정추계의 실수도 있었겠지만 고용감소와 저출산 및 고령화의 급속한 인구변화 등 구조적인 영향이 컸기 때문이었다고 하겠다. 따라서 일본의 연금제도를 비롯한 사회보장제도 개선을 위한 정책대응은 소비세인상(2017년 8%에서 머지않아 10%예정)과 동시에 시행될 예정이며 현재 연금수급자의 연금축소와 더불어 후세대의 연금보험료 납부에 대한 부담이 한동안 병행하게 될 것으로 예상된다.

---

133 일본의 연금일원화 논의 및 성립 과정은, 1985년 국민연금의 기초연금화로 1층 부분의 통합, 일원화의 기초적인 틀 이루었고, 그 후 수차례 연금제도의 공정·공평화를 위한 사전작업 실시하였으며 2007년 4월 13일「피고용자 연금제도의 일원화 등을 도모하기 위한 후생연금보험법 등의 일부를 개정하는 법률안」, 이른바 일원화법 제출하였다. 2009년 7월 21일 중의원 해산에 따라서 폐안 처리되어 2012년 4월 13일「피고용자 연금제도의 일원화 등을 도모하기 위한 후생연금보험법 등의 일부를 개정하는 법률안」, 이른바 일원화법이 다시 제출되었는데 2012년 6월 26일 중의원의 가결을 거쳐 참의원으로 송부되어 2012년 8월 10일 참의원 가결, 성립돼 2012년 8월 22일 공포된 것이다. 2015.10 현재 일정에 따른 일원화작업 및 변화에 대응하고 있다.

134 日本年金機構, 厚生労働省, 財務省 각 내부자료 등, 2015.11. 참조요. 일원화의 포인트는 공제연금과 후생연금의 제도적 차이를 후생연금을 기준으로 하여 통일하였다. 현재까지의 각각 다른 보험요율(회사원:16.412%, 공무원:15.862%, 사학교직원:13.292%)을 점진적으로 조정하여 18.3%로 동일 부담과 동일 급부를 지향하게 된다.

(2) 연금제도 개혁의 배경

인구구조의 변화 즉, 저출산으로 인해 일하는 사람은 점차 줄어들고, 고령화가 진전되어 정년 이후의 연금수급자가 늘어나 연금재정 수지가 악화되고 있다. 따라서 현재의 연금제도를 유지하려면 어쩔 수 없이 연금보험료 부담을 늘리는 한편 연금수급액은 낮춰야 할 수밖에 없다.

인구고령화는 이미 1970년대부터 진전되었으나 소폭의 개선만 이루어지다가 2004년에 이르러서 대대적인 연금개정이 이루어졌다[135]. 이는 연금재정재계산의 착오와 더불어 (구)대장성(旧大蔵省)의 연금적립금을 재정투융자(財政投融資)로 활용한 엘리트적 정책 실패라고 하겠다.

그와 더불어 인구고령화로 연금수급자가 급증하는 반면, 저출산에 따른 젊은 층의 부담이 급격히 늘어나 그동안 5년에 한 번씩 실시해온 '재정재계산'을 폐지하는 대신 '재정검증'을 채용하고 복지사업에서 완전히 철수하는 등 연금제도의 안정적 유지를 위한 국민적 공감대 형성을 도모하였다. 그럼에도 불구하고 일본정부는 2004년의 개혁안에서 노동참여율과 경제성장률을 비교적 높게 설정하는 한편, 연금액 개정방식과 지급개시연령에 관한 논의를 연차적으로 미루면서 일종의 '외형적 균형'을 시도했던 것으로 보인다.

이러한 조치에 따라 연금제도의 복지이념은 대폭 수정될 수밖에 없었으며, 일본의 입장으로선 그것이 인구감소와 고령화 사회에서 연금제도를 유지하는 유일한 방법으로 선택될 수밖에 없었을 것이

---

135 20세기말까지 연금제도를 비교적 안정적으로 유지할 수 있었던 이유는 지속적인 경제발전으로 소득수준이 향상되었기 때문에 생활을 유지하면서 여력으로 사회가 고령자를 부양할 여력이 있었다. 그러나 이러한 연금제도를 유지하기 위해서는 노동인구(가입자)와 고령인구(수급자)의 비율이 일정수준을 유지한다는 전제에서 유지되어야 한다. 그러나 연금수급자가 점차 늘어났기 때문에 근로자의 부담이 가중되어 연금제도를 대폭 개혁하는 단계에 이르게 되었다.

다. 왜냐하면, 자칫 인구감소사회에서는 현행 연금제도를 유지해야
할 명분이 사라질 수도 있기 때문이다. 즉, 각 개인의 노후 대비 저축
보다는 연금제도가 세대를 초월한 사회적 부조에 적합하다는 세대
간 소득재분배[136] 견해논리가 배경이 되었다고 하겠다.

연금제도개정은 일본의 행·재정개혁과 맞물려 연금적립금 운용기
구의 조직과 사명, 운영이념 등을 변화시켰다. 단, 발본적인 연금개혁
에 나서지 못했던 것은 지금까지의 연금수급자와 향후 수급예정자의
생활보장 문제가 연금개혁의 발목을 잡고 있었기 때문이다. 즉, 이전
의 연금제도를 전제로 노후생활을 설계해 둔 고령자에게는 연금제도
의 개정결과가 결국 연금수급액이 줄어들기 때문에 가혹한 현실이
될 수 있는 것이다.

한편, 앞으로 고령자의 취로가 늘어날 것으로 전망하는 견해도
있지만, 취로소득 대신 연금수급액을 급격히 떨어뜨리면 가입자의
생활유지에 문제가 생긴다. 물론, 고령자의 연금수령액을 대폭 줄
이면 연금재정 운영상 연금제도를 얼마간 더 안정적으로 유지할 수
는 있다.

그러나 연금제도는 노후생활을 위한 기본적인 소득보장 개념이 유
지되어야 할 것이다. 연금제도가 평등화의 최소한의 보장이라는 것
은 소득이 없는 노인에게도 기본생활을 보장하는 수단으로 존재해왔
기 때문이다. 따라서 현역시절에 연금보험료를 지불한 만큼, 그에 걸
맞은 기본적인 생활을 할 수 있는 최소한의 급부수준은 유지되어야

---

136 시간이 지날수록 소득수준이 크게 높아지는 상황에서는 앞 세대의 저축액이 후세
대의 저축액을 도저히 따라갈 수 없다. 아무리 노후에 대비해 저축을 한다고 해도
앞 세대와 후세대 사이의 저축액에는 큰 차이가 나기마련이고, 생활수준도 상당
히 다르다. 후세대가 노후에 높은 생활수준을 향유할 수 있는 것도 따지고 보면 앞
세대가 쌓아올린 경제 기반 덕분이다. 그렇기 때문에 노후생활은 세대를 초월한
수평적 재분배 성격이 기존 연금제도의 배경이었다.

한다. 따라서 급부수준이 개별 적립금액(운용수익포함) 이하 수준으로 떨어진다면 고령자의 생활뿐만 아니라 공적연금에 대한 신뢰가 추락하게 되어 연금제도 자체가 곤란해질 수 있다.

물론, 일본의 공적연금제도는 관련 법률에 따라 1973년부터 2004년의 연금개혁에 이르기까지 매5년마다 실시한 연금재정재계산(현재는 연금재정검증)에 입각한 제도수정을 통해 지속적으로 연금수급액이 줄어들었다. 그럼에도 불구하고 대부분 일본인들의 노후의 수입원으로 앞의 〈표 8-3〉 처럼 공적연금이 가장 지지를 받고 있는 것은 아직까지도 사회보장제도 특히 공적연금에 대한 신뢰[137]에 근거한 것이라고 하겠다.

〈표 8-3〉 한국과 일본의 고령기 수입원(복수)

(단위 : %)

분류		취업소득	공적연금	사적연금	예금저금	재산수입	자녀원조	생활보호	기타
일본	2002	33.4	84.9	11.1	22.1	8.2	12.0	1.0	3.2
	2007	27.7	90.6	7.1	23.8	6.5	10.0	0.5	3.3
	2012	34.9	85.9	10.1	17.2	6.8	7.4	0.9	2.7
한국	2002	34.2	9.5	1.2	21.7	10.1	59.4	6.1	2.5
	2007	42.0	14.8	6.6	31.1	7.6	60.7	5.7	3.2
	2012	43.3	30.3	8.5	21.9	7.9	52.6	8.7	1.7

자료 : 일본내각부(2012)『老人の生活と意識(노인의 생활과 의식)』제7국제비교 조사 결과 참고 작성. http://www8.cao.go.jp/kourei/ishiki/h22/kiso/gaiyo/index.html

---

137 2004년 연금개정에서는 2004년(현재) 시점에서 약100년 간 연금제도를 안정적으로 유지할 것이라는 목표를 내걸었다. 물론 이것은 국민을 안심시키기 위한 희망사항으로서 사회보장 부족분을 보전하기 위한 소비세 증세가 이슈가 되고 있으며 그와 더불어 연금일원화 등의 연금제도개혁도 필요할 것으로 예상된다.

　따라서 연금재정 안정화를 위해 연금수급액이 줄어든 반면, 고령기의 수입원을 다변화하는 방법 혹은 생활부담경감대책이 뒤따라야 할 것이다. 예를 들면, 주택연금(역모기지론)의 활성화 혹은 공공임대주택 정책과 같은 대책을 통해 복지이념의 실현을 강구하는 방법[138]도 고려해볼 수 있겠다.

　한편, 보험료를 갹출하는 가입자세대를 위한 저출산대책의 일환으로 연금적립금의 출산 및 양육환경을 위한 방안이 필요하다. 지금 일본이 처해있는 사회문제 중 가장 시급한 해결과제는 바로 출산율 회복일 것이다. 연금재정 안정화를 위해서는 연금기금의 고갈을 막는 제도운영도 중요하겠지만, 장기적으로는 저출산으로 인해 인구가 줄어들고 있기 때문에 경제의 활력이 떨어지지 않도록 해야 하는 사회적과제가 대두되고 있다.

　따라서 적립방식(수정적립방식 포함)의 연금제도 운영이 어려워지면 부과방식의 연금제도를 정착시키고 노후보장을 유지하기 위해서는 출산 연령세대가 안심하고 자녀를 출산해 양육할 수 있는 환경과 이용편의성을 제고해야 할 것이다[139]. 이는 부과방식의 연금제도에 대한 청구권을 확보하는 동시에 최소한의 연금수급권 확보를 위한 기

---

138 먼저, 자택보유자의 경우에는 국가 혹은 지방자치단체, 특별법인 등이 부동산을 구매해 임대형식의 이른바 역모기지 방식을 고려할 수 있다. 고령자의 임대료는 평균수명을 근거로 조정하여 예상 외로 조기에 사망할 경우와 장수할 경우가 공존하겠지만, 전체적으로 균형을 이루도록 조정해 확보한 토지와 주택을 공공 임대주택 혹은 고령자 복지시설로 활용하는 방법도 있을 수 있겠다. 나아가 자기 소유주택이 없는 고령자의 경우, 일본에서의 집세부담은 생활비 중 상당부분(대략 1/3)을 차지하는 부분이므로 비교적 저렴하면서 양질의 공공 임대주택을 공급하는 것도 연금수급액 감액에 따른 부담경감 방법이 될 것이다.

139 이러한 출산연령세대를 위한 지원은 미래의 산업역군을 책임질 자녀의 출산과 후세대의 연금기여자로서 책임을 부과하게 될 것이다. 즉, 출산 및 양육환경의 도움을 받고 자란 후세대는 산업역군이 되었을 때, 부모 세대의 노후를 위해 적정수준의 세금과 사회보험료를 지불하는 명분으로 작용하게 될 것이다.

여이며 이를 통해 수평적재분배의 세대 간 '사회연대'를 도모할 수 있을 것이다.

4. 고용관행의 변화와 고령자고용

고령자 고용에 관해서는 제5장에서도 살펴보았지만, 고령자의 노후생활을 위한 소득원으로는 연금과 고용이 제일 중요한 생활보장자원이므로 그와 관련된 유기적인 관계가 고려되어야 한다. 따라서 먼저 일본적 고용관행에 대한 변화과정을 살펴보고 향후의 고령자 고용에 관해서도 살펴보기로 하자.

먼저, 일본의 고용제도에 관해서는, 그 특징을 단정하기가 간단하지는 않지만 일반적으로 "종신고용제도", "연공서열제도", "기업내 노동조합" 이 세 가지가 일본적 고용관행으로 알려져 있다. 이러한 일본적인 고용시스템은, 전후 일본경제성장의 한 요인으로써 평가되어 온 것이 사실이다.

한편, 일본에서도 거품경제의 붕괴와 더불어 종신고용과 연공서열적 관행이 변화하고 있다는 주장도 나오고 있다. 특히 연공형태의 노동관행은 노동력 공급이 풍부한 것을 전제하고 있기 때문에 상대적으로 인구고령화가 진행되면 종신까지의 연공서열 형태의 고용관행은 변화하지 않을 수 없게 된다.

또한 일본의 기업환경은 변화에 직면하고 있다. 즉, 기업을 둘러싼 외부환경이 국제화, 정보화, 기술혁신 및 경제의 소프트화 등에 의해 급속히 변화하고 있으며 기업조직을 구성하는 종업원의 고령화에 의해 조직구성도 변화하고 있는 것이다. 이러한 변화는 인사관리에도 영향을 미치고 있어 이전의 종신고용제도와 달리 전직과 중도채용도 점차 늘어나는 추세에 있다. 일본의 노동시장에서 중도채용과 취업형태의 다양화가 진전되면 결국 이전까지의 종신고용과 연공형태의 임금체계에도 영향을 받게 될 것이다.

이와 같은 환경변화로 인해 일본기업은 사업재구축과 같은 방법으로 대처하지 않을 수 없다. 지금까지 일본의 기업성장을 견인해 온 중장년층의 근로자가 고령화되는 상황에서 기업은 어떤 고용대책을 취하게 될 것인가? 기업 측에서는 무엇보다 안정적인 노동력확보가 가장 시급한 대책이기 때문에 젊은 인재를 지속적이고 안정적으로 확보할 수 없게 된다면, 기업은 어쩔 수 없이 오랜 경험과 기능을 소유한 고령자라도 고용하게 될 것이다.

그러나 모든 고령자가 기업의 요구에 걸맞은 능력을 갖추고 있을수는 없기 때문에 어쩔 수 없이 노동력 부족상태에 있어서도 고령자의 취업연장은 불가능 할 수도 있다. 그렇기 때문에 기업은 정년연장, 재고용, 계속근무 등을 인사관리 측면에서 고려하게 될 것이고 그와 관련된 임금책정이라든지 승진과 퇴직처리 등 인사관리의 개편과 고령자에 맞는 직무재편성 등에 이르기까지 기업형편에 맞는 대책에 나서게 될 것이다.

중장기적인 관점에서 보면, 일본의 저 출산 경향에 따른 노동력공급의 제약은 인구변화의 추이만 보더라도 충분히 예상되고 있다. 따라서 기업의 고령자 노동력의 수요가 일시에 폭발적으로 늘어나지는 않겠지만 점진적인 증가추세에 있을 뿐만 아니라 장기간 숙련된 고령자의 능력활용 가능성이 상당히 높기 때문에 고령자의 노동력을 활용하려는 방안이 향후 매우 유효한 인력확보대책이 될 것으로 보인다.

일본의 인구변화를 간단히 살펴보면, 일본의 베이비붐세대가 60대전반에 도달하는 2010년에는 남성의 경우, 1990년보다 1,600만 명 정도 늘어났다. 그러나 젊은이들은 오히려 줄어들었기 때문에 생산연령인구가 약 200만 명 정도 감소된 결과를 나타냈다. 보다 구체적으로 살펴보면, 〈표 8-4〉처럼 노동력인구가 한동안 증가하여 2000년 이후에 약 6,800만 명에 도달한 다음, 추세가 바뀌어 2010년에 이르자 약 6,6000만 명으로 200만 명 정도로 감소되었음을 알 수 있다.

〈표 8-4〉 노동력인구의 추이

(단위 : 만명/%)

구 분	1980년	1990년	2000년	2010년
15세이상	5,650(100.0)	6,384(100.0)	6,779(100.0)	6,603(100.0)
15~54세	1,361(24.1)	1,475(23.1)	1,556(23.0)	1,190(18.0)
30~54세	3,377(59.8)	3,617(56.7)	3,664(54.0)	3,625(54.9)
55세이상	912(16.1)	1,292(20.2)	1,559(23.0)	1.788(27.1)
55~59세	385(6.8)	560(8.8)	628(9.3)	623(9.4)
60~64세	248(4.4)	372(5.8)	418(6.2)	527(8.0)
65세이상	279(4.9)	360(5.6)	513(7.6)	638(9.7)

자료 : 일본総務庁『労働力調査』및 労働省職業安定局의 각년 推計에 의함

그렇다면, 노동시장 상황이 급격히 악화되지 않는 한 기업에서는 고령자에 대한 인사관리를 지금까지 실시해온 것보다 효율적으로 대처해야 할 것이다. 예를 들면, 기업은 고령자의 노동력을 활용하기 위해 고령자의 희망에 따라 단시간근무와 격일근무, 재택근무 등과 같이 다양하고 유연한 취업형태와 근무형태를 적극 도입하여 고령자가 일하기 편한 직장환경을 조성하여야 한다.

한편, 고령자의 노동시장은 현역시대의 노동시장과 다르므로 특별한 능력을 보유한 고령자 외에는 저임금 근로자로 전락하기 쉬운 점이 문제가 될 수도 있다. 그러한 문제를 해결하기 위해서는 고령자 자

신도 현역시절부터 기술과 기능 수준을 높이려는 노력이 병행되어야
만 비교적 안정적인 고용조건과 임금수준의 일자리를 확보하게 될
것이다. 따라서 순환적인 경기후퇴에 따른 일시적인 고용부진은 어
쩔 수 없겠지만, 구조적인 문제에 의한 노동력제약에 대처하기 위한
고용시스템이 재구축되어야 할 것이라는 입장에서 고령자고용에 관
한 방안을 다음과 같이 제시하였다.

(1) 인구고령화의 사회문제에 대한 적확한 대응을 추진하는 동시
에, 국민생활을 충실히 하기 위한 적절한 노동력의 배분이 될
수 있도록 고용관리 개선, 근로내용 재검토, 인재육성방안강구
등 종합적으로 고려하여 환경과 조건을 정비하려는 관점에서
노동력을 조정하는 시스템을 형성하도록 산업계와 기업이 대
처해야 한다.

(2) 고령자가 갖고 있는 근로의욕과 능력을 충분히 발휘할 수 있는
고용시스템을 구축하기 위해서 유연한 취업·근무형태 제공과
플렉시블타임제와 같은 노동시간단축과 같은 근로자의 환경정
비가 필요하다. ① 경제의 서비스화, ② 근로자의 의식변화, ③
노동시간 단축요구 등과 같은 요인을 활용하여 노동력 수요를
창출한다면, 이러한 고령자 노동력의 새로운 수요는 근로자의
기업복지 향상과 생활보장에도 도움이 될 것이다.

(3) 고령자가, 지금까지 3~40년간 근속하며 축적한 지식과 경험 그
리고 기능을 살려서 노동력을 향상시키기 위해서는 현역시절
의 재직기간 중에 직업능력을 개발하도록 하는 시스템을 정비
하여야 한다. 이를 통하여 자기계발을 위한 교육을 근로자가 이
수하는 제도적 지원이 필요하다. 예를 들어 자기개발을 위한 교
육시스템을 실시하는 경우에는, 그 내용이 직업교육뿐만 아니

라 선택과 희망에 따라 문화, 스포츠, 레저, 취미생활 등과 관련
된 내용을 일정비율 선택할 수 있도록 하여 고령자노동력의 활
용과 고령자의 소비[140]를 연결시키는 방법도 바람직하다고 하
겠다.

(4) 일정수준에 달한 고령자의 노동력을 활용하기 위해서는 정년
퇴직을 맞이하기 이전에 갖추어야 할 준비단계 혹은 연수제도
가 필요할 것이다. 예를 들면, "퇴직준비프로그램"이라든지
"생애현역세미나"와 같은 연수를 통해 현역생활의 단계에서부
터 은퇴를 준비하는 것은 물론이고 은퇴 후에도 보람을 갖고
사회참가가 가능하도록 임시적, 단기적인 취업기회의 제공과
사회활동 촉진을 위한 지원방안이 필요하다.

이상과 같은 제안은 초고령사회에 있어서 당연히 필요하기 때문
에 이미 유사한 방안이 고령자대책에 포함되어 있을 것이다. 결국
수입이 필요해서든 보람을 위해서든 일을 하고자 하는 의욕을 가진
고령자의 노동력을 활용하여 일정성과를 올리기 위해서는, 제도적
인 정책견인뿐만 아니라 기업측면에서도 안정적인 노동력 확보차
원의 고령자의 고용확대는 필요하게 될 것이다. 이러한 고령자의 일
자리 제공은 향후 의미 있는 인사제도로 자리매김하게 될 것으로 전
망된다.

---

140 여기서 말하는 고령자수요(주택, 실버산업, 레저, 스포츠 등의 수요)의 증가는, 소
비관점에서 보면, 내수확대와 함께 고령자 자신이 여유로운 생활을 할 수 있으며,
생산관점에서는 고령자의 소비가 전체적인 수요를 창조하는 것이기 때문에 새로
운 경제발전에 공헌할 수 있기 때문이다.

노후의 소득보장 방안

앞에서 살펴 본대로 고령자고용과 연금을 둘러싼 당면과제에 대해 그 해결방안으로서 두 가지의 발상전환을 주축으로 한 노후의 선택적 소득보장에 관해 다음과 같은 제안을 내놓고자 한다.

먼저, 일본적 고용시스템으로부터 발상을 전환해 제5장에서 살펴 본 업무능력과 임금체계를 확장하여「현역고령자 취로시나리오」에 적극적으로 임하는 것이다. 거기에는 첫째, 젊은 층의 노동력이 풍부했던 이전 시스템으로부터 향후 저출산·고령화의 진전으로 인한 노동력 부족사태를 가정하여 고령자의 고용을 고려한 고용시스템으로의 전환과 인사관리의 틀을 바꾸어야 할 것이다. 둘째, 연공적인 임금구조를「선택적인 굴절형 고용·임금구조」처럼 조정할 것과 고령자 인재를 효율적으로 활용할 수 있도록 생애 노무관리체제를 정비하여야 할 것이다. 셋째, 고령자의 근로와 여가를 고려한 유연한 고용시스템을 구축할 수 있도록 환경정비를 도모하여야 할 것이다.

다음, '인생90년시대'에 적합한 고용시스템을 구축하기 위해서는 장기간 숙달된 고령자의 직업능력을 활용할 수 있도록 고령자 능력개발 시스템을 확립하고, 고령자의 직업능력에 따른 고용형태와 임금체계를 확보하여야 하며 능력 있는 고령자의 고용을 지속적으로 지원하는 고용정책의 적극적인 추진이 필요하다고 본다.

또한 공적연금과 관련해서는 경제기조의 변화, 고용관행의 재검토 등의 환경변화에 입각하여 장기적으로 안정된 제도로서의 재구축이 필요하겠지만 공적연금의 개혁은 신중하게 접근하여야 할 것이다. 왜냐하면 고령자의 생활보장의 관점에서 보면, 연금제도는 고령자의 고용사정과 각 기업의 고용제도·임금제도와 연동 하는 체계가 요구되며 소득원으로서의 고령자 고용과 상호 불가분의 관계에 있기 때문이다. 또한 각 고령자의 형편과 사정이 다르기 때문에 제도편의에 의한 일률적인 개혁보다는 연금과 고용 등 고령자의 소득원을 고려하여 다양한 선택이 가능하도록 구축되어야 할 것이다.

연금개시 시기와 급부수준 등과 관련된 개혁문제는 고령기의 연금소득과 취업소득에 따라 고령자가 노후생활을 영위할 수 있는 수준에서 본인이 가장 효율적으로 선택할 수 있도록 생활보장과 고용동향을 고려해 검토해나가야 한다. 따라서 고령자 생활보장을 위해서는 연금급부의 삭감으로 연금수지의 균형을 맞추려는 안이한 시산이 아닐지라도 고령자의 생활에 중대한 영향을 미치는 문제로서 인식하여 고령자의 고용과 병행하여 명확한 좌표축을 두고 행하지 않으면 안 될 것이다.

이와 같은 점에 입각해 연금과 고용을 결합하여 고려한 선택적인 고령자 소득보장모델을 제안해보면 다음과 같다. 공적연금 보험료의 갹출기간을 학력차이와 고용소득 등을 고려하여 유연하게 조정할 필요가 있을 것이다. 이렇듯 고령자 고용에 관한 발상전환과 생활보장의 다양한 구성 요소에 입각한 '인생90년시대'에 적합한 「선택적 연착륙 고령자 소득보장 모델」처럼, 연금보험료의 갹출기간을 학력차이와 고용소득 등을 고려하여 유연하게 조정할 필요가 있다.

즉, 일정기간 연금보험료 납입에 의한 고령자의 연금수급권 확보와 더불어 고령자취로에 대한 정부·기업·근로자 모두 적극적인 대처가 이루어지고 직업능력과 근로의욕이 있는 고령자의 고용소득은 고령기의 생활불안을 불식시키게 될 것이다.

65세를 기준으로 한 경우, 표준 연금가입 40년을 채우려면 저학력자의 경우에는 비교적 용이하지만, 취업이 늦어지거나 전직 등으로 인해 휴직상태가 길어진 경우에는, 그들의 연금급부 비율이 결과적으로 인하된다. 단, 고학력자의 임금은 대체로 저학력자보다 높기 때문에 취업이 늦어지는 대신 납부액에 기초한 연금액이 높게 책정되므로 납입기간 단축이 상쇄되는 부분도 있을 것이다.

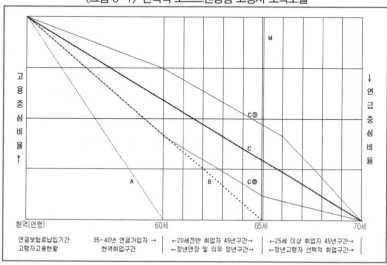

〈그림 8-1〉 선택적 소프트랜딩형 고령자 소득모델

자료 : 정기룡(2000)『転換期における日本の高齢者対策に関する研究』一橋大学. p.122.수정.

일본에서는 현재 연금수급개시 연령을 65세로 단계적으로 올리고 있는 과정에 있다. 따라서 일정한 조건을 갖추면 위 〈그림 8-1〉 처럼, 60세부터 70세 사이에 연금수급 시기를 선택할 수 있다. 개인의 연금 계산은 납부내용이 일본연금기구(日本年金機構)에 기록되며 연금수급 관련 정보는 개인이 직접 확인할 수 있다. 연금급부 수준은 평균여명을 기준으로 설계되어 있기 때문에 평균여명이 늘어나면 급부액도 그에 상응해 균형을 맞추도록 되어 있다.

이제 고령자의 소득보장을 위해 고령자의 취업과 연금을 조합하여 선택할 수 있는 이른바 '선택적 소프트랜딩형 고령자 소득보장 모델'을 제안해보았다. 위 그림에서, 종선∥(M)은 40년의 연금납부모델 지급시기의 기준을 가리킨다. 물론 40년의 연금납부기간에 달하는 시기는 개인에 따라 다를 수 있다. 즉, 20세 전반에 공적연금에 가입하여 65세 이전에 조건을 채우는 사람이 있는가 하면, 20세 후반에 연금보험료 납입을 개시하여 70세에 달할 때쯤에야 만액연금(滿額年金)의 조건에 달하는 경우도 있을 것이다.

따라서 '인생90년시대'에 걸맞은 현역고령자의 취업시나리오가 효과를 발휘하려면, 능력 있고 건강한 고령자의 취업활동은 65세 이후에도 계속될 수 있다. 따라서 현역 근로자는 60세 이후 70세에 이르는 기간 사이에 은퇴할 수 있다는 전제하에, 사선 A와 B뿐만 아니라 C처럼 연장하여 소프트랜딩 할 수 있는 기본설계를 제시한다면 고령자는 그 범위 내에서 다양한 선택을 할 수 있을 것이다.

예를 들면, 70세까지의 소프트랜딩을 선택하여 고용비율을 높이는 반면 연금소득을 줄이는 사선 C①처럼 될 수 있고, 노후소득 중에서 연금비율을 높이고 고용소득을 줄인다면 사선 C②의 형태를 선택을 할 수도 있다. 물론 고령자의 선택은 각자의 건강과 경제상황에 따라 다르겠지만 일정기준을 채운 경우에는, 언제든 연금수급권이 확보된 만큼, 고령자가 각자의 형편에 맞추어 연금수급 시기를 선택할 수 있도록 설계한다.

이러한 구상은 저출산으로 노동력이 부족하게 될 경우, 고령자의 고용촉진 관점에서 향후 '평생현역시대'까지 전망한 제안이라고 하겠다. 즉, 현역생활부터 은퇴시기가 연령에 얽매이지 않고 고령자 본인이 건강상태와 능력에 따라 연금과 고용의 비율, 연금수급시기 등을 선택해 결정한다면, 고령자의 노후생활은 매우 안정적으로 유지될 수 있을 것이다.

그와 더불어 일하는 방식이 다양화되고 노동시간 단축 및 개인선택에 따라 은퇴가 언제든 가능한 고용의 유연화가 촉진되면 앞으로 고령자는 평생현역으로 일할 수 있는 기회가 늘어나게 될 것이다.

노인문화창조
-베이비붐세대의 한·일 비교 분석-

제9장

노인문화의
분석시각

1. 인구의 고령화와 문제제기

현대 산업사회가 당면하고 있는 노인문제는 선진국뿐만 아니라 이제 전 세계적인 정책과제가 되고 있으며 이미 고령화사회(aging society)[141]로 돌입한 우리나라에서도 노인문제에 대한 관심이 높아지고 있다. 물론 인간이 건강하게 생활하며 장수하는 것은 바람직한 일이다. 그러므로 활기찬 고령사회의 도래를 위해서는 노후 생활을 안심하고 보낼 수 있도록 생활보장 대책뿐만 아니라 점차 다양화되고 있

---

141 국제연합『인구백서』1970, UN에서는 국가 혹은 특정지역에서 전체인구 가운데 65세 이상의 인구 비율이 7%인 경우에는 고령화사회로, 나아가 14%이상인 경우에는 고령사회, 20%에 달하면 초고령사회로 분류하고 있다.

는 복지수요에 대처할 수 있는 양질의 서비스 제공이 전제되어야 할 것이다.

선진국에서 나타나고 있는 본격적인 고령사회의 도래에 따른 위기와 도전은 이미 2000년에 고령화사회로 진입한 우리나라에도 시사하는 바가 크다. 특히 장수국으로 알려진 일본은 동양권 국가로서는 유일하게 고령화사회의 단계를 지나 본격적인 초고령사회로 진입하여 이미 국가시책의 차원에서 노인문제가 크게 부각된 바 있다[142]. 그에 따라 일본은 경제·사회환경의 재구축에 있어 고령사회의 대책을 노인만의 문제로 한정하지 않고 전 국민적 과제로 인식하여 사회제도의 개편에 나서고 있으며, 선택적이고 개별적인 서비스 제공의 필요성을 인식하고 있다.

그러나 최근에는 노인문제를 비롯한 사회복지 분야에서 사회보장을 위한 재원조달이 어려워짐에 따라 사회보험을 비롯한 복지개혁 및 생활보장시스템의 개편을 주장하는 시각도 대두되고 있다[143]. 따라서 사회 전반적인 추세는 자립(自立)과 연대(連帶)를 내세운 복지서비스의 유지와 더불어 개호(介護: 간병)보험[144] 등 다양한 생활보장자원

---

142 일본의 노인복지대책은 1963년에 노인복지법(1963년 법률제133호)이 제정됨에 따라 적극적으로 추진되게 되었다. 노인복지법이 제정되기 전까지의 노인을 위한 시책은 주로 후생연금보험법과 국민연금법의 노령연금 및 생활보호법상의 양로시설에의 수용보호밖에 없었지만, 노인복지법이 제정됨에 따라 노인복지를 향상시키기 위한 시책이 종합적이고 체계적으로 추진되었다.

143 사카모토(坂本重雄)『社会保障改革』勁草書房, 1997. 坂本重雄는 여기서 사회보장의 법체계뿐만 아니라 소득·의료·연금·복지의 다면적 개혁을 주장하고 있다. 그 밖에 연금제도의 일원화에 관해서는 무라카미(村上清)『年金制度の危機』東洋経済新報社, 1997. 생활보장시스템의 재구축에 관해서는 야시로(八代尚宏)編『高齢化社会の生活保障システム』東京大学出版会, 1997. 등을 들 수 있다.

144 일본에서는 고령화가 진전되면서 건강한 고령자가 늘어나는 반면 체력·신체기능의 저하에 따른 와병노인 및 치매환자 등 간병·수발이 필요한 노인이 급격히 늘어나고 있다. 요개호(要介護)상태의 노인이 있는 가족은 매우 어려운 환경에 처하게 되어 가족만으로 대처하기 어렵게 되었다. 그에 따라 2000년 4월부터 간병·수

을 활용하고 있다. 이렇듯 고령화의 급진전은 연금제도에도 영향을 미쳐 연금재정의 안정화를 도모하게 되었다. 그 일환으로 1999년에는 연금개혁이 일부 이루어졌고 2004년의 연금재정재계산 시에는 연금적립금의 운용방안이 중점적으로 제시되었으며 2015년 10월에는 공적연금제도가 일원화되기에 이르렀다.

한편, 인구의 고령화는 노인들의 가치관에도 변화를 주게 되었다. 즉, 고령자의 학력상승, 소득상승, 자기실현 욕구의 표출 등 고령자의 생활상이 변화하여 노인들의 의식이 다양화되는 한편, 고령층 집단의 공통된 행동양식과 노인을 중심으로 한 생활문화가 형성되고 있다. 따라서 일본의 고령사회에 관한 논의는 고령자 개개인의 생활과 경험 등으로 내재된 자기존재의 가치 및 이념을 비롯하여 최근에는 생활문화, 복지문화 등으로까지 확대되어 그에 관련된 연구[145]가 시도되고 있다. 이러한 고령사회로의 급격한 사회변화는 사회제도 변화의 속도 및 사회가치 간에 충돌과 혼란을 초래할 수 있다. 이렇듯 고령사회와 관련된 문제는 대단히 광범위하여 단순히 한 두 영역에서 해결하기란 매우 어렵다.

따라서 여기서는 장수국 일본을 대상으로 노인문제에 관한 문헌고찰과 현지조사경험[146]에 입각해 1990년대와 2000년대 초반, 경제사회

발 등을 필요로 하는 노인을 대상으로 사회보험방식의 새로운 개호보험제도가 도입되었는데, 제도시행 1년여 사이(2001년 9월말)에 요개호(要介護)·요지원(要支援)이 인정된 사람이 무려 280만 명에 달할 정도로 늘어났다. 「개호보험사업상황보고(9월 잠정판)」에 따르면, 2017년 9월말 현재, 개호보험 (1)호피보험자 총인원은 약 3,466만 명이다. 그 가운데 요개호·요지원이 인정된 고령자는 640.7만 명이며, 그 가운데 남성이 200.4만 명, 여성이 440.3만 명으로 전체 (1)호피보험자에 대한 65세 이상의 인정자의 비율이 18%에 이르고 있다.

145 스가(那須宗一)監修『老年学事典』ミネルヴァ書房. 이치방가세·가와바타(一番ヶ瀬康子·河畠修:2001)編『高齢者と福祉文化』明石書店. 등을 들 수 있다.
146 東京都三鷹市下連雀高齢者センター社会福祉法人弘済園(특별양호노인홈, 양호노인홈, 경비양호홈, 고령자재택서비스센터, 미타카시의 재택개호지원센터 등

에서는 이른바 '잃어버린 10년'이라고 일컬어지는 시기의 일본고령자의 복지서비스 구축현황과 노인들의 의식변화 그리고 고령자대책을 살펴보고자 한다.

나아가 노인문화창조를 본서의 중심과제로 설정함에 따라 복지문화의 맹아(萌芽)를 시도한 장수국 일본의 노인문제 및 노인생활 환경을 가치판단적 시각으로 분석하고자 한다. 따라서 인구고령화에 따른 사회문제의 해결방향을 노인문화로 구축함으로써 일본지역연구의 한 영역을 개척하는 동시에 노인복지의 방향을 보완하고 국민복지 향상을 위한 정책론으로 제안하고자 하는데 그 목적이 있다.

 ## 2. 노인문제의 배경과 대책

서구의 여러 선진국은 20세기 초엽부터 고령화사회로 진입하여 고령자대책에 나서고 있으며 후발 공업국인 일본 또한 급격한 고령사회로의 진전에 고심하고 있다. 이렇듯 인구고령화는 세계의 각국에서 모두 심각한 사회문제로 받아들이고 있다. 이를 반영하듯 국제노동기구(ILO)에서는 1980년에 「고령노동자에 관한 권고(ILO권고 162호)」를 채택하여 나이가 듦에 따라 고용·직업에 있어서 곤란함이 예견되는 모든 노동자를 대상으로 하여 고용기회와 처우균등 촉진, 나아가 적정한 조건하에서 지속적으로 고용보호조치를 강구할 것과 은퇴준비 등에 대하여 정책적인 대응을 모색하도록 권고한 경위가 있다.

으로 구성)과 長崎県下県郡厳原町社会福祉法人あすか福祉会(노인보건시설, 재택개호지원센터, 데이서비스센터, 방문서비스) 등의 노인시설에 대한 조사활용

그 후 유엔은 1982년 8월 빈에서 세계고령자회의를 개최하고 「1982년 국제고령자문제행동계획」을 채택하기에 이르렀다[147]. 이렇듯 고령사회의 포괄적인 정책대응은 국제적인 문제로 확대되었으며 제2차 세계대전 이후 고도성장을 이룩한 일본도 예외가 아니었다.

전후 일본의 출생률은 일시적으로 베이비붐(団塊世代)이 나타났으며, 그와 동시에 생산연령인구에 대한 고령자인구 비율(노령인구지수)도 급격히 높아져 노인을 부양해야 할 세대의 경제적 부담이 늘어났다. 나아가 고령자의 평균여명이 매년 신장됨에 따라 고령자의 부양부담이 늘어나 고령자의 생활보장문제가 대두되었다. 그와 더불어 최근의 핵가족화 경향과 합계출생률의 저하, 노동력인구의 도시집중 한편에선 고령자세대[148]가 늘어나고 있다.

이렇듯 일본의 노인문제는 인구의 고령화, 세대규모의 축소, 여성의 고용기회확대, 부양의식의 변화, 가정의 개호능력 저하 등의 원인으로 인하여 더욱 심화되고 있다. 그 가운데 인구의 고령화는 심각하여 65세 이상의 고령자 인구가 약3,434.3만명(남자 약1,486.3만명, 여자 약1,948.1만명)으로서 27%의 인구 고령화율을 보이고 있다. 이러한 추세가 계속 진전된다면, 2035년경에는 전체인구의 33.4%, 나아가 2060년경에는 무려 39.9%(약3,464만 명)에 달할 것으로 보인다[149]. 또한 후생노동성(厚生労働省)의 「간이생명표」와 「완전생명표」에 의하면 평균수명이 1950년에는 남성이 약59.6세, 여성이 약63세이었던 것이 점차 늘어나 2000

---

147 U.N. WIENNA INTERNATIONAL OF ACTION ON AGING. 1983. 이 행동계획 권고는 고령자의 보건, 영양, 시설, 주택, 환경, 사회복지서비스, 소득, 고용, 교육 등 폭넓은 행정부문의 행동계획을 권고한 것이었다.
148 고령자세대란 65세 이상인 남자와 60세 이상인 여자로만 구성되거나 또는 18세 미만인자가 추가된 세대를 가리킴.
149 인구통계는 최신자료가 앞에도 제시되어있으나 (국립사회보장·인구문제연구소, 장래인구추계 2012.1)전망에 의함.

년에는 남성이 77.7세, 여성은 84.6세로 늘어났으며 2011년에는 남성이 79.5세, 여성이 85.9세로 신장되었다[150].

이처럼 인구의 고령화가 빠르게 진행됨에 따라 고령사회의 문제는 더욱 복잡하고 심각한 상태가 될 것으로 보인다. 이러한 사회문제를 대처하기 위해 일본에서는 고령화사회로 진입한 1970년대부터 고령자를 단순히 약자로 보호에 머무르지 않고, 어떤 방법으로 여유 있고 의미 있는 노후생활을 보낼 수 있도록 할 수 있을지에 각계각층의 관심이 모아졌다.

그와 관련된 시도로서 인구고령화의 문제를 인식하기 시작했던 1970년대 초에 이미 중앙사회보장심의회(1970년 11월 25일)가 후생대신에게 보낸 「노인문제에 관한 종합시책」이라는 답신에서 국민적 합의를 이루기 위해 연금, 의료, 취업, 주택, 복지서비스 등에 관한 광범위한 노인대책을 종합적으로 추진할 것을 제안한 바 있으며 그 후에는 주로 노인홈에 관련된 제안들이 집중되었다[151].

한편, 1985년 1월 사회보장제도심의회는 총리대신에게 중개호(重介護)를 요하는 노인대책을 중점과제로 하여 의료 및 복지서비스를 일체적으로 제공하는 이른바 중간시설의 제도화 등을 제안하는 '노인복지의 이상적인 형태'를 건의하기에 이르렀고, 1991년 3월에는 복지관계심의회에서 시·정·촌(市町村)의 역할 중시, 공적 재택복지사업의 사회복지사업으로서 인정, 다양한 복지서비스를 전개하기 위한 복지서비스 공급주체의 육성과 시설복지의 연대강화 등 새로운 사회복지

150 厚生労働省 「2012年簡易生命表の概況」p.2. 2012.7.26. 참조
151 중앙사회보장심의회에서는 그 후에도 [노인홈의 이상형(1972)], [유료노인홈의 이상형에 관한 의견(1974)], [향후 노인홈의 이상형(1977)], [양호노인홈 및 특별양호노인홈비용 징수기준의 개선방안(1979)], [재택 노인복지대책의 이상형(1981)], [특별노인홈 및 특별양호노인홈 비용징수 개선방안(1984)], [현행 노인홈의 이상형(1988)], [향후노인복지의 이상형(1988)] 등을 각각 제안하였다.

제도에 관한 내용을 담은 「향후 사회복지의 이상형」을 제안한 경위
가 있다.

그 후 일본의 사회환경은 매우 빠르게 변화하고 있으며 국제화, 정
보화와 더불어 인구고령화가 일본의 최대 관심사가 되었다. 그와 더
불어 핵가족화(核家族化)와 저출산(少子化), 만혼화(晚婚化) 등에 의한 생
활양식의 변화는 이제 산업화의 산물로 인식되기에 이르렀다. 특히
고령자의 노후생활보장은 제2차 세계대전 이전에는 주로 자녀의 부
양에 의한 것이 암묵적인 관례였는데 핵가족화의 진전과 전후의 민
법개정에 의해 일본인의 부양의식이 크게 변화되었다.

이처럼 가족의 부양의식 약화는 일본의 고령자가 일정수준의 소득
능력이 있음을 반영한 영향[152]도 있지만 현역세대의 도시근로자가 겪
는 주택난, 생활비의 증가 등에 의해 부모에 대한 생활원조를 적극적
으로 지원하지 못하고 있음을 의미하기도 한다. 이는 노인의 수입원
조사에서 나타난 결과처럼, 자녀의 원조에 의한 수입원이 우리나라
는 40%대인데 반해 일본은 20%대에도 못 미치는 것을 보더라도 일
본의 경우 부모에 대한 자녀의 원조가 낮은 수준인 것을 알 수 있다.

물론 고령세대의 소득은 세대유형과 세대구조에 따라 다르게 나타
나고 있다. 21세기에 진입할 당시의『국민생활기초조사(2000)』에 따르
면, 전세대의 세대 당 연평균 소득금액은 626만 엔인데 비해 고령자
세대의 평균 소득금액은 329만 엔이었고, 특히 고령여성 단독세대는
193만 엔으로서 고령남성 단독세대 보다 약 20% 정도 낮게 나타났
다. 이러한 세대소득은 불경기와 인구고령화 등을 배경으로 그 후 점
차 줄어들고 있는 경향이다. 최근에 발표된 일본의『고령사회백서

---

152 日本総務庁長官官方老人対策室(内閣府)編(1991)『老人の生活と意識』中央法規.
　　pp.210-212. (고령자의 주요 수입원 : 취업수입 23.8%, 공적연금 54.3% 등)

(2016)』에 따르면, 전세대의 세대 당 연평균 소득금액은 약 529만 엔인데 비해 고령자세대의 평균 소득금액은 약 301만 엔으로 소득이 상당부분 줄어들었음을 알 수 있다[153].

한편 치매성 노인은 특유의 정신증상과 문제행동이 있어 다른 요개호 노인과는 질적·양적으로 다른 간병·수발이 필요하고, 발병원인 및 발병메커니즘 등이 아직 밝혀지지 않은 부분이 많아 그에 대한 대책이 큰 과제로 대두되었다. 이처럼 전환기의 사회정책은 이제 노동문제에만 국한되는 것이 아니라 「노동과 생활」에 관련된 사회보장, 사회복지 등으로 대상영역이 확대되고 있음을 알 수 있다.

제2차 세계대전 이후에도 일본에서는 사회정책의 중심이 고용과 노동문제였으며 그에 따라 고용과 노동을 중시하는 일본형복지국가[154]로 발전해 왔다는 견해가 일반적이었다. 즉, 경제성장기의 일본은 노동확보를 위한 회사주의와 기업중심적 사회의 성격을 띤 일본형 「노동복지국가」로 형성되어 왔다.

그러나 최근에는 노동만을 사회정책의 주요 대상으로 논할 수 없

---

153 厚生労働省(2016)『高齢社会白書』ぎょうせい. p. 12. 평균치 총소득 300.5만 엔 가운데, 취로소득이 55만 엔으로 약 18.3%, 공적연금·은급이 203만 엔으로 67.6%, 재산소득이 22.9만 엔으로 7.6%, 연금이외의 사회보장 급부비가 3.4만 엔으로 1.1%, 가족원조 및 기타가 16만 엔으로 5.3%를 차지하고 있음을 알 수 있다.

154 우즈하시(埋橋孝文:1997)『現代福祉国家の国際比較』日本評論社. pp.160-164. 埋橋孝文는 여기서 [Esping-Andersen : 1990]의 유형화를 분석한 다음, 제4의 유형으로서 일본모델을 구상하였다. 즉, 완전고용 보장을 전면적인 속성기준으로 보고 일본의 특징으로서 노동과 복지의 대체적 관계를 강조하였다. 정리할 것 같으면 고용·노동시장의 양호한 행동양식이 사회보장=복지국가의 기능을 대체한다고 보고 생활보장의 방법으로서 welfare 보다는 workfare를 선택한 시스템이 일본의 특징이라고 주장하고 있다.
鄭基龍(2000)『転換期における日本の高齢者対策に関する研究』一橋大学 博士学位論文, p.96, p.129. 복지국가(welfare)란 전쟁국가(warfare)의 대치개념인 것처럼 일본은 고용·노동시장을 중요시하는 노동복지국가(workfare)이며 현재에도 이러한 고용정책은 사회정책의 주요영역에 속하고 있음을 지적하였다.

는 시대에 이르렀다. 왜냐하면 현재 일본에서는 고령화의 급속한 진전, 노동자 의식의 다양화, 고용구조의 변화 등에 따라 노동시장의 변화와 공적연금제도의 개혁 등 고령화에 따른 다면적인 문제점이 제기되고 있기 때문이다.

이와 같은 문제점은 고용안정, 노사관계의 안정화 등은 물론이고 사회보험제도의 안정화 및 젠더문제와 사회복지영역에 이르기까지 사회정책과제에 영향을 미치고 있다. 물론 근로자의 노동문제도 아직 완전히 해결되었다고는 할 수 없다. 즉, 경기침체로 인하여 프리터[155] 및 단기고용이 늘어난다든지 비정규직 문제 등 지금도 모든 근로자가 풍요로운 생활을 영위할 수 있게 된 것은 아니다.

그렇기는 하지만 전후의 경제발전과 더불어 노동자보호정책의 전개와 사회보험제도의 정비 등에 의해 대다수의 근로자는 극빈상태에서 벗어났으며 현재에는 노동시간 단축과 생활대국을 지향하면서 일정한 생활수준을 유지할 수 있는 복리후생은 일정수준 확보되었다고 하겠다.

이러한 사회환경의 변화 속에서 최근 급격히 증가하고 있는 고령자집단이 사회정책의 주요 대상[156]이 되고 있다. 즉, 현실문제로 대두된 고령화대책이 일본 사회정책의 중심과제가 되고 있으며 현대의 사회정책은 바야흐로 근로자를 위한 노동정책에 머물지 않고, 고령자를 포함한 「전 국민의 생활정책」으로서 파악해야 할 것이다. 왜냐하면 고령화는 경기와 같이 순환하는 일시적 현상이 아니라 공업화, 국제화와 마찬가지로 체제변동에 따라 변화할 수밖에 없는 사회전체

---

155 프리 아르바이터(Free Arbeiter)의 일본식 합성어로서 정규직에 종사하지 않고 자유로운 전직을 반복하며 생활을 영위하는 젊은층 중심의 근로형태로써 장기불황을 겪은 일본에서 생겨난 개념으로 최근 청년실업의 심각성을 드러내는 현상이기도 하다.

156 鄭基龍(2000)「日本の高齢者社会政策に関する研究」『日本学報』제44집. p.600 참조

의 시스템조정이 필요하기 때문이다.

따라서 고령자를 둘러싼 사회환경의 변화와 고령자들의 개별화된 다양한 복지수요를 고려할 것 같으면 이전의 성장기에 근로자 층을 주요대상으로 하여 사회정책체계를 정비해온 것처럼 이제는 고령자를 대상으로 하여 체계적인 고령자사회정책을 구축할 필요성이 커지고 있다.

물론 고령자라고 하더라도 각자의 환경에 따라 경제적·경험적으로 매우 다양한 생활방식을 갖고 있으므로 일률적으로 판단하기에는 무리가 있으나 무엇보다 신체적 노화[157] 측면만을 보더라도 이른바 새로운 사회적약자임을 부정할 수는 없다. 최근 이와 같은 사회현상을 반영하여 「고령자사회정책」 혹은 「고령화사회정책」이라는 용어가 사용되고 있으며, 노후의 생활에 관한 실험과 연구가 이루어지고 있다[158]. 이들 선행연구는 고령자를 사회정책의 주요 대상으로 파악하여 ① 고령자의 고용·노동정책, ② 고령자의 소득보장, ③ 고령자의 의료정책, ④ 고령자의 거주문제, ⑤ 고령자의 지원정책, ⑥ 고령자교육·레저대책, ⑦ 노인복지계획 등을 거론하고 있다.

이처럼 일본의 사회정책은 21세기를 맞이한 현시점에서 상당히 변화하고 있음을 알 수 있다. 이제 사회정책의 대상이 노동자정책에 한정되지 않는다면 사회정책론은 사회보장론과 사회복지론 까지 보다 연구영역을 넓혀갈 필요가 있을 것이다. 이러한 환경변화를 염두에 두고 사회정책론에 입각하여 노인문화에 관한 접근방법과 분석시각에 관해 논하고자 한다.

---

157 하세가와(長谷川利夫) 「老化」『老年学事典』ミネルヴァ書房. 1989. p.11. 참조
158 우츠미(内海洋一)編『高齢者社会政策』ミネルヴァ書房.1992. 및 사타케(佐武弘章) 編『高齢化社会政策の実験』新評論.1991. 등이 고령사회 사회정책론의 주요 문헌 으로서 거론되고 있다.

3. 노인문화의 개념과 분석시각

(1) 노인문화의 형성과 개념

노인문화를 일컫는 학술적 용어는 아직 정착되어 있지 않지만, 영어로 「노인」이 aging, old age, the elderly 등으로 표현되며, 「문화」가 Culture[159]로 통용되므로 본 연구에서는 노인문화의 영어 표현을 가칭 「the elderly culture」라고 칭하여, 전통적 문화와 노년사회학, 노인복지학 등의 기본적인 시각을 재고하여 얻은 결과를 토대로 노인문화의 개념을 도출하고자 한다.

먼저, 인간의 생활에는 생리학적인 기본적 욕구와 그것을 초월하는 문화적 욕구의 두 가지 영역으로 크게 나눌 수 있다. 예술문화는 음악, 연극, 문학 등 이른바 예술이라는 범주 안에 포함되는 문화의 측면이다. 이러한 문화는 일반적으로 자연히 형성되며 환경에 따라 독자적인 논리와 역사를 갖고 있다. 따라서 이러한 시점의 연장선상에서 볼 것 같으면 노인문화란 인간의 문화적 환경과 생물학적 환경 모두를 내포한다고 할 수 있으며, 인간이라면 누구도 부정하거나 거역할 수 없는 노화에 따라 거치게 될 고령층에서 형성되는 독특한 풍토라고도 할 수 있다. 또한 고령자가 일상생활을 영위하는데 있어서 여러 생활자원에 의해 형성되며 축적해나가는 사회적 생활상이라고 하겠다.

그러면 노인문화를 과연 어떤 시각에서 분석하여 논하는 것이 「노인문화론」다울까? 실제 일어나는 사회적 현상을 구체적으로 논리화

---

159 문화라는 용어는 라틴어의 cultura에서 파생한 culture에서 유래하며, 본래의 뜻은 경작(耕作)이나 재배(栽培)라는 뜻에서 점차 교양·예술 등의 뜻으로 진전되었다. 또한 영국의 인류학자 E. B. Tylor는 저서《원시문화 : Primitive Culture》(1871)에서 문화란 "지식·신앙·예술·도덕·법률·관습 등 인간이 사회의 구성원으로서 축적한 능력 또는 습관의 총체"라고 정의한 것이 일반적인 견해로 알려져 있다.

시키는 작업은 매우 어려우며 논리도출의 과정에 따라 결과가 다르
게 나타날 수도 있다. 왜냐하면 연구자의 학문영역에 따라 민속학, 가
정학, 문화인류학, 노인사회학, 노동경제학 등의 입장에서 각각의 논
리가 형성될 수 있기 때문이다.

　그밖에도 문화인류학(미국), 사회인류학(영국), 민족학(독일·오스트리아
등)의 방법론으로 문화진화론, 문화전파론, 문화사론, 문화영역론, 문
화기능론, 문화구조론 등의 영역에서도 문화를 다루고 있어 역사적
인 문화와 현재의 모든 문화가 그 연구대상이 되고 있다. 이와 같이
각 연구영역의 배경과 시각, 지역 등에 따라 노인문제를 달리 볼 수
있으며, 문제의 분석방법이 상이하여 연구결과에 따라서 쟁점이 서
로 대치될 수도 있기 때문에 단적으로 논할 수 없는 것이 현실이다[160].

　한편 노년사회학은 노년기를 각 개인에 내재하는 신체적·정신적 능
력의 변화라는 관점보다는 외적인 여러 조건, 이를테면 사회제도나 사
회적 지위·역할의 변동과 같은 사회학적 관점에서 파악함으로써 노년
기와 관련된 구체적인 문제들을 해명하고 분석하려는 시각을 나타내고
있다[161]. 또한 노인복지 측면에서는 노인의 심신 건강유지와 생활안정을

---

160 일반적으로 문화란 선진풍의 요소나 현대적 편리성(문화생활·문화주택 등)과 교
　양과 지식, 예술풍의 요소(문화인·문화재·문화국가 등), 나아가 인류의 가치적 소
　산으로서의 철학·종교·예술·과학 등을 가리킨다. 따라서 문화란 인류에서만 볼 수
　있는 사유(思惟)와 행동양식(생활방식)으로서 인간의 학습에 의해서 생활환경을
　둘러싼 사회로부터 습득하고 전달받은 것 전체를 포괄하는 총칭이라고 할 수 있다.
161 Atchley, Robert C. *The sociology of retirement.* New York, schenkman. 1976. 牧野
　拓司訳(1979)『退職の社会学』東洋経済新報社. 에서는 적응이론으로서 노년기 직
　업활동 적응성에 분석의 초점을 두는 사회활동이론(Activity theory)과, 노년이라
　는 시점(視点)을 퇴직 후에 두는 사회이탈이론(Disengagement Theory)이 있다. 나
　아가 역할이론으로서는 노년기에 있어서 일정한 지위와 역할 상실에 분석의 초점
　을 맞춘 사회적 통합이론·부차문화론(副次文化論)·역할출구론 등이 있다. 이렇
　듯 사회적 지위와 역할 중에서 특히 가족적 지위와 역할에 착안한 노년기의 가족
　주기적 이해와 생명체로서의 생물학적 노화를 중시하는 생명주기적 변화를 근거
　로 한 라이프스타일로부터의 접근 등이 노년사회학 측면의 견해이다.

위하여 필요한 생활보장 및 복지서비스를 포함하는 광의의 생활보장과 최소한의 생활유지를 의미하는 협의의 노인복지서비스를 지칭하기도 한다. 그러나 어떤 경우에든 노인복지는 독립된 인간으로 고령자의 기본적 욕구충족과 문화적 생활유지를 보장하려는 것임에 틀림없다.

따라서 고령자도 사회 구성원이므로 사회적 활동과 욕구충족을 가능하게 함으로써 가정뿐만 아니라 지역사회에서 일정한 사회적 역할을 수행하는 만족감과 보람 및 인생영위의 의의를 가질 수 있으며, 개인으로나 사회일원으로 떳떳한 역할을 담당하여야 할 권리와 의무를 지니고 있다. 이와 같은 의미에서 노인생활은 경제적 측면, 육체적 측면, 정신적 측면, 사회적 측면 등의 다양한 측면을 내포하고 있으므로 생활전반에 걸쳐 욕구를 충족할 수 있는 환경정비와 노인의 행동양식과 생활양식을 노인문화로써 파악할 필요가 크다고 하겠다.

(2) 노인문화의 분석시각

여기에서는 노인문제를 해결하기 위한 복지서비스의 개선과 더불어 고령자의 생활을 중심으로 발아하고 있는 활동적인 노인문화를 사회정책적인 시각에서 분석하여 사회문제를 노인의 생활문화로 구축하고자 한다.

현재 일본을 비롯한 고령사회로 진입한 각 선진국에서는 노인문제의 해결을 위한 연구와 정책적 대응이 활발히 전개되고 있으며 그에 따라 사회의 새로운 제도형성과 더불어 노년층의 독특한 라이프스타일이 구축되어가고 있다. 특히 인구의 고령화가 진전된 선진국 가운데에도 고령화의 속도가 빠른 일본의 경우에는 고령자문화[162]가 앞으

---

162 오타(太田空真)『은거연구회『隱居硏究会通信』Vol.05에서 고령자문화를 표현하는 어휘로서「シニア」,「シルバー世代」,「ゴールデン・エージ」,「生涯現役論」,「隱居」 등을 거론하고 있으며 1989년에 결성된 日本福祉文化学会(당시회장:一番ヶ

로 경제사회의 변화를 초래하는 동시에 기존의 일본문화[163]에도 상당
한 영향을 미칠 것으로 보인다.

또한 생활문화[164]에 대한 관심과 연구영역의 확대와 더불어 일본은
거(隱居)연구회에서는 노인들의 독특한 고령자문화가 발아단계라는
점을 들어 자발적인 고령자활동[165]을 지원하고 있으며, 그 주요 내용
은 주로 퇴직 전후의 노인들의 행동양식으로 나타나고 있는 은거(隱
居)[166]를 비롯하여 고령자의 일련의 공통된 행동양식으로 형성되고 있
다고 보고 있다. 따라서 노인의 생활상을 가장 잘 엿볼 수 있는 일본
내각부의 자료『노인의 생활과 의식』을 비롯한 고령자대책에 관한
자료와 현지조사에 입각하여 일본 노인들의 행동양식과 복지문화의

瀬康子)에서는『高齢者と福祉文化』明石書店. 2001.를 통하여 노인을 중심으로 하
여 복지현장에서 일어나는 노인들의 생활양식을 복지문화 활동으로 보고 있다.
본서에서는 노인문화와 고령자문화라는 용어를 혼용하고 있으나 기본적으로 동
일한 개념으로서 공개자료 및 각 연구자의 표현을 존중하고, 문장상의 편의를 위
해 양 표현을 사용하였다.
163 일본문화라 함은 전통극(노, 가부키, 분라쿠)을 비롯하여 민속음악(민요, 민속 악기
연주, 민속춤), 목판화(우키요에-사람 및 자연 풍경, 일상생활 및 극장풍경을 묘사),
일본의 공예(도자기, 제지, 직물, 칠기, 목각, 직물), 문학(고대·근대·현대)을 포괄하
며 그밖에도 만화, 영화, 음악, 미술, 스포츠, 전통무술(스모)까지 포함할 수 있으며
나아가 정신문화, 식문화, 주거문화, 기업문화 등 문화의 범주는 매우 광범위하다.
164 데라다(寺出浩司:1994)『生活文化論への招待』弘文堂. pp.41, pp.47-48, 이 곳에서
데라다(寺出浩司)는 생활문화라는 의미가 일반적으로 통용되는 단계는 아니지
만 생활이 life이며 문화가 culture이므로, life culture로서 일단 표현하고 있다. 또
한 생명과 문화의 구조로부터 생활문화 및 생활문화론을 위치 짓고 있다. 즉, 인간
의 생활에는 생리학적인 기본적 욕구와 그것을 초월하는 문화적 욕구의 두 영역
이 있는데, 두 개념의 관계를 고찰하기에 유용한 개념이 생활문화라고 보고 있다.
165 生活デザイン研究所의 오타(太田空真)는 고령자문화를 정의하기에 앞서 고령자활동
은 첫째, 즐거울 것, 둘째, 유용할 것, 셋째, 고령자가 사회에 공헌할 것을 주안점이라
고 주장하고 있다. 출처: 生活デザイン研究所ホームページhttp://www.seikatsu.org)
166 오타(太田空真:1999)『ご隠居という生き方』飛鳥新社. 太田空真은 은거란 수입을
위한 사회로부터 이탈한 사람, 그리고 돈과 물질에 집착하지 않고 자신만의 시간
을 보낼 수 있는 시절에 풍요로운 노후를 보내기 위한 삶의 방법을 위한 새로운 기
준(新しい物差し)을 모색하는 것이라고 주장하고 있다.

발아에 관한 배경을 분석하였다.

 4. 고령자의 생활양식과 노인문화의 구축

(1) 노인의 생활과 의식

인구의 고령화는 세계적인 추세이기는 하지만 일본의 고령화는 다음 〈표 9-1〉에서 보는 바와 같이 구미 각 국보다 상당히 빠른 속도로 진전되어 21세기 초엽에 이미 세계에서 고령자의 비율이 가장 높아진 것을 알 수 있다.

또한 일본 후생성의 발표에 따르면 일본의 고령화는 급속하게 계속 상승하여 2020년경에는 일본 전 국민의 약1/4이 65세 이상의 노령인구가 될 것으로 보여 지금 까지 어느 국가에서도 유례가 없었던 높은 수준의 고령사회가 될 것으로 예측된다.

〈표 9-1〉 인구고령화 소요 연수의 추이

국　　　명	65세 이상 인구비율의 도달 시기		소요연수(년)
	7(%)	14(%)	
일　　　본	1970(년)	1994(년)	24
영　　국	1930	1975	45
독일(통일전의 서독)	1930	1975	45
미　　국	1945	2020	75
스　웨　덴	1890	1975	85
프　랑　스	1865	1980	115
한 국(예측)	2000	2018년 전후	18년

자료 : 일본후생·인구문제연구소『일본의 장래인구 추계』참고 작성.

　　일본 후생성의 발표(『국민생활기초조사』, 『후생통계요람』 등)에 따르면, 1가구
의 평균 세대인원이 1975년에 3.35명, 1985년에 3.22명, 1995년에는 2.91
명 그리고 1997년에는 결국 2.79명으로까지 계속 감소하여 가족구성원
수가 그 후에도 지속적으로 줄어들어 온 것을 알 수 있다. 이런 추세는
계속 감소하여 2016년(현재)에는 전 세대 평균 세대인원이 2.58명, 그리
고 고령자세대의 평균 세대구성 인원은 1.56명으로 나타났다.

　　이와 같은 변화는 노부모와 자녀의 동거율이 계속 저하되어 가고
있음을 의미하며 가정에서 노인가족 부양기능이 점차 저하되고 있음
을 간접적으로 보여주어 고령자가 자녀들과 별거하거나 독립된 자유
생활을 하고 있음을 알 수 있다.

　　사회활동(인적교류)과 고령자의 삶의 보람에 관한 조사결과[167]는 다
음 〈표 9-2〉 와 같다. 먼저, 「지역 주민과의 주 몇 차례 대화를 나누는
가?」에 대한 질문에 「거의 매일」이라는 답변에서는 아직까지 가정을
중심으로 고령자를 부양하는 풍습이 반영되어서인지 한국(58.9%)이
가장 높게 나왔으며, 독일(33.4%), 스웨덴(32.5%), 미국(29.2%), 일본(21.0%)
의 순으로 나타났다.

〈표 9-2〉 지역 주민과의 교류 빈도(%)

분류	일본	미국	한국	독일	스웨덴
거의 매일	21.0	29.2	58.9	33.4	32.5
주 4-5회	11.7	7.6	9.7	10.6	8.2
주 2-3회	24.4	20.6	9.1	24.0	18.5
주 1회	17.4	16.6	7.9	12.3	19.8
거의 없음	25.5	25.0	14.5	19.7	21.1

자료 : 일본내각부 『老人の生活と意識(노인의 생활과 의식)』 제5회 국제비교
　　　조사결과 참고 작성.

---

167 第5回国際比較調査(2001)『高齢者の生活と意識』中央法規. 본 국제비교조사는 고
　　령사회대책의 종합적인 추진을 위해, 고령사회대책의 시책분야인 생활환경, 취
　　업과 소득, 건강과 복지, 학습과 사회참가 등 고령자의 의식에 관하여 1981년 이후
　　5년 간격으로 지속적으로 실시하고 있다.

한편 일본의 노인들은 정치, 종교, 학습, 사교, 취미, 스포츠, 자원봉
사, 그룹 활동 등에 대한 사회활동의 참여율(〈표9-3〉 참조)은 다른 선진국
에 비해 전반적으로 낮은 편이나 지역 활동과 노인클럽활동 및 게이
트볼 활동에의 참여가 비교적 활발한 편이다. 이는 이전의 현역 활동
기에 기업전사였던 고령자가 이제는 여가를 만끽하는 시기에 접어들
었음을 반영한 결과라고 하겠다.

〈표 9–3〉 고령자의 그룹활동의 참가상황(%)

구 분	일 본	미 국	한 국	독 일	스웨덴
1. 사회복지활동	8.7	18.0	5.6	8.6	8.1
2. 취미활동	18.1	17.3	3.8	17.3	22.9
3. 건강유지활동	14.1	15.0	3.8	18.3	16.0
4. 환경보호활동	8.6	4.9	3.8	1.0	1.8
5.소비자보호활동	1.6	0.9	0.2	0.2	1.0
6. 정치활동	1.6	10.0	0.3	5.4	4.8
7. 종교·교회활동	5.8	44.6	16.3	13.1	14.4
8. 지역자치회활동	24.7	30.7	16.3	17.5	16.0
9. 기타	4.2	5.0	0.4	7.6	4.3
10.참가하지 않음	47.4	26.3	65.5	45.7	43.0

자료 : 일본내각부『老人の生活と意識(노인의 생활과 의식)』제5회 국제비교
　　　조사결과참고 작성.

여가를 보내는 방법으로서는 ① 휴식, ② 기분전환, ③ 자기실현의
세 가지 종류가 주류를 이루며 이러한 활동은 전 연령층에서 생존유
지를 위한 생리적 활동과 생산적 활동 이외의 즐기는 시간이 될 것이
다. 그러나 생산활동에서 해방된 고령기의 노인들에게 여가는 진정
한 여가시간이라기 보다는 자유시간이라고 해야 할 것이다. 즉, 고령
자에게 있어서는 매일이 여가이므로 '자유로운 시간을 어떻게 보내
고 있는가?'라고 하는 행동양식으로 나타날 수 있다.

조사내용 가운데 그룹 활동의 참가도 가운데 일본에서 제일 활동이 활발한 내용은 지역 자치활동인데 비해서 미국과 한국은 종교 활동이 높게 나타났고, 독일은 건강유지활동, 그리고 스웨덴은 취미활동이 가장 높게 나타나는 등 각 나라별로 약간 상이한 결과를 보이고 있다.

이러한 조사와 더불어 일본에서는 급격한 고령화와 노인복지서비스를 위한 대책으로서 앞장에서 살펴 본대로 각료회의에서 결정된 「장수사회대책대강(1986)」을 비롯하여 후생성 및 노동성에서 제출한 「장수복지사회를 실현하기 위한 구체적 방안 및 목표(복지VISION: 1988)」 등의 밝고 활력 있는 장수사회의 실현을 목표로 한 종합적인 대책이 제시되었다.

위의 대책을 토대로 하여 고령자의 보건·복지분야에서 공적서비스를 더욱 정비하기 위한 구체적인 목표 및 새로운 시책을 포함한 이른바 골드플랜 즉, 「고령자보건복지추진10개년전략(1989)」을 책정한 경위가 있다. 그 후 골드플랜을 수정하여 개정판 「신골드플랜(1994)」을 후생(厚生)·대장(大蔵)·자치(自治)대신들의 합의로 수립하였다. 또한 「장수사회대책대강」은 예상외로 빠르고 심각한 고령사회로의 진전과 사회적 부담의 증가로 인하여 「고령사회대책대강(1996/2001수정)」[168]으로 명칭과 내용을 수정하여 지속적으로 고령자 대책을 추진하고 있다.

---

168 高齢社会対策大綱은 高齢社会対策基本法(1995년 법률129호)에 의해 만들어진 일본정부의 고령사회대책의 기본적이며 종합적인 지침이 되고 있다. 목적으로서는 개인의 자립과 가정의 역할지원, 국민의 활력유지 및 증진을 위하여 국가·지방자치체·기업·지역사회·가정·개인이 교류와 협력함으로써 고령자의 「취업·소득」, 「건강·복지」, 「학습·사회참가」, 「생활환경」, 「조사연구 등의 추진」을 도모하고 있다.

(2) 고령자대책과 노인문화의 발아

고령자의 삶의 질을 높이기 위해서는 노인복지서비스의 충실과 장기요양보험의 효율적인 운영 등 현실적인 사회문제에 대응할 수 있는 고령자대책[169]이 전개되어야 할 것이다. 한편, 고령자도 사회구성원이므로 사회활동과 사회적 역할을 수행하여 그에 대한 만족감과 삶의 보람을 느낄 수 있는 자격을 갖고 있다. 이와 같은 의미에서 보면, 노인여가는 정년 이후의 삶에서 경제적·육체적·정신적 측면에서 상당한 부분을 차지하고 있으므로 이러한 배경에 입각해 노인여가의 활동분야와 발전방향을 모색해 보기로 한다.

그동안 노인들의 여가란 수면과 일상생활 이외의 모든 활동시간을 자유 시간으로 치부해버리는 경향이 있었으나 고령자의 사회활동 유형과 참가비율에 관한 조사결과[170]처럼, 최근에는 노인의 여가활동 또한 취미생활, 학습 및 사회참가 활동, 관광과 클럽활동 등 점차 광범위하게 펼쳐지고 있다. 즉, 일정한 생활보장이 확보된 건강한 고령자의 경우에는 비영리적인 목적으로도 사회참여를 하고자 하는 열의가 강할 뿐만 아니라 은퇴 이후를 최종적인 자기실현의 기회로 파악하고 있는 것이다.

따라서 노후여가가 의미 있는 시간이 되기 위해서는 먼저, 여가목적을 분명히 하고 고령자 각 개인의 라이프스타일에 입각하여 본인의 선택에 의해 여가를 보낼 수 있는 환경구축이 필요하다. 또한 정년

---

169 일본의 고령자대책은 1963년 노인복지법(1963년 법률제133호)이 제정된 이후 적극적으로 추진되었다. 노인복지법이 제정되기 전까지는 후생연금보험법과 국민연금법의 노령연금 및 생활보호법상의 양로시설 수용 및 보호 정도였으나 노인복지법이 제정되고 나서는 노인복지시책이 더욱 향상되었으며, 2000년에는 간병수발을 위한 介護保險(장기요양보험)을 사회보험으로 적용하고 있다.
170 日本內閣府政策統括官編(2011)『高齡者の生活と意識』第7回国際比較調査結果
http://www8.cao.go.jp/kourei/ishiki/h22/kiso/gaiyo/index.html(검색일 : 2012.5.6)

퇴직을 하거나 현업에서 물러나게 되면 인간관계의 상당부분이 축소되므로 새로운 인간관계의 형성과 지역사회 네트워크에 참여할 수 있는 지원이 필요할 것이다. 즉, 비슷한 취향과 공통목적을 공유하는 클럽활동이라든지 지역사회 봉사활동 등에 자유롭게 참가할 수 있는 기회가 제공되어야 할 것이다.

세누마(2005)는 고령자의 여가형태를 일본내각부의 분류와 동일하게 ① '휴식형' ② '기분전환형' ③ '자기계발형'의 세 종류로 크게 나누고 있는데, 본 연구에서도 이 분류에 준해 논하고자 한다. 이 가운데 먼저, '휴식형'과 '기분전환형'은 시설 및 서비스를 제공하는 타율적인 여가방법으로 상대측이 여가활동 내용을 정비·제공하는 유형이라고 하겠다. 예를 들면 파친코(오락실), 경륜, 경마 등의 갬블, 유원지, 레저놀이공원, 바 등에서의 여가활용이라고 하겠는데, 이러한 여가는 일정한 대가를 지불해야 하는데 이와 관련한 여가산업의 매출액이 연간 70조 엔에 달하고 있는 정도이다.

한편, '자기계발형'은 적극적인 여가활동으로 당사자의 주체적이고 자율적인 활동을 필요로 하며 회화, 음악, 도예, 서도 등 취미에서 나아가 창조적 요소를 포함하는 유형으로 실력에 따라서는 수입획득 가능성도 있는 여가활용이라고 하겠다. 이 세 유형의 여가실태를 조사한 최근 결과에 따르면, '휴식형'과 '기분전환형'이 전체 여가형태의 약90%를 차지하고 있으며, '자기계발형'은 아직까지 10% 수준에 불과한 것으로 나타났다[171].

이러한 노인여가의 활동영역은〈표 9-4〉처럼 종래의 '전통형'에서 점차 진전·확대되어 '신조류형'으로 창조·생성되고 있으며, 시대적 변화에 따라 점차 유지·발전되고 있다고 하겠다. 따라서 이는 고령자

---

171 세누마(瀬沼克彰). 앞의 책. p.56-57

의 여가활동이 불변하는 것이 아니고, 현역시기에 즐겼던 여가활동의 연장선상에서 자체적으로 새로이 생성되기도 하며 시대의 유행과 사회의 환경변화에 따라서 여가활동 또한 일상생활 속에서 변화하고 있음[172]을 알 수 있다.

〈표 9-4〉 노인여가 활동의 유형(전통형+신조류형+신창조형)

분 류	여가활동 내용(예)
종래의 전통형 → 진전·확대	텔레비전, 걷기, 다도, 단가, 시, 그림, 서도, 도예, 온천여행, 바둑, 일본장기, 수예, 요리, 파친코오락, 선술집모임 등
유지 ↓ 발전	
현행 신조류형 → 창조·생성	컴퓨터 활용, 인터넷, 동호회참가, 가라오케, 골프, 교육·봉사활동, 사진, 스포츠클럽, 볼링, 사이클링, 댄스, 수영, 아웃도어활동, 해외여행 등 취미와 학습 병행으로 확대 중

자료 : 정기룡(2003) 「고령사회 일본의 노인문화」『일어일문학연구』제43집. 한국일어일문학회 p.306. 〈표-4〉참고 작성.

물론 새롭게 생성되는 여가활동은 시간적·경제적 여유가 있는 계층에서 주로 만들어지지만, 점차 대중화되는 경향이 있다. 즉, 여가에서도 모방이 없으면 개선과 창조가 이루어지기 어렵고, 창조 없이는 그 후의 모방도 존재하지 않는다고 볼 수 있다. 따라서 여가활동에 있어서도 대중화 과정에서 모방과 창조가 서로 대립과 순환이 반복된다고 하겠다.

이렇듯 고령자활동이 이전의 '전통형' 형태뿐만 아니라 보다 활동적이고 적극적인 사회성 여가활동이 더욱 늘어나고 있으므로 이제는 '휴식형'과 '기분전환형' 뿐만 아니라 '자기계발형' 여가활용을 위한 노인여가시설의 확충과 편의가 제공되어야 하겠다.

고령사회가 도래하여도 건강하게 삶의 보람을 느끼며 안심하고 노

---

172 정기룡(2003) 「고령사회 일본의 노인문화」『일어일문학연구』제43집 한국 일어일문학회 pp.305-306 참조

후생활을 보낼 수 있는 장수복지사회를 만들기 위해서는 먼저, 비교적 건강한 전기고령자에게는 활동적인 사회참가 기회를 제공하고 그를 위한 제도적 정비 및 환경조성이 필요할 것이다. 다음으로 거동이 불편한 후기고령자에게는 고령자보건·복지분야에 관한 서비스를 종합적으로 정비하는 동시에 간병·수발에 관한 사회전반의 이해와 원조기술의 개선 등에 따른 복지문화의 내용을 충실히 구축해나가야 할 것이다[173].

5. 노인문화의 향방

고령자가 독립된 인간으로 기본적인 욕구충족을 위해서는 문화적인 생활유지와 더불어 삶의 보람을 느낄 수 있는 환경조성이 필요하다. 일본에서는 공동체를 중시한다거나 형식을 중시하면서도 외부의 문화를 자기 것으로 응용하여 자기만족에 심취하는 경향이 엿보인다. 그러한 일본문화의 전통을 유지하면서도 생활과 사회변화를 수용하면서 생업의 기반으로 활용해나가는 상업적 관심을 통해 생활문화는 의식적이든 무의식적이든 일상생활에 정착하면서 성장하고 변화·발전해나가는 것을 볼 수 있다.

그 과정을 요약하면, 〈그림 9-1〉과 같이 생활문화의 변화가 고령자의 여가활용의 가능성을 내재하고 있는 것이다. 즉, 고령자의 생활양식은 사회 환경변화로 인해 생활형문화와 시스템형문화의 상호보완

---

173 정기룡『転換期における日本の高齢者対策に関する研究』一橋大学博士学位論文, 2000, pp.21-41

적 환경변화에 따라 고령자의 생활양식으로 형성되면서 여가활용이
확대된다. 그렇기 때문에 이러한 생활상의 축적을 통해 고령사회에
걸맞은 라이프스타일이 형성될 수 있을 것이다.

〈그림 9-1〉 고령자의 여가문화와 라이프스타일

◆ 생활문화

* 공동체형 문화 : 이심전심
* 형식지향적문화 : 모방문화
* 자기만족형문화 : 감성적/비합리적

전통문화가 활성화요인의 기반
생활적 관심 사회 환경의 변화
상업적 관심 등의 영향

* 생활문화(의식적 · 무의식적 일상생활 속에 생성 → 성장 → 발전)의 형성

◎ 사회 환경의 변화(인구고령화 현상 등) → **고령자의 생활환경** 변화와 대응

↕

◆ 고령자의 여가와 라이프스타일

* 생활형문화 : 규범문화 / 정신문화
* 시스템문화 : 상업문화 / 물질문화
　(정치·경제·사회시스템 영향)

문화의 혼합된 형태(상호보완
적관계), 고령자의 여가에 관한
일정 형태의 공통행위 및 양식

* 고령자 여가문화(동시대 동년배의 문명적 생활환경 변화와 개선)의 생성

◎ 사회환경의 변화(고령자 여가활용) → **고령자의 신 라이프스타일** 구축

자료 : 정기룡『일본의 사회정책』전남대학교출판부. 2013. p.191. 참고 작성.

　나아가 고령자를 둘러싼 사회 환경의 변화에 따른 생활문화가 형
성되고, 이전과는 다른 새로운 고령자의 라이프사이클이 생성된다
면, 결국 고령기의 여가활용 가능성은 더욱 높아질 것이다. 그와 동시
에 활동적인 여가활용으로 인하여 건강한 사회를 지향함에 따라서

노쇠를 지연하는 효과에 의한 의료비 절감과 장기요양 대상자가 줄어들거나 와상상태의 기간이 줄어든다면 최종적으로는 간병수발에 수반되는 사회보장경비를 절감하는 효과 또한 기대된다.

일본은 노인문제와 관련된 과제해결을 위한 고령자대책이 최근에 이르기까지 사회적 연대의식에 입각하여 정부와 국민이 환경변화의 위기로 인식해 왔으며, 현재에도 그리고 가까운 미래에 있어서도 이러한 인식은 매우 유효할 것이다.

그러나 아직까지 고령자의 라이프스타일과 관련된 공통된 노인행동을 문화로 구축하기까지는 시간이 필요할 것으로 보인다. 따라서 대다수 고령자의 보편적인 생활문화의 향상을 위한 환경정비와 더불어 고령자의 사회참여가 당당하고, 보람된 성과로 이어질 수 있는 환경을 조성하는 것이 고령자의 라이프스타일 구축을 위한 당면과제일 것이다.

노인문제에 대한 생활정책의 효율적인 대응으로 복지욕구가 이루어진다면 삶의 질의 향상과 문화생활을 영위할 수 있다는 가능성에 대해 노인문화의 발아시각에서 살펴보았다. 따라서 미지의 세계인 고령사회에서도 활기차고 안심할 수 있는 사회시스템을 구축하여 복지문화를 만들어나갈 수 있다면 삶의 질과 문화생활은 향상될 수 있을 것이다.

물론 삶의 질은 상대적이고 가치 지향적인 개념이기 때문에 일률적으로 정의하기는 곤란하다. 또한 그와 관련한 문화형성도 아직은 주관적인 개념이기에 연구자에 따라 견해가 다르게 나타날 수 있다. 그러나 일반적으로 고령층의 위협요인은 빈곤, 질병, 고독이므로 이러한 노인문제를 건강, 경제력, 가족관계, 인간관계, 사회참여에 관한 생활정책의 지원체계로서 해결해 나간다면 일상생활 속에서 고령자를 중심으로 한 공통 행동양식이 노인문화로 새롭게 형성될 수 있을 것이다.

노인은 그 동안 존경의 대상이었으나 공업화·산업화·핵가족화가 진전되면서 점차 경로사상은 외형적인 형식만 강조되는 반면, 노인을 사회적 생산 능력이 떨어지고 의존성이 높은 존재로 여기는 시각이 늘어나고 있다. 그러나 보다 적극적으로 노인을 위한 환경조성을 도모한다면 활동적인 고령자는 가정뿐만 아니라 지역사회에서도 능력을 발휘할 수 있는 기회가 늘어날 것이다.

이미 사회문제로 대두된 노인문제는 정책적 차원의 대처에서 진일보하여 일상생활 속에서 노인문화로 형성되고 있으며 보다 광범위한 복지문화의 구축에도 영향을 미치게 될 것으로 보인다. 이렇듯 노인의 행동양식에 대한 긍정적인 평가와 동시에 고령기에 대해서 사회구성원이라면 모두가 거치게 될 삶의 단계로 인식하여 고령자를 위한 복지문화에 대해 관심을 갖게 된다면 사회적 삶의 질은 더욱 향상될 것이다.

또한 우리나라 보다 앞서서 초고령사회로 진입한 일본의 고령자대책의 결과와 새로운 문화의 형성은 인구고령화 전반에 관한 비교연구 차원에서 시사하는 바가 크다고 하겠다.

노인문화창조
-베이비붐세대의 한·일 비교 분석-

제10장

고령사회와
실버산업에 관한 전망

1. 노인 친화산업의 대두

장수국 일본은 앞 장에서 살펴본 바와 같이 이미 고령사회의 단
계를 지나 본격적인 초고령사회로 진입하였다. 이에 따라 국가차원
에서 인구고령화의 사회적과제[174]로 취급하여 적극적으로 대처하고

---

174 특히 노인문제란 노인의 생존 및 발전의 욕구나 문제를 노인 스스로 또는 가족의
노력으로 해결하지 못하는 상태로서 나타나는 문제, 예를 들면 대부분의 노인이
느끼는 빈곤, 건강보호, 역할상실, 소외 등을 포함하는 현상을 말한다. 기능주의적
관점에서 노인문제를 정의하면, 노인들이 사회에서 수행하는 기능이 그 사회체
계의 유지와 발전에 공헌하지 못하게 되거나, 또는 그 사회가 노인들이 새로운 사
회에 적절하게 대응하지 못하게 되는 상태를 가리킨다. 즉, 노인들이 사회에 대하
여 역기능적(dysfunctional)인 상태를 의미한다. 이러한 노인문제는 핵가족화, 산
업화, 도시화 등을 중심으로 하는 현대화에 의해 발생된다고 할 수 있다.

있으며, 사회보장을 비롯한 각종 복지서비스의 제공과 더불어 민영기업의 복지관련 산업으로의 참여와 유치에도 적극적으로 나서고 있다.

　이러한 사회환경의 변화는 고령자 개개인의 가치관에도 영향을 미치게 되었다. 또한 고령자의 학력 상승, 소득과 소비수준의 상승, 자기실현 욕구의 표출 등으로 인하여 고령자의 생활상을 일률적으로 규정하기가 점차 어려워지는 등 노인문제의 다양화가 두드러졌다. 따라서 고령사회와 관련된 노인문제를 논할 경우에도 관련제도는 물론이며 개개인이 처한 생활환경과 다양한 윤리관과 가치관, 노인의 지위, 개호[175] 및 노인복지서비스, 실버비즈니스 등 다양한 문제가 연구과제로 대두되었다[176].

　이와 같이 고령사회로의 급격한 사회 변천은 그에 필요한 사회제도의 정비가 요구되는데 때로는 사회제도의 변화에 따른 속도 간, 그리고 그를 뒷받침해 주는 사회가치 간에 불일치를 초래하여 가치와 제도 사이에 충돌과 혼란을 일으켜 문제를 더욱 어렵게 만들기도 한다.

　따라서 여기에서는 21세기 초엽에 대두된 고령사회의 노인문제를

---

175 일본에서는 개호(介護)라는 용어를 사용하는데 이는 介助(Support)와 看護(Nursing)의 합성어로서 만성적 질병 및 치매 등으로 어려운 생활을 영위하는 고령자를 위한 일상생활의 지원과 의료서비스를 포함하는 의미라고 하겠다. 영어로서는 Long Term Care에 해당하며, 우리말의 의미는 간병 및 수발 혹은 이를 동반한 장기요양서비스라고 할 수 있다.

176 유성호 「노인 지위에 대한 현대화이론의 제고」『고령화사회의 위기와 도전』나남출판, 1995. pp.55-76.:현대화이론이 노년사회학에 도입된 1960년대 이후 노인들의 지위와 역할에 관한 연구는 현대화이론을 중심으로 이루어졌으며 그에 대한 비판적 연구와 함께 활동이론, 사회변동론, 사회체제론 등의 방법으로 분석되고 있다. Diana K. Harris저/최신덕·김모란 역(1998)『노년사회학 SOCIOLOGY of AGING』하나의학사.pp.139-157. 스가(須須宗一:1989) 「高齢化社会論」『老年学事典』ミネルヴァ書房.p.10. 오타(小田盛稔:1991) 「シルバービジネスの実体と展望」『高齢化社会政策の実験』新評論. 1991.등 참조

새로운 사회구조의 변화로 인식하여, 그 해결 방안의 하나로 실버산업[177]을 통한 노인복지서비스의 향상 및 제공방안을 과제로 삼고자 한다. 왜냐하면 장기간의 경기침체기를 거치며 경기회복을 목표로 한 적극적 경기부양정책[178]에 심혈을 기울이고 있는 일본이 과연 앞으로도 활력 있는 사회를 유지해 나갈 수 있을지가 초고령사회에 진입한 일본의 최대 관심사이자 해결해나가야 할 당면과제가 되고 있기 때문이다.

일본에서는 1973년 복지원년 이후 1980년대에 이르기까지 이른바 장수사회대책대강을 비롯한 고령자복지의 충실화를 도모한 결과, 노인복지서비스의 확충이 이루어지게 되었다. 그러나 한편에선 노인문제에서 비롯된 부담 증가로 인해 사회보장 재원조달 문제가 대두되어 복지개혁을 주장하는 소리도 고조되었다. 이처럼 노인복지서비스를 제공하기 위한 재원확보가 곤란해지자 일본정부는 경기침체가 지속되는 가운데 사회보장제도의 재편을 추진해오는 과정에 있어서 자립(自立)과 연대(連帶)의 이념을 내세워 공적서비스와 부수적인 사적서

---

177 최성재 〈미국의 노인복지에 있어서의 사회복지와 실버산업의 역할〉《한국노년학》한국노년학회 25호. 1997. pp.198-203. : 영어권에서는 실버산업을 "elderly market"과 "mature market"이라는 표현이 주로 쓰이고 있음을 밝히고, 실버산업 혹은 노인시장의 개념을 50세 이상의 사람들을 위해 구입하는 상품과 서비스로 정의하고 있다. 일본에서는 실버산업, 실버비즈니스, 실버서비스산업 등으로 일컬어지고 있다. 이른바 고령자를 대상으로 하는 산업·비즈니스 분야의 총칭으로 사용되고 있어 본고에서는 실버산업과 실버비즈니스, 실버서비스산업이라는 용어를 문맥상의 이해를 높이기 위하여 혼용하기로 하였다. 이러한 실버산업은 초기에는 노인용 주택이나 간호서비스 등의 범위에 국한되었으나 최근에는 그 내용이 확대되어 고령자와 예비고령자, 노인대책 등과 관련된 의·식·주의 생활, 고용관계, 금융상품, 생애교육, 나아가 노후 생활설계 등을 포함한 모든 상품과 서비스를 총칭하는 용어로 사용하고 있다.

178 일본의 아베총리(安倍晋三)가 2012년 10월말-11월 초 사이에 제시한 경기부양을 위한 경제정책이다. 세수확보를 염두에 두고 있으나 소비세인상 등에 따른 인플레이션은 고령층에게 불리하게 작용되는 부작용도 예상된다.

비스가 혼합된 다원적인 복지정책을 취하고 있는 실정이다.

즉, 고령자를 대상으로 한 복지서비스분야에서 노인요양시설을 비롯하여 민영기업의 활용을 모색하게 된 것이다. 물론 고령자의 가령(加齡)현상에 의한 심신기능의 저하를 지원하고 고령자와 가족 모두가 안전하고 쾌적한 생활을 영위할 수 있는 환경구축을 위한 실버서비스의 관련기술은 향후 더욱 향상될 것으로 보인다. 또한 고령자 층의 수요가 늘어나고 있는 일본에서는 실버서비스분야를 실용화하여 그 가운데 유용한 지원기술을 보급시킨다면 사회복지의 발전에 공헌하게 될 기회가 되기도 할 것이다.

이처럼 노인문제는 이제 개별적인 차원에서 해결하기보다는 사회적인 차원에 입각해 실시되어야 하며 홍보차원에 머물기보다는 사회문제로 설정하여 명확하게 규명해야 할 것이다. 또한 노인문제를 새로운 산업의 개발 및 창조를 통하여 활력 있는 고령사회로 대처할 수는 없을까? 하는 시점에서 노인문제에 대한 해결방안 제시를 부차적인 연구범위에 포함시키고자 한다. 나아가 다양한 공급측면의 복지서비스에 관한 가능성을 토대로 하여 노인을 대상으로 한 새로운 산업구조의 변화(도전)를 분석함으로써 실버산업[179]이라는 21세기의 새로운 기회(응전)에 관해서도 전망해보기로 하자.

---

[179] 실버산업의 사전적 의미는 노년층을 대상으로 상품·서비스를 제조·판매하거나 제공하는 것을 목적으로 하는 산업이라고 하겠다. 최근 고령인구의 급증 및 공·사 연금제도의 확충으로 인한 경제력이 있는 고령자의 인구비율이 증가하여 실버산업의 수요가 급증하고 있다. 실버산업의 유형에는, ① 홈케어서비스(home care service)사업, ② 중간보호시설 및 고령자 데이케어사업, ③ 유료양로, 요양시설, ④ 노인전용 의료서비스산업, ⑤ 케어하우징(care housing)의 운영사업, ⑥ 노인대상 관광·취미·오락프로그램을 제공하는 사업, ⑦ 노인식품, 노인의복, 노인용 생활용품의 제조·판매사업 등을 들 수 있다. 그 외에도 노인이 소유하고 있는 주택 등 부동산을 담보로 종신생계비와 의료비를 지급해 주는 금융업, 노인전용식당, 노인을 대상으로 하는 재활센터 등이 있다. http://kr.encycl.yahoo.com/final.html?id=2444451 참조.

노후생활과 복지서비스

고령사회란 기본적으로 노인인구의 비율이 늘어나는 사회를 의미하므로 긍정적인 측면에서 보면, 인간이 건강하게 삶을 영위하며 오래 산다는 것은 축복받은 일일 것이다. 그러나 활력 있는 고령사회의 유지를 위해서는 노후 생활을 안심하고 보낼 수 있는 소득보장과 의료보장 등의 복지제도뿐만 아니라 고령자의 다양한 욕구에 대응할 수 있는 재화와 복지서비스를 개발하고, 개별화된 욕구를 일정 형태로 유형화하는 방법으로 서비스를 제공할 필요성이 크다고 하겠다.

주택과 내구소비재는 결혼으로 세대를 새로이 구성할 때 구입하는 경우가 많은데, 출생률이 낮아지고 미혼과 만혼 등의 영향으로 인하여 신혼주택과 내구소비재의 수요가 점차 감소하고 있다. 반면 핵가족화, 장수화, 고령화의 진전으로 인하여 경제력이 있는 노인들의 복지서비스 수요와 그에 따른 지출은 점차 확대될 가능성이 크다. 특히 저출산·고령화가 초래하는 새로운 산업은 서비스업, 특히 가사 관련 분야를 외부에서 처리하고자 하는 아웃소싱[180]형 서비스가 주류를 이루고 있다.

일본은 1990년대 거품경제 붕괴 후의 장기침체를 경험하는 등 이른바 「잃어버린 10년」을 보내고 21세기를 맞이하였다. 물론 거품경제의 붕괴는 일본의 경제사회에 큰 타격을 주었지만 이를 계기로 정부기관과 기업의 구조조정을 비롯한 사회시스템의 변화가 이루어지

---

180 outsourcing:업무전체의 외부위탁 혹은 업무의 일부(개발, 운용, 보수, 수선유지)를 외부의 기업에 위탁하여 운영하는 방법.

고 있다. 특히 노인문제에 관한 대책으로서 사회보험 형식의 장기요
양이 가능한 개호보험(2000.4)의 실시가 대표적인 예라고 하겠다. 이처
럼 경제성장이 주춤한 저 성장기에 다행스럽게도 고령화대책 관련
생활환경은 새로 조성되는 계기를 맞았다.

즉, 인구고령화의 진전으로 의료·복지 등 재정수요가 점차 늘어나
게 되어 국민부담률(GDP 대비 세금·사회보장비 비율)이 1995년에는 40.5%였
으나 점차 늘어나 2000년대 초반에는 약45%대를 추이했으며 2020년
경에는 50%를 상회할 것으로 보인다. 이렇듯 경제성장이 둔화하는
데 반면 의료·복지비용은 증가하는 현상이 두드러지고 있는 것이다.
현대 산업사회가 당면하고 있는 이러한 노인문제는 일본뿐만 아니라
이제 전 세계적인 과제로 대두되었고 그 대책의 일환으로 운영형태
와 운영방법 등이 다르기는 하지만 노인을 대상으로 한 기업형 실버
산업이 각국에서 전개되고 있다[181].

2000년 4월 1일부터 시행된 일본의 개호보험제도(介護保險制度)는 그
후 시행착오를 거치며 정비되고 있는 단계이지만 보다 안정적인 개
호시스템으로 구축하고자 하는 열망이 제도시행 이전부터 전 국민적
인 과제였다고 하겠다[182].

---

181 미국에서는 홈케어 대행업소가 수익자부담으로 운영되고 있으며, 후기 고령 노
인을 대상으로 일상생활을 도와주는 노인 생활조력센터인 ANSC(Aging Network
Service Center)가 지역단위로 구성되어 있다. 또한 자녀주택 부근에 조립식 집을
지어 자녀들과 별거하면서도 곁에서 보살핌을 받을 수 있는 ECHO(Elder Cottage
Housing Opportunity)시스템도 운영되고 있다. 미국에는 현재 실버타운이 약 2만
여 개, 양로원은 1만6천여 곳이 운영되고 있다. 한편, 우리나라에서 실버타운
(Silver town)이란 노인복지법에 의하면 유료양로시설과 노인주거 복지시설을 총
칭하는 의미로서 쓰이고 있으며, 주로 60세 이상의 노인들이 거주할 수 있는 주거
공간으로서 의료·레저·취미활동시설을 갖춘 도시형, 도시근교형, 전원형 등의
유료시설이 10여 곳에서 운영되고 있다. 또한 일본의 실버산업의 분야는 재택(거
택)관련서비스, 개호(케어)서비스, 복지기기관련서비스, 건강관련서비스(스포
츠·레저), 교육관련서비스, 안전관련서비스, 기타 생활관련서비스 등의 분야로
나뉘며 최근 각계의 관심을 모으고 있다.

고령자의 기초적인 욕구는 비교적 용이하게 충족되므로 그다지 많은 것이 필요하지는 않을 것이다. 그러나 선택적인 욕구는 제한이 없기 때문에 각 고령자가 생활해 온 체험과 경제력 등에 따라서 개별적인 서비스를 요구하게 될 것이므로 매우 다양한 형태의 복지서비스 수요가 파생될 것이다. 특히 개호보험(介護保險)제도가 시행되면서 제도시행 이전의 행정중심 형태의 복지서비스로부터 이용자 중심의 새로운 복지서비스 형태로 전환되었는데 이를 계기로 다원적 복지서비스의 공급측면에서 실버산업[183]이 확장되는 계기가 되었다.

사회보험인 개호보험제도가 시행되기 이전에는 고령자를 위한 복지서비스 관련분야의 주요공급 주체가 행정 관련기관과 사회복지법인 및 의료법인 등으로 구성되어 있었다. 이른바 복지분야의 성역론이 전개되었고, 형태상으로는 복지서비스분야에서 이윤추구를 목적으로 할 수 없었다. 그러나 개호보험제도가 도입됨으로써 많은 민영기업이 장기요양사업(介護事業)분야의 새로운 시장에 진입을 시도하고 있다.

경제학의 관점에서 보면 경쟁시장이란 일반적으로 진입과 퇴출이 자유로운 시장으로 정의된다. 물론 개호관련 시장에는 각종 개호서비스와 관련된 수가책정이라든지 실버마크제의 도입 등을 비롯한 규정이 있어 일정한 시장진입 장벽이 존재하고 있으므로 엄밀한 의미

---

182 마치다(町田隆男:1998)「高齡者介護問題と公的介護保險」『大原社会問題研究所雜誌』No.477. 여기에서 町田隆男는 공적개호보험이 제공하는 개호서비스의 질적 수준을 중요시하였으며, 개호의 사회화 시스템 구축을 국민적 과제로 인식하여 해결해야 할 과제를 제시하고 있다.
183 일본에서의 실버산업이란 고령자를 대상으로 한 관련 산업의 총칭이라고 할 수 있다. 즉, 주택관련산업(노인형케어주택·유료노인홈)을 비롯하여 개호용품, 노인용품 등의 생활관련 산업 그리고 건강한 고령자를 대상으로 한 서비스 산업, 레저관련 산업까지 매우 다양하다. 특히 장기요양보험인 개호보험(介護保險)제도의 도입에 의한 실버비즈니스는 앞으로도 확대될 것으로 보인다.

에서 완전경쟁시장이라고는 할 수 없다. 그러나 개호보험제도(介護保險制度) 실시 이전과는 현저히 다른 형태의 공급주체가 등장한 것은 획기적인 것이었다.

 3. 노인복지와 실버산업

노인 친화적인 실버산업(silver business/elderly market)이란 용어는 앞에서도 살펴보았지만 아직 학문적으로 엄밀하게 정의되어 있지 않다. 그러나 고령자를 주요 고객대상으로 삼는 기업과 유관단체 등에서 마케팅 및 경영전략의 시점으로 유연하게 사용되고 있다. 따라서 실버산업이란, 대체로 60세 이상의 고령자 층을 대상으로 정신적, 육체적 기능을 향상·유지시키고 사회활동을 지원하기 위한 목적으로 민간기업이 시장경쟁의 원리에 입각해 재화(상품) 및 서비스를 제공하는 산업[184]을 의미한다고 하겠다.

실버산업이 일본에서 크게 부각되기 시작한 것은 1980년 중반부터이며 일본의 급격한 인구고령화 추세에 기인한 결과라고 하겠다. 실버산업의 규모는 각 개별 시장을 일률적으로 산정 하기는 어렵지만 고령자의 소비지출이 점차 늘어나고 있으며 현재의 고령화 추세를 감안할 때 실버산업의 시장잠재력은 매우 크다고 하겠다. 즉, 일본에서는 고령화의 진전에 따른 노후 생활보장 대책 등을 배경으로 구매

---

184 고령자의 개인적인 차이(건강·체력 등)로 인하여 실버시장의 대상을 50세 전후부터 혹은 55세 이상 나아가 고령자 연령기준인 65세 이상 등 논자에 따라 다르게 규정하고 있다. 우리나라 대부분의 실버타운 입주자격 기준이 60세이며, 일본의 정년이 60세인 점을 감안하여 이 연령층 이상의 고령자를 대상으로 제공하는 서비스를 총칭함.

력이 있는 고령소비자가 늘어나고 있는 것이다. 따라서 다양한 고령
자의 욕구에 대처하기 위해서는 종래의 행정분야에서 다루어져 온
복지서비스분야는 물론이고 민간 사업자에 의한 창의적이며 효율적
인 서비스의 공급이 필요하게 되었다.

실버산업은 고령화와 핵가족화의 진전 그리고 여성의 사회참여
증가 추세로 미루어 볼 때 향후 확실히 성장할 수 있는 시장이 될 것
이다. 구체적으로는 유료노인홈, 노인아파트 및 실버타운 등의 생활
기반이 되는 주거관련 서비스의 수요가 가장 먼저 늘어날 것으로 보
인다.

이러한 서비스의 공통적 특색은 고령자를 대상으로 하기 때문에
장기요양(개호)서비스 제공자의 소프트웨어 측면에서 어느 정도 고령
자의 욕구에 부응할 수 있을지? 가 성패를 가르게 될 것이다. 또한 고
령자는 서서히 신체기능이 저하되기 때문에 건강유지와 건강증진에
대한 배려, 개호서비스 관련분야 및 개호기기, 개호용품 관련분야[185]
에 대한 욕구가 늘어날 것으로 보인다.

또한 최근 급속히 확대되고 있는 분야는 레저·문화센터 등과 같
은 노인활동 및 삶의 보람과 관련된 분야인데, 이러한 서비스는 노
후의 건강유지와 더불어 보다 풍요로운 삶을 영위하기 위한 서비스
이므로 세심하고 양질의 서비스 공급이 필요한 분야이다. 이러한 실
버서비스 분야의 산업을 건전하게 육성하기 위해서는 가능한 한 민
영기업의 효율성 및 창조성을 저해하지 않으면서 서비스를 제공할
필요가 있으므로 국가와 지방자치체를 통한 행정지원 및 행정지

---

185 2000년 4월 개호보험이 실시된 이후, 개호서비스와 관련된 공급주체가 현저히 늘
　　어났으며 공적기관과 민간사업자 및 자원봉사자 등 다양한 공급주체에 의한 서비
　　스가 적절히 구성되어 정착되어가고 있다. 단, 개호기기 및 개호용품 관련분야는
　　고령자 자신과 가족들의 욕구가 일반상품에 비해 개별적이다. 따라서 그러한 욕구
　　에 따라 적합하한 일정기준(실버마크 등)에 달한 간병수발 기기가 개발되고 있다.

도[186]와 더불어 민영사업자에 의한 자주적인 참여[187]를 유도하여야 할 것이다.

이와 같은 조치에도 불구하고 실버산업의 특성상 노인에 대한 공적·사적 서비스의 경계구분이 애매하여 명확하게 사업을 구분하기 어려울 수도 있다. 또한 기업의 영리적 서비스와 기존의 비영리적 서비스 사이에 고령자의 욕구가 다양하여 그에 따른 대처방법이 복잡하고 경쟁의 소지가 있어 실버산업의 체계가 완전히 확립되기까지는 시행착오가 따를 것이다.

또한 영리사업체에 고령자의 욕구를 수렴하는 체계가 정비되어 있지 않거나 혹 정비되어 있더라도 지나치게 영리에 집착하여 가격선도자가 됨으로써 소비자의 복지측면을 외면하는 점이 문제로 제기될 수 있다. 이러한 점을 종합해 볼 때 윤리강령 혹은 지침 등에만 의존해 영리를 추구하는 민영기업이 도덕적인 복지서비스를 제공할 것으로 기대하는 것은 무리일 것이다. 이와 같이 일본의 실버산업은 잠재적 시장규모는 매우 클 것으로 보이지만 아직 새로운 산업분야의 초기 단계에 머물고 있는 상품개발의 생성기라고 볼 수 있다.

이와 같은 변화는 21세기의 일본산업이 어떠한 방향으로 구축될 것인가? 라고 하는 향후 전망과 관련하여 주목을 받고 있다. 물론 미

---

186 행정지원과 지도의 예로서 1988년에는 유료노인홈 및 재택개호서비스(예 : 이동 입욕서비스) 사업에 대하여는 사회복지의료사업단에 의한 저리융자를 실시하였으며, 재택개호서비스에 대해서는 행정지도에 필요한 일정지침(guide line)을 정하였다. 그 후 1990년에는 개호용품·개호기기 임대서비스에 대한 지침이 정해지는 동시에 사회복지 및 의료사업단에 의한 융자가 실시되었다.

187 민간사업자의 자주적인 참여방안으로서 1987년도에는 (사)실버서비스진흥회가 발족되었으며, 1988년에는 (사)실버서비스진흥회의 회원이 지켜야 할 윤리강령이 제정되었다. 또한 양질의 실버서비스를 제공하고 보급하는 동시에 노인소비자를 보호할 목적으로 이른바 실버마크(silver mark) 제도를 1989년부터 실시하고 있다.

래에 대한 예측은 매우 어려운 작업일뿐만아니라 고령사회에 대한 경험이 세계적으로 일천한 현재, 고령사회의 노인문제는 앞으로 일개 국가의 차원을 넘어 국제적인 공통과제로 대두될 것으로 예상된다.

4. 고령친화산업의 전개

고령사회의 새로운 산업분야로서 현재의 기술수준과 사회환경을 고려할 때 실버산업 관련기술 가운데 현재의 수준에서 가장 발전하고 있는 분야는 두 분야의 기술로 집약된다.

먼저, 가장 중요한 것이 의료·복지분야의 지원기술이다. 현재의 의료기술 분야에서 진일보하여 의료와 복지를 포괄하는 사회서비스가 요구될 것이며 그와 같은 변화에 적용할 수 있는 고도의 의료기기, 개호기기, 원격의료, 자동건강관리시스템 등의 분야에서 실버산업의 진전을 기대할 수 있다.

다른 하나의 분야는 디지털사회의 구축기술이다. 젊은층을 주 대상으로 발전해 온 컴퓨터와 통신분야를 활용하여 고령자의 삶을 지원하고 보다 안전하고 원활한 생활을 유지하기 위한 사회지원시스템이 구축될 것으로 예상된다. 즉, 원격교육, 택배서비스를 인터넷 등의 통신시스템을 활용하여 고령자가 사용하기 용이한 환경으로 구축하기 위한 지원기술이라고 하겠다.

이러한 시설을 갖추기 위해서는 가정을 비롯하여 기업과 행정기관 나아가 지역사회의 각종시설 등에 정보 네트워크를 형성하여야 하는 사회간접자본의 정비가 선행되어야 할 것이다. 특히 디지털형

복지서비스라고도 일컬을 수 있는 미래형 실버산업은 다양한 아이
디어를 활용하여 정보수집·공유, 분석·예측, 적응·관리 및 제어의
모든 과정을 가정, 회사, 지역사회, 관공청 등 다양한 장소에서 실행
할 수 있도록 사회전체의 시스템을 효율적으로 정비하여야 할 것이
다. 이와 관련하여 일본에서는 최근 신도시를 중심으로 하여 멀티미
디어(multimedia)형 주택설비와 원격지원 등에 관한 환경변화를 시
도[188]하고 있다.

고령자는 가족구성과 소득수준, 건강상태 등에 따라 실로 다양한
욕구를 보인다[189]. 왜냐하면 선택적인 욕구에 대해서는 일정한 제한
이 없이 각자가 생활해 온 습관과 체험에 입각하여 그에 부합되는 서
비스를 요구하게 되기 때문이다.

물론 노인복지와 관련된 상품화는 서비스업만으로 성립하는 것은
아니다. 서비스업과 제조업의 결합에 의해 효율적인 상품화가 이루
어진다. 즉, 서비스업에 있어서 양질의 서비스를 효율적으로 제공하
기 위해서는 하드웨어와 소프트웨어가 잘 결합[190]되어야 할 것이다.
이와 같이 일본의 실버시장은 성장잠재력[191]이 크기에 투자욕구를 자

---

188 고령자의 주거생활에 관한 환경정비를 정부기관 뿐만 아니라 TOKYO GAS(도쿄
   가스) 등의 기업에서도 주거환경 및 편의시설의 구축에 나서고 있다. 「高齢化時代
   の住まいと設備」http://www.tokyo-gas.co.jp/teian/Sumai/index.html 등 참조.
189 고령자라고 하더라도 고령자 각 개인은 매우 다양하므로 병약한 고령자만이 아니
   라 건강한 노인을 위한 선택적 서비스가 필요하다. 일본 노동후생성의 조사에 따
   르면 실제, 65세 이상의 고령자라도 개호를 필요로 하는 사람은 20%대 미만이다.
   나머지의 약 80%의 고령자는 비교적 건강하며 이 고령자 층을 대상으로 한 활력
   있고 삶의 질을 높일 수 있는 새로운 서비스가 기대된다.
190 예를 들면 간병·수발이 따르는 개호현장에서 효율적이며 편의성이 있는 서비스
   를 제공하기 위한 기구(입욕 순회 서비스를 위한 욕조차량 등은 이미 사용 중) 등
   대부분은 서비스현장에서 필요한 기기의 이용 편의성이 요구되며 기기의 조작
   방법과 편의성에 따라 인적서비스의 질도 높아질 수 있기 때문이다. 이러한 측면
   의 복지수요가 새로운 제품을 개발·생산하는 제조업의 활성화로 이어질 수 있을
   것이다.

극하지만, 개호비즈니스 관련부문 이외에는 아직 혁신적인 성과가 크지 않다.

그 이유는 첫째, 실버시장은 총량으로 보면 거대한 시장이기는 하지만 개개의 상품이나 서비스가 다품종 소량형태가 대부분이기 때문에 시장이 형성되어 성숙기에 이르기까지는 상당한 시간이 소요될 것으로 보이며, 둘째, 고령자층의 라이프스타일이 상당히 급변하고 있는 경향을 보이고 있는데 반해 공급 측면에서는 이러한 욕구에 대처하는 상품과 서비스를 충분히 제공하지 못하고 있는 실정이기 때문이다.

따라서 고령자의 잠재수요에 대한 노인복지서비스는 종래와는 다른 개념과 인식이 필요할 것이다. 즉, 시설사업이라도 수용이나 조치가 아니라 통원서비스와 같은 선택에 의한 상품화를 도모해야 할 것이다. 결국, 실버산업은 사회보장 또는 자원봉사적인 노인복지에서 다루지 못하거나 다루기 어려운 분야에 진출하여 소비자인 노인에게 보다 다양하고 만족할만한 재화 및 서비스를 제공하는 것을 전제로 하므로 성장에는 한계가 있겠지만, 향후 진출가능 분야 〈표 10-1〉 처럼 다양하다고 하겠다.

물론 실버산업의 발전을 위해서는 단기의 수익성을 기대하기보다는 중·장기적인 시점에서 시장의 저변 확대를 도모해야 할 것이다. 이러한 실버산업의 역할은 절대적 수요에 부족한 공적서비스에 대체되기보다는 보완적인 역할을 하는 것으로 볼 수 있으며, 향후에는 공적서비스와의 역할분담 관계 또한 정립되어 갈 것으로 보인다.

191 日本経済新聞(2000.2.7) 일본의 실버산업의 시장규모는 2000년의 약 38조 엔에서 점차 늘어나 2025년경에는 약 112조엔 내지 155조엔 대로 성장할 것으로 추산함. ; 三菱総合研究所編(2000)『21世紀日本のデザイン』日本経済新聞社. pp.63-65. 또한 고령사회의 개호기기와 의료기기를 비롯한 고령사회의 기술개발과 관련된 시장규모가 2010년경에는 16조엔 대로 예측했으나 이를 초과하는 결과를 보이고 있다.

〈표 10-1〉 실버산업의 진출가능 분야(예)

1. 거주관련 SERVICE
　　1) 시설환경분야 SERVICE : 개호노인복지시설, 개호노인보건시설 등
　　2) 생활지원분야 SERVICE : 치매공동생활, 개호이용노인홈, 생활복지센터 등
　　3) 노인주거환경개선 SERVICE : 노인편의주거환경, 개호제공편의시설 등

2. 고령자 간병·수발관련 SERVICE
　　1) 방문 SERVICE : HOME HELPER, 방문간호, 입욕·급식SERVICE 등
　　2) SHORT STAY 사업 : 단기입소생활개호, 단기입소용개호 등
　　3) DAY SERVICE 사업 : 통원서비스, 재활치료서비스 등

3. 의료·복지기기관련 SERVICE
　　1) 의료기기 : 노인전문병원 의료기기, 치료 및 재활기기 등
　　2) 개호기기 : 휠체어, 보행기, 특수변기, 체위변환기, 입욕기, 들것 등
　　3) 개호용품 : 종이기저귀, 노인의류, 와병노인의료기기, 특수매트 등

4. 기타 건강·교육·생활관련 SERVICE
　　1) 고령자여가활동 : 고령자에 적합한 스포츠·문화활동·레저SERVICE 등
　　2) 고령자교육관련SERVICE : 평생교육, 교양강좌, 취미강좌 등
　　3) 기타 SERVICE : 안전기기, 생활기기 등

5. 디지털관련 SERVICE
　　1) 사회공동시설 디지털 설비시스템 구축 : 노인용 사회 편의시설 등
　　2) 생활관련시설 자동화 설비시스템 구축 : 노인용 주거생활 자동화 등
　　3) 고령자를 위한 정보시스템 : 노인용통신, 노인긴급통보시스템 등

6. 그 밖의 산업구조·인식변화 등에 따른 SERVICE
　　기존산업의 생산분야의 응용부문 이외에도 인프라, 이동기구, 생활부문,
　　공적서비스, 정보부문, 여가, 금융부문 등의 고령자 수요변화에 따른 대응
　　상품 및 서비스 등

자료 : 실버산업의 현재와 미래를 고려하여 진출분야를 전망하여 작성.

　인구고령화에 의해 향후 친 고령산업의 서비스 수요가 늘어날 것으로 예상되지만 그 서비스는 종래의 간병·수발과는 다른 개념을 가진 것이라고 하겠다. 고령자의 간병·수발 등 거동이 불편한 사람을 위한 서비스 수요 이외에 건강하고 활발한 고령자에 대한 서비스 또한 확대될 것으로 전망된다.

실제, 65세 이상 고령자가운데 간병수발이 필요한 와상고령자는 현재 약 10%를 조금 웃도는 정도이다. 나머지 약 80%이상의 고령자는 비교적 건강하며 이 고령층을 대상으로 한 새로운 서비스가 기대되고 있다. 예를 들면, 테마성을 갖춘 여행 등이 이미 기획되어 실시되고 있다.

고령자는 우리가 일반적으로 생각하는 것보다 매우 다양한 욕구를 가지고 있다. 그것은 고령자는 기초적인 욕구가 비교적 용이하게 충족되어지기 때문에 광범위한 지원이 필요하지 않겠지만, 그러나 선택적인 욕구는 제한이 없어서 각자가 생활해 온 체험에 부합하는 각종 서비스를 요구할 수도 있다. 따라서 기초적인 욕구와 선택적 욕구를 결합한 서비스업과 제조업의 효율적인 결합상품 구성이 필요할 수도 있다.

서비스업에 있어서 서비스공급을 효율적이며 양질인 것으로 만들기 위해서는 기계기구와 소프트 등의 다양한 융합이 필요하다. 예를 들면, 간병수발 현장에서 효율적이며 이동 등이 편안한 서비스를 제공하기 위해서 이미 사용이 편한 기구(입욕순회서비스를 위한 욕조 탑재 자동차 등)가 운용되고 있는데 이는 서비스현장에서 잠재적인 수요가 있다는 사실을 대변하므로 그에 관한 제조업의 등장이 기대되고 있다.

인구고령화의 진전에 따라 산업성쇠가 나타나기도 하는데, 노동력이 쇠퇴하는 산업에서 발전하는 산업분야로 이동이 어느 정도 용이한지가 관건이 되고 있다. 노동력 이동이 곤란한 경우는 고용의 미스매치가 발생한다. 저출산, 고령화, 인구감소 속에서 노동력 확보는 매우 중요하다. 인적자원은 매우 중요한데 고용 미스매치(mismatch)에 의해 유효하게 활용될 수 없다면 장래 성장의 제약요인이 된다. 그렇기 때문에 노동력의 이동이 어느 정도 순조롭게 진행될지의 여부가 고용의 미스매치와 실업률 상승을 막는 열쇠가 될 것이다.

고령사회에 필요한 「사회시스템기술」은 우선 시장규모가 크고 이미 시행하고 있는 분야로부터 실용화하여 세계로 확산되는 것을 기대할 수도 있겠다. 일본의 제조업은 20C말까지는 자동차와 가전 등 내구소비재를 중심으로 수출경쟁력을 발휘해왔는데, 21C에는 어떠한 기술입국을 지향할 것인가? 에 대한 미래전망도 기대하고 있다.

예를 들어, 의료·복지분야의 지원기술 시장이 가능성이 크다고 하겠다. 생산지원기술은 정밀화·정보화가 진전되었는데 이러한 기술은 인간과 사회서비스에 적용할 수 있는 가능성이 있다고 본다. 즉, 의료·의약기술, 간병·수발 지원기기, 고령자주택지원, 원격의료시스템, 고령자생활지원서비스 등이 친 고령산업의 대표적인 분야가 될 것이다. 이렇듯 인구고령화에 대응하는 동시에 고령자의 새로운 수요에 대해서 혁신적인 기술개발을 진행하는 방향으로 산업계와 기업 측에서도 참여를 시도하고 있다.

한편, IT환경의 변화와 새로운 기술혁신은 고령사회에서 필요한 「사회시스템기술」이 고도성장기의 환경오염에서 「환경기술」로 극복한 것처럼 필요에 의해 사회문제와 관련된 기술이 파급될 것으로 기대된다. 그 하나는 분명 저출산·고령사회에서 필요한 새로운 수요가 창출될 것이고, 지금까지 접할 수 없었던 새로운 기술시장이 형성될 가능성이 크다. 이미 첨단기술을 활용하여 적용할 수 있는 가능성이 의료기기를 비롯하여 간병·수발분야 나아가 원격서비스분야에서 나오기 시작했다.

그와 더불어 일부 고령층의 고 품격 소비증가도 늘어나는 경향이다. 즉, 연금소득과 재산소득, 나아가 부동산 임대소득 등 비교적 경제력을 갖춘 고령자의 출현으로 인하여 고령층의 소비욕구가 표출되고 있는 것이다. 특히 고령층에 진입중인 베이비붐세대의 경우에는 점차 개인지향 혹은 개인취향이 강하게 나타나고 있어서 여가와 식

생활을 중심으로 한 고령층의 새로운 수요창출이 기대되는 부분이기도 하다[192].

그 밖의 분야로는 고령자와 여성의 일상생활을 지원하는 기술이라든지 원격교육 등 인터넷을 활용한 공간적 격리를 줄여주는 인프라 구축기술이 늘어날 것이다[193]. 이러한 새로운 시장은 정보수집, 정보분석, 환경적응, 관리제어 등의 과정이 필요한데 일본의 베이비붐세대(団塊世代)는 이미 이러한 사무자동화 관련된 환경 하에서 접촉해왔으므로 이전의 고령자와는 차별화된 효과가 기대된다.

 5. 실버산업의 공급시스템과 향후 전망

핵가족화와 인구의 고령화, 낮은 출산율로 인하여 노인의 부양과 노후 생활문제가 점점 심각하게 대두되고 있는 현재의 상황에서 공적복지가 충분히 욕구를 만족시키지 못할 경우, 노인복지에 관한 문제를 가정과 자원봉사 활동에만 미루거나 기대하는 것은 무리가 있다. 또한 사회환경의 변화와 생활수준의 향상에 따라 서비스에 대한

---

192 고령자의 소비활동에 관한 분석으로서는 오가타(小方尚子:2006) 「団塊退職・人口減少で変わる消費構造」『団塊退職で変る経済延びるビジネス』東洋経済新報社.pp.84-86. 세키자와(関沢英彦:2004) 「団塊世代の引退と消費市場」『団塊世代の定年と日本経済』日本評論社. pp.253-273.을 들 수 있다.

193 이전보다 발전된 형태의 서비스경제가 진전되어 재택근무, 재택서비스가 활성화될 것이고, 금융·상거래·의료 등에서의 홈뱅킹(home banking), 홈트레이드(home trade), 재택의료(home care)가 보다 활성화 될 것이다. 생활서비스는 이미 홈케어(home care)와 재택학습(distance learning) 등에서 날로 발전해나가고 있다. 이러한 환경변화에 근거하여 団塊世代가 주도적으로 정보를 공개하고 필요성을 제시해나간다면 새로운 형태의 노인 관련 커뮤니티도 늘어날 것으로 전망된다.

욕구는 매우 다양하고 개별적이 되므로 국가가 그 모든 욕구에 대해
서비스를 제공하는 것은 불가능 할 것이다.

따라서 향후에는 민영기업의 실버산업으로의 참여가 불가피할 것
이라는 여론도 긍정적으로 수렴될 것으로 보인다. 또한 실버산업의
발전 가능성은 정부가 민간기업의 복지서비스에 대한 참여를 어떻게
볼 것인가? 하는 입장과 그에 따른 정책 수립과도 매우 밀접한 관계
가 있다고 하겠다. 사회보장 재원의 확충이 곤란하여 복지서비스분
야에 민영기업의 참여를 유도하려면 민영기업이 참여할 수 있도록
권장 또는 지원하는 방향으로 정책전환이 이루어져야 할 것이다. 실
버산업에 대한 지원방법으로는 사업자금의 저리융자, 시설부지 확보
지원, 세제상의 혜택부여, 관련시설 운영에 따른 규제완화 등이 고려
될 수 있을 것이다.

이와 같은 지원방안에 입각하여 고령자를 위한 복지서비스의 공급
시스템을 〈그림 10-1〉 처럼, 공급 및 운영주체로 분류하여 공급시스
템의 개념을 공공적 공급서비스와 비공공적 공급서비스로 분류해 보
기로 하자.

먼저, ㈎공공적 복지공급 서비스는 국가 혹은 지방자치단체가 설
치하여 운영하는 ① 행정주도형 공급조직, 그리고 행정책임에 귀속
하는 조치행위를 인가된 특별법인 등에 위탁하여 운영하는 ② 인·허
가형 공급조직으로 나눌 수 있다.

다음은 ㈏비공공적 복지공급서비스로서 복지수요에 부응하여 개
인의 선택에 의한 수요자 부담원칙과 시장원리에 입각한 ③ 자유시
장형 공급조직, 그리고 사단법인 혹은 협동조합의 형태로 참여자의
의무와 권리가 한정되어 운영되는 ④ 참가·상호부조형 공급조직으
로 공급체제 등으로 크게 구분할 수 있을 것이다.

〈그림 10-1〉 고령자 복지공급시스템의 유형

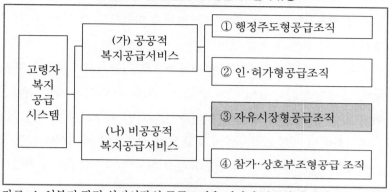

자료 : 노인복지 관련 실버시장의 공급조직을 필자가 분류하여 작성.

따라서 고령자를 대상으로 한 실버산업은 이러한 개념규정 가운데 주로 민영기업이 주체가 되는 자유시장형공급조직 영역에 속할 것이다. 왜냐하면 고령자를 대상으로 하는 실버산업, 즉, 노인복지 사업과 관련된 투자라고 할지라도 투자(investment)란 확실한 현재의 소비를 억제하는 대신 그에 대한 일정보상이 불확실한 미래(uncertain future)에 있어서의 이득을 추구하는 행위임에 틀림없기 때문이다.

이때 미래의 이득은 현재의 희생에 대한 대가를 의미하는데, 현재의 소비억제에 대한 미래의 보상인 화폐의 시간가치(time value of money)와 미래의 위험(risk)감수에 대한 보상으로 구성되므로 복지사업에 관한 이념과 더불어 효율적인 경영마인드가 전제되어야 한다. 그렇지만 실버산업이 고령자대상의 생활관련 시장을 교란·왜곡(distortion)시켜서는 곤란하므로 실버산업의 분야가 필요 이상의 과도한 소비욕구를 조장하거나 판단력이 부족한 고령자를 충동시켜서는 안 된다.

바꾸어 말하면, 복지공급 시스템의 주체가 관련시장의 가격선도자(price-leader)가 되어서는 곤란하며, 시장원리를 강조한 나머지 노인복지의 공익적인 측면을 상실해서는 실버산업의 건전한 육성을 기대하기가 어려워진다. 따라서 정부는 실버산업의 질적 서비스관리와 이용가격의 적정화 등을 비롯한 지도감독과 더불어 그를 위한 법적·제도적 장치를 보완해야 할 것이다.

이처럼 노인문제에 대한 서비스제공으로 복지욕구가 이루어지면, 삶의 질이 향상되고 활력 있는 생활을 영위할 수 있다는 가능성을 실버산업의 시각에서 살펴보았다. 따라서 다양한 욕구표출이 예상되는 고령사회에서 생활보장자원의 효율적인 배분으로 복지서비스의 공급체계를 만들어나갈 수 있다면 고령층의 삶의 질적향상과 문화생활을 제고할 수 있을 것이다.

사회문제로 대두된 노인문제를 공적제도와 정책적 대처에서 진일보하여 일정수준의 공적보장 이상의 수요에 대해서는 실버산업에서 보다 광범위한 복지제공을 할 수 있을 것으로 예상된다. 이렇듯 노인의 수요에 대한 긍정적인 인식과 더불어 고령자에 대한 서비스제공을 비즈니스 기회로 인식하여 실버산업의 확대 가능성을 실현시키려는 시도는 고령층의 소비촉진으로 이어져 투자의욕을 자극하고, 선순환의 생산활동의 증대는 소득증가로 이어져 사회적 삶의 질을 쾌적하게 만들 수도 있다.

우리나라도 2017년 8월말에 이미 65세 이상의 인구가 14%에 달했고, 여타 선진국 이상의 속도로 핵가족화와 인구고령화가 진행되고 있으므로 앞으로 노인문제는 더욱 심각하게 대두될 것으로 예상된다. 그러나 그 진전 속도에 비해 노인복지대책은 효율적으로 준비되지 못하고 있는 실정이다. 그것은 무엇보다 사회가 고령사회의 대책을 준비해야 한다고 인식하는 것보다도 고령사회로의 진전이 더욱 빠르게 진행되기 때문일 것이다. 사회문제에 대한 대책은 그 문제가 발생하여 사회 구성원의 공통적인 문제로 인식한 후에 이루어지는 것이 보통이다.

즉, 노인문제가 인식되고 그에 대한 대책이 전 사회적으로 마련되기까지에는 시간적 격차가 존재한다. 또한 노인문제가 사회문제로 인식되었다고 할지라도 그를 해결해야 할 자원이 부족하거나, 그보다 먼저 해결해야할 과제가 있다면 노인문제의 해결은 계속 지연될 수 있다. 다행히 노인문제는 인간이면 언젠가 누구나 당면하게 될 문제이므로 정책입안자에게 인식되어 이슈(issue)화 된다면 다른 문제보다 우선순위로 대처하게 될 수 있을 것이다.

이렇듯 환경변화 및 노인들의 욕구가 변화하고 있음에도 불구하고 현재 우리나라의 노인문제와 실버서비스는 미미한 수준에 머물러 있어 노인복지에 대한 정책적 대응이 시급하다. 또한 공적복지서비스와 더불어 민간복지서비스 등 복지공급의 다원화가 불가피 할 것이라는 여론도 긍정적으로 수렴될 것으로 보인다.

따라서 정부는 노인복지의 제도적 정비와 더불어 선택적인 노인복지서비스의 욕구에 대해서는 민영화를 유도하여 실버산업의 질적 관리와 노인복지서비스의 이용가격의 적정화 등 지도감독과 법적 장치를 마련해야 한다. 이러한 실버산업의 확충은 노인복지정책의 보완책으로 활용하여 복지자원의 효율적인 배분과 더불어 사회보장재정의 안정화 측면에서 긍정적으로 기여할 수 있도록 관리해나가야 할 것이다.

노인문화창조
─베이비붐세대의 한·일 비교 분석─

제11장

은퇴와
고령자의 라이프스타일

1. 은퇴 후의 라이프스타일

일반적으로 현역에서 은퇴하면, 일상적인 업무와 가족부양에서 벗어나 생활의 여유를 찾는 시기를 맞이한다. 최근에는 평균수명이 연장되어 건강한 고령자는 바야흐로 '인생90년시대'를 목전에 바라보게 되었다. 일본의 고령자는 노후의 자유시간이 점차 늘어서인지 인생 후반기에 접어들며 삶의 보람을 찾으려는 생활태도가 엿보이고 있다.

은퇴 이후의 고령자가 건강하고 경제적인 여유를 누리면서 삶의 보람을 찾기 위한 라이프스타일을 추구하는 것은 매우 바람직한 일이다. 따라서 이러한 자유시간을 활용해 취미와 학습과 문화활동, 사회참가, 건강유지, 여행 등으로 시간을 보내기 위한 프로그램 제공이 필요하겠다.

그러나 장기간 회사형 인간으로 살아온 은퇴자들이 은퇴 후 생활 방식이 달라진 노후의 여가를 어떻게 활용해야 하는지 스스로 그러한 문제를 해결하기 어려운 고령자도 있을 수 있다. 즉 업무중심의 인생을 살아온 퇴직자가 기업조직에서 물러나고 부터는 삶의 목적과 방향을 상실해 무료하게 시간을 보내는 경우도 생기게 될 것이다. 또한 이러한 모습과는 달리 일에 대한 집착이 강한 고령자는 은퇴 이후에도 고용연장이나 재취업 혹은 취미생활과 봉사활동 등 소일거리를 찾으려고 할 것이다.

어느 쪽이든 현역생활에서 자유로워진 은퇴의 기쁨보다는 혼자서 노후생활을 해나가야 한다는 부담으로 인해 진정 여가를 즐기는 방법이 서투른 고령자는 노후생활을 어떻게 효율적으로 보낼 수 있을 것인지 걱정이 앞설 수도 있다. 따라서 노후의 생활보장을 위한 경제력과 체력, 친화력 등에 관한 막연한 두려움을 해결하기 위해서도 노후의 생활설계가 필요할 것이다.

일본의 '동경노인종합연구소'의 조사결과에 따르면, 실제로 노후생활의 여가시간을 활용하여 은퇴 이후의 생활을 보람 있게 보내는 사람이 점차 늘고 있는 것으로 나타났다. 은퇴 전후의 샐러리맨을 대상으로 한 조사에서 50대에 여가생활의 대부분이었던 취침, 휴식, TV시청은 줄어든 반면, 은퇴 이후에는 오히려 취미, 스포츠, 학습, 독서 등으로 시간을 보내는 사람이 늘어나고 있는 것으로 나타났다. 즉 여가시간이 늘어난 은퇴생활에서 다양한 여가활동을 통해 삶의 보람을 추구하는 고령자가 늘어나고 있다는 사실은 매우 고무적이라고 하겠다.

〈표 11-1〉 은퇴 이후의 생활영역과 생활유형

취로영역
· 의미부여형 : 적성에 따른 일과 생활의 균형을 추구
· 진취형 : 일을 통해 자신의 능력을 발휘
· 재생산형 : 생계를 위한 일에 종사, 자신의 능력발휘 추구

여가영역
· 능동형 : 스포츠, 야외활동, 해외여행으로 시간활용
· 수동형 : 영화, 연극, 음악회, 미술관, 스포츠 관람
· 발산형 : 음주가무, 쇼핑 등 영속성이 없이 감정 발산을 위한 여가활동
· 휴식형 : TV 시청, 취침, 음주 등으로 휴식을 취함

자기개발영역
· 학습(교양)형 : 평생학습기관 입학, 지역문화센터 등에서 강좌 청취
· 취미형 : 그림, 도예, 춤, 공예 활동
· 연구형 : 고도의 학문에 관심, 자신만의 성취감 추구

사회영역
· 지역형 : 지역동호회, 지역사회 봉사활동 수행
· 글로벌형 : 자원봉사활동, 자연보호활동 등에 참여

자료 : 시니어라이프의 새로운 생활스타일을 참고하여 작성.

물론 연금을 비롯한 소득보장과 건강유지를 위한 의료보장이 다른 문제보다 먼저 해결되어야 할 것이다. 또한 사회참가를 위한 환경구축과 여가활용을 위한 학습기회가 제공되어야 하겠다. 은퇴 후에는 기존업무와 일과는 달리 일로부터 자유로워진 상태에서 여가, 휴식 등을 자유롭게 융합해 생활할 수 있는 인생단계에 접어들게 된다. 단순히 시간만을 고려한다면, 자유로운 시간이 늘어난 데 반해 일하는 시간은 줄어든 것이다. 그러므로 노후생활에서 일과 여가를 조화롭게 선택할 수 있다면 다양한 영역에서 보람된 은퇴생활을 보낼 수 있을 것이다.

그렇지만 은퇴 후 초기 고령자의 생활은 그렇게 다양하게 나타나지는 않고 있다. 왜냐하면 현역시절의 기업조직 생활의 연장선상에

서 볼 것 같으면 미지의 은퇴생활은 무지의 영역이기 때문이다. 따라서 은퇴 이후의 고령자에게는 노후의 방향성과 목표의 선택치 유형을 제시하는 동시에 보람된 삶을 추구할 수 있는 기회를 제공할 필요가 크다고 하겠다.

고령자에게는 자신을 성찰하고 은퇴생활에서 자신과 가족과의 관계설정을 통해 구성원의 역할을 주체적으로 확보해나갈 수 있는 환경을 제공해야 할 것이다. 그리고 고령자 자신 또한 가족, 지역사회에서의 새로운 인간관계를 맺으면서 인적 네트워크를 스스로 구축해나가야 한다. 즉, 현역시대와 다르다는 것을 인정하지 않으면 새로운 은퇴생활로 들어서기가 어려우며 이러한 변화에는 역할상실이라는 정신적 고통이 따르게 될 수밖에 없다[194].

이러한 실패를 회피하기 위해서라도 은퇴생활의 새로운 목표를 세웠다면 현역시절과 달라진 변화를 받아들이고 변화를 실천해야 한다. 우선, 자신의 행동과 태도를 바꾸면서 시작한다. 회사인간으로서 오랫동안 습관화된 조직문화의 태도와 행동을 일시에 바꾸기란 쉽지 않다. 은퇴 후에 평범한 직장인에서 바로 자원봉사원으로 변신한 사례도 있지만 일반 은퇴자는 사소한 일이거나 친숙한 것부터 서서히 바꾸면서 은퇴 이후의 삶의 보람을 찾는 것이 바람직할 것이다.

---

194 심리학자 윌리엄 브리지스(William Bridges)는, 과거에 형성된 정체성과 역할을 벗어나야 새로운 출발을 할 수 있다고 했다. 그는 은퇴와 같은 인생의 전환 시기를 [단절-중립대-새출발]이라는 세 단계로 설명하였다. 이러한 과정을 거쳐 새로운 삶의 국면으로 접어들 수 있다고 보았다. 직위와 직분과는 상관없이 과거에 연연하면 은퇴 후의 생활에 적응하기 어렵다. 과거의 굴레에서 벗어나지 못하고 현재 인정받지 못하는 자신의 처지에 불만족스러운 경우에는 자신의 주장과 의견을 고집하며 다른 사람을 비판하기도 한다. 따라서 과거와는 생활에 적응할 수 있도록 자신의 장점과 능력을 활용해 새로운 도전을 할 수 있는 변화가 수반되어야 할 것이다.

〈표 11-2〉 은퇴 이후 삶의 보람을 찾는법

1. 목표정하기(자신이 선택하는 활동분야 및 테마)
2. 생애생활설계(여가, 인간관계, 일, 건강, 재무)
3. 실천방법(가정에서 지역사회로 보다 넓은 사회참여)

자료 : 세누마(瀬沼克彰 : 2006)『高齡余暇が地域を創る』学文社. 참고 작성

　실제로 현역남성의 경우, 은퇴 후에는 생활패턴이 회사중심에서 가족중심으로 이동한다. 은퇴 후에는 자녀가 대부분 출가하고 부인과 둘만의 생활이 시작된다. 이때 기업조직에서 형성된 가부장적인 남편의 모습으로는 부부관계를 원만하게 유지하거나 관계개선을 기대하기가 어렵다.

　따라서 부부간의 대화를 늘리고 자녀와 온정적인 관계를 형성해야 하며 가족과 일상적으로 적극적인 커뮤니케이션을 시도해 보는 것도 좋은 방법이라고 하겠다. 나아가 부부가 함께 즐길 수 있는 취미를 공유하거나 봉사활동을 공동으로 참여하는 등 공통의 관심사를 가지는 것도 바람직할 것이다.

2. 여가활동의 개념과 여가인식

　산업의 고도화, 노동시간의 단축, 장수혁명으로 생애시간은 확장되고 있다. 길어진 인생에서 이제 일보다 여가시간은 점점 늘어나고 있다. 은퇴생활에 있어서도 여가는 핵심적인 시간이 되었다. 여가를 어떻게 활용하느냐에 따라 은퇴생활에서 삶의 질이 결정될 수도 있는 것이다.

　우리나라 고령자들의 여가에 대해서는, 이전에는 다소 부정적 의

미로 받아들였던 경향이 있었다. 여가(余暇)는 우리말로 '겨를'이기 때문에 일이 없어서 남는 시간적인 틈을 의미한다고 받아들여 경제적으로 여유 있는 자들의 시간보내기 혹은 과시욕의 낭비하는 시간 정도로 여겼던 시각이 있었기 때문이다[195].

여가시간이 늘어나면서 여가에 대한 개념도 바뀌고 있다. 최근에는 일시적인 여가활동보다 적극적이고 창조적인 여가활동이 중시되고 있다. 이전의 오락형 여행, 쇼핑형 여행, 과시형 여행 등의 금전 소모적인 일시적인 여가활동에서 벗어나 점차 장시간에 걸쳐 여가를 활용하고, 정신적 풍요를 느끼려는 여가활동으로 바뀌고 있다. 자신의 라이프스타일에 맞는 개성적인 여가를 모색하고 있는 사람이 늘고 있는 추세이다.

특히 학습형 여가(자기개발)와 같은 적극적인 여가활동이 눈에 띄게 늘어나고 있다. 적극적인 여가활동이란 단순한 휴식보다 자기개발 요소를 발견하여 시간을 적극적으로 활용하고 실천하는 것이다. 여가와 휴식을 통해 능력을 향상시키고, 진정한 자기발전 활동을 추구하려 한다. 이러한 재충전과 자아실현을 위한 여가활동이 점차 현대인의 필수항목으로 자리를 잡아가고 있다.

일반적으로 은퇴한 남성은 여가생활을 위한 인적 네트워크가 협소하다. '젖은 낙엽현상'이란 말처럼 은퇴 후 부인에 대한 의존성이 강하고 배우자 외에 여가생활을 함께 보낼 상대가 적다. 반면, 여성은 친구 혹은 지인들과의 네트워크 형성이 강하고 때로는 혼자서도 시

---

195 서구에서 여가는 적극적인 시간활용의 의미가 담겨 있다. 여가를 의미하는 희랍어 '스콜레(scole)'는 영어 '스쿨(school)'의 어원이다. 즉 교양을 쌓으면서 자기수양에 힘쓴다는 의미다. 여가사회학의 권위자인 듀마즈디어(Dumazedier)는 여가를 휴식, 기분전환, 자기개발 활동의 총칭으로 정의하였다. 여가는 영어로 '레저(leisure)'인데, 일에서 해방되어 행하는 휴식, 기분전환, 자기계발의 총칭을 의미한다.

간을 잘 보낸다.

은퇴자들은 직장과 일에서 벗어난 자유로운 시간을 적극적으로 활용하려는 잠재적 욕구는 있지만, 젊은 세대에 비해 활동분야가 협소하고 여가활동에 대한 참여의욕도 낮은 편이다. 창작 및 연구활동, 스포츠와 건강활동, 예술분야의 감상 등 실천적 창조적 여가활동을 희망하거나 즐기는 사람 또한 젊은 세대에 비해 적으며 이러한 경향은 여성보다 남성이 더욱 소극적이다.

그러나 앞으로는 은퇴 후에 여가활동을 즐기는 은퇴자들이 점점 늘어날 것으로 예상된다. 왜냐하면 현재 은퇴시기에 접근하고 있는 베이비붐세대는 현역시절에 열심히 일했던 만큼 자유시간을 적극적으로 활용하려는 의식도 강하기 때문이다. 그러므로 이들은 은퇴생활에서도 여가활동을 중시할 것으로 보인다. 여가활동에서 단순한 휴식 개념은 점차 줄어들고 학습, 스포츠, 예술, 오락 등을 즐기는 유형과 능력개발, 건강유지활동 등이 선호될 것이다. 앞으로 은퇴생활에서 자신의 재능을 높이는 능력개발활동, 건강유지 및 증진을 위한 활동, 지역봉사활동 등의 유형이 생활패턴으로 자리 잡을 것이다.

노인여가 활용에 관해서는 첫째, 노인의 일상생활에서 여가를 어떻게 규정하고, 여가형태를 분류할 것인가? 둘째, 고령자에게 적합한 여가분야와 사회활동 탐색, 셋째, 고령층에 있어서 취미·학습의 유효성 및 삶의 보람을 어떻게 찾도록 할 것인가? 하는 다음과 같은 논점에 집중해 살펴보기로 하자.

(1) 고령층의 여가형태 : 고령자의 여가는 자유시간이라고 해야 할 것이다. 즉, 고령자에게 있어서는 매일이 여가이므로 이러한 '자유로운 시간을 어떻게 보내고 있는지'에 관한 시점[196]을 확장하여 여가형태를 대별하고자 한다.

(2) 노인여가와 사회활동 : 고령자의 여가활동에 적합한 레저·여가 분야를 분류한 다음, 그 가운데 고령자가 선호하는 여가활동과 고령자의 사회참가 영역을 설정하여 그에 대한 우선순위를 탐색해보고자 한다.

(3) 취미·학습과 삶의 보람 : 노년기의 사회적 고립과 정서적 고독을 해소하기 위한 취미와 학습현상을 살펴보는 동시에 여가를 통해 삶의 보람과 여가관련 실버비즈니스를 전망해보고자 한다.

3 효율적인 여가활용 방향

시간개념에 따라 여가는 평일여가, 휴일여가, 계절적여가, 은퇴생활여가 등으로 분류할 수 있겠다. 물론 여가시간과 여가방법의 선택은 여가를 활용하려는 사람에 따라 다르게 나타난다. 보통 평일과 휴일여가는 피로회복 혹은 의욕증진과 기분전환을 위해 활용한다. 계절적 여가와 은퇴생활 여가는 비교적 기간이 길기 때문에 계획적인 시간관리가 필요하다.

여가시간을 보람되고 유용하게 활용하는 방법을 모르면, 생애시간을 낭비하게 된다. 휴일여가는 휴식을 의미하지만, 은퇴 후에는 많은 시간과 한정된 소득원으로 매일매일이 여가인 시간을 보내야 한다. 한정된 소득과 비교적 여유로운 시간이라는 자원을 어떻게 효율적이고 계획적으로 관리하느냐에 따라 인생 후반부에 삶의 보람과 가

196 정기룡 앞의 논문 p.13 참조

치는 차이가 있을 수 있다.

아무런 목적 없이 그저 시간을 보내는 여가활동은 오래지 않아 지루해지고 명확한 목표가 없으면 어떤 일도 지속하기 어렵다. 그렇다고 처음부터 목표를 크게 세워 지킬 수 없는 무리한 목표를 설정하기보다 즐겁고 쉽게 할 수 있는 것부터 시작해야 오래 지속할 수 있을 것이다. 과거에 하고 싶었지만 사정이 여의치 않아 못했던 일이라든지 본인이 잘할 수 있는 분야부터 지속적으로 해낼 수 있는 동기부여와 계기를 만들어야 할 것이다.

오랫동안 직장중심으로 생활한 은퇴자는 지역 네트워크에 융화되는데 어려움이 있다. 은퇴한 남성의 업무상 인간관계는 점차 단절되고 이웃과 지역사회, 모임에서 만난 사람들과 새로운 인간관계가 시작된다. 은퇴 전에 일상적으로 지역사회와 거의 접촉하지 않았던 남성은 상대적으로 지역사회에서 인적 네트워크 기반이 취약하다. 따라서 이웃과 지역사회의 각종 행사와 모임에 적극 참석하여 인적 교류를 증대할 필요가 있다. 먼저, 은퇴 후 거주지역의 지역사회 행사와 문화센터의 강좌 혹은 동호회모임 등에 참석해보는 것도 좋은 방법이다. 나아가 봉사활동을 통해 다양한 사람과 새로운 인간관계를 형성할 수도 있다.

취미활동은 외부의 다양한 사람들과 인간관계를 확대하는 좋은 방법이다. 취미활동을 통해 형성된 인간관계는 업무상 형성된 관계보다 허물없이 깊어지는 특징이 있다. 은퇴 전에 취미를 개발해 두면 더욱 바람직하겠지만, 은퇴 이후에도 자신에게 적합한 취미를 얼마든지 찾아 배울 수 있다. 막상 취미를 갖고 싶지만 무엇을 해야 할지 모르는 경우에는 혼자서 찾는 방법도 있겠지만, 동호회와 지자체 등의 학습프로그램을 통해 지도를 받으며 취미생활과 실력을 높여가는 방법도 있겠다.

은퇴자들은 현역시의 업무상 풍부한 경험과 전문지식을 갖고 있는데 은퇴자들의 이러한 지적자산은 돈으로 환산할 수 없는 귀중한 자산이다. 그들은 인생의 선배로서 장기간에 걸쳐 축적하며 갈고 닦은 재능과 삶의 지혜를 다음세대에게 기꺼이 물려주고 싶을 것이다.

〈표 11-3〉 적극적인 여가활동을 위한 5원칙

---

① 명확한 자기개발 목표를 설정한다.
② 동기 혹은 계기를 부여한다.
③ 동료와 사귀는 방법을 연구한다.
④ 일시성이 아니라 지속성을 추구해야 한다.
⑤ 장래의 명확한 실현목표를 정한다.

자료 : 세누마(瀬沼克彰 : 2006)『高齢余暇が地域を創る』学文社. 참고 작성

선진국에서는 은퇴자들이 직업·기술, 복지·봉사, 교육·학습 등 여러 분야에서 자신의 능력을 활용하면서 활기찬 인생을 보내고 있다. 우리나라에서도 앞으로 은퇴자가 가진 지적자산과 경험을 살려 삶의 보람을 위한 생활에 관심을 갖고 활동에 나서야 하겠다. 이러한 환경 구축을 위해서는 현역시절부터 은퇴이후의 인생을 위해 시야를 넓히면서 장기적인 안목으로 〈표 11-3〉 처럼 여가활동을 위한 원칙에 입각해 은퇴 후의 인생설계가 필요할 것이다.

4. 노인여가와 사회활동

고령자가 여가를 보내는 방법은 매우 다양하지만, 앞에서 살펴본 바와 같이 주로 휴식, 기분전환, 자기실현의 세 가지 종류가 주류를 이루고 있다. 이러한 여가활동은 생존유지를 위한 생리적 활동과 생

산적 활동 이외의 말 그대로 자유롭게 즐기는 시간이 될 것이다. 일본에서 행해지고 있는 여가활동은 일일이 나열하기 어려울 정도로 다양하지만, 일반적으로 널리 알려진 주요 레저·여가 활동을 종합하면 〈표 11-4〉 과 같다.

〈표 11-4〉 일본의 레저·여가활동 분야

스포츠 부문	조깅 마라톤, 체조(기구미사용), 에어로빅, 재즈댄스, 탁구, 캐치볼, 야구, 소프트 볼, 사이클링, 사이클스포츠, 아이스스케이트, 볼링, 축구, 배구, 농구, 수영(수영장), 유도, 검도 등 무도, 게이트볼, 골프(코스), 골프(연습장), 테니스, 승마, 스키, 스노보드, 낚시, 스킨다이빙, 스쿠버다이빙, 서핑, 윈도우서핑, 요트, 모터보트, 행글라이딩, 패러글라이딩 등
취미/ 창작부문	문예창작(소설, 시, 하이쿠 등), 사진, 비디오편집, 비디오감상, 코러스, 서양악기 연주, 방악, 민요, 그림그리기, 조각, 도예, 취미공예, 모형 만들기, 목공, 원예, 정원정리, 편/직물, 수예, 양재, 요리(일상 제외), 스포츠관전, 영화, 관극, 연예감상, 음악회, 콘서트, 음악, 미술감상, 서도, 차도, 꽃꽂이, 춤(일본무용 등), 서양무용, 사교댄스, PC. 학습, 조사 등
관광/ 행락부문	유원지, 드라이브, 피크닉, 하이킹, 야외산책, 등산, 오토캠프, 필드어스레틱, 해수욕, 동물원, 식물원, 수족관, 박물관, 견학, 박람회, 귀성여행, 국내관광여행, 해외여행 등
오락부문	바둑, 장기, 트럼프, 가루타, 화투, 노래방, 텔레비전게임(가정내), 게임센터, 게임코너, 마작, 당구, 파친코, 축구복권(토토), 중앙경마, 지방경마, 경륜(競輪), 경정(競艇), 오토레이스, 외식(일상 제외), 바, 술집, 클럽, 카바레, 디스코텍, 사우나 등

자료 : (財)日本生産性本部(2012)『レザー白書』日本生産性本部. 참고 작성.

이러한 다양한 레저·여가활동 가운데, 고령자가 선호하는 여가활동에 관한 하라다(原田隆)의 조사(2011)에서, 취미분야별 1위~5위의 선호응답(중복)결과는, 고령자남성의 ①위가 「여행(56.2%)」이었고, ②위 「걷기(53.7%)」, ③위 「파칭코오락(37.1%)」, ④위 「텔레비전(29.7)」, ⑤위 「골프(28.3%)」로 나타났으며, 고령자여성의 ①위는 「여행(53.1%)」, ②위 「걷기(37.6%)」, ③위 「텔레비전(27.5%)」, ④위 「수·공예(26.0%)」, ⑤위 「음악감상(23.3%)」순으로 나타났다[197].

그러나 앞의 〈표 11-3〉처럼 다양한 여가활동이 있음에도 불구하고, 고령자를 대상으로 한 실제 조사결과에서는 여행과 걷기가 남성과 여성 모두에게 ①위, ②위로 선호되는 취미분야별 활동으로 나타났다. 그리고 텔레비전 시청도 아직까지 ③위, ④위로 조사되어 취미분야별 여가활동에서 선호하는 분야가 남·여 간의 큰 차이가 없음을 알수 있다.

그럼에도 불구하고 하라다(原田隆)의 동 조사를 비롯하여 『레저백서』와 『고령자의 생활과 의식』 등의 조사결과를 토대로 한 분석에서는 앞으로 고령자의 개별적인 취미분야별 활동이 점차 다양화될 것으로 전망하고 있다. 그러나 고령자에게 제공되는 여가가 너무 다양화되어 여가·레저 활동 선택에 혼란을 주어서는 곤란하다. 왜냐하면, 과도한 다양화가 정보의 과잉을 낳고 나아가 고령자가 이것도 저것도 선택할 수 없는 상태가 된다면, 고령자 개인이 무엇이 적합한 여가인지도 모르게 분별력을 떨어뜨릴 수도 있기 때문이다. 따라서 과도하게 여가에 몰입하거나 그 반대로 의미 있는 여가활동을 찾지 못한채 궁핍하고 지루한 여유시간에서 벗어나도록 고령자에게 적합한 대중적인 여가·레저 활동을 제안해나갈 필요가 있다고 하겠다.

한편, 고령자의 사회활동 유형과 참가현황을 살펴보면, 〈표 11-4〉에서 보는 바와 같이 취미, 스포츠 분야 이외에도 노후의 삶에서 지역사회활동과 봉사활동 등의 고령자의 사회참가가 고령층의 중심적 활

---

197 하라다·가토(原田隆·加藤惠子他:2011) 「高齢者の生活習慣に関する調査(2)－余暇活動と生きがい感について一」『名古屋文理大学紀要』第11号 pp.27-34 2006년 9-12월에 愛知県社会福祉協議会長寿振興センター 고령자 대상 강좌에 참여해 실시한 설문조사로서, 대상자수는 618명, 대상자의 평균연령은 68.9±4.8세(남성 283명, 여성335명)로서 질문내용으로서는 기본적인 속성, 식사, 수면, 건강, 운동, 여가활동, 삶의 보람 등에 관한 48개 항목 등 취미조사 결과임.

동으로 나타나고 있다. 따라서 여가·레저와 병행하여 고령자의 사회
참가를 증진시키기 위해서는 고령자가 지역사회에서 적극적으로 사
회에 참가할 수 있도록 고령자사회참가포럼[198] 등과 같은 환경정비가
필요할 것이다.

5. 고령자여가의 향후 전망

고령자의 여가활용을 통해 삶의 보람을 찾을 수 있는 환경을 조성
한다면, 고령자의 삶의 질이 매우 향상될 것이라는 가설측면에서 위
와 같이 살펴보았다. 고령자의 여가실태와 노인여가활용에 관한 재
고를 통해서 고령자를 둘러싼 생활환경의 변화 및 고령자의 여가에
관한 인식변화를 종합하여 보면, 노인여가의 활동분야와 발전방향은
매우 다양하게 나타날 것이다. 앞으로 인구고령화에 따른 고령자여
가에 관해서는 기존의 복지서비스 제공과는 다른 다양한 시점에서의
접근이 예상되지만, 본고에서의 분석을 토대로 활력 있는 노인여가
활용을 위한 방향성을 요약하면 다음과 같다.

첫째, 향후 여가생활이 노후생활에서 차지하는 의미가 더욱 커질
것이므로 욕구충족을 위한 다양한 프로그램의 개발과 지원이 필요할
것이다. 정년 이후에도 취미활동, 사회참여, 봉사활동 등 삶의 보람을
위한 노후 여가활용을 널리 인식시킬 필요가 있다. 따라서 고령자의

---

198 고령층의 풍부한 지식과 경험, 학습 성과를 활용하여 고령자의 사회참가활동 진
　　흥방안에 대해 각 계층이 폭넓게 의견을 교환하는 전국고령자사회참가포럼(예:
　　2005년 10월 13일. 돗토리현(鳥取県)에서 '평생학습을 통한 삶의 보람 창조와 사
　　회참가'를 테마로 개최) 등이 지원이 이루어지고 있다.

여가활용을 어떻게 유용하게 할 것인가 하는 점이 고령자대책의 중요한 논점이 될 것이다.

둘째, 이미 고령기를 맞이하였거나 혹은 향후에 맞이할 예비고령자가 가능한 한 연령을 초월한 생활을 영위할 수 있도록 건강유지, 취미레저, 나아가 자기계발 학습프로그램이 제공되어야 할 것이다. 그와 더불어 사회참여에 임하는 활동사례를 홍보하는 등 고령자의 사회참가가 자연스럽게 이루어지도록 환경을 조성해야 할 것이다.

셋째, 다양한 여가활동 기회제공을 위해 지역사회 네트워크를 활용한 학습·교류의 기회를 확대해야 할 것이다. 또한 일본노인생활협동조합연합회와 전국실버인재센터사업협회 등의 활동처럼 고령자의 여가·문화활동 및 사회참가와 더불어 전문직 퇴직 고령자의 능력과 경험을 전수하는 기회를 확보한다면 여가활동은 더욱 확대될 것이다.

나아가 사회시스템이나 사회제도면에서의 대응뿐만 아니라 고령자가 어떻게 삶의 보람을 만끽하며 사회에 참여할 수 있을지에 대한 소프트웨어(softwere)제공 관점이 필요할 것이다. 따라서 고령자에 적합한 디자인 구상이랄지 고령자의 사회활동을 확대시키기 위한 시스템구축 등의 문제는 이제 필요의 단계에서 이미 개선의 단계에 접어들었다고 하겠다.

제12장

베이비붐세대의 특징과 노인문화

 초고령사회의 현황과 대응

(1) 고령화의 추세와 고령자의 의식

장수국 일본의 총인구는 2015년 10월 1일 현재, 약 1억2,711만 명으로서 10년 전인 2005년(2,777만 명)에 비해 차츰 줄어들고 있는 추세인데 반해, 65세 이상의 고령자인구는 계속 늘어나 2015년 10월 1일 현재 3,392만 명으로 무려 26.7%의 고령화율을 보이고 있다[199].

---

199 厚生労働省(2016) 『高齢社会白書』 ぎょうせい. 인구통계에 관한 자료는 매5년마다 실시하는 「国勢調査」 및 「推計人口」의 자료로서 일본총무성의 통계국 공표자료를 활용함. 본 결과는 「国勢調査」의 2015년 10월 1일자 확정치(確定置)로서 65세 이상의 고령자인구가 3,392만 명(2005년/2,567만 명)이며, 총인구에서 차지하는 고령화비율이 26.7%로서 일본조사 사상 최고치를 보이고 있다. 이러한 고령화

1970년에 65세 이상의 고령자 인구가 처음으로 7%의 고령화율에 달해 고령화사회가 된 일본은, 1994년에 이르러 14%에 이르러 고령사회에 진입하기에 이른다. 또한 2006년에는 65세 이상의 인구가 총인구의 20%에 달해 초고령사회가 되었으며 2016년에 들어서는 4명 중 1명 이상이 고령자로 세계에서 가장 인구 고령화가 진전된 본격적인 '초고령사회'를 맞이하였다.

나아가 65세 이상의 고령자 인구를 남·여 별로 보면, 남성은 1,466만명, 여성은 1,926만 명으로 고령자의 성비(여성인구 100명에 대한 남성인구는)는 76.1이다. 나아가 고령자인구 가운데 전기고령자(65-74세)의 인구는 1,752만 명(남성 832만 명, 여성920만 명, 성비 90.4)으로 총인구에서 차지하는 비율이 13.8%를 넘어섰으며, 후기고령자(75세 이상)인구는 1,641만 명(남성635만 명, 여성 1,006만 명, 성비 약 63.1)으로 총인구 가운데 무려 12.9%에 달하고 있다.

앞에서도 언급한 바와 같이 일본은 이미 2006년에 고령화율이 무려 20%를 넘어 초고령사회가 되었다. 특히 일본의 베이비붐세대(団塊世代 : 1947~1949년생)가 2012년에 65세에 달하게 된 고령자는 3,000만 명을 넘어섰고, 2015년에는 3,392만 명(남성 1,466만 명, 여성 1,926만 명)으로 26.7%, 그리고 2018년에는 3,500만 명 이상으로 늘어날 것으로 예상된다. 그 후에도 고령자인구는 계속 증가해 2040년대 들어 최고조에 달한 다음, 감소추세로 전환될 것으로 전망되고 있다.

따라서 21세기에 들어선 후부터는 더욱 정부와 학계 및 산업계에 이르기까지 베이비붐세대(団塊世代)의 사회문제를 중점과제로 거론하며 그와 관련된 광범위한 연구[200]와 대응에 나서고 있다. 이러한 가운

추세는 우리나라도 예외가 아니어서 일본보다 더욱 빠른 속도로 고령화가 진전되고 있어 인구고령화의 사회문제에 효율적으로 대응할 수 있는 고령자대책이 시급하다.

데 60대 초반에 일단 정년을 맞이한 일본의 고령자는 그 이후에도 연금수급자격(공적연금 65세)을 취득할 때까지 고용연장을 하려는 사람이 늘어나고 있다.

고령자의 노동력을 살펴보기에 용이한 일본총무성의 「노동력조사(労働力調査:2009.12)」에 따르면, 65세 이상의 고령층이 남성 약29.4%, 여성 약13.1%로 나타나고 있는데, 이 수치는 미국, 독일, 프랑스와 비교할 때 일본 고령자의 취로의욕이 상대적으로 높은 결과를 보이고 있다.

이를 뒷받침하듯이 연령계급별 전체의 완전실업률이 약 5.1%(남성 5.3%, 여성4.8%)로 나타났으며, 60-64세의 완전실업률이 남성은 약 6.3%, 여성은 약 3.8% 수준을 보이고 있다. 따라서 남성의 경우에는 전 연령대의 실업률과의 차이가 약 1%밖에 나지 않아 베비비붐세대 상당수가 정년 전후에도 취로활동에 나서고 있음을 알 수 있다.

또한 베이비붐세대가 이미 고령자층에 진입한 2012년 이후 실시된 일본내각부의 「고령자의 생활과 의식에 관한 조사(高齢者の生活と意識に

---

200 히구치(樋口美雄:2004)『団塊世代の定年と日本経済』日本評論社. 2004. 여기에서는 베이비붐세대의 대량 퇴직에 따른 노동시장, 기업경영, 부동산, 자본시장, 소비, 저축 등 다방면에 영향을 미칠 것이며 고령사회의 사회문제를 포괄적으로 해결하기 위한 연구가 필요하다고 강조하고 있다. 또한 사하쿠·야마다(佐伯啓思·山田昌弘:2008) 외『共同研究·団塊の世代は何か』講談社. 베이비붐세대(団塊世代)라는 용어에서부터 세대문제, 기업경영, 사회보장, 소비, 문화, 가족 등 다방면에 걸쳐 현실문제에 대한 지적과 해결책에 관한 전망이 이루어지고 있다. 사카이야(堺屋太一)·Stephen G.Mage編(2009)『日本米国中国団塊の世代』出版文化社.에서 처음 단괴의 세대(団塊の世代)라는 용어를 일본에서 처음 도입한 사카이야(堺屋太一)를 비롯하여 미국, 일본, 중국의 중진연구자가 각국의 입장에서 베이비붐세대에 관한 비교분석을 내놓고 있다. 동 堺屋太一(2008)『団塊の世代(黄金の十年)が始まる』文春文庫. 연금수급과 취로의 형의 베이비붐세대의 미래상 분석을 사회보장과 연금측면에서 분석하고 있다. 日本総合研究所編(2006)『「団塊」退職で変る経済延びるビジネス』東洋経済新報社. 이곳의 분석에서는 대규모 변동을 초래할 베이비붐세대의 정년퇴직을 전제로 하여 거시적인 경제예측과 기업경영 및 소비구조를 예측하면서 새로운 비즈니스 기회로 파악하고 있다.

関する国際比較調査:2015)」에 따르면, 수입을 동반한 취로에 나서고 싶다는 의향을 밝힌 일본의 고령자가 54.9%로서 미국의 39.4%, 독일의 22.7%, 스웨덴의 36.6%보다 훨씬 높게 나타나고 있다. 나아가 일본 후생노동성의 「직업안정업무통계(職業安定業務統計:2010)」에 의하면, 전체의 구인배율[201]이 0.81인데, 60-64세의 구인배율이 0.31배 수준으로서 구직희망 3명 중 1명 정도밖에 취업을 못하고 있는 상황이지만, 신규졸업자(0.3-0.5수준)의 구직수준과 큰 차이가 없음을 알 수 있다.

그와 더불어 저출산 경향으로 인해 생산연령인구(15-64세)가 감소하는 한편, 고령자수는 증가하고 있으며, 피용자의 공적연금 지급 개시연령이 65세로 단계적으로 높아지고 있기 때문에 앞으로도 취로에 나서려는 고령자는 더욱 늘어날 것으로 예상된다.

따라서 고령자의 취업기회를 늘리기 위해서는 연령을 중시하는 인사처우와 고용조정 관행을 재고하여 노동의욕과 업무능력을 갖춘 고령자가 사회활동에 나서기 쉽도록 체제를 정비할 필요가 있다. 그것은 고령자의 자조능력 향상과 더불어 사회보장제도와의 조정측면에서도 필요할 것이다.

(2) 고령사회의 사회문제와 대응방향

일본에서는 앞에서 언급했듯이 평균수명의 연장을 근거로 「인생 80년시대」에서 점차 「인생90년시대」라는 용어가 캠페인수준에서 점차 일반적으로 사용하는 경우가 늘고 있다. 이러한 인구고령화가 어떤 결과를 초래할지에 관해 예상되는 내용으로는 무엇보다 경제성장

---

201 구인배율이란 경제지표의 하나로서 일자리를 찾는 구직자에 대해 일손이 필요한 기업체의 구인건수를 나타내는 것으로서 배율이 높아질수록 인력을 구하기가 어려워지고 낮아질수록 취직하기가 어려워진다. 일본에서는 일반적으로 노동시장에서의 단기적인 지표로서 구인배율을 활용하고 있다.
http://www.mhlw.go.jp/toukei/list/114-1.html 참조.

률이 둔화될 것으로 보인다. 또한 고령화가 진전될수록 의료·복지 등 재정수요도 늘어나면서 개인질병 관리가 필요하게 되며 고령자의 간 병·수발문제와 더불어 다양화된 고령자의 복지수요가 늘어나게 될 것이다.

먼저, 고용측면에서는 기술의 고도화와 경제의 소프트화·서비스 화에 따른 산업구조의 변화와 더불어 고용의 미스매치(mismatch;불일치, 부조화)가 발생하면서 노동력의 질적 수급 불균형이 발생하게 될 것이 다. 또한 저 출산과 고령화로 인한 인구구조의 변화로 인해 생산연령 인구가 감소하면서 향후 필요한 노동력이 부족하여 경제성장에 제약 이 될 수도 있다.

또한 사회 구조조정 시기에 주변 노동력으로 활용할 수 있는 것이 고령자 노동력이라고 하겠는데 특히 일본의 고령자는 다른 나라 노 인들과 비교해 볼 때 비교적 취업의욕이 높게 나타나고 있으므로(고령 자의 취업률은 미국의 약 2배, 독일의 약 7배) 이러한 건강한 전기고령자의 노동 능력과 취업의욕을 활용하는 방향으로 노동력 부족 및 고용의 미스 매치문제를 해결하는 데 도움이 될 수 있을 것이다.

그리고 의료·복지측면에서 보면, 일반적으로 고령사회로 진전되 면서 평균수명의 연장 및 퇴직 이후의 생활기간이 늘어남에 따라 개 인적으로는 경제적 문제뿐만 아니라 건강상의 문제도 나타날 것이 다. 장수화의 부정적(병약한 장수) 측면인 의료문제[202]와 후기고령자를

---

202 의료 및 위생측면에서 중장년층에 들어서면 누구라도 신체 각 부분의 능력이 조 금씩 떨어지는 것으로 나타난다. 50대가 되면 1차 쇼크로서 위장병, 위암 등에 노 출되기도 하며 여성 중에는 유방암이 발병하기도 한다. 그리고 60대를 전후하여 당뇨병, 전립선비대증 등이 두드러지는데 일본인들은 이를 2차 노년쇼크라고 한다. 그리고 제3차 쇼크로서는 백내장에 걸려 눈 수술을 받거나 틀니를 해 넣거 나 보청기를 달아야 하는 등 대부분 70대에 들어서면 그러한 증상 하나 씩은 나타 나게 마련이다. 따라서 그러한 질병의 위기를 잘 넘겨야 노후를 편안하게 지낼 수 있으므로 개인위생과 건강관리가 필요한 것이다.

위한 간병·수발환경의 변화를 위한 사회연대가 필요하다. 따라서 경제적인 취업과 지역사회의 봉사활동을 통한 삶의 보람(건강유지 병행)을 찾을 수 있는 환경구축과 더불어 요 개호 고령자의 지원확보(안심사회 구축)로 연대네트워크를 구성해나가야 할 것이다.

2. 베이비붐세대의 사회참여

최근에는 65세 이상의 고령자일지라도 고용연장, 재고용, 파트타임 등 다양한 형태로 현업에서 일하고 있는 사람도 있으며 직접 취로에 나서지 않지만 지역사회의 봉사활동과 NPO 등에서 활약하는 등 고령자의 활동영역이 다양하게 나타나고 있다. 그와 동시에 고령자 스스로 사회참가에 대한 인식변화를 보이고 있다.

기본적으로 은퇴와 연금수급 등 제도적으로 구분하는 기준으로 65세를 일반적인 고령자로 인정하는 시각인데 반해 일본의 고령자 가운데 상당수는 이러한 연령 기준보다 스스로를 훨씬 젊게 인식하는 경향이 있다[203]. 이러한 인식과 더불어 심리적인 나이뿐만이 아니라 고령자 자신의 신체적 건강에 대해서도 별다른 문제가 없다고 생각하는 고령자 비율 또한 매우 높게 나타나는 것이다[204].

---

203 日本地域流通経済研究所(2005년)가 실시한 조사결과에서는 고령자기준(65세 이상)에 관한 고정관념과 다른 결과를 보이고 있다. 즉, 熊本市의 고령자들을 대상으로 한 설문조사에서 응답자들은 고령층에의 진입나이를 평균 73.4세로 응답했다. 사회가 인식하는 고령층의 진입연령 65세와는 무려 8년 이상의 차이가 있는 것이다. 이러한 설문결과를 일반화할 수는 없겠지만, 일본에서는 현재 사회에서 고령자로 인식하는 연령대에 속한 고령자일지라도 당사자는 심리적으로 실제 나이보다 훨씬 자신이 젊다고 생각하고 있음을 알 수 있다.

204 日本内閣府의 조사에 따르면, 60대 후반의 80%, 나아가 80세 이상의 고령층 가운

그리고 일본의 노인들은 정치, 종교, 학습, 사교, 취미, 스포츠, 자원봉사 등의 사회활동 참여율이 다른 나라에 비해 전반적으로 낮은 반면, 지역사회 활동과 더불어 노인클럽활동 및 게이트볼 등 취미와 건강유지 활동 참여가 활발한 편이다[205].

한편, 노년층의 능력 활용과 신기술을 고령사회에 접목시키고 고령층의 독특한 라이프스타일을 수용하려는 추세이기에 고령사회의 사회문제 해결에 있어서는 정부와 관련기관뿐만 아니라 당사자인 고령자 스스로도 해결에 나서야 할 것이다. 즉, 고령자 스스로 정년을 인생의 새로운 도전시기로 받아들이는 발상의 전환이 필요하다.

인구고령화의 사회문제를 별다른 대책 없이 맞이한다면 경제적, 사회적으로 매우 어려운 결과를 초래하게 될 것이다. 예를 들면, 경제성장률이 둔화될 것이며 인구고령화에 의해 노동력의 수요·공급에 따라 구조조정과 노동력 이동이 일어날 것이다. 즉, 경제발전과 사회환경의 변화로 인해 산업의 성쇠가 나타나며 노동력 또한 쇠퇴산업에서 발전분야로 이동하게 된다[206]. 이러한 조정이 원만하게 이루어

데 60% 이상이 자신의 건강에 특별한 문제가 없다고 응답했다. 일반적으로 고령자 계층은 체력이나 건강문제로 인해 모두 보호가 필요한 집단이라고 생각하고 쉬우나 간병·수발과 같은 복지서비스 원조가 모두 필요한 것은 아니라는 사실을 보여준다.

205 日本內閣府 편『老人の生活と意識(2001, 2006)』의 국제 비교조사결과에서는, 65세 이상의 고령자 전체의 절반이상이 다양한 활동에 나서고 있음을 알 수 있으며, 각 그룹 활동의 참가내용 중 가장 활동이 활발한 것은 거주지부근의 지역자치회 활동으로 나타나고 있다.

206 노동력 이동을 용이하게 하는 요소로서는 먼저, 인재를 채용하고자 하는 산업·기업과 구조조정으로 인력을 감축하려는 산업·기업의 사이에서 그 인재활용의 중개를 얼마나 효율적으로 조정할 수 있을지가 관건이다. 또 다른 하나는 그렇게 인적조정이 어려운 상황으로서 필요한 인재와 기능이 요구되는 인력이 부족할 경우에는 여력이 있는 인재를 교육, 훈련시킴에 따라 점차 새로운 인력이 필요한 부분으로 인재를 바꾸어 나가는 방법을 도입하여 사회적으로 능력을 향상시켜나가는 것이다.

지지 못할 때 고용의 미스매치(mismatch:불일치, 부조화)가 발생한다.

고용의 미스매취가 발생하여 필요한 인재를 유효하게 활용 할 수 없을 경우에는 경제성장과 경제발전에 제약을 초래하게 되므로 사회적 구조조정이 따르게 될 것이다. 이러한 사회적 변화과정 속에서 이미 입시경쟁, 승진경쟁, 교육훈련 등의 경험이 풍부한 베이비붐세대의 고령자는 비교적 유연하게 대처할 수 있을 것이다. 즉, 일본의 베이비붐세대(団塊世代)가 사회적인 구조조정을 통하여 새로운 환경에 맞는 인재로 활용할 수 있는 기회가 제공된다면 희망에 따른 고용연장이라던가 재취업 형태도 가능할 것이다.

건강하고 의욕적인 고령층에게 있어서는 퇴직 이후 사회활동에 나서려는 욕구가 늘어나게 될 수도 있으므로 생애학습이 가능한 교육환경을 정비하여 이러한 욕구충족을 지원할 필요가 있다고 하겠다. 실제로 노인층에 진입하는 베이비붐세대 이후의 고령층은 이미 사무자동화(OA)의 경험과 기회가 많았기 때문에 그 수용태세가 이전의 고령층과는 달리 안정적으로 이루어지고 있다.

그와 더불어 노후생활을 자녀에게 의존하기보다 가능한 한 자녀세대로부터 경제적 독립을 하려는 경향을 보인다. 이와 같이 베이비붐세대의 고령층은 노후시기를 비교적 경제적 안정과 독립적으로 생활하려는 의식전환[207]과 더불어 사회참가에 대한 보람을 느끼면서 사회구성원으로서의 권리와 책임의식도 점차 주도적으로 받아들일 것으로 예상된다.

나아가 이전의 경제적 약자측면의 노인층에게 있어서 의·식·주와

---

207 일본 총무성의 「老後生活に関する意識と実態調査(매5년)」에 따르면 노후생활의 재원을 연금과 취로에 의한 임금으로 충당하려는 고령자가 무려 80%대로 나타났다. 또한 일본내각부의 「高齢者の生活実態に関する調査(2009.12.22)」결과에서는 고령자의 73.7%정도가 경제적 생활면에서 보통정도의 생활유지 내지 여유로운 생활(8.8%)을 보내고 있다는 조사결과를 보이고 있다.

같은 '생존욕구'에서 출발하여 이제는 보다 다양한 욕구충족을 위해 심리적이고 사회적인 삶의 보람을 만끽하고자 하는 경향이 일본의 베이비붐세대는 새로운 형태의 노인문화를 형성해 나갈 수 있을 것으로 기대된다.

3. 일본의 베이비붐세대(団塊世代)란?

현대 산업사회에 있어서 고령화는 정보화·국제화와 함께 새로운 이슈(issue)로 등장하였는데 인간이 건강하게 생활하며 장수하는 것은 재차 강조하지만 매우 바람직한 일이다. 장수국 일본은 동양권 국가로서는 유일하게 고령사회의 단계를 지나 이미 본격적인 초고령사회로 진입하였는데 장수의 기쁨과 동시에 고령화에 따른 사회적 부담 증가로 인해 국가적 차원에서 노인문제를 대처해나가고 있다.

일본의 노인복지대책은 노인복지법이 제정되기 전까지는 주로 후생연금보험법과 국민연금법의 노령연금과 생활보호법상의 양로시설 수용·보호가 중심이었으나 노인복지법과 사회보장 등의 관련제도가 정비되면서 생활환경 개선과 고령자의 사회참가 등의 문화적 차원에서 향상시켜나가고 있다.

특히 급격한 인구고령화로 인해 의료, 연금뿐만 아니라 사회보험 방식의 개호보험제도(장기요양보험)[208]가 도입되는 등 사회보장제도를

208 厚生労働省大臣官房統計情報部社会統計課「介護給付費実態調査月報」2010.2.18. 에 따르면, 2009년 12월 현재 요양예방서비스 대상자가 830.천명이고, 캐어서비스 대상자가 3134.8천명으로서 일정수준의 요 개호·지원서비스대상자가 무려 3964.9천명에 달하고 있으며 향후 베이비붐세대가 고령화됨에 따라 지원이 필요한 사람은 더욱 늘어날 것으로 예상된다.

비롯하여 각 영역에 사회적 환경변화를 초래하는 계기가 되었다. 이러한 변화는 노인활동에도 영향을 미치고 있는데 최근의 베이비붐세대(団塊の世代)는 이전 세대와는 다른 생활환경에서 이전의 노인층보다 적극적으로 사회참여에 나서며 노후를 맞이하고 있다. 이에 일본의 베이비붐세대를 다시 한 번 재조명하기로 하자[209].

제2차 세계대전 종전 이후에 급격히 늘어난 일본의 베이비붐 세대 (주로 1947-1949 출생자)는 그 이전 세대보다 급격하게 인구가 늘어난 탓으로 입시와 취업에 있어서 치열한 생존경쟁을 겪었으며, 학령기를 마친 후에는 풍부한 노동력 공급원이 되었던 것이 사실이다. 그러나 1940년대 후반기에 태어난 베이비붐세대(団塊世代)의 대부분이 산업역군으로 사회에 등장한 시기가 1973년 오일쇼크를 전후한 시기이기 때문에 희생만 한 세대가 아니라는 시각도 있다. 오히려 그 이전세대가 구축한 고도성장의 환경에서 살아온 베이비붐세대는 거품경제 붕괴 이후의 젊은이들로부터 경제성장의 혜택을 받은 세대라는 평가를 받기도 한다.

이러한 엇갈리는 평가[210]를 받고 있는 베이비붐세대는 무엇보다 일본의 인구고령화에 상당한 영향을 미칠 것으로 보이는데, 최근의 저출산 경향과 더불어 그들이 65세에 달했던 2012년부터 고령화율이

---

209 일본의 베이비붐세대(단괴세대:団塊世代·団塊の世代)란, 제2차 세계대전 이후 1947년부터 1949년까지의 3년 동안에 강당히 많이 태어난 세대를 지칭하며 무려 806만 명 정도로 알려져 있다. 연구자에 따라서는 1947-1951년 사이에 태어난 사람들을 포함하기도 하는데, 그 인구까지 포함하면, 그 기간 동안 출생한 인구비율은 무려 일본 총인구의 약 8%에 달하고 있다. 여기에서는 문맥에 따라 베이비붐세대, 혹은 단괴세대(団塊世代) 등으로 표기하였다.

210 일본의 1945년 제2차 세계대전 종전 이후의 베이비붐세대(団塊の世代) 출생자의 일본경제에 대한 공과에 관한 견해가 분분한데, 그 시대의 주역이 60대로 접어들면서 2007년부터 사회일선에서 정년을 맞이하기 시작하였다. 그와 같은 배경에 입각하여 생산연령인구에 대한 고령자인구 비율(노령인구지수)도 급격히 높아지고 있다.

더욱 높아지고 있다[211]. 따라서 여기에서는 베이비붐세대가 65세에 달하는 시점을 전후하여 고령자의 노후생활을 거시적 노후설계[212]의 관점에서 파악하여 고령자의 특성과 생활행태의 분석을 통하여 활력 있는 고령사회를 구축해보고자 한다.

이에 대한 긍정적 가설로서 [향후 베이비붐세대는 이전의 고령자와 비교해 볼 때, 비교적 "건강한 육체와 마음(Sound in mind and body)"의 소유자로서 노후 가치관의 변화를 인식하는 동시에 노년기에도 단순히 복지서비스의 수혜자라기보다는 능동적으로 사회활동에 참여하려는 고령자라고 주장하는 바이다.

노년기 고령층이 사회활동에 적극 참여할 수 있는 환경여건이 갖추어진다면 지금까지보다 고령자의 활동은 점차 늘어날 것이다. 예를 들어, 장기간의 숙련된 지식과 경험을 갖춘 고령층이 사회에 기여할 수 있다면 정년 이후에도 취로에 나서거나 혹은 자원봉사활동에 나서게 될 것이다.

특히 자원봉사활동은 비교적 시간적 여유가 있으며 경제적 안정과 전문지식을 겸비한 건강한 고령층이 노년기 일상의 무료함과 고독감을 해소하고, 사회참여에 보람을 갖고 삶을 영위하려는 선택치의 하

---

211 특히 인구의 고령화는 심각하여 65세 이상의 고령자 인구가 1950년에는 총인구의 4.9%(약416만 명)이었으나 2007년에는 21.5%(약2,744만 명)대를 넘어 이미 초고령사회에 접어들었다. 2020년에는 무려 전체인구의 28.9%(약3,590만 명)로 늘어날 것으로 예상되며 나아가 2050년에는 36.9%(약3,764만 명)에 달할 것으로 예상(국립사회보장인구문제연구소)하고 있다.

212 노후설계의 개인재무계획(personal financial planning)차원의 노후설계와 관련한 연구는 사회보장제도와 조세제도 등의 영향으로 연구자마다 다른 견해를 내놓고 있어서 개개인의 환경에 따른 노후설계(적정저축률 등)를 일반화하기가 곤란하다. 따라서 개인의 재무적 노후설계를 상품화하고 있는 금융기관 등과는 달리 본서에서는 개인적 재무노후설계는 금전적 사고(思考)가 필요하므로 논외로 하고, 일본의 베이비붐세대를 중심으로 한 고령자의 거시적인 노년기의 생애구분에 관해서 논하고자 한다.

나가 될 것이다.

이렇듯 고령층의 사회활동 참여는 노인의 인적자원을 활용할 수 있는 경제적 측면뿐만이 아니라 지역사회 구성원으로서의 역할과 보람을 갖는 고령층의 활동이 문화적 측면에서도 큰 의미를 갖게 될 것이다. 이처럼 고령자의 자생적 생활문화 형성에 관한 분석을 보완하기 위해 ① 생명주기적 변화에 따른 현대노인의 라이프사이클을 재고하고, ② 인구고령화의 환경변화 속에서 베이비붐세대(현 60대 초반)의 생활행태에 근거한 특성을 도출해볼 것이다.

따라서 정년 이후의 고령층을 이전처럼 '노년기'로 일률적으로 단순화하기보다는 세키자와(関沢英彦)가 분류한 일본인 평균수명 약 30,000일[213]의 생애구분을 약간 변형·세분화하여 노년기에 활동적으로 사회에 참여할 수 있는 방법을 살펴보기로 하자.

4. 베이비붐세대의 노년기

일본에서는 최근 고령자로 분류되는 65세 이상이라도 건강한 사람도 상당히 많고, 정년시점 이후에도 건강하게 사회일선에서 활동적으로 현업에서 일하고 있는 사람도 늘어나고 있음을 알 수 있었다. 그 외에도 여가를 충실히 보내고 있는 사람, 봉사활동과 지역사회에서

213 세키자와(関沢英彦:2004) 「団塊世代の引退と消費市場」 『団塊世代の定年と日本経済』 日本評論社. pp. 270-271.에서 수명 30,000일을 3스테이지로 단순 구분하고 있다. 즉, 7,500까지가 제1스테이지(어린이·청년전기), 15,000일까지가 제2스테이지(청년후기·중고년전기), 그리고 나머지 7,500일이 제3스테이지(중고년중기·후기)로 분류하고, 향후에는 소비시장에서 문화적 요소가 매우 중요시될 것으로 전망하고 있다.

활약하고 있는 사람 등 이전과는 다른 다양한 고령자의 생활상을 엿
볼 수 있다. 이처럼 다양한 활동에 참여하는 모습자체가 현대 고령자
의 특징[214]이라고 할 수 있다.

따라서 이들을 중심으로 한 비교적 건강한 전기고령자의 사회참여
시스템을 어떻게 만들어나갈 것인가? 하는 점이 향후 베이비붐세대
의 다양한 노후설계에 있어서 매우 중요하다고 하겠다. 일반적으로
연령구분에 있어서 만75세를 전후하여 '전기고령자'와 '후기고령자'
로 구분하고 있다. 이전처럼 사회보장 측면에서 노인은 비생산적이
며 현역에서 은퇴하면 사회에서 물러나 복지서비스의 대상이 된다는
시각이라든지, 고령자를 단순히 75세를 전후하여 전기와 후기로 구
분하여 일률적으로 나누고 있는 것은 재고해야할 점이 있다고 본다.
왜냐하면 평균여명이 점점 늘어나고 있는 현실에서 고령자를 일괄적
인 약자로 보는 시각보다는 다양한 고령자가 존재하므로 고령자의
취로와 사회참여 등에 관한 선택을 존중하면서 노년기의 각 단계를
유연하게 늦출 수도 있기 때문이다.

한편, 일본내각부의 조사「고령자의 지역사회 참가에 관한 의식조
사(2009.12.21)」에 따르면, 이러한 추세는 앞으로 더욱 늘어날 것으로 보
인다. 즉, 건강한 고령자 가운데 일부는 지적 능력과 건강한 체력을
토대로 정년 이후에도 취로에 임하기도 하며, 수입을 목적으로 하지
않는 사회참가활동에 나서기도 한다. 건강한 고령자의 사회참여를
위해서는 지역사회 봉사를 위한 기회를 제공하고 각자의 적성과 능

---

214 현대의 고령자는 현역활동기의 이른바 기업인재였던 고령자가 지역사회에 공헌
하면서 보람을 느끼며, 여가를 만끽하는 적극적인 고령자를 가리킨다. 일본 내각
부의 그룹 활동 참가의향에 관한 결과를 보더라도 고령자가 지역사회에서 사회참
여에 동참하고자 하는 의향이 점차 늘고 있음을 알 수 있다. 그리고 비교적 젊게
사고하는 고령자의 경우, 연령은 고령자에는 해당하지만, 중장년층 못지않은 건
강상태와 심리적 태도를 가진 고령자가 늘고 있는 추세이다.

력에 맞는 일에 봉사할 수 있는 기회를 제공하도록 하며 고령자의 자아실현을 위해서는 사회의 교육적, 문화적, 정신적 그리고 여가에 관한 자원에 접근할 수 있는 환경을 제공하여야 할 것이다.

즉, 나이가 들어감에 따라 개인적 욕구가 다르게 나타나고 건강상태와 경제적 상황 또한 개인에 따라 다르기는 하지만, 주로 초로기(初老期)에서는 가능한 한 취로가 수반되고, 중로기(中老期)에서는 품위 있는 취미생활이라든가 사회참가가 선택적으로 가능하다는 지적이 일반적이다. 또한 고로기(高老期)에 속한 고령자일 경우에도 충분히 개인능력 여하에 따라 취로, 사회참가, 여가 혹은 휴양·요양을 선택할 수도 있다.

그와 동시에 고령자에 대한 사회보장제도를 퇴직 등 노화과정과 연동시켜 노후생활을 고용소득에서 연금생활자로, 나아가 연금중심 생활에서 의료·개호보험을 중시하는 생활로 자연스럽게 이동할 수 있도록 고령자의 생활안정과 사회보장을 연계하여야 할 것이다. 이러한 시도는 결국 사회보장재원의 낭비를 줄이고, 자원배분의 효율성을 높이게 될 것이다.

고령자의 취로연장과 사회참가의 활성화는 연금 및 의료와 관련된 사회비용을 줄일 수 있을 것이며, 후기고령자의 와병상태가 점차 짧아진다면 간병·수발 비용이 줄어들어 개호보험 재정안정화에도 보탬이 될 것이기 때문이다. 따라서 총인구에서 차지하는 비율이 무려 8%에 달하는 일본의 베이비붐세대가 향후 노년기(初老期, 中老期, 高老期)의 각 시기를 가능한 한 늦추어간다면 이렇게 줄인 재원을 활용하여 지원이 필요한 저소득 고령자에게 더욱 확실하고 두터운 지원이 가능하게 될 것이다.

5. 베이비붐세대의 향후 과제

새로운 환경변화에는 기존문화 뿐만 아니라 변화에 따른 자생적문화도 생성되기 때문에 우리가 사는 사회는 경쟁과 동시에 공생을 지향하기도 한다. 그렇기 때문에 경쟁에 의한 도태의 구조와 동시에 고조된 활력으로 약자를 지원하는 구조 또한 필요하다. 특히 퇴직시점에 이르러서도 사회일선에서 활약하고 있는 고령자의 경우에는 사회적 약자의 측면만이 아니라 캐리어를 축적한 인재가 되기도 한다. 이러한 고령자의 적극적인 활동은 지역사회에서 활용할 수 있는 분야가 많다고 하겠다. 따라서 이들을 중심으로 고령자의 사회참여를 어떻게 활성화 시킬지가 베이비붐세대의 생활문화 구축에 있어서도 중요한 점이라고 하겠다[215].

고령사회에서 새로운 문화를 형성하는 데에는 기존의 일률적인 틀보다 다양한 선택을 염두에 두고 다양한 가능성을 포괄하는 자세가 필요할 것이다. 사회를 구성하는 각 구성원이 상호협조와 의존관계에서 조화를 이루기 위해서는 인구구성에서 상당한 비율을 차지하는

---

215 일본의 고령자고용과 고령사회 관련 연구로서 ① 고용중시국가(일본) : 우즈하시(埋橋孝文:1997)『現代福祉国家の国際比較』日本評論社 pp.147-166. ② 고령자고용문제 관련 : 세이케(清家篤:1992)『高齢者の労働経済学』日本経済新聞社 pp.11-61. ③ 연금과 고용과의 관계 : 동 清家篤(2003)『高齢化社会の労働市場』日本経済新報社 pp163-176. 야시로(八代尚宏・日本経済研究センター編:2003)『社会保障改革の経済学』東洋経済新報社 pp.1-10.119-136. 그리고 ④ 베이비붐세대 관련 : 히구치(樋口美雄・財務省財務総合政策研究所編:2004)『団塊世代の定年と日本経済』日本評論社 pp.1-123. 日本総合研究所(2006)『団塊退職で変る経済伸びるビジネス』東洋経済新報社pp.70-102 등을 들 수 있다. 특히 히구치는 고령화와 단카이세대(団塊世代)의 대량퇴직이 일본경제사회에 미치는 영향이 크다고 주장한 다음, 노동시장을 비롯해서 기업경영, 부동산, 자산시장, 소비, 저축 등의 영역까지 분석을 시도하고 있다.

고령층의 참여가 중요하다. 따라서 그동안 세파를 헤쳐 온 고령자의 경험과 소비가 당분간 일본 고령사회의 향방을 좌우할 수도 있을 것이다.

그와 더불어 저 출산에 의해 향후 구조적으로 노동력 부족과 같이 단기적으로 조정이 어려운 상황이 발생할 경우, 고령자의 희망에 따른 고용연장이라던가 재취업이 늘어날 수 있을 것이다. 혹은 노동수입을 목적으로 하지 않는 경우에도 지역사회활동을 통해 보람을 찾는 사회참여가 큰 의미를 갖게 될 것이다.

이렇듯 노인문제는 일상생활 속에서 고령자의 적극적인 사회참여를 통하여 하나의 생활문화처럼 해결해 나가고 있으므로 우리는 노년기에 대한 부정적 시각에서 탈피하여야 한다. 왜냐하면, 이제 노년기는 베이비붐세대를 비롯한 고령자뿐만 아니라 인간이라면 누구라도 맞이해야 하는 삶의 한 단계이며 이러한 과정을 자연스럽게 받아들이는 환경이 조성되고 있기 때문이다.

제13장

일본 고령자의
여가와 학습활동

1 고령자여가에 관한 문제제기

　인구고령화가 사회문제로 대두되는 작금(昨今), 누구라도 장수하는 것은 더할 나위 없이 바람직하고 행복한 일이라고 하겠다. 그렇지만 단지 생명연장이 아니라 고령자가 삶의 보람을 느끼면서 노후를 보람 있게 보낼 수 있도록 하기 위해서는 생활보장대책뿐만 아니라 점차 다양화되고 있는 고령자의 욕구에 대처할 수 있는 환경제공이 필요할 것이다.

　그동안 고령자대책은 주로 고용연장과 사회보장개혁 그리고 복지수요의 다양화에 대처하는 복지서비스 개선이 중심적이었다. 그러나 최근의 고령사회대책은 사회보장을 비롯한 제도적 정비는 물론이고,

사회적 연대와 고령자의 자립지원, 복지문화지원, 지역사회 네트워크 활용 등 고령자 활동의 전반적인 지원에 나서고 있음을 알 수 있다.

이러한 변화의 수용태세는 인구구조의 급격한 변화에 따른 사회문제를 고령자만의 문제가 아니라 전 국민적과제로 인식하고 있음을 보여준다. 즉, 국가차원의 정책은 물론이고 지자체의 고령자활동 지원 그리고 고령자 스스로도 노인클럽을 비롯한 동호회, 학습회 등 고령자 단체를 자생적으로 형성하여 여가활용과 학습활동에 나서고 있다[216].

한편, 인구고령화는 노인들의 가치관에도 큰 변화를 주게 되었다. 즉, 인구고령화가 진전되는 가운데 고령자 스스로 건강하게 생활하며 삶의 보람을 느끼며 생활하는 것을 바람직하다고 인식하는 점이다. 실제로 현대의 고령자는 이전 고령자세대와는 달리 건강유지, 학력상승, 소득상승 등을 바탕으로 자기실현 욕구를 표출하기에 이르렀다. 이러한 고령자의 인식변화로 인해 노인들의 여가활동이 다양화되는 한편, 고령층 집단의 공통된 행동양식과 노인을 중심으로 한 여가와 학습문화 형성이 두드러지게 나타나고 있다.

이를 반영하듯 일본의 고령사회에 관한 논의가 고용과 연금을 비롯한 생활보장시스템에서부터 노인복지와 고령자의 사회참가 등에 이르기까지 확대되고 있는 추세이다. 나아가 고령자 개개인의 생활과 경험으로 내재된 자기실현 및 존재가치 표출에 입각한 고령자의 여가활용, 고령자문화, 복지문화 등으로 확대되면서 그와 관련된 연구 또한 시도되고 있다.

이렇듯 고령사회와 관련된 사회문제는 한 두 영역에서 고령자대책

---

216 일본의 노인복지대책은 1963년에 노인복지법(1963년 법률제133호)이 제정됨에 따라 적극적으로 추진되게 되었다. 노인복지법이 제정되기 전까지의 노인을 위한 시책은 주로 후생연금보험법과 국민연금법의 노령연금 및 생활보호법상의 양로시설에의 수용보호밖에 없었지만, 노인복지법이 제정됨에 따라 노인복지를 향상시키기 위한 시책이 종합적이고 체계적으로 추진되었다.

을 제시하기가 어렵게 됨으로써 융합과 확대에 기반을 둔 광범위한 분야에서의 대책이 나오고 있다. 이에 여기에서는 인구고령화의 사회변화를 반영하여 기존연구에서 한걸음 더 나아가 고령자의 여가분석과 고령자학습 등 일본을 대상으로 한 노인문제를 살펴보고자 한다. 그 방법은 문헌고찰과 현지조사[217]를 겸해 실시하였으며 수집한 자료를 토대로 고령자의 의식변화 및 여가생활행태를 분석하였다.

먼저, 고령자의 여가에 관한 개념을 살펴보고 여가의 종류를 몇 가지 유형으로 구분하면서 고령자에 적합한 효율적인 여가유형을 탐색해 보았다. 또한 고령자의 학습활동을 통해 이들의 행동양식과 더불어 지역사회의 지원체계 분석을 통해 정책론구축을 시도하였다[218]. 나아가 다른 연구영역보다는 비교적 연구가 추진되지 않았던 분야인 고령자여가에 관한 선행연구[219]를 재해석하면서 지역사회 구성원으

---

217 2013.6.27-8.26일. 도쿄(東京)주변의 베드타운 사기미하라(相模原)시 고령자복지과의 내부자료 분석과 아지사이노인대학(あじさい大学), 노인복지센터 등에 관한 현장견학 및 노인문제 담당자, 전문가논의 등으로 이루어졌으며 개인정보 보호를 위해 실명은 생략함.

218 본 연구의 방법으로서는 ㉮ 정보수집 및 문헌분석 : 연구의 목적을 달성하기 위해 현지에서 문헌을 수집·정리하는 동시에 노인대학 관련 지자체의 내부자료(최근통계)를 수집하여, 노인대학의 운영현황을 파악하고, 재분석함으로서 고령자학습에 관한 개념적인 이론정립을 시도하고자 하였다. 또한 ㉯ 현장조사와 전문가면담 : 연구에 필요한 자료수집과 더불어 지역의 노인문제 정책입안자와 노인복지현장 전문가와의 상담을 통하여 고령자활동에 적합한 내용과 지원책의 방향성을 파악하고자 하였다. ㉰ 비교분석 : 문헌연구와 현장조사 결과에 입각하여 기존의 연구와 비교·검토함으로써 향후 초 고령시대에 적합한 노인여가의 활용방법으로 구축하고자 하였다.

219 세누마(瀬沼克彰:2005)『長寿社会の余暇開発』世界思想社 pp.53-54. 동 瀬沼克彰(2005)『団塊世代の余暇革新』日本地域社会研究所. p.21-63. 정진웅(2006.2)『노년의 문화인류학』한울아카데미 pp.34-39. 정기룡(2006)『일본사회의 이해 -고령사회 일본의 사회문제와 대책-』제이앤씨. pp.147-149. 등을 비롯하여, 하라다·가토 외(原田隆·加藤惠子他:2011) 「高齢者の生活習慣に関する調査(2)－余暇活動と生きがい感について－」『名古屋文理大学紀要』第11号 pp.27-34. 또한 정기룡(2010)「일본의 고령사회와 베이비붐세대에 관한 문화적 분석」『일본연구』제44집 한국외국어대학교 일본연구소 pp.39-60 정기룡(2011)「일본의 고령자라이프스타일에 관한 연구」『일본연구』제47집 한국외국어대학교 일본연구소 pp.39-60 등의 후속연구이다.

로서의 고령자가 지역사회에서 일정한 사회적 역할을 수행할 수 있을지에 관해서도 살펴보았다.

 2. 고령자여가의 구분

(1) 고령자에게 여가란?

먼저, 고령자의 일상생활에서 보람된 시간으로 인식할만한 여가활용은 과연 얼마나 될까? 물론 그러한 깊은 생각 없이도 노후생활을 영위할 수는 있다. 그러나 여가활용에 관한 별다른 인식 없이 생활하기보다 가치 있는 시간으로 여가를 보내는 것이 바람직할 것이다. 그러므로 고령자의 여가를 의미 없는 시간으로 소일하는 것으로 단정 지어서는 안 된다. 왜냐하면 최근에는 고령자의 여가활동이 노후의 건강하고 보람된 삶을 영위하는데 있어서 필요하다는 인식이 확산되고 있기 때문이다. 바로 이점에 주목할 필요가 있겠다.

일본에서는 이미 고령자의 사회참가를 포함한 노후의 여가활용이 고령자문화로 정착되는 단계에 있으며, 그러한 의미 있는 활동이 점차 늘어나는 과정에 있다고 하겠다. 실제로 경제적으로 풍요로움이 실현된 최근에는 경제적으로 여유가 있는 고령자는 여행, 학습, 취미, 스포츠 등 고품격의 여가를 보낼 수 있도록 여가에 관한 여러 종류의 서비스가 제공되고 있다. 그만큼 다양한 여가관련 정보도 쉽게 찾아볼 수 있다.

한편, 소득수준이 낮은 고령자에게 있어서는 여가활동이 무료한 시간보내기 정도로 받아들여지기도 한다. 또한 여가를 위해서는 번거로운 수속과 기다림의 불편함이 동반되기도 한다. 즉, 줄서기와 기다림 혹은 상담 등에 수반되는 혼잡함 속에서의 노고가 스트레스가 되기도 하는 것이다. 그렇다면 도대체 어떻게 해야 고령자에게 적합한 여가가 보편적으로 제공되며, 누구라도 즐길 수 있는 이상적인 형태로 자리매김하게 될 것인가? 하는 문제의식에 입각해 현실상황 파악과 해결방향을 모색해보기로 한다.

최근에는 65세 이상의 고령자라도 건강한 사람이 많고, 현역에 종사하고 있는 사람, 여가에 적극적인 사람, 봉사활동 및 학습활동에 나서는 사람 등 매우 다양하다. 어쩌면 이처럼 다양한 활동자체가 현대 고령자의 모습일수도 있겠다.

퇴직시점에 이르기까지도 건강하게 사회일선에서 활약해온 일본의 베이비붐세대 즉, 단괴세대(団塊世代)[220]가 2012년부터 퇴직하게 됨에 따라서 고령자의 노후생활 양상은 향후 다양하게 확대 진전될 가능성을 내포하고 있다. 따라서 이들을 중심으로 건강한 고령자가 여가를 활용해 삶의 보람을 어떻게 만들어가도록 할 것인지? 가 활력 있는 고령사회구축에 있어서도 중요한 점이라고 하겠다.

여가(레저)라고 하는 것은 일이나 업무에서 해방된 시간이며 아무 것에도 구속받지 않는 시간의 활용이라고 하겠다. 이러한 인식은 이미 이전부터 존재해 왔을 것이다. 그렇기 때문에 여가라고하면, 언제나 이상적으로 추구될 가능성을 갖고 있기는 하다. 그렇지만 여가를

---

220 정기룡(2011) 「일본의 고령자라이프스타일에 관한 연구」 『일본연구』제47집 한국외국어대학교 일본연구소 pp.19-20.참조. 『일본의 사회정책』은, 1945년 제2차 세계대전 종전 이후에 급격히 늘어난 일본의 베이비붐세대(단괴세대:団塊世代 혹은 団塊の世代로 불리우는 1947-1949 출생자)는 풍부한 노동력 공급원으로서 산업발전에 공헌해왔다고 보고 있다. 그러나 이세대가 정년을 맞이함에 따라 최근 사회보장을 비롯한 사회제도에 상당한 영향을 미치고 있으며 새로운 고령자문화를 형성할 것으로 전망하고 있다. 왜냐하면, 2007년부터 정년을 맞이하기 시작한 베이비붐세대가 이미 65세 이상의 고령층에 속하게 됨으로서 인구고령화를 급격히 높인 세대인 동시에 이전의 고령자와는 생활양식 면에서 다르다는 평가를 받고 있기 때문이다.

모든 사람들이 동등하게 즐길 수 있는 것은 아니라는데 문제가 있다. 즉, 소득별, 연령별 성별 등 각계각층의 사람들이 과연 여가를 어떻게 받아들이고, 어떻게 활용할지에 따라서의견이 분분한 것이다.

여가에 관해서는 현실을 망각할 정도로 즐겨도 좋을 만큼 몰입하기도 하지만, 기억에 남기고 싶지 않을 정도로 따분하고 지루하게 보낸 시간도 있을 것이다. 개인별로 차이는 있겠지만 단조로운 여가에서부터 고품격의 호화스런 여가까지 여가의 유형과 종류는 모두 열거할 수 없을 정도로 매우 다양하게 나타난다. 따라서 여기에서는 고령자여가를 몇 가지 유형별로 구분해보고, 고령자에게 적합한 여가활동의 내용을 제시해보고자 한다.

(2) 고령자여가의 종류

|| 바쁜 여가||

여가활동은 지루함을 피하기 위해 자연스럽게 구속을 요구하는 성격의 시간가치의 상승을 도모하려 한다. 어떤 사람들에게 더 많은 자유로운 시간이 배분되는가 하는 것도 생각해볼 문제이다. 이전에는 자유로운 시간배분이 소수의 사람들에게 한정되었지만 현대에는 남녀노소 모두가 여가를 자유롭게 즐기게 되었다. 소득과 생활수준의 상승에 따라 노동시간이 단축되었고 또한 가사시간이 축소되어 가족구성원 모두가 대중적인 여가를 즐길 수 있게 된 것이다.

그런데 여가를 즐기기 위해서는 시간적 여유의 문제가 아니라 경제적인 문제가 작용하고 있다. 또한 모든 사람들이 여가를 추구하지만, 일상시간에는 당연히 한계가 있기 때문에 하루 24시간이라는 일정 하에서, 소득이 점차 높아지게 되면 어느 수준에 이르면 소득보다 시간이 상대적으로 희소가치가 있음을 인지하게 된다. 이는 여가를 제공받는 측도 제공하는 측도 마찬가지이다.

따라서 상대적으로 가치 있는 시간을 확보하는 한편, 상대적으로 저소득 노동시간은 줄이려는 현상을 접하게 된다. 이른바 효율적인 시간활용 혹은 시간소비라고 할 수 있겠다. 이는 여가가 증가하면 증가할수록 그 이상으로 시간가치의 상승이라는 현상 또한 병행해서 우리들 생각에 정착된다고 하겠다.

이렇듯 시간가치의 상승은 개인에게 있어서 바쁘게 산다거나 혼잡한 환경에서 사는 것을 의미하고, 경제적으로 본다면 소득수준이 높아지면서 여가에 관한 기회비용을 고려해 개인의 시간비용이 상승된다는 것을 의미한다. 예를 들어 인기 있는 콘서트와 스포츠경기를 보기 위해서는 장시간 줄서기를 하기도 하고 입장권을 구하기 위한 번거로운 수속이 필요하다.

또한 인파가 몰리는 피서지로 이동할 경우에도 장시간의 시간소모와 교통체증을 감수해야 하므로 여가활동을 위해서는 정신적·시간적 부담이 발생하게 된다. 이렇듯 대중여가의 문제점 중 하나는 시간가치가 상승하는 현상이 드러남에도 불구하고 불특정 다수가 참가한다는 점이다. 즉, 사람들이 시간적·경제적 여유가 되면 대부분 여가활동에 참여하려 하는 행동에 나서는데 이것이 바로 대중여가의 본질이라고 하겠다. 따라서 이러한 여가에 참여하기 위해서는 일이 아닌 여가활동임에도 업무처럼 바빠지는 것이다.

이와 같은 현상은 대중여가가 정착되면 점차 줄어들고, 여유를 가진 여가습관이 정착될 것처럼 간단해 보인다. 또한 시간가치의 상승을 막기 위해선 여가수요를 억제하거나 여가공급을 늘리면 될 것처럼 보인다. 그러나 여가수요를 감소시키는 것이 간단한 일은 아니다. 따라서 여가욕구에 따른 대응으로 사람들이 왜 여가를 필요로 하는가에 대한 대책으로 문제를 해결해나가야 할 것이다. 이러한 바쁜 생활 속에서의 여가는 결국 경쟁적으로 활발한 현역근로자세대에 적합한 여가행태라고 하겠다.

‖ 과시적인 여가 ‖

여가에 대해 판단하는 각 개인의 기준과 견해는 모두 같을 수가 없다. 이전에는 여가가 대중의 보편적인 일상생활의 하나라기보다는 경제적으로 여유로운 소수의 사람들이 향유하던 것으로 여겨지기도 했다. 일부의 사람들에게는 의미 있는 활동일 수 있겠지만, 그 반대로 쓸모없는 낭비와 과시적인 소비활동으로 치부되기도 했다. 이러한 여가를 비판적으로 주목한 사람이 미국의 경제학자 베블런[221]이다. 보통은 가치가 없다고 생각하는 비생산적인 여가를 반대로 일부의 사람들은 왜 가장 가치 있는 것으로 생각하는 것인가? 그 이유를 살펴보자.

경제학에서는 일반적으로 소득수준이 높아짐에 따라 자연스럽게 고급스럽고 호화스러운 소비를 하는 것으로 여기고 있다. 그러나 이러한 논리가 현대사회에서 성립되기 위해서는, 원래 경제적으로 여가가 일상생활 속에서의 필수적인 것보다 더욱 호화스럽고 사치스러운 여가가 더욱 가치 있다는 것이 대중의 생각과 습관 속에 확립되어 있지 않다면 성립할 수 없겠다. 즉, 대중의 동의를 얻지 못한 사치스러운 여가는 일정 소득수준 이상의 일부 과시욕을 가진 부류의 여가

---

221 Thorstein Veblen.(1899) 『유한계급의 이론(The Theory of the Leisure Class』에서 부자들의 생활양식을 인류학적 시각에서 비판했다. 그는 여가는 사치보다 상위 계급의 부와 실력을 볼 의미가 있다고 생각했다. 자신이 특정한 사회계급에 속해 있다는 것을 나타내기 위하여 부를 과시할 목적으로 의식하면서 행하는 소비를 말한다. 과시적 소비는 필요 이상의 소비나 자신이 감당할 수 있는 범위를 벗어나는 과도한 소비를 발생시킨다. 이는 상류층에서 빈곤층에 이르기까지 모든 계층에서 발생하며, 과시적 소비의 예로서 사치스럽고 낭비가 심한 가장무도회를 들고 있다. 베블런의 객관적인 과시적 소비(Conspicuous Consumption)와 과시적 여가(Conspicuous Leisure)의 비판적 지술을 통해, 과시를 위한 사치와 여가가 크게 줄어들었다고 한다. http://ja.wikipedia.org/wiki(검색일 : 2013.11.10)

행태이기 때문이다.

여가습관이 어떻게 사람들 사이에 정착할 것인가는 물론 서민층과 중산층보다는 소득상위 계층의 여가활동에서 일정부분 과시를 위한 고급문화로 진전할 수도 있다. 그러므로 고령층에게 있어서 현역시대에 경제력을 갖추어 은퇴 이후에 비생산적인 활동을 하면서도 여가상품과 시간소비를 여유 있고 의미 있게 활용한다면, 이러한 여가가 비판받을 일은 아니다. 즉, 고령자의 자산활용(연금소득, 금융소득, 재산소득, 자녀원조)을 통해 은퇴 이후에 현역시절보다 비교적 비생산적임에도 불구하고 여가소비에 나서는 것은 의미 있는 소비가 될 수도 있다.

왜냐하면, 왜 노동을 하지 않는 고령자의 호화로운 여가가 정당화되는 것인가는 단순히 호화스런 사치라는 관점이 아니라 경제적으로 안정된 고령층의 소비가 재생산 관점에서 고령층의 고급문화가 바람직할 수도 있기 때문이다. 그렇지만 그러한 사회풍토 조성이라든지 실제 호화롭고 과시적인 여가생활이 가능한 고령층이 얼마나 될지는 미지수이다.

‖ 무료한 여가 ‖

현대사회에서는 여가에 대한 기대가 일정수준 이상의 기대만큼 여가공급 또한 늘어났기 때문에 이제는 여가가 경제적으로나 사회적으로도 수요와 공급이 균형을 이뤄가는 과정에 있다고 하겠다. 즉, 이전의 제한된 특정 사람들의 수요에서 점차 대중화된 것이다.

이러한 여가의 성격으로 보아 여가는 인위적으로 형성되어 발전되었다기보다는 사람들의 일상생활 속에서 생활습관과 기호에 따라 자연스럽게 형성된 광범위한 시간활용의 형태로 진화하고 있다고 하겠다. 즉, 여가를 여유로운 시간보내기라고 하기보다는 여가활동이라는 것이 이제는 개인의 취향과 즐거움을 겸한 자아만족의 경우로도 생각할 수 있게 된 것이다.

　그럼에도 불구하고 간혹 여가가 사치에 포함된 일종의 과잉소비로 여겨지는 것이 현대의 여가활동을 저해하는 요인이 되기도 한다. 왜냐하면, 과잉소비의 여가습관은 대중적인 여가활동 관점에서 보면, 과잉소비로 인한 거부감으로 퇴색될 가능성도 있기 때문이다. 반면, 과도한 자기보호를 위한 태도를 보이는 비용절감형 여가는 지루하거나 단조로운 여가라는 인상을 받기도 한다. 문제는 왜 여가가 이처럼 지루한 것으로 생각할 수 있게 되는가? 하는 점이다.

　일반적으로 무료하거나 지루한 상태는 몰입할 수 없거나 의미 있는 활동이 아니라고 느끼는 상태이다. 이러한 지루함이라거나 무료함이 이른바 과소부하(under load)의 형태로 나타나기도 한다. 또한 외롭고 단조로운 생활이 계속되어 문화적 자극이 부족해 일종의 권태라고도 할 수 있겠다. 이러한 지루함을 느끼는 사람들은 단순히 시간보내기로는 부족하기 때문에 문화적인 자극을 충분히 제공하면, 어느 정도 권태문제가 해소될 수 있을 것이다.

　여가수요와 레저산업과의 관계는 대부분 수요와 공급에 의해 조정이 이루어져 왔다. 즉, 노동시간 단축에 의해 발생된 여가시간의 대량 증가에 대해서는 그 시간을 충족하게 하는 여가시설과 산업을 대량 공급하면 여가욕구가 충족될 것이라는 관점이 지배적이었다. 그러나 이러한 시각은 고도 성장기에는 통용되었지만, 최근의 다양화된 여가인식 하에서는 지루한 시간보내기의 해결방법으로 레저산업의 공급확대만으로는 통용되지 않게 되었다.

　즉, 생활의 풍요와 편리함에서 오는 무료한 생활이 오히려 의미 있는 여가를 보낼 수 없게 되어 지루함을 느끼는 것이다. 이것이 바로 고령자가 느끼는 무료한 여가행태의 전형이라고 하겠다. 그렇다고 여가활동이 과도하게 일어나는 것 또한 바람직하지 않다. 여가에 몰

두해 진정한 여가의 의의를 찾아 볼 수 없다면, 이것은 현역시절의 업무보다 오히려 과부하가 걸리는 셈이다. 문제는 고전적인 지루함에 비해 매우 현대적인 문제를 초래하고 있다.

최근 일본에서는 여가개발, 여가상담과 같은 제도가 마련되어 다양한 상담이 이루어지고 있다. 이런 모습은 고령자의 여가시간이 증가하는 반면, 여가활용과 취미생활을 잘 할 수 없는 사람들이 있기 때문에 나타나는 현상일 것이다. 여가활용에 관한 상담을 한다는 것 자체가 바로 현대생활에서 느끼는 지루함을 해소하기 위한 무료한 여가의 해결방법이라고 하겠다.

‖ 효율적인 여가 ‖

여가의 대중화 움직임은 기본적으로 고급문화가 모방하는 과정과 대중문화와 다른 고급문화를 창조하는 과정에 기인한다는 것을 알 수 있다. 그러나 이 모방과 창조가 지나치게 반복되면 고급문화와 대중문화의 격차가 줄어들고 이러한 문화에 의해 사람들의 만족이 충족되는 정도가 적어지는 경향을 보이게 된다. 개인적인 취미로 시작한 여가활동이 때로는 참여할 수 있는 활동의 종류가 점차 증가하여 새로운 여가활동 분야가 늘어날 경우에는 다양화로 인해 무엇이 진정으로 자신의 욕구에 걸맞은 여가인지 알 수 없게 되기도 한다.

분명 여가가 대중에 넓게 퍼지는 데에는 여러 사람들에게 다양한 여가활동이 창조되어야 하겠지만 그로 인해 오히려 너무 다양한 분야의 여가활동에 관한 메뉴가 제공되면, 소화불량을 일으키기도 할 것이다. 즉, 다양하고 과잉된 여가정보 제공이 오히려 혼란을 일으키거나 선택을 방해할 수도 있는 것이다. 왜냐하면 이것인지 저것인지 선택을 망설여야 하는 상태는 결국 아무 것도 선택할 수 없게 만들거나 잘못된 선택을 유도하는 부작용이 따를 수도 있기 때문이다.

이른바 고령자에게 적합한 여가행태는 '다품종 소량생산'에 입각한 여가의 다양화보다는 적절한 몇 가지 유형의 여가를 제시하는 것이 더욱 효율적일 것이다. 따라서 다양화를 유지하는데 소요되는 막대한 비용을 줄이면서 합리적인 소비문화를 도모하는 여가문화의 풍토조성이 요구된다. 따라서 고령자에게 주어진 정보가 너무 많다는 것은 복잡하고 판단하기 어려운 선택을 강요하게 되므로 고령자에게 적합한 여가활동에는 적당한 취미와 건강유지 나아가 삶의 보람을 겸한 자기발전형 여가형태가 필요할 것이다.

 3. 고령자의 학습욕구와 학습활동

(1) 고령자의 학습욕구

노인교육과 고령자학습에 관한 선행연구[222]에 따르면, 일본에서는 최근 고령자의 학습활동이 늘어나는 추세에 있으므로 고령자의 학습욕구에 부응하는 세대교육, 생애(평생)학습[223] 기회의 제공 등이 필요

222 정기룡·강영숙(2010)「고령사회 일본의 노인여가에 관한 고찰」『일본연구』제53호. 한국외국어대학교 일본연구소 pp.21-23. 생애학습진흥법(1990)과 교육기본법(2006)에 근거한 고령자의 생애학습 참가 참조. 한정란(2001)『교육노년학』학지사. p.67. 필자는 여기에서 노인교육과 세대교육의 필요성 강조. 모든 인간은 그 연령이나 사회경제적 지위, 인종, 민족, 그 밖의 인구학적 배경들에 관계없이 교육을 받을 평등한 권리를 갖고 있으며, 노인들 역시 그러한 교육에의 권리를 지니고 있다. 따라서 노인교육은 단순한 복지차원을 넘어서 인간의 전 생애에 걸친 평생교육의 일환으로 노후의 삶의 보람을 위한 측면으로 받아들여야 한다고 주장. 또한 일본에서는 성인교육과 노인교육연구를 1)성인발달의 가능성에 관한 연구, 2)노인학습의 성립 조건에 관한 연구, 3)성인교육의 연구, 4)지역 평생학습조사 분석으로 구분해 실시하고 있다.

223 스즈키·마츠오카(鈴木真理·松岡広路)編 『生涯学習と社会教育』 学文社. 2003. pp. 69-71. OECD(경제협력개발기구)는 순환교육의 필요성을 강조하였고 이를

한 것으로 파악된다. 또한 생애학습의 욕구가 높아짐에 따라 이에 대응하기 위해 일부대학에서는 사회인 특별선발 실시, 야간대학원 설치, 주·야 통용강좌 개설, 과목이수제도를 실시하고 이수형태의 유연화를 도모하여 정규학생 이외의 사회인 교육생을 수용하고 있다[224].

최근에는 여가활용 방법 중의 하나로써 취미와 봉사활동은 물론이고 고령자의 학습활동이 점차 늘어나고 있으므로 고령자의 지적욕구를 충족시킬 수 있도록 생애학습 기회의 제공이 필요하게 된 것이다. 물론 그동안 지식전달과 지식습득에 치중했던 프로그램과는 달리 환경변화에 대응할 수 있도록 실생활에 도움이 되는 프로그램이나 취미와 스포츠 등 건강관련 프로그램, 혹은 이전에 학습기회가 없었던 고령자의 여가활용 취학지원 프로그램 등도 새롭게 등장하고 있다.

고령자의 경우에 있어서도 이전과는 달리 실제로 고령자가 선택할 수 있는 사회활동이라든지 여가활동의 종류가 다양하게 등장하고 있다[225]. 그렇다면 유익하고 효율적이면서 고령자에게 걸맞은 여가활용 방법으로서 학습활동은 어떠한가? 취미와 건강유지 나아가 삶의 보람을 겸한 학습기회 등 선행연구의 하나인 세누마(瀨沼克彰)의 분류 가

계기로 생애교육은 세계 각국에 교육통합이념으로서 접점을 이루었다. 일본도 예외 없이 1970년대 이후 생애교육이 재편성 기본원리에 포함되었다. 그러나 내용적인 면에서는 여전히 학습이라는 개념보다는 교육이라는 개념이 주류였다.

224 사회인 특별선발은 대학 등에 입학을 희망하는 사회인에 대하여 소논문, 면접 등을 실시하는 특별한 입학자선발제도로서 2005년도에 475개 대학(학부)에서 실시하였으며 이러한 제도가 지속적으로 확산중이다. 또한 야간교육만을 실시하는 야간대학원은 2005년도에 25개 대학에 설치되었다.

225 단, 여가활동이 너무 늘어나서 다양화된다면, 그 또한 진정한 고령자 욕구에 걸맞은 여가인지 알 수 없게 될 수도 있다. 분명 여가가 확산되는 과정에서는 다양한 사람들에게 여러 형태의 여가활동이 제공되어야 하겠지만, 과도한 다양화, 정보의 과잉제공이 오히려 혼란을 일으키거나 선택을 방해할 수도 있기 때문에 이도저도 선택할 수 없는 상태는 결국 합리적인 선택을 할 수 없게 된다. 따라서 주어진 정보가 너무 많다는 것은 복잡한 선택을 강요하게 되므로 고령자에게 적합한 여가활동에는 적당한 선택유형 제시가 필요할 것이다.

운데, 고령자 스스로 참여가 가능한 자기계발형 여가활동인 고령자
의 학습활동을 살펴보고자 한다.

〈표 13-1〉 일본 고령자의 학습활동 참가상황

구 분	2000년 조사	2005년 조사	2010년 조사
㉮ 문화센터 등 민간단체가 행하는 학습활동	5.5	10.6	12.9
㉯ 지방자치체 등 공적기관이 행하는 고령자 학습 및 고령자 대학 등	9.2	9.8	7.3
㉰ TV 라디오 인터넷을 활용한 자택 내 통신학습	3.8	2.6	4.0
㉱ 전문학교, 대학교, 대학원 등의 정규 통학 학습	0.2	0.4	0.2
㉲ 기타	1.6	2.7	1.9
㉳ 학습활동에 참가하지 않음	83.8	78.6	78.1
㉴ 무응답	0.2	-	-

자료 : 일본내각부(2011)『高齡者の生活と意識』제7회 국제비교조사결과 참고
작성(복수회답:%).

20C 말엽부터 구축된 생애학습을 촉진시키기 위한 조치로서 일본
의 생애학습진흥법(1990년)에서는 고령자의 학습활동에 관한 내용이
눈에 띈다. 이와 관련하여 노후의 '삶의 보람'과 '지역사회참여'를 촉
진시키기 위한 동기부여 측면에서 고령자의 학습활동이 고령자의 자
기계발형 여가형태로 발아하고 있는 것이 일본정부의 조사결과를 통
해서도 알 수 있다.

즉,『고령자의 생활과 의식(제7회 조사)』[226]에서 확연하게 드러난 일
본 고령자의 학습욕구는, 전체 고령자(본 조사에서는 60세 이상을 대상)의 무

---

226 2011년도 『第7回高齡者の生活と意識に関する国際比較調査結果(全体版)』(질문
50항/표-68) 참조. 본 조사는 1,183명을 대상으로 2010년 12월부터 2011년 1월까
지 일본리서치센터가 시행한 청취조사로서 内閣府政策統括官(共生社会政策担)
이 일본전문가의 협력을 통해 이루어짐.
　http://www8.cao.go.jp/kourei/ishiki/h22/kiso/zentai/pdf/2-7.pdf검색일(2015.7.17)

려 약22%(일부중복회답)에 달하고 있는 것으로 나타났다. 학습활동에 참
가하고 있는 고령자의 활동유형 가운데 가장 높게 나타난 학습활동
은 다음 〈표 13-1〉과 같이 ① 「문화센터 등의 민간단체가 행하는 학
습활동」이 12.9%의 비율을 보여 가장 높았으며, ② 「지방자치체 등
공적기관이 행하는 고령자학습 및 고령자대학 등」의 비율도 7.3%로
상당히 높게 나타났다. 나아가 ③ 「TV, 라디오, 인터넷, 우편, 등 통신
수단을 이용한 통신학습」이 4% 순으로 파악되었다.

이 가운데 ㉮의 경우에는 학업, 직업, 기술, 취미, 예술, 건강, 자격
등 그 종류도 다양하고 민간단체가 운영하는 학습기관이 영세자영업
수준에서 대형문화센터에 이르기까지 매우 광범위하고 복잡하게 이
루어지고 있어서 어느 한 대상을 고령자의 학습기관으로 선정하기에
는 적합하지 않았다. 반면, 지자체의 운영현황자료를 입수할 수 있었
던 ㉯에 속한 '고령자대학'과 자료를 일부 공개하고 있는 ㉰에 속한
통신학습의 대표적인 '일본방송대학'은 대상이 명확하기에 이 두 곳
을 중심으로 고령자의 학습현황에 관해 살펴보기로 하자.

(2) 노인대학의 운영현황

고령자학습에 관한 선행연구[227]에 따르면, 고령자의 학습활동이 점
차 늘어나고 있으므로 고령자의 지적욕구를 충족시킬 수 있는 생애
학습 기회와 환경제공이 필요할 것이다. 이러한 변화에 따라 대학 등
에서도 학술연구와 교육성과를 직접 사회에 개방하는 한편, 공개강
좌를 실시하고 있으며 방송대학에서는 TV, 라디오 등 미디어를 활용
하여 널리 사회인 및 고령층에 교육기회를 제공하고 있다.

---

227 정기룡·강영숙(2010) 「고령사회 일본의 노인여가에 관한 고찰」『일본연구』제53
　　호. 한국외국어대학교 일본연구소. pp.18-23.

그와 더불어 지역사회의 다양한 사회교육활동은 고령자의 삶의 보람을 고양시키고 각 세대가 고령자와의 교류나 고령자문제에 대한 학습을 통해 고령사회에 대한 이해를 심화시키는 역할을 하고 있다. 따라서 고령자의 학습욕구에 부응하기 위한 생애학습사회 구축이 필요한 이유로는 먼저, 사회 환경의 변화에 따라서 새로운 지식함양이나 기술습득이 필요한 점을 들 수 있겠다. 또한 청소년기에 교육기회를 확보하지 못했거나 교육기회가 부족했던 고령자의 학습욕구에 대응하는 동시에 공식 교육기관 이외의 교육·학습효과를 올릴 수 있는 기회가 될 것이다. 나아가 일정수준의 풍요로움이 확보된 성숙사회에서는 고령자를 중심으로 자유시간이 늘어나므로 여가활용의 일환으로 취미·학습을 통한 삶의 보람을 만끽할 수 있도록 생애학습 지원이 필요하게 된 것이다.

생애(평생)학습의 요구가 높아짐에 따라 이에 대응하기 위해 대학에서는 사회인 특별선발 실시, 야간대학원 설치, 주야 개강제 실시, 과목 등 이수생제도를 실시하고 이수형태의 탄력화를 도모하여 사회인 수용을 촉진하고 있다. 사회인 특별선발은 대학 등에 입학을 희망하는 사회인에 대하여 소논문, 면접 등을 실시하는 특별한 입학자선발제도로서 이미 2005년경부터 실시하고 있다[228]. 또한, 대학 등의 학술연구·교육성과를 직접 사회에 개방하고 대학 공개강좌를 실시하고 있다.

한편, 일본방송대학은 모든 이에게 개방된 평생학습을 위한 대학으로 운영되고 있는데 현재에는 인구고령화에 따라 제2의 인생을 준

---

228 주야간 개강제는 주간/야간에 걸쳐 수업을 개강하여 학생이 생활여건에 따라 이수할 수 있는 제도로서 2005년도에는 62개 대학(학부), 277개 대학(대학원)에서 실시되었다. 또한 야간교육만을 실시하는 야간대학원은 2005년도에 25개 대학에 설치되었다. 과목이수제도는 하나 또는 복수의 수업과목을 이수하는 사회인 등에 대하여 학점 수여를 가능하게 하는 제도이며 2003년도에 과목 이수 제도를 설치한 대학이 659개 대학에 이르며 과목이수 학생은 약 18,720명에 이른다.

비하는 고령자에게도 유익한 교양증진 목적이 드러나고 있다[229]. 즉, 언제, 어디서, 누구라도 공부할 수 있는 평생교육기관을 지향하며 1983년에 개교한 이후, 2001년에는 대학원을 설치하는 등 성인의 평생교육 기회확대, 고교졸업자의 진학제공, 타 대학과의 제휴를 통한 고등교육제도 개선과 같은 설립목표를 내세우고 있다.

〈표 13-2〉 일본 방송대학의 재학생 분포(명)

区分	学期	全科 履修生	選科 履修生	科目 履修生	特別 聽講学生	合計
2010	1学期	51,040	17,600	7,071	1,558	77,269
	2学期	50,131	17,437	8,326	3,560	79,454
2011	1学期	51,414	16,889	7,350	1,360	77,013
	2学期	51,300	17,070	8,636	3,762	80,768
2012	1学期	53,334	17,688	7,290	1,520	79,832
	2学期	53,599	18,131	7,838	3,626	83,194
2013	1学期	55,636	17,817	6,504	1,189	81,146
	2学期	55,717	17,533	7,525	3,459	84,234
2014	1学期	56,475	16,921	6,916	1,304	81,616
	2学期	56,123	16,893	7,559	3,317	83,892
2015	1学期	57,850	17,884	6,691	1,217	83,642
	2学期	57,264	18,177	7,603	3,395	86,439
2016	1学期	58,434	18,012	6,309	1,248	84,000

자료 : 일본방송대학자료(2016.10.18.) 참고 작성.

일본의 방송대학은 우리나라와 마찬가지로 TV, 라디오, 인터넷 등의 미디어를 활용하여 학습을 희망하는 전 국민에게 대학과정의 교

---

229 방송대학의 조직은 학과단위보다는 교양학부 중심의 ① 생활과 복지, ② 심리와 교육, ③ 사회와 산업, ④ 인간과 문화, ⑤ 정보, ⑥ 자연과 환경 등의 교양중심 코스로 구성되어 있다. 즉, 성인교육기관으로서 교양학부 과정이 특정 직업군 혹은 자격취득보다는 교양중심의 6과정으로 운영되고 있다.

육기회를 제공하고 있다[230]. 방송대학의 재학생은 〈표 13-3〉에서 보는 바와 같이 학부84,000명과 대학원5,181명으로서 그 가운데, 2016년 1학기의 60세 이상 고령자 비율이 대학학부과정은 21,293명으로 약27%, 그리고 대학원은 1,477명으로 29% 수준에 달해 고령자의 학습의욕이 상당히 높게 나타나고 있다. 이에 따라 방송수업을 시청하도록 설치된 학습센터가 전국 도·도·부·현(都道府県)에 57개소가 설치(2012년도 이후)되어 있다.

〈표 13-3〉 일본 방송대학의 연령별 분포(명)

구분	10대	20대	30대	40대	50대	60대 이상	합계
대학	1,814	9,831	15,005	20,178	15,879	21,293	84,000
대학원	1	216	636	1,261	1,590	1,477	5,181
계	1,815	10,047	15,641	21,439	17,469	22,770	89,181
비율(%)	약 2.0	약 11.3	약 17.5	약 24.0	약 19.6	약 25.5	100

자료 : 일본방송대학 내부자료(2016.10.18) http://www.ouj.ac.jp/ 참고 작성.

또한 일본 방송대학에는 60대 이상의 고령학습자가 상당수 재학하고 있는 것으로 드러났다. 이와 같은 방송대학의 학습기회에도 불구하고 고령자의 학습욕구를 모두 수용하기에는 한계가 있을 것으로 보인다. 그 이유로는 학점취득의 난이도뿐만 아니라 대면수업 및 학

---

230 일본방송대학의 특징은 수강형태를 다양화한 것인데, 졸업을 목표로 하는 전과이수생과 더불어 2학기 재학의 선과이수, 나아가 학기재학 과목이수 형태 등 다양하게 학습을 선택할 수 있도록 하고 있다. 박윤주(2015) 「한국과 일본의 방송대학 비교 연구」『일본근대학연구』제49집. 한국일본근대학회. pp.337-338. 방송대학 교양학부 소속 전임교수는 2014년 현재 87명인데 반해, 객원교수는 400여명에 달한다. 객원교수는 관련분야의 전문가를 위촉하는 형태로서 타 대학의 전, 현직교수를 초빙하여 각 과정의 교육을 담당하도록 하고 있다. 특히 한 과목 당 3학점 가운데 2학점은 방송강의이며 1학점은 대면수업으로 구성되며 대면수업은 전국의 50개 학습센터에서 이루어진다.

습센터까지의 교통편·접근로 등 원격지로의 이동불편 및 지역사회의 선호과목을 전국을 대상으로 한 방송대학에서 모두 개설할 수는 없기 때문이다.

한편 지역사회의 경우, 고령자의 여가활용을 위한 학습지원 프로그램은 정규대학에서 실시하는 문화강좌를 비롯해 문화센터, 공민관[231], 사설학원 나아가 지자체가 실시하는 고령자대학 등에서 펼쳐지고 있다. 특히 지자체가 실시하는 고령자대학에서는 지역고령자만으로 구성된 수강자 네트워크 형성이 용이한 점뿐만 아니라 지역사회와 밀접한 강좌개설과 고령자에게 적합한 학과목이 개설되어 고령자의 학습동기를 촉진시키고 있다.

〈표 13-4〉 학교시설 개방 상황(%)

구분	시설을 개방하고 있다	각 시설의 개방 상황				개방하고 있지 않다
		교사	체육관	운동장	수영장	
초등학교	97.4	42.7	93.8	87.7	43.1	2.6
중학교	94.6	27.5	89.1	70.9	8.4	5.4
고등학교	73.7	29.6	39.8	50.4	2.1	26.3
계	93.7	37.3	87.3	79.5	29.6	6.3

자료 : 문부과학성(2010년도) 참고 작성(조사대상은 전국의 공립학교).

또한 초·중학교의 여유교실은 「여유교실 활용지침」(1993년 문부성 교육조성국장, 대신관방문교시설부장, 평생학습국장 통지)에 의거하여 학교시설의 본래 기능을 배려하면서 적극적으로 사회교육시설이나 스포츠·문화시설 등으로의 활용을 도모하고 지역주민의 학습활동에도 이바지하

---

231 사회교육에 있어서는 공민관(公民館)의 역할은 큰 비중을 차지한다. 학습기회의 기능적 측면에서 보면 도서관, 박물관 등의 시설도 있다. 특히 공민관은 지역을 기반으로 한 종합 커뮤니티의 장소로서 학습 이외에도 지역주민의 활동거점이 되어 왔다.

기 위해 지방자치단체를 통한 전용이 촉진되도록 구체적인 사례를 소개하고 있다.

그와 더불어 지역사회의 다양한 사회교육활동은 고령자의 삶의 보람을 고양시키고 각 세대가 고령자와의 교류나 고령자문제에 대한 학습을 통해 고령사회에 대한 이해를 심화시키는 역할을 하고 있다.

4. 지자체의 고령자대학

최근 고령자의 관심을 모으고 있는 일본의 고령자대학은, 방송대학과는 달리 주로 시·정·촌(市町村)이 실시하는 고령자의 평생학습사업의 형태로서 학교교육법으로 규정되는 대학은 아니다.

이른바 시민대학의 일종으로 일본에서는 「고령자대학」, 「실버대학」, 「장수대학」등의 명칭을 사용하기도 한다. 현재 이와 같은 고령자대학에 관한 특별한 법률은 없으며 고령자대학을 관장하는 정부기관도 따로 없다.

행정사무는 시·정·촌(市町村)이 대부분 주관하고 있으며 조직형태가 주로 지자체의 노인복지 관련 부서에서 고령자대학을 지원하고 있는 경우가 대부분이다. 또한 고령자대학의 프로그램은 학습지도요령과 같은 정규과정처럼 특별히 정해진 것이 아니기 때문에 주로 지역사회의 역사, 건강·취미, 교양학습 및 수강자의 친목을 도모하기 위한 강좌로 이루어져 있다.

〈표 13-5〉 일본 전국의 지자체운영 주요 고령자대학

団体	札幌市	仙台市	さいたま市	千葉市	横浜市	相模原市	静岡市
名 称	札幌シニア大学	せんだい豊齢大学	シニアユニバーシテイ/大学院	ことぶき大学校	横浜シニア大学	あじさい大学	みのり大学(その他「さわやか大学」、「いきいき大学」、「はごろも大学」等)
運 営	【委託】(社)札幌市老人クラブ連合会	【指定管理者】(財)仙台市健康福祉事業団	【委託】特定非営利活動法人教育支援協会	【指定管理者】(社)千葉市社会福祉事業団	(公財)横浜老人クラ連合会	市直営	市直営(23学級)/[指定管理者]文化振興財団(13学級)
開設年度	2001年	1992年	2001年	2000年	19766年	1981年	1965年
専用校舎	無	無	無	有	無	無	無
学科内容	基礎講座 楽しい活動講座 社会活動講座	①総合生活コース ②ふるさと文化コース(各60名)	一般教養(1,192名)専修課程(60名)	[ボランテイア実践コース]福祉・園芸[創造活動コース]美術・陶芸(各30名×2)	①一般講座(1,100名)②特別講座(485名)	芸術・健康・大学・教養・園芸5学部35学部 ※年3回程度公開講座開催	市生涯学習推進課直営(5学部)119名 市交流館直営(18学級)1,141名 財団(13学級)1,205名
定 員	100名	120名	1,252名	240名	1,585名	1,150名	2,465名
期 間	2年	2年	1年	1年	4~8ケ月	1年	1年
年間日数	30日	30日	15~20日	28日	15~20日	24日	6~17日
受講料(年間)	12,000円(2年)	20,000円	3,000円	実践コース12,000円 創造コース60,000円	2,000円(特別講座芸術コース4,000円)	6,000円	無料~2,000円

団体名	名古屋市	大阪市	堺市	神戸市	広島市	北九州市	福岡市
名 称	高年大学鯱城学園	いちょう大学	高齢者教養大学	シルバーカレンジ	広島市老人大学・大学院	北九州市立年長者研修大学	高齢者はつらつ活動拠点事業
運 営	[指定管理者](社)名古屋市社会福祉協議会	[指定管理者]大阪市教育振興公社・SPS共同事業体	【委託】堺市老人クラブ連合会	[指定管理者](財)こうべ市民福祉振興協会	(社)広島市社会福祉協力議会	[指定管理者](社)北九州市社会福祉協議会	【委託】実行委員会(教育委員会・シニアフレンズ等で構成)

開設年度	1986年	1992年	1973年	1993年	1974年	1979年	1972年
専用校舎	有	無	無	有	無	有	無
学科内容	生活・文化・園芸・陶芸・地域・健康・美術・環境・国際・福祉10学部12クラス	文学／美術・水彩画／歴史考古学／世界の文化と音楽／人間と芸能の絆	1.生きがい健康づくり講座(120名) 2.健康体操(50名)	①健康福祉②国際交流・協力③生活環境④総合芸術(美術工学・音楽文化・園芸・食文化	一般教養講座(大学院一般教養講座)	国際情報、生活情報、地域づくり活動、書道、写真、陶芸、花と野菜づくり、コーラス、絵画、英会話等	①ふくおか地域塾(マジックバルーン、健康エクササイズ、手話ダンスほか)②はつらつ講座(ねんりんピックへの取組)
定員	1,136名	195名	170名	420名	350名	1,050名	講座に応じ20～30名
期間	2年	1年	2ヶ月	3年	3年(院2年)	1年	2～3ヶ月
年間日数	32～62日	28日	12日	60日	19日	40日	年間57回開催
受講料(年間)	30,000円(入学費込)	無料(教材費のみ)	無料	①～③50,000円④56,000円	2,000円	24,000円	1,500-8,000円

자료 : 相模原市 高齢者支援課 내부자료를 토대로 재구성(2014.8 현재).

입학자격은 지자체에 따라서 60-65세 전후로 정한 곳이 많으며 수업은 2개월 과정부터 2년제에 이르기까지 지자체의 형편에 따라 다양하게 구성되어 있다. 지자체 가운데에는 고령자대학을 위한 전용 강의시설을 보유한 지자체(千葉市, 神戸市, 名古屋市, 北九州市 등)도 있으며, 지자체가 고령자 대상 고령자대학을 직영 혹은 위탁의 형태로 운영하고 있다.

그 가운데 인구 50만 명 이상의 주요 정령지정도시(政令指定都市)의 고령자대학 개설현황은 〈표 13-5〉와 같다. 특히 수도권에 위치하며 지자체가 운영하는 대표적인 고령자대학으로 1981년에 설립되어 약 34년 동안 수강생이 무려 연인원 25,000명 이상의 이용실적을 갖고

있는 수도권의 아지사이대학「神奈川県相模原市高齢者(あじさい)大学)」
의 운영현황에 관해 살펴보기로 하자.

먼저, 사가미하라시(相模原市)의 아지사이대학은 특별히 국가차원
의 관련 법령이 없기 때문에「사기미하라시고령자대학설치운영요강
(相模原市高齢者大学設置運営要綱)」에 입각해 보건복지계획과 문화진흥계
획에 의거 고령자의 건강과 삶의 보람을 확보하기 위한 목적으로 대
학을 개설하였다. 개설 초기인 1981년에는 7강좌에 정원 192명으로
출발하였다. 그 후 2001년에는 25강좌 778명으로 그리고 2011년에는
35강좌 1,170명으로 정원이 늘어났다.

〈표 13-6〉 아지사이대학 강의개설 현황

ソレイユさがみ(5学科)	学科名	内容	定員
13교실	健康(3)	太極券	36
15교실	健康(5)	エアロビクス	36
18교실	調理(1)	調理	24
27교실	歴史(2)	世界史	48
28교실	教養(3)	環境	48
緑合同庁舎(2学科)			
2교실	書道(2)	書道	24
5교실	美術(4)	油絵	20
社のホールはしもと(1学科) 22교실	文学(3)	雨月物語	36

あじさい会館(10学科)	学科名	内容	定員
1교실	書道(1)	書道	24
3교실	美術(1)	水墨画	24
4교실	美術(2)	水彩画	24
6교실	版画	版画	24
9교실	民謡(1)	民謡	32
11교실	詩吟	詩吟	36
21교실	文学(1)	源氏物語	36

23교실	文学(4)	万葉集	36
25교실	文学(8)	鴎外・漱石	36
ウエルネス(1学科) 19교실	調理(2)	調理	24
環境情報センター(3学科)	学科名	内容	定員
24교실	文学(6)	字治拾遺物語	56
26교실	歴史(1)	日本史	56
29교실	教養(4)	宇宙学	56
けやき体育館(3学科)			
7교실	陶芸(1)	陶芸	24
12교실	健康(1)	リズム体操	72
17교실	健康(8)	コーラス	36
シルバー人材センター(4学科)	学科名	内容	定員
31교실	パソコン2	パソコン	32
32교실	パソコン3	パソコン	32
33교실	手芸	手芸	24
34교실	園芸(1)	草花	24
プロミテイふちのべ(1学科)			
24교실	文学(6)	字治拾遺物語	48
南保険福祉センター(2 学科)			
10교실	民謡(2)	民謡	36
20교실	調理(3)	調理	20
シルバー人材センター(1学科)			
30교실	パソコン1	パソコン	20
東林ふれあいセンター(1学科)			
14교실	健康(4)	コーラス	36
おださがプラザ(1学科)			
16교실	健康(6)	足の健康	48
れんげの里あらいそ(1学科)			
8교실	陶芸(2)	陶芸	24

자료 : 相模原市内部資料(2013:34학과 1,170명)참고 작성(매년 변동 있음).

2015학년도에는 35강좌를 개설하였으며, 모집정원은 1,230명으로서 전문가단체, 대학연대의 강사파견을 통한 전문가 58명(2015.8현재)이 강의를 맡아 수업을 진행하였다.

이러한 지자체 주관의 고령자대학의 강의수준은 일반대학의 교양과목 이상으로 내용도 다양하게 구성되어 있으며 출석관리도 상당히 엄격하게 이루어지고 있다. 또한 고령자대학에 따라서는 동기부여의 측면에서 학습을 수료하면 지자체장 명의의 수료증을 수여하는 곳도 있다. 앞의 〈표 13-6〉은 아지사이대학(あじさい大学)의 개설과목인데 지역적 특성을 반영한 우주학(宇宙学)등의 수강과목도 있다.

이렇듯 최근 고령자의 학습욕구의 증대에 따라 고령자대학에 대한 관심이 고조되어 사기미하라시의 고령자대학에서 개설되는 인기강좌의 경우에는 두 자릿수의 수강신청이 쇄도해 상당한 입학경쟁률 (10.05:1)을 보이기도 한다[232].

고령자대학의 응모자격은 사가미하라 시내에 거주(주소지)하는 60세 이상의 건강한 자(의사의 운동제한 과목 있음)로서 수강료는 강좌 당 7,800엔이며 교재비와 재료비 등은 별도부담이다. 수업은 두 시간 수업의 강의가 연24회 이루어지는데, 학과목 전체평균 이수율이 놀랍게도 정규과정과 비교해도 결코 뒤지지 않는 수준인 97%를 넘고 있다[233]. 또한 입학식과 공개강좌(3회), 발표회, 수료식 이외에는 정시강의로 매우 엄격한 학사운영이 이루어지고 있다. 매년 강의는 5월 중순경에 시작해 다음해 2월초에 마치게 된다.

---

[232] 사가미하라시(相模原市) 고령자대학(あじさい大学)의 컴퓨터(1)강좌에는 20명 정원에 무려 201명이 지원하기도 하였고, 미술, 서도 외에 우주과학강좌(JAXA: 우주항공연구개발기구)에는 56명 모집에 115명이 지원하는 등 고령자의 관심영역이라고는 믿기지 않는 교양강좌 영역의 인기도 또한 상당한 것을 알 수 있다.

[233] 이하, 사가미하라시(相模原市)의 2013년, 2014년, 2015년, 3년차 내부자료에 입각해 고령자대학의 운영현황에 의함.

입학자 선정은, 민영교육기관과는 달리 선착순이 아니라 신청기한 내(매년 3월 15-4월 4일 전후)에 접수한 신청자에 한하며 다수일 경우에는 추첨으로 입학이 결정된다. 특히 80세 이상의 고령자에게는 1회에 한해 우선권, 그리고 2년 이상 지원했지만 추첨에서 떨어져 한 번도 입학기회가 없었던 고령자에게는 1회의 우선 입학기회가 주어지는데 이는 고령자가 골고루 이용할 수 있도록 배려하는 차원이라고 하겠다.

강의실 수업진행은 고령자대학 전용시설은 없지만, 시청청사 및 구청청사 그리고 관련기관의 건물(아지사이회관, 체육관, 실버인재센터, 보건복지센터, 환경정보센터, 주변대학, 그 밖에 각종 문화시설의 공간)에서 이루어지고 있다(〈표 13-6〉 참조).

이렇듯 아지사이대학(あじさい大学)은 지역사회의 협력과 더불어 고령자대학을 수료한 고령자 수강생이 OB회를 구성하여 작품전 및 건강체조회 등을 개최하는 등의 활동을 하고 있는데, 사가미하라시 내에 현재 200단체, 3,700여명이 참여하고 있는 성과를 보이고 있다. 끝으로 고령자대학의 학사운영, 즉, 입학사정과 고령자대학의 각종 학사관리는 사가미하라시 고령자지원과(사무국)가 맡아서 운영하고 있으며 고령자대학 관련 운영사무는 노인복지지원 사업 중에서도 상당히 중요한 업무라고 하겠다.

5 고령자의 사회공헌과 노인클럽

일본에서의 노인클럽은 1950년경 경제·사회의 혼란과 가족제도의 변혁 등 이전에 경험하지 못했던 상황 속에서 고령자 스스로가 모여 새로운 역할을 추구하려는 목적으로 탄생된 자주적인 조직이다. 노인클럽의 이념적 측면을 보면, 21세기 고령사회에 있어서 지역의 고령자가 삶의 보람과 건강유지를 위해 노인클럽동호회를 기초한 상호지원과 유쾌한 클럽형성, 사회에 공헌하려는 클럽형성을 지향하고 있다.

즉 21세기는 고령자의 세기로서 인식하고 있는 것이다. 따라서 고령사회의 주역은 바로 고령자 자신이라고 인식한 다음, 노인클럽이 형성되는데 기초가 된 법률은 1963년에 제정된 노인복지법과 더불어 1994년에 공표된 신골드플랜(고령자 보건복지추진 10개년전략의 재고) 등에 입각하여 고령자의 사회참가·삶의 보람대책의 추진을 위한 조직체로서 발전하고 있다.

노인클럽 가운데 장수지역으로 알려진 오키나와지역의 노인클럽을 〈표 13-7〉과 함께 간략히 살펴보기로 하자. 매스컴을 통해서도 장수자가 많은 곳으로 알려진 오키나와현(沖縄県)의 노인연합회[234]는 지구별 시·정·촌(市町村) 노인클럽의 활동에 대해 노인클럽의 유지·발전을 위한 지도와 조언을 실시하고 있다. 그와 동시에 고령자의 삶의 보람을 위한 노인클럽활동의 기반적 사업으로 ① 건강유지활동, ② 재택복지를 지원하는 우애활동, ③ 사회봉사활동 등 전국적인 3대 운동뿐만 아니라 세대 간의 교류확대와 안전·안심대책 등 폭넓은 활동을 추진해오고 있다.

---

234 오키나와현 노인클럽연합회의 연혁 : 1962년 9월 오키나와 노인클럽연합회결성 (오키나와사회복지센터에 사무소 설치, 1974년 2월 재단법인 오키나와 노인클럽연합회 인가, 1995년 7월 오키나와현 남부합동청사로 사무소 이전, 2003년 5월 오키나와현 복지센터로 사무소 이전, 2012년 4월에 이르러서는 공익재단법인 오키나와 노인클럽연합회 법인으로 이행하였다.

〈표 13-7〉 오키나와 노인클럽 현황

구 분		총인구	60세 이상인구	노인클럽연합회수	노인클럽수	노인클럽회원수	가입률	구성비율
지역	북부지구	129,203	34,536	12	160	15,099	43.9	23.6
	중부지구	604,722	124,714	10	220	28,403	22.8	44.5
	나하시	315,452	74,021	1	40	2,288	3.1	3.6
	남부지구	248,231	54,020	13	189	10,394	19.2	16.3
	미야코지구	55,938	15,761	2	93	4,649	29.5	7.3
	야에산지구	54,054	13,621	3	55	3,013	22.1	4.7
계		1,407,600	316,573	41	757	63,846	20.2	100.0

자료 : 공익재단법인 오키나와 노인클럽연합회
http://www.okirouren.com/(검색일 : 2016.10.14) 참고 작성.

노인클럽은 만60세 이상의 고령자면 누구라도 가입할 수 있으며, 757클럽에 63,846명이 가입(2010년 현재)하고 있어서 오키나와 고령자 5명 중 1명이 회원이라고 할 만큼 조직력이 확고하다. 노인클럽의 역할을 기반으로 하는 자주적인 조직으로 고령자 스스로 삶의 보람을 제고하고 건강을 유지하기 위한 활동 및 봉사활동을 비롯해 지역사회 발전을 위한 각종활동을 추진하고 있다[235].

노인클럽의 활동과 역할은 장기요양보험(介護保險)제도와 관련하여 고령자를 대상으로 한 치매예방과 생활지원의 관점에서 볼 때 향후 그 역할이 더욱 확대될 것으로 기대되고 있다. 따라서 이미 초고령사회를 맞이한 오키나와현(沖繩県)의 노인클럽은 활력 있는 지역형성을 위해 없어서는 안 될 존재가 되고 있다.

---

235 주요 활동내용은 스포츠(그라운드골프, 게이트볼 등), 레크리에이션(작품전, 계절행사, 동아리활동 등), 평생학습(전문가 포함 작업장), 노인방문활동 추진사업(지도자 양성 연수회), 건강증진 지원사업(지도자 양성 강습회), 노인 상호지원 추진계발사업(작업장), 자원봉사(분리수거, 독거노인교류, 청소활동 등) 등이며, 연구세미나, 성과발표대회, 바둑, 작문 등 경진대회도 매년 실시하고 있다.

제14장

한국과 일본의 베이비붐세대

1. 한·일 양국의 인구고령화

이미 앞에서도 살펴본 바와 같이 일본의 인구고령화는 제2차 세계 대전 이후 선진국 가운데 가장 빠르게 진전되었다. 일본통계청의 인구속보를 기준으로 한 확정치(2016.4.1)에 따르면, 65세 이상 인구는 약 3,434.3만 명(남자 약 1,486.3만 명, 여자 약 1,948.1만 명)으로 무려 27%의 인구고령화율을 보이고 있다.

이러한 추세는 65세 이상의 고령자 인구가 1970년에 총인구의 7.1%(약739만 명)이었으나 2005년에는 20.2%(2,567만 명)에 달해 이미 초고령사회에 접어들은 이후에도 계속 진전되고 있다. 이러한 추이로 인해 2035년경에는 고령자가 전체인구의 33.4%(3명중 1명이 고령자)로 늘어날 것으로 예상되고 있으며, 2060년경에는 무려 39.9%(약 3,464만 명)에 달할 것으로(국립사회보장·인구문제연구소, 장래인구추계 2012.1)전망하고 있다.

한편, 한국의 인구고령화율은 1960년에 약 3.3% 수준이었으나 점차 늘어나 2000년에는 7%대에 접어들어 고령화사회로 진입하였다. 통계청이 노인의 날(10월 2일)에 발표한 '2016 고령자통계'에서는 인구고령화율이 약 13.2%(약 657만 명)였으나 그 후에 이어진 행정안전부의 발표에 따르면, 2017년 8월말에 이미 인구고령화율이 14%(725만7288명)에 달해 본격적인 고령사회 대열에 들어섰다. 또한 초고령사회로의 진입은 2026년을 전후해 도달할 것으로 예상되어 약 20년의 차이를 두고 일본의 고령화와 유사하게 진행되고 있음을 알 수 있다.

일본은 1945년 제2차 세계대전 종전 이후에 급격히 늘어난 일본의 베이비붐세대인 이른바 단괴세대(団塊世代:1947-1949년 출생자)라고 불리는 인구집단의 고령층 진입의 영향력이 크게 나타나고 있다. 이미 2006년에 초고령사회로 접어든 일본은 2007년부터 정년을 맞이한 베이비붐세대에 의해 고령화율이 더욱 급격히 높아지고 있는 것이다[236]. 이러한 인구고령화의 추이는 한국에서도 유사하게 진전되고 있음을 〈표 14-1〉 과 같이 알 수 있다.

236 정기룡 앞의 논문 pp.40-41. 일본의 1945년 제2차 세계대전 종전 이후의 베이비붐(団塊の世代) 출생자의 일본경제에 대한 공과에 관한 견해가 분분한데, 그 시대의 주역이 60대로 접어들면서 2007년부터 사회일선에서 정년을 맞이하기 시작하였다. 그러한 배경에 입각해 생산연령인구에 대한 고령자인구 비율(노령인구지수)도 급격히 높아지고 있다.

〈표 14-1〉 한국과 일본의 인구고령화 추이와 속도(%)

구 분	1980	1990	2000	2010	2020	2030	2040	2050
한 국	3.8	5.1	7.2	11.3	15.6	24.3	32.5	38.2
일 본	9.1	12	17.3	23.1	29.2	31.8	36.5	39.6

구분	도달연도 및 고령화율(%)			소요년수	
	고령화사회 (7%)	고령사회 (14%)	초고령사회 (20%)	7%→14%	14%→20%
한 국	2000년	2018년*	2026년*	18년*	8년*
일 본	1970년	1994년	2006년	24년	12년

자료 : 한국통계청『2010고령자통계』, 日本內閣府『2010年度高齢社会白書』
한·일 비교를 위해 양국의 2010년도 확정치를 참고 작성.

우리보다 20여년 앞서 인구고령화가 진전된 일본은 급격한 고령화
에 따른 노인문제에 대처하기 위해 각계의 폭넓은 의견을 수렴하여
1970년대부터 지속적으로 정책에 반영하고 있다. 예를 들어, 「고령사
회대책기본법(1995)」제정이라든지 「고령사회대책대강(1996)」을 발표
하면서 노인문제의 전문그룹이 내놓은 연구결과와 활동사례에 입각
해 노인의 삶의 질을 제고할 수 있는 정책적 실천방안을 지속적으로
고령자대책[237]으로 발표하고 있다.

---

237 이와 관련된 시도로서 먼저, 중앙사회보장심의회(1970년 11월 25일)가 후생대신
    에게 보낸「노인문제에 관한 종합시책」이라는 답신에서 국민적 합의를 이루기 위
    해 연금, 의료, 취업, 주택, 복지서비스 등에 관한 광범위한 노인대책을 종합적으
    로 추진할 것을 제안하였다. 그 후 고령자의 보건·복지 분야에서 공적서비스를 정
    비하기 위한 일본의 구체적 목표 및 시책으로서 이른바 골드플랜 즉, 「고령자보건
    복지추진10개년전략(1989)」을 책정하였고, 골드플랜을 수정하여 개정판「신골
    드플랜(1994)」을 수립하였다. 또한 고령사회대책의 일환으로「高齢社会対策基本
    法(1995年 11月 15 法律第129号), 最終改正 : 1999年 7月 16 法律第102号」에 근거
    해「高齢社会対策大綱(1996/2001年 12月 28日)閣議決定」으로 내용을 수정하는 등
    지속적인 고령자대책에 임하고 있다. 즉, 「高齢社会対策大綱」에는 고령자를 사회
    문제의 주요 대상으로 파악하여 ① 고령자의 취업, ② 고령자의 소득, ③ 고령자의
    건강, ④ 고령자의 복지, ⑤ 고령자의 학습, ⑥ 고령자의 사회참가, ⑦ 고령자의 생
    활환경 등을 분야별 기본 시책으로 다루고 있다.

한편, 노후의 생활양식과 개인적 여가활동은 상대적이고, 여가활동 또한 고령자의 주관적인 선택과 일상생활의 일부이므로 노인여가에 관한 학문적 견해는 학자마다 다를 수 있다. 예를 들어 노년사회학은 노년기를 각 개인에 내재하는 신체적·정신적 능력의 변화라는 관점보다는 외적인 여러 조건, 이를테면 사회제도나 사회적 지위·역할의 변동과 같은 사회학적 관점에서 파악함으로써 노년기와 관련된 구체적인 문제들을 해명하고 분석하고 있다[238].

물론 한국과 일본의 고령자가 처한 환경적 차이라든지 고령자 개인의 건강상태와 경제사정 등의 차이가 있어 여가활용과 여가활동의 유용성을 다르게 인식할 수는 있겠지만, 양국의 고령자가 노후의 긴 시간을 무료하게 보내기보다는 노년기 삶에 대해 긍정적 영향을 미칠 수 있는 노인여가의 활용에 관해 논하고자 한다.

 한·일 베이비붐세대의 특성

(1) 한국의 베이비붐세대

베이비붐세대와 같은 거대한 인구집단의 출현은 우리나라에서만 드러난 현상이 아니라 미국을 비롯해 유럽 일본 중국 등 세계 여러 나라에서 베이비부머로 불리는 인구집단이 있다. 이들 대부분은 전쟁이 끝난 직후 폭발적인 인구증가로 인해 출생한 거대집단들이다.

---

238 정기룡(2006.7)『일본사회의 이해-고령사회 일본의 사회문제와 대책-』제이앤씨 pp.147-149 그 외에도 여가활동의 사회현상을 구체적으로 논리화·유형화시키는 작업은 사회적배경과 대상지역 나아가 학문영역(문화인류학, 노년사회학, 사회복지학 등)의 분석방법 등에 따라 쟁점과 결과가 서로 다를 수 있기 때문에 단적으로 논하기 어렵다.

우리나라에서 베이비붐세대란 1955년에서 1963년 사이에 출생한 집단을 가리키며 그 당시 태어난 인구가 무려 700여만 명으로 추정되고 있다. 베이비붐세대가 태어나기 시작한 1955년부터 1963년까지의 시기는 한국전쟁으로 흩어졌던 가족이 다시 만나 전란의 상처를 보듬으며 정치적·경제적 혼란기를 겪으며 경제개발을 시작하던 시대라고 하겠다.

돌이켜보면, 베이비붐세대는 치열한 입시경쟁과 입사시험을 거쳐 일자리를 얻었고, 자녀양육과 부모봉양을 당연한 것으로 받아들인 '끼인 세대'로써 세파를 헤쳐 온 산업역군의 세대이기도 하다. 이렇게 살아온 베이비붐세대의 본격적인 은퇴가 2015년부터 시작됐다[239]. 2020년 전후에는 700만 명에 달하는 거대한 인구집단이 현역사회에서 정년으로 퇴장하게 되며 이들이 고령층에 속하게 된다.

〈표 14-2〉 베이비붐세대의 생활상 변화

베이비붐세대 성장과정의 변화 내용
* 1인당 국민소득 : (1960년) 79달러 → (2016년) 25,990달러
* 초등학교 학급당 학생 수 : (1967년) 64.8명 → (2015년) 22.6명
* 학원 수 : (1973년) 2,746개 → (2016년) 78,306개
* 대학진학률 : (1979년) 남 29.2%, 여 20.7% → (2015년) 남/여 평균 70.8%

자료 : IMF 1인당 GDP, 교육부(2016) http://www.moe.go.kr/(2016.10.6)
교육통계연보(2016)http://kess.kedi.re.kr/index 등에 참고 작성.

---

239 한국의 베이비붐세대(1955-1963년생)가 본격적으로 은퇴를 시작하고 있는 만큼 최근 사회적 관심이 높아지고 있다. 베이비부머의 대부분은 열악한 교육환경 속에서도 미래를 꿈꾸며 학창시절을 보내면서 산업화, 민주화, 외환위기, 글로벌 금융위기를 겪었다. 이러한 급격한 경제·사회 변화 속에서도 국가와 자신의 발전을 위해 노력했기에 스스로 성장 동력세대라는 자부심이 강한만큼, 역경의 변화를 겪은 세대라고 하겠다.

최근 은퇴를 시작한 베이비붐세대는 한편 불안하기도 하다. 이미 55세에 정년을 경험했거나 그 이전에 명예퇴직을 한 일부 베이비붐세대는 은퇴 후의 노후준비가 충분히 되어 있는지 혹은 그렇지 못한지가 당면 문제이다. 베이비붐세대의 은퇴 이후 노후자금은 국민연금과 퇴직금 그리고 일부 금융자산, 부동산 등으로 구성된다고 하겠다.

그동안 한국사회는 기형적으로 부동산을 통해 자산을 늘려온 경우가 많았기에 베이비붐세대 역시 그 흐름에 휩쓸려 왔다. 따라서 상당수의 베이비붐세대는 '상대적 빈곤' 혹은 '풍요 속의 빈곤'을 느끼는 경우처럼, 비교적 현금자산이 적은 세대일 수도 있다. 왜냐하면, 전체 자산에서 부동산이 차지하는 비중이 무려 80% 정도로 높게 나타나고 있기 때문이다.

〈표 14-3〉 60세 이상고령자의 생활비 마련방법

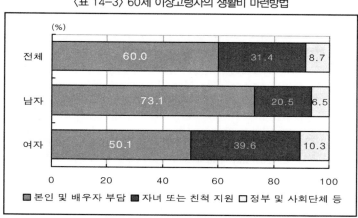

자료 : 통계청 「사회조사(2009)」, 국가통계포탈(KOSIS) 참고 작성.

베이비붐세대는 그동안 가계경제의 주된 수입원으로 부모와 자식을 모두 부양해야 하는 버팀목 역할을 하였으나, 정작 본인을 위한 노후준비에는 소홀할 수밖에 없었다. 따라서 불안한 노후를 극복하기 위하여 정년퇴직 이후에도 취업을 희망하는 베이비붐세대는 생활비는 물론 노후 지출비중이 큰 의료비 등을 마련하기 위해 활발한 경제활동이 예상된다. 나아가 베이비붐세대의 주요자산은 부동산이 대부분이기 때문에 생활비, 의료비 등 주로 노후의 소비지출을 염두에 두어 노후대비를 구상해야 할 것으로 보인다.

한편, 격변의 세월 속에서 변화의 리더이자 버팀목 역할을 해온 이 시대의 고령자들은 노후의 정책적 지원을 기대하는 동시에 이전의 여가활동[240]을 추억하며 왕성한 사회참여 및 여가를 즐기는 안정된 생활을 갈망하는 세대이기도 하다. 그러나 저출산·고령화에 따른 생산가능인구의 감소는 노인부양부담[241]을 더욱 증가시킬 것으로 예상된다. 왜냐하면, 저출산·고령화에 따른 생산가능 인구의 감소로 노동력부족과 노인부양 부담의 증가가 예상되기 때문이다.

통계청의 장래인구추계에 따르면, 생산가능(15-64세)인구는 2016년을 정점(3,619만 명)으로 감소할 것으로 전망된다. 노동력의 주축인 핵심 생산가능(25-49세)인구는 2007년을 정점(2,066만 명)으로 이미 감소하기 시작하여 노동력 부족도 예상되고 있다.

---

240 베이비붐세대가 성장과정을 통해 누려온 문화적 경험은, 통기타와 음악다방, 대학가요제 등 대중음악에 심취했는가 하면 등산, 캠핑, 자전거, 조기축구 등 큰 돈 안 들여도 즐길 수 있는 스포츠와 대중문화를 만끽해오던 시기이기도 하다.

241 노년층을 위한 부양부담은 의료, 간병·수발, 주거환경 등 전통적인 부모부양 의식의 약화와 자녀세대가 겪는 경제적인 어려움이 가중되면서 케어고령자의 사회적 비용이 점점 늘어나고 있다.

〈표 14-4〉 베이비붐세대의 노후준비와 부양부담

* 노후생활비 마련 방법(50~59세) : 남 - 국민연금 47.2%, 　　　　　　　　　　　　　　여 - 예금·적금·보험 32.0% * 60세 이상 생활비 마련방법 : 본인 및 배우자 60.0% * 65세 이상 인구비율 : (2000년) 7.2% → (2018년)14.3% 　　　　　　　　　　　　　　　→ (2026년) 20.8% * 노년 부양비 부담률 : (2010년) 15.0% → (2022년) 24.3% 　　　　　　　　　　　　　　→ (2027년) 32.6% 　　　　　　　　　　　　　　→ (2036년) 48.9%

자료 : 통계청, 「장래인구추계」와 국가통계포털(KOSIS) 참고 작성.

　이러한 저출산·고령화에 의한 생산가능인구의 감소는, 노인부양 부담을 증가시키는 요인이 되고 있다. 고령자 노후부담 인원을 전체 인구로 단순히 환산하면, 2010년에는 약 6.67명이 고령자 1명을 부양해야 하는 것으로 나타났지만, 2022년에는 약 4.12명이 고령자 1명을 부양해야 하고, 2027년에 이르면 약 3.07명이 1명을 그리고 2036년경에는 약 2.04명이 고령자 1명을 부양해야 되는 것으로 예상되고 있다.

〈표 14-5〉 생산가능인구의 변화추이

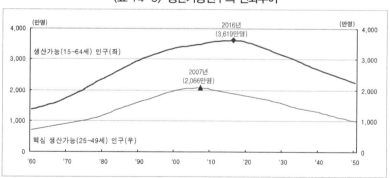

자료 : 통계청, 「장래인구추계」와 국가통계포털(KOSIS) 참고 작성

특히 한국의 베이비붐세대는 부모를 부양하는 마지막 세대이지만, 자식에게는 부양을 받지 못하는 세대가 될 것으로 보인다. 따라서 이들은 부모부양과 자식양육에 경제력을 소모하느라 자신의 노후기반을 충실하게 마련하지 못한 현실에 처해 있다. 이러한 문제들로부터 자신을 지키기 위해서는 본인에게 맞는 대비책을 스스로 찾아야 한다. 그 방법으로 노후대비를 위한 일자리확보, 재무설계, 사회참가, 사회공헌활동 등의 노력이 필요할 것이다.

(2) 일본의 베이비붐세대

일본 베이비붐세대의 특성은 어떠한가? 일본인은 조직 내에서 개인의 「의사표명」과 자주적 판단에 의한 「의사결정」에 소극적인 경향이 있다. 베이비붐 세대 또한 그동안 치열한 경쟁 속에서 기업 내에서는 기업문화에 입각한 의사소통의 방법론을 배우고 체험해 왔을 것이다. 이러한 과정에서 모든 문제에 대해 독특한 리더십을 발휘하기보다는 오히려 조직에 종속하려는 습관에 길들여졌을지도 모른다.

따라서 어떠한 사안을 결정할 때의 전례주의, 사전협의, 품의제도에 의한 의사결정에 익숙한 퇴직 고령자가 정년 후 자신의 행동과 의사를 결정할 때가 되면 매우 혼란스러울 것이다. 그럼에도 불구하고 베이비붐세대는 퇴직 후 가정에만 머물지 않고, 일상생활의 중점을 기업에서 지역사회로 이동하거나 자원봉사 단체에 속하려는 속성을 보이는 고령자가 늘어나게 될 것이다.

그러므로 정년을 전후해서는 현역시대 기업논리의 의사결정보다는 개인의 건강과 환경측면을 고려한 적극적인 의사결정이 수반되어야 한다. 물론 홀로서기와 같은 사전교육과 임의결정에 있어서는 시행착오가 따를 것이다. 일본의 베이비붐세대(団塊世代)의 행동양식이 과연 어떠한 선택을 하게 되고, 어떤 결과로 귀착하게 될지는 아직 현재진행형이기 때문에 지금 시점에서는 베이비붐세대의 가능성 측면에서 살펴보기로 하자.

이전의 고령자보다는 비교적 교육기회가 많았고 자동화 사무기기 등을 다루어온 베이비붐세대의 고령층에게는 네트워크 환경에 익숙하므로 직장에서 지역사회로의 소속감 이동을 원활히 하기 위해 그들의 사회참여를 이끌어낼 수 있는 계기를 제공한다면 고령자의 사회참여가 더욱 활성화될 것이다.

더욱이 고령자 가운데 지역사회의 행사에 참여하는 노인이 대략 1/4 수준으로 나타나고 있으며 향후 지역사회에서의 자원봉사활동은 더욱 늘어날 가능성이 크다고 하겠다. 그러므로 고령자의 지식과 경험이 유용하게 활용되도록 자원봉사활동에 대한 정책적 지원과 관련 시스템정비가 더욱 요구되고 있다. 그를 위해 대중매체나 교육프로그램 등을 통해 긍정적 이미지의 노인에 대한 홍보를 함으로써 노인들에 대한 부정적 인식을 불식시키고 노인들이 지역사회 전반에 솔선해 참여하는 풍토를 조성하고 있는 것이다.

이러한 사회적 인식변화로 노인층이 취로와 자원봉사활동을 스스로 선택할 수 있도록 돕는 동시에 이에 대한 사회적 지지도 얻을 수 있을 것이다. 취로와 더불어 자원봉사활동의 수요처와 공급처에 관한 네트워크 관리를 통해 일손이나 자원봉사가 필요한 개인과 기관 등 수요발굴과 더불어 자원봉사 활동영역, 기간, 내용 등의 정보를 제공한다면 베이비붐세대의 참여도가 더욱 높아질 것이다.

또한 생애학습을 통해서 자원봉사에 관한 교육기회를 부여하고 지역사회에서 고령자의 능력을 발휘할 수 있도록 지자체의 고령자 전담부서의 정책적 지원과 실버인재센터[242]와 같은 고령자 지원단체등

---

242 일본의 실버인재센터는 1980년부터 사업이 시작되었으며, 1982년 사단법인 전국

의 활성화가 필요하다고 하겠다.

 3. **한·일 베이비붐세대의 연금개혁**

(1) 한국 연금제도의 주요 변화

공적연금에 관한 최근의 주요 변화로는 2015년 5월 29일 공무원연금법 개정안이 국회 본회의를 통과한 내용이라고 하겠다. 주요내용은 공무원연금법 동 개정 법률안은 재정안정화 대책이 주를 이루고 있는 반면, 노후의 생활보장을 위한 연금수급권을 강화하는 대책 또한 포함하고 있다.

그 후자의 대표적인 조치가 바로 연금수급권 확보를 위한 최소가입기간 요건완화조치로 가입기간을 20년에서 10년으로 줄인 것이다. 이러한 최소가입기간 요건완화는 노후 소득보장을 위한 차원에서 연금연계법(국민연금과 직역연금의 연계에 관한 법률)에 상당한 영향을 미칠 전망이다[243].

실버인재센터사업협회로서 발족한 고령자단체로서 2008년 말 현재 1,332단체, 75만 여명의 회원으로 구성되어 있다. 회원자격은 60이상으로서 고령자의 오랜 기간 축적해 온 업무지식과 경험을 살려 단기간의 취로(업무내용으로서는 식목 손질, 제초, 청소, 가사지원, 초·중고생의 특별활동 보조교사, 창호 및 벽지시공, 사무정리, 경리업무, 팸플릿배포, 붓글씨, 대필, 주차장관리 등)와 봉사활동을 연결하고 있는데, 평균 주 20시간 활동이 주축을 이룬다. 이러한 실버인재센터는 전국적으로 펼쳐진 네트워크형 조직으로서 취로에 의한 수입은 평균 월5만 엔 전후로서 용돈 혹은 취미생활비용으로서 유용하게 쓰이고 있는 것으로 나타났다. 입회동기로서는 첫째, 「사회적 활동」으로서 약 60%대로 나타났고, 둘째, 「건강유지」가 약 30%, 그밖에 「경제적 측면」 10%, 그리고 기타내용 등으로 분포하고 있어서 무엇보다 고령자의 사회참여 방법의 하나로서 발전하고 있다.

243 국민연금 가입기간과 직역연금 재직기간이 있는 경우 연계신청을 통해 연계기간이 현재 20년 이상이면 연계급여를 받을 수 있었으나 앞으로 공무원연금의 수급

공무원연금의 최소가입기간 요건완화는 기존 연계연금의 엄격한 수급요건(합산가입기간 20년 이상)은 물론 연계를 '선택사항'으로 유지해야 할 논리적 기반을 크게 약화시키는 요인으로 작용하기 때문에 이러한 기존의 연계연금 가입요건 및 수급요건은 그동안 공무원연금 등 특수직역연금의 최소가입기간 요건이 20년 이상이라는 점을 존중하고 특수직역연금의 재정부담을 최소화하기 위한 조치였다.

그러나 이제 특수직역연금에서 수급요건을 크게 완화한 시점에 굳이 연계연금의 가입 및 수급요건을 현행대로 유지해야 하는 것이 필요한지에 대해서는 신중하게 검토할 필요가 있을 것이다. 오히려 그보다는 고령자의 소득보장을 위한 조치로서 국민연금, 공무원연금, 사립학교교직원연금 등 다원화되어 있는 연금제도의 연계강화가 필요한 시점으로 파악된다.

현재, 국민연금과 특수직역연금 간에는 재정이전을 동반하지 않고 단순 가입기간 합산만 지향하는 '연계제도'를 적용하고 있다. 즉, 특수직역연금제도 간에만 재정이전을 동반하는 소위 '합산제도'를 운영하고 있는데 최소가입기간의 일원화는 바로 이러한 연계제도의 필요성에 의해 제기된 것이다. 왜냐하면 기존의 연계연금제도는 2016년에 제도시행('09.8월) 8년차를 맞이하고 있지만, 사실 임의가입을 전제로 하고 있기 때문에 실효성이 떨어져 연계제도 활성화방안이 시급한 실정이다(2017.6월말 현재 누계연계신청자 10,171명, 연계급여 수급권자 1,570명)[244].

따라서 공무원연금 등 특수직역연금의 최소가입기간 요건의 완화 및 국민연금과의 일원화는 연계제도의 활성화 및 내실화에도 결정적

권이 가입기간 20년에서 10년으로 단축되는 한편, 국민연금은 10년이 최소가입기간이므로 연계연금의 가입기간을 10년으로 단축하는 것은 수급권 강화측면에서 의미가 있을 것이다.

244 국민연금공단 내부자료(2017년 6월) 「공동 연계급여정보시스템」종합통계 현황 보고에 의함.

인 동인이 될 전망이다. 다만, 급격한 연금개혁은 연금재정에 미치는 영향 등이 크다는 점에서 신중한 검토 또한 요구된다고 하겠다. 나아가 우리나라 모든 공적연금제도의 최소가입기간 요건이 일원화(공무원연금을 제외한 기타 특수직역연금의 경우도 최소가입기간이 10년으로 자동완화 전망)됨에 따라 연금제도의 연계형태가 보다 자유로워질 것으로 전망된다[245].

단, 우리나라는 일본의 기초연금과 같은 공통부분이 없기 때문에 연금제도 간 연계의 경우, 근로자의 중도퇴직 시 퇴직일시금 등의 지급을 정지하여 연금수급 시까지 가입했던 연금의 정산방법에 의해 운용하도록 한다거나 향후에는 재정이전을 동반한 연계를 통해 수급권을 확보하도록 하는 방법이 개선책으로 모색될 수 있을 것이다. 그 후에 각각 가입했던 연금운용주체(혹은 재정이전 받은 최종주체)에서 수급권을 확보한 연금수급자에게 각각의 정산방법에 의해 연금을 지급하도록 의무화하는 방법을 노후의 소득보장자원 차원에서 검토해나갈 필요가 있을 것이다[246].

(2) 일본 연금제도의 주요 변화

일본의 피용자 연금제도의 최근의 주요변화 내용은 2015년 10월 1일의 연금일원화(통합)라고 하겠다. 연금일원화 추진배경은 먼저, 회사원과 공무원의 우선 통합을 주장해온 연립여당이 중심이 되어 2006년 4월 각의결정 후 동12월 정부·여당이 합의한 바 있다. 그 후

---

245 공적연금제도의 최소가입기간 요건이 10년으로 일원화됨에 따라 특수직역 연금 간의 재직기간 합산제도와 국민연금과 직역간의 가입기간 연계제도를 일원화해, 고령자의 노후 소득원을 확보하기 위해 연금연계의 강화와 가입자의 연금재정 지속성을 유지시킬 필요가 큰 시점이라고 하겠다.

246 향후 특수직연금법 상의 합산제도와 연계법상의 연계제도를 일원화할 경우, 제도운영의 장점과 그에 따라 대두될 수 있는 문제점 등을 검토하여 연금제도 개선안을 제안한다면, 국민연금 재정에 영향을 미치게 되므로 개선대안별 기대효과 및 재정소요 분석이 필요할 것이다.

322 노인문화창조

연금제도의 안정성·공평성 확보와 연금제도에 대한 국민적 신뢰도
제고 차원에서 공무원의 공제연금제도를 회사원의 후생연금제도로
통합하는 후생연금법 개정 법률안을 준비하였다. 이에 민간피용자,
공무원 및 사립학교교직원에게 동일 보험료에 의한 동일 연금급부를
목적으로 한 연금제도 일원화가 다음과 같이 추진되어 왔다.

〈표 14-6〉 피용자연금의 제도적 차이 통합

구 분	이전 후생연금	이전 공제연금	통합 후의 신 후생연금
피보험자	민간기업 피용자	공무원, 교직원	연금통합 대상자
① 납부 가능연령 제한	70세까지	제한 없음	후생연금과 동일
② 미지급 연금의 급부범위	사망한 자와 생계를 같이 한 배우자, 자, 부모, 손자녀, 조부모, 또는 형제자매(연금기능강화법으로 3등신 이내의 친족까지 확대)	유족(사망한 자와 생계를 유지했던 배우자, 자, 부모, 손자녀, 조부모) 또는 유족이 없을 경우 상속인	〃
③ 피보험자에 대한 연금조정	- 65세까지 임금+연금이 28만 엔 이상인 경우 연금 일부 및 전액 지급정지 - 65세 이후 임금+연금이 46만 엔 이상인 경우 연금 일부 및 전액 지급정지	- 연령에 관계없이 임금+연금이 46만 엔 이상인 경우 연금 일부 및 전액 지급정지	〃
④ 장애 급부 지급 요건	초진일 전달까지의 보험료 납부기간 및 보험료면제기간이 2/3이상 필요(보험료 납부요건 필요)	보험료 납부요건 없음	〃
⑤ 유족 연금의 수급권	유족연금 수급권의 선 순위자가 실권할 경우 차 순위자에게 지급하지 않음	연금 수령 중인 유족이 수급권을 잃더라도 차 순위자가 이어서 수령	〃

자료 : 피용자연금제도일원화 관련자료(후생연금법 개정법률안)에 입각해 재구성

- 일본의 연금일원화 논의 및 성립 과정
- 1985년 국민연금의 기초연금화로 1층 부분의 통합, 일원화의 기초적인 틀 이룸
- 그 후 여러 차례 연금제도의 공정·공평화를 위한 작업 실시
- 2007년 4월 13일 「피고용자 연금제도의 일원화 등을 도모하기 위한 후생연금보험법 등의 일부를 개정하는 법률안」 이른바 일원화법 제출
- 2009년 7월 21일 중의원 해산에 따라서 폐안 처리
- 2012년 4월 13일 「피고용자 연금제도의 일원화 등을 도모하기 위한 후생연금보험법 등의 일부를 개정하는 법률안」 이른바 일원화법 제출
- 2012년 6월 26일 중의원 가결, 참의원 송부
- 2012년 8월 10일 참의원 가결, 성립
- 2012년 8월 22일 공포
- 일정에 따른 일원화작업 및 변화에 대응

일본은 공무원, 사학교직원 대상인 공제연금과 회사원을 대상으로 하는 후생연금을 최근 통합하여 일원화(2015.10.시행)하였다. 공제연금과 후생연금의 제도적 차이는 후생연금을 기준으로 하여 통일하였으며 동일한 수입에도 불구하고 부담과 급부에서 발생하는 차이를 해소하여 현재까지의 각각 다른 보험요율(회사원 : 16.412%, 공무원 :15.862%, 사학교직원 : 13.292%) 을 점진적으로 조정하여 18.3%로 동일하게 부과된다.

그와 더불어 공제조합에서 공무원 등에 지급하는 가산금을 2015년 10월 이후에 폐지하여 공적 연금으로서의 3층 부분(직역부분) 폐지 이후의 새로운 연금에 대해서는 그 본연의 취지에 관해 별도의 법률로 정하기로 하고 있다.

이러한 과정을 통해 공제연금과 후생연금과의 제도적 차이 해소를 도모하고 있다. 세부적으로는 후생연금과 공제연금제도 간에는 현재 유족연금의 전급제도 등의 제도 간 차이가 존재하는데 앞의 표와 같이 일원화 이후에는 기본적으로 후생연금을 기준으로 하여 변경하는 한편, 후생연금 및 공제연금의 보험료에 대해서는 현재에도 매년 0.354%씩 인상하고 있는데 이 인상과정을 법률로 정해 공무원은 2018년에, 사립학교 교직원은 2027년에 18.3%로 통일시키도록 하였다.

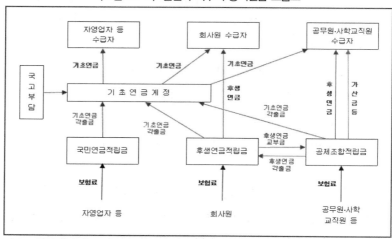

〈그림 14-1〉 일원화 이후의 공적연금 흐름도

자료 : 일본연금기구 자료를 참고하여 임의 작성.

후생연금의 여성 지급개시연령이 5년 늦게 책정되어 있는 점에 대해서는 경과조치를 존속시키되 기본적으로는 후생연금에 준하도록 변경하여 향후 연금 간 차이를 해소하도록 하고 있으며 통합의 주요 내용은 〈그림 14-1〉 과 같다.

일본 공적연금관리의 사무조직은 피보험자의 기록관리, 표준보수의 결정·개정, 보험료의 징수, 보험급부의 재정 등을 실시하는 주체

로서 공제조합 및 사립학교사업단(공제조합 등)을 규정하였다. 그리고
효율적인 사무업무 처리를 위해 일본연금기구 외에 공제조합과 사립
학교사업단을 향후에도 당분간 활용하면서 유기적인 협조체제를 유
지하도록 하였다.

4. 한·일 고령자의 사회참가 유형

먼저, 일본인 평균수명을 보면, 1961년에는 남성이 66.03세, 여성이
70.79세이었으나, 2009년의 통계에서는 남성이 79.59세, 여성이 86.44
세로 50년 동안 평균수명이 남성은 13.56세, 여성이 15.65세가 연장되
었다. 또한 65세 이후의 평균여명이 남성은 18.13세, 여성은 23.19세
로서 이 가운데 간병·수발 및 자녀부양 없이 생활이 가능한 평균 자
립기간이 남성은 16.66세, 여성은 무려 20.13세로 나타났다[247].

한편, 한국인의 평균수명은 어떠한가? 인구보건협회가 발간(2016년
10월 19일)한 유엔인구기금(UNFPA)의 '2016 세계 인구현황'에 따르면,
우리나라의 인구는 5,050만 명으로 집계됐으며 65세 이상 고령자 인
구비율은 14%로 이미 고령사회에 진입한 것으로 조사되었다. 또한
평균수명[248]은 남성이 약80세, 여성 약86세로 나타났다.

2013년 우리나라의 기대수명은 81.8세로 OECD 회원국의 기대수
명 80.5세 보다 1.3세 높은 것으로 나타났으며 OECD 회원국 중에서
일본과 아이슬란드의 기대수명이 각각 83.4세와 82.1세로 높게 나타

---

247 厚生労働省編(2011)『厚生労働白書』厚生労働省 p.25. 참조
248 기대수명이란 0세의 출생자가 향후 생존할 것으로 기대되는 평균 생존연수로서
    '0세의 기대여명'을 가리킴.

났다. 이처럼 평균수명은 의료기술의 발달과 풍부한 영양섭취로 인해 계속 늘어날 것으로 전망된다. 그렇다면 그냥 수명만 늘어나는 것이 아니라 건강하게 장수할 수 있도록 국민의 건강수준 향상을 위한 정책제시 및 인프라 확충을 도모하여야 할 것이다.

그와 동시에 저출산·인구고령화가 동시에 추이하고 있으므로 머지않아 일본과 유사한 초고령사회에 진입할 것이 예상된다. 따라서 고령자 라이프디자인의 재정립이 긴급히 요구된다고 하겠다. 왜냐하면 60세 혹은 65세에 정년을 맞이하더라도 평균수명에 이르는 80대 이후까지 고령자가 자립해야 할 시간이 매우 장기간이기 때문이다.

〈표 14-7〉 OECD 가입국 평균수명(2013년의 기대여명 : 세)

한국	일본	아이슬란드	독일	미국(2011)	멕시코	OECD평균
81.8	83.4	82.1	80.9	78.8	74.6	80.5

자료 : OECD Health Data 2015(미국은 2011년 자료) 참고 작성.

이러한 자립기간을 여가시간으로 활용한다면 개인이 갖는 여가시간은 상당히 긴 시간이 될 것이다. 그럼에도 불구하고 그동안 일본의 고령자정책은 인구고령화에 관한 예측과 더불어 공적연금 등의 사회보장문제를 비롯해 건강, 사회복지, 고령자고용 등에 관한 정책적 검토와 연구가 중심이 되어왔다. 즉, 정년 이후 고령자의 여가시간이 늘어났음에도 불구하고 아직까지 노인여가에 관한 인식과 정보부족으로 만족스런 여가를 만끽하지 못하고 있는 실정이다.

이와 관련하여 앞에서 '일본인의 생애 30,000일'의 경과 중 고령기의 자아실현을 위한 사회참가 및 여가환경 조성을 위해 고령기의 세분화를 시도한 바 있다[249]. 그와 더불어 일본의 고령자정책 실무자이

---

249 정기룡 앞의 논문 pp.47-52. 일본인의 생애 30,000일의 경과 중 노년기의 7,500일

며 노인여가 전문가인 세누마(瀬沼克彰:2005) 또한 '인생80년의 라이프
사이클'이라는 시간적 개념을 내세워 1990년대 이후 지속적으로 고
령자여가의 필요성을 역설하기도 했다[250]. 그에 관한 고령기의 시기
구분은 평균수명의 연장을 고려하여 제16장에서 33,000일의 '인생90
년시대'로 재정립하고자 한다.

또한 세누마(瀬沼克彰)는 고령자 각 개인도 여가시간 활용에 대한 인
식이 바뀌어야 할 것이라고 주장하면서 인구고령화가 시작된 1975년
과 20세기말 1999년의 여가에 관한 비교조사 결과를 근거로 제시하
면서 고령자의 여가에 대한 인식변화를 제시하고 있다. 즉, 「여가시
간이 더 필요한가?」라는 질문에 1975년에는 「현재보다 적어도 좋다」
는 회답을 한 고령자가 26% 정도였으나 같은 질문에 대해 1999년의
결과는 4%로 낮아져 고령자가 여가의 필요성에 대한 인식이 제고되
었음을 알 수 있다. 또한 여가의 만족도에 관해서는 「만족」이라는
회답이 20대부터 30대 연령대는 30%대인 반면, 60대 이상은 64%로
높게 나타남으로써 이미 20여년 이전부터 고령자의 여가에 대한 의
식변화와 함께 여가의 활성화 및 만족도가 높아지고 있음을 밝히고
있다[251].

한편, 2011년 후생노동성의 「국민생활기초조사(2011)」에 따르면[252],

에 관한 새로운 구분을 제시하였고, 고령자의 의식전환과 사회참가에 관한 전망
을 시도하였다.

250 세누마(瀬沼克彰:2005)『長寿社会の余暇開発』世界思想社 pp.53-54 세누마는 인
생을 80년으로 보고, 이 기간을 시간으로 환산하면 약70만 시간인데, 70만 시간 중
에 식사 및 입욕 등의 생리적으로 필요한 시간이 약40% 정도, 교육에 3만 시간, 일
(업무)에 10만 시간이라는 계산을 제시하고, 개인의 여가시간은 무려 30만 시간으
로서 생애라이프사이클에 있어서 일과 여가의 배분비율이 대략 1:3으로서 여가
시간의 활용을 위한 정책과 연구가 필요함을 주장하고 있다.

251 세누마(瀬沼克彰) 같은 책 pp.49-50

252 厚生労働省(2011)「国民生活基礎調査」참조
  http://www.mhlw.go.jp/toukei/saikin/hw/k-tyosa/k-tyosa11/dl/04.pdf(검색일 : 2012.

일본의 전 세대 평균 소득금액은 538만 엔이었으나 고령자세대의 평균소득금액이 307.2만 엔으로 나타났다. 그러나 세대인원 1인당 평균소득을 보면, 전세대가 200.4만 엔인데 비해 고령자세대의 한사람의 평균소득은 197.4만 엔으로서 고령자 한 사람의 평균소득이 전세대의 평균소득에 비해 3만 엔 정도의 차이 밖에 나지 않았다.

오히려 전세대의 평균 소득금액은 가족구성원 수에 따라 달라지거나 편향된 지출이 될 수 있지만, 고령자세대의 경우에는 거의 고령자의 지출로 볼 수 있다. 또한 1인당 평균 지출액의 경우, 전 세대와 비교해서 상대적으로 높게 나타난 조사결과에서 볼 때, 최근 고령자의 노후 생활환경이 일(업무)에서 벗어나 시간적으로나 경제적으로 비교적 여유가 있다고 하겠다.

이렇듯 건강하고 경제적으로 여유 있는 고령자들은 이전의 고령자와는 크게 달라진 욕구를 보이고 있다. 예를 들어, 베이비붐세대(団塊世代)는 정년 이후에도 여가활동을 통해서 자신의 자존감을 인식하는 단계에 이르러 이전의 수동적 태도에서 능동적 삶의 방식을 취하기 시작한 세대이기도 하다. 이들은 이전의 고령자와는 달리 공적연금과 금융자산, 부동산자산 등 이전 세대보다 경제적인 우위에 있어서 잠재구매력을 가진 세대로 평가되기도 한다.

따라서 이들을 대상으로 한 실버비즈니스[253]가 확대일로에 있으며 고령자의 여가인식 및 생활환경 변화 등을 고려할 것 같으면, 활동적이며 삶의 보람을 추구하려는 고령자의 노인여가에 관한 유용성 논의가 필요한 시점이라고 하겠다.

5.6)

253 단카이세대(団塊世代)는 일본 총인구의 5% 수준인 약640만 명에 이르는데, 이미 상당수가 정년에 접어들었다. 따라서 정년 이후에 늘어난 자유재량 시간을 의미 있게 활용할 수 있도록 라이프스타일을 제안하고, 고령자의 욕구를 충족할 수 있는 여가관련 실버비즈니스가 유망할 것으로 예상하고 있다.

〈표 14-8〉 고령자의 사회활동 유형과 참가 현황(%)

구 분	일 본		한 국	
	2005년	2010년	2005년	2010년
1. 주변공원 등 미화 활동	12.8	14.2①	5.6	2.5③
2. 지역행사 마을가꾸기 활동	12.8	13.3②	1.9	1.9
3. 자연보호 환경보전 활동	3.9	2.9	2.8	1.2
4. 방범, 교통안전 활동	4.3	5.9③	1.0	0.8
5. 아동/청소년 건전육성 활동	3.0	3.7	0.5	0.3
6. 취미/스포츠/학습 활동	5.8	5.3	2.6	2.9②
7. 고령자/장애자 봉사 활동	4.4	4.0	4.0	1.4
8. 의료/복지기관 지원 활동	2.4	1.9	1.6	1.1
9. 국제교류/국제 지원 활동	1.1	1.0	-	-
10. 소비자 활동	0.5	0.3	-	0.2
11. 종교/정치 활동	2.7	3.0	10.5	8.4①
12. 취미와 기능 활용지원 활동	5.7	5.4	1.1	1.2
13. 기타	2.4	0.7	1.2	0.5
14. 이전엔 참가/ 현재는 미 활동	15.9	17.0	7.0	8.1
15. 전혀 참가하지 않음	53.4	51.7	72.5	74.2
무응답	-	-	-	0.1

자료 : 일본내각부(2011)『高齡者の生活と意識』제7회 국제비교 조사결과.
　　　표본추출법에 의한 60세 이상 남녀 유효회수 : 한국(1,005), 일본(1,183).
　　　사회활동 우선순위 단순집계 참고 작성.

　한·일 고령자의 사회활동과 참가유형을 비교해보면, 약간 다르게 나타나고 있다. 즉, 〈표 14-8〉에서 나타난 바와 같이 일본은 한국과는 달리 종교, 정치 등의 사회활동 참여율은 전반적으로 낮은 편이지만, 지역사회의 미화활동이라든지 마을가꾸기, 방범·교통안전 활동, 취미와 기능을 활용한 지원활동 등에는 매우 활발한 편으로 파악되었다. 그리고 6.항목과 12.항목의 설문명이 유사하여 이러한 내용을 취미·학습으로 취합할 것 같으면 한·일 모두 두·세 번째(2010: 한국4.1, 일본 10.7)의 고령자활동으로서 확대 가능성을 전망할 수 있겠다.

　고령자의 여가는 앞의 조사결과에서 나열된 10여 가지의 다양한

여가형태의 제공보다는 고령자에게 적합한 몇몇 유형(대략 3~5가지)의
여가를 제시하는 것이 고령자의 선택에 유익하고 효율적일 수 있다.
즉, 여가선택에 소요되는 비용과 시간을 줄이면서도 여가선택의 단
순화와 더불어 합리적인 소비문화를 도모하는 풍토조성이 필요한 것
이다.

또한 고령기의 현상으로 신체적 및 정신적 기능이 약화되는 고령
자는 사회·심리적 갈등으로 인한 소외문제를 겪을 수 있다. 특히 세
대 간 교육수준 및 가치관의 차이와 가족·사회에서의 지위 저하로 인
하여 고령자가 고독감을 경험하게 되면 더욱 위축될 수 있다. 그러한
불리한 점을 스스로 해결하려는 방법으로도 취미와 학습활동 기회에
쉽게 노출·접촉할 수 있는 것이 자존감 회복과 존엄성 유지를 위해
매우 바람직하다고 하겠다.

5 한·일 고령자의 학습지원 환경

최근 한국과 일본에서 고령자가 관심을 갖고 여가활용에 임하고 있
는 분야 중의 하나가 역시 자기개발형여가인 학습활동이라고 하겠다.
즉, 이전에는 지식습득이 중심이었지만 이제는 평생학습의 일환으로
고령자학습이 여가활용으로 확산되고 있는 것이다. 이에 한국과 일본
의 고령자의 학습환경을 운영현황 중심으로 살펴보기로 하자.

(1) 한국의 고령자교육

활동적인 고령화란 의존적이고 무기력한 고령층을 보다 활동적이
고 자립적인 고령층으로 변화시키는 것을 의미한다. 활동적인 고령

자의 사회참가를 위한 방법으로서 평생교육은 의존적인 고령층을 독립적인 고령층으로, 병약한 고령층을 건강한 고령층으로, 사회에 부담을 주는 고령층을 사회에 참여하는 고령층으로 바꿔나갈 수 있겠다. 즉, 고령인구의 증가는 사회적 부담만 가중시키는 것이 아니라 고령자의 경험과 능력을 발휘하여 사회적 공헌을 증가시키는 요소가 될 수 있다.

활동적인 고령화의 핵심은 생산적인 노후의 일자리, 건강하고 소속감 있는 사회참여, 그리고 자원봉사 등을 위해 필요한 자기계발과 노후생활에 적응하기 위한 학습이라는 요소를 포괄한다고 하겠다. 또한 평생교육은 오랜 세월 동안 축적된 다양한 경험을 활용하여 나누며(자원봉사), 새로운 것을 배워 적응하는 과정을 포함한다고 하겠다. 따라서 고령자교육은 고령자의 노후보람에 있어서 매우 중요한 역할을 담당하고 있다.

고령자의 학력은 베이비붐세대를 비롯하여 향후 지속적으로 상향될 것으로 보이는데, 이렇게 노인들의 지적·사회적 지위가 높아지면 그에 따른 학습욕구 또한 다양화될 것으로 예상된다. 고령자교육은 여가교육을 비롯하여 새로운 일자리를 창출, 인생의 의미를 재조명하는 보람교육 등을 들 수 있다. 이러한 고령자교육은 사회전체를 변화시키는 사회적. 실천적 활동이기도 하다. 현재 우리나라에는 노인교육을 직접적으로 언급한 특별한 법령은 아직 없다고 하겠다. 다만, 노인교육이 이루어지는 시설에 대한 규정이 ① 노인복지법에 일부 존재하며 노인교육을 포함한 평생교육과 관련된 조항이 ② 평생교육법에 포함되어 있다.

① 노인복지법

한국의 노인복지법은 노인의 심신건강과 노후의 안정된 생활을 위해 요구되는 조치를 강구하여 고령자의 보건 및 복지를 증진하는 것이 주요 목적(제1조)이다. 이 법에는 노인에게 학습프로그램을 제공하는 것을 목적으로 하는 노인교실에 대한 규정과 실질적으로 노인교육이 진행되고 있는 노인복지관과 경로당에 대한 규정이 존재한다. 노인복지법에 따르면 노인교육이 진행되고 있는 노인교실, 노인복지관, 경로당은 '노인여가복지시설'로 분류된다. '노인여가복지시설'은 제37조에 의하면 국가 또는 지방자치단체가 설치할 수 있으며, 국가 또는 지방자치단체 외의 자가 노인여가복지시설을 설치하고자 하는 경우에는 시장. 군수. 구청장에게 신고하여야 한다고 명시한다. 이러한 ① 노인교실. ② 노인복지관. ③ 경로당과 관련된 노인복지법의 주요조항은 다음과 같다.

‖ 노인교실

노인교실의 주요 목적은 노인의 여가 활용, 소득보장, 건강유지를 위한 학습 프로그램 제공으로 규정하고 있다(제36조). 이는 평생교육법 제2조에서 분류한 평생교육의 일부 영역(직업능력향상교육, 인문교양교육, 문화예술교육)에만 해당하는 학습프로그램인 것이다. 사업실시(제26조제2항 관련)와 관련해서는 '주 1회 이상의 교육을 실시한다' 고 규정하고 있다. 직원배치기준(제26조 1항 관련 별표7)에서는 시설의 장과 강사(외부강사 포함)를 제시하고 있다.

‖ 노인종합복지관 ‖

노인복지관은 노인교실과 경로당에 비해 '시설 및 설비 기준'과 '직원 배치 기준' 이 구체적으로 규정되어 있다. 노인복지관은 시설이 있는 지역의 노인을 대상으로 건강증진, 교양 및 취미생활, 사회참여 등 전반적 복지증진을 위해 존재하는 노인복지를 위한 대표적 기관이라고 정의하고 있다(제36조). 현실적으로 노인대상 교육 프로그램이 가장 활발하게 진행되고 있는 기관이라는 점을 감안할 때 노인복지관 또한 평생교육법 상 노인대상 평생교육기관으로 추가할 필요가 있을 것이다.

‖ 경로당 ‖

경로당은 지역 노인들의 친목도모 및 여가 활용을 주요 목적으로 하는 시설로 정의(제36조)되어 있어, 노인교육을 직접적으로 실시하는 기관으로 보기는 어렵다. 그러나 그 설치와 관련된 2011년 신설 조항(제37조 3항)을 살펴보면 국가 또는 지방자치단체는 경로당 활성화 사업을 진행해야 할 의무가 있다고 밝히고 있다.

최근 경로당 활성화 사업의 일환으로 지역 내 노인복지관과 사회복지관 또는 대한노인회의 경로당에서 평생교육 프로그램을 제공하는 경우가 많아지고 있는 점을 감안할 때 경로당 역시 노인교육의 장소로 볼 수 있다. 우리나라의 경로당에 대한 일본인 연구자의 시각 중에는 고령자의 사행성오락(화투 등)에 대한 부정적 시각 및 저비용 노인시설로 소개되는 등 경로당의 부실한 점이 드러나기도 하였다. 그러나 경로당은 지역사회 고령자의 친밀감을 높이는 효과 등 노인문화를 형성할 수 있는 곳이기도 하다. 그렇기 때문에 소규모 교육프로그램 운영 효율화를 비롯해 다양한 기능을 수행하는 지역밀착 여가시설로 변모시키기 위해 시설 및 설비기준, 인력배치 등에 관한 규정정비가 필요할 것이다.

나아가 노인복지법에는 노인시설 이용 대상자에 대해 노인교실과 노인복지관은 60세 이상, 노인정은 65세 이상으로 규정하고 있다. 그러나 현실적으로 보면 이러한 시설을 이용하는 이용자 중에는 일부 50대도 참가하기도 하므로 다양한 연령대의 소통을 위해 이용자의 연령기준을 엄격히 제한하기보다 유동적으로 개방할 필요가 있을 것이다.

② 평생교육법

평생교육법은 평생교육의 진흥에 대한 국가 및 지방자치단체의 책임과 평생교육제도와 그 운영에 관한 기본적 사항을 정하기 위해 제정되었다(제1조). 평생교육법에는 노인교육과 직접적으로 관련된 조항은 없지만 노인교육과 관련되는 다음 규정이 있다. 먼저, 평생교육법에서는 평생교육을 "학교의 정규교육과정을 제외한 학력보완교육, 성인 문자해득교육, 직업능력 향상교육, 인문교양교육, 문화예술교육, 시민참여교육 등을 포함하는 모든 형태의 조직적인 교육활동"(제2조)으로 정의하고 있다. 이에 따라 다양한 기관과 시설에서 이루어지는 노인교육 역시 평생교육의 범위에 포함된다고 할 수 있다.

또한 제4조(평생교육의 이념) 1항에서는 "모든 국민은 평생교육의 기회를 균등하게 받는다"고 되어 있어 고령자도 평생교육 기회의 대상임을 명기하고 있다. 그리고 제5조(국가 및 지방자치단체의 임무) 1항에서 국가 및 지방자치단체는 모든 국민에게 평생교육의 기회를 제공하기 위해 평생교육정책을 수립, 추진해야 한다고 밝혀 노인대상 평생교육정책의 수립이 국가 및 지방자치단체의 임무임을 알 수 있다.

제5조2항에서는 국가 및 지방자치단체는 그 소관에 속하는 단체, 시설, 사업자 등의 설치자에 대해 평생교육의 실시를 적극 권장해야 한다고 밝히고 있어 평생교육시설 및 각종 복지관 등에서 노인교육을 적극 실시하도록 권장하는 일이 국가 및 지방자치단체의 의무임을 일깨워 준다.

우리나라의 경우도 인구고령화의 급격한 증가속도를 고려하여 전

국규모의 사단법인조직(한국노인대학복지협의회:2001년 창립)을 구성해 노인
대학이 운영되고 있다. 이러한 노인대학은 종교재단 및 자발적 단체
의 지원으로 이루어지기도 하는데, 노인대학, 고령자대학, 실버대학
등등의 명칭으로 운영 중이다.

그러나 아직은 대부분 취미, 정보, 건강강좌에 머물고 있는 형편이
다. 따라서 고령자 교육기회의 다변화 차원에서 지자체 등이 운영주
체가 되어 실시하는 고령자의 학습문화 형태 또한 검토할 필요가 있
을 것이다.

그와 더불어 평생현역을 위한 근로시스템 구축과 고령자 스스로의
의식변화가 이루어진다면, 노인대학과 같은 교양학습은 삶의 보람을
찾기 위한 고령자의 활동을 통해 노인문화를 창조하는 계기가 될 것
으로 전망된다.

(2) 일본의 고령자의 학습활동

최근에는 여가활용 방법 중의 하나로 취미와 봉사활동은 물론이고
고령자의 학습활동이 점차 늘어나고 있으므로 고령자의 지적욕구를
충족시킬 수 있도록 생애학습기회의 제공이 필요할 것이다. 물론 그
동안 지식전달과 지식습득에 치중했던 프로그램과는 달리 환경변
화에 대응할 수 있도록 실생활에 도움이 되는 프로그램이라든지 취
미와 스포츠 등 건강관련 프로그램 혹은 이전에 학습기회가 없었던
고령자의 여가활용 취학지원 프로그램 등도 새롭게 등장하게 될 것
이다.

이러한 변화에 따라 대학 등에서도 학술연구와 교육성과를 직접
사회에 개방하는 한편, 공개강좌를 실시하고 있으며 방송대학에서는
TV, 라디오 등 미디어를 활용하여 널리 사회인 및 고령층에 교육기
회를 제공하고 있다[254]. 그와 더불어 지역사회의 다양한 사회교육활

동은 고령자의 삶의 보람을 고양시키고 각 세대가 고령자와의 교류
나 고령자문제에 대한 학습을 통해 고령사회에 대한 이해를 심화시
키는 역할을 하고 있다. 또한 생애학습을 촉진시키기 위해 생애학습
진흥법(1990년)에 근거해 생애학습을 위한 기반정비를 추진하였으며,
저출산·고령사회가 진전됨에 따라 60년 만에 교육기본법(2006)을 개
정하여 생애학습, 사회교육을 추가하였다.

이러한 배경에 의해 민영 문화센터 뿐만 아니라 주민회관(公民館)을
비롯하여 도서관, 박물관, 여성교육시설 등의 사회교육시설이나 교
육위원회에서 폭넓은 연령을 대상으로 학습기회를 다양하게 제공하
고 있다.

〈표 14-9〉 일본의 고령자 학급·강좌 현황

구 분	고령자대상강좌*	연령별 수강 비율(%)**	
계	75,584	전체 410,014 강좌 중	
교양향상	6,148	10대	3.4
취미·수련학습	20,109	20대	7.6
체육, 레크리에이션	12,501	30대	10.4
가정교육, 가정생활	24,106	40대	12.8
직업지식, 기술향상	166	50대	19.3
시민의식, 사회연대	9,535	60대 이상	46.5
지도자양성	1,209	남(전체)	여(전체)
기타	1,810	45.3%	54.7%

자료 : * 文部科学省「社会教育調査」2008. 개설 학급·강좌 수(고령자대상).
　　　** 文部科学省「文部科学白書」2008. 공표자료 참고 작성(전 연령).

---

254 일본의 방송대학 재학생(학부79,832명/대학원5442명) 가운데 2012년 1학기의 60세
이상 고령자비율이 학부는 약21%(16,940명), 대학원은 약24%(1,292명)로서 학습의
욕이 매우 높게 나타나고 있다. 이에 따라 방송수업을 시청하도록 설치된 학습센터
가 전국 도·도·부·현(都道府県)에 57개소가 설치(2012년도)되어 학습지원 정비에
나서고 있다. http://www.ouj.ac.jp/hp/gaiyo/gaiyo09.html(검색일 : 2012.5.6)

그 가운데에는 고령사회에 대한 이해를 촉진하는 프로그램과 더불어 직접 고령자를 대상으로 하는 학급·강좌는 〈표 14-9〉처럼, 각종 학습이 이루어지고 있다. 학급·강좌개설 현황을 보면, 10대와 20대의 경우에는 학령기이기 때문에 참가율이 낮다고 하더라도 30대 이상 고령층으로 갈수록 수강비율이 높았으며, 특히 개설강좌 중 60대 이상 고령층의 수강비율이 46.5%로 매우 높게 나타나 고령층의 학습욕구가 대단히 높다는 사실을 대변하고 있다. 따라서 이러한 학습욕구에 부응하고 여가활용·취미·학습 등을 통해 고령자가 삶의 보람을 만끽할 수 있도록 평생학습을 위한 환경구축이 필요할 것이다.

한편, 일본 전국에 산재해 있는 주민회관은 지역주민의 학습거점과 교류장소 역할을 하도록 일본 전역에 17,143(2005.10 현재) 곳을 설치해 지역주민의 욕구 및 지역실정에 적합한 학급·강좌를 개설하는 등 다양한 학습기회를 제공하고 있다. 따라서 고령자의 학습욕구에 부응하기 위해서는 사회의 환경변화에 따른 새로운 지식함양이랄지 기술습득이 필요한 점을 간과할 수 없다.

그럼에도 불구하고 고령자의 불리한 학습기회[255] 측면에서 볼 것 같으면, 개인이 선택하는 자격취득교육이나 문화센터의 어학교육 등에 노출되는 경우도 있지만, 앞에서 살펴 본대로 방송대학이나 지자체의 고령자대학과 같은 교육에 손쉽게 참여할 수 있는 기회제공이 일정성과를 거두고 있으므로 향후 고령자 학습기회를 위한 환경구축은 더욱 요구된다고 하겠다.

앞장에서 살펴 본 사기미하라시(相模原市) 아지사이대학(あじさい大学)의 운영에서 드러난 문제점으로서는 먼저, 고령자학습을 저해하는

---

255 고령자의 경우, 기업교육(OJT, Off-JT 등) 이후에는 정규 교육과정에 유리되기 십상이고, 신체적·정신적 기능쇠퇴 등으로 말미암아 타 연령층보다 학습기회가 불리한 여건에 있다고 하겠다.

요인이 학습자에게 있기보다는 교육기회 부재와 일방적인 강좌개설
에 따른 수요와의 괴리, 그리고 학습기회에 노출되지 못하는 이유로
는 사회적 편견과 정보미비에서 오는 무관심 등 교육기회 제공자에
게 있다는 점이 우선적으로 파악되었다.

따라서 지자체의 고령자대학과 같은 고령자의 학습장소 및 환경제
공은 일시적인 유행과 경향에 머물 것이 아니라는 인식에 도달했다.
즉, 지역사회에서 실시하는 고령자의 학습기회에 관한 지속적인 홍
보와 더불어 강좌수료 이후에도 지속적인 관리를 통해 수요자 중심
적인 지원이 계속되어야 효과가 클 것으로 보인다.

한편, 지역사회의 공민관, 도서관, 그리고 실버인재센터의 강좌 등
중복되는 점과 더불어 고령자학습에 관한 정보에 무지한 고령층 또
한 상당수 존재하는 점이 드러났다. 따라서 이러한 문제를 어떻게 해
소할 것인가가 향후 고령자학습의 방향성을 좌우할 것으로 보인다.
이러한 문제점에 관해서는 담당기관도 인식하여 일부 보완해 왔으며
향후에도 피드백(feedback)에 근거해 고령자에 적합한 강의개설과 더불
어 고령자라면 누구라도 학습기회에 노출될 수 있도록 홍보에 나서
기로 하였다.

고령자학습에 관한 분석결과에서는, 지자체가 운영하는 고령자대
학이 비록 공급자중심의 학습기회 제공이지만, 고령자의 참여와 관
심을 이끌어 내고 있는 점을 확인한 것이 일정수확이라고 하겠다. 또
한 고령자가 관심을 갖고 여가활동에 임하고 있는 분야 가운데에서
도 특히 자기개발형 학습형태는 향후 더욱 늘어날 것으로 예상된다.

왜냐하면 고령자의 학습활동의 한 방법으로서 선택한 고령자대학
이 정규대학이 아님에도 불구하고 일정비용을 지불하면서 정규대학
이상의 출석률과 수료 후 지역사회에서 활동성과를 보이고 있는 점
은 활력 있는 고령사회의 노인문화를 구축할 수 있는 계기가 되고 있

다는 반증이기 때문이다.

단, 고령자학습이라고는 하지만 고령자를 대상으로 할 경우에는, 그 방법과 전략이 정규교육과정의 연속선상 혹은 그 틀과 같은 형태로 이루어져서는 곤란할 것이다. 고령자는 개설강좌에서 다루는 과제의 성격과 환경에 민감하게 반응하며 심리적 요인에 의해 상당히 영향을 받는 경향이 있다. 또한 고령자는 자신의 요구와 필요에 맞지 않을 때에는 개선을 요구하기 보다는 언제든지 교육활동을 중지하거나 다른 활동으로 옮기려는 수동적인 행동을 간과해서는 안 될 것이다.

이러한 경향은 학습 이외의 취미활동에서도 마찬가지이다. 따라서 고령자학습의 효율적인 방안으로서는 무엇보다 학습자에게 목표설정을 비롯하여 교육내용을 사전에 충분히 전달하여야 할 것이다. 나아가 그에 따른 참여기회를 제공하면서 교육내용과 진행방법에 있어서도 학습자의 학습능력과 여건을 감안하여 추진한다면 효율적인 결과가 도출될 것이다. 이러한 점은 사가미하라시(相模原市)의 고령자지원과 담당자와의 정책토론에서 전달된 사항이기도 하다.

노인문화창조
−베이비붐세대의 한·일 비교 분석−

제15장

노인문화창조를
위하여

 1. 노인문화창조의 선행조건

(1) 고령자의 생활보장

노후 주요 소득원인 고용과 연금제도를 둘러싼 정책과제의 해결책으로 다음과 같이 두 가지의 발상전환을 주축으로 한 정책제안을 제시해보기로 하자. 그 하나는 고령자의 현역 고령자근로에 대한 발상전환이다. 간단히 설명하면 다음과 같다. 먼저, 젊은 층의 인력이 풍부했던 이전의 인적구조로부터 향후 낮은 출산과 고령화의 진전을 염두에 둔 노동력 부족 사태를 가정하여, 고령자의 노동력을 활용한 고용시스템으로 발상의 전환과 인사관리의 틀을 바꿀 필요가 있다는 것이다.

그리고 연공적인 임금구조를 변화시켜 지금까지의 구조조정에 의한 명예퇴직이나 조기정년을 예방하고, 고령기의 근로자가 스스로 근로의 양과 임금수준을 선택하게 될 「굴절형 고용·임금구조(제5장제2절 참조)」를 응용 및 조정해나가야 할 것이다. 또한 고령인재를 효율적으로 활용할 수 있도록 평생(생애) 노무관리체제를 정비하여야 할 것이다. 나아가 고령자의 근로와 여가를 고려한 유연한 고용시스템을 구축할 수 있도록 사회 환경정비를 도모하여야 할 것이다.

또 다른 하나는 21세기 현실에 적합한 노후설계에 관한 발상 전환이다. 먼저 '인생90년시대'에 적합한 고용시스템을 구축하기 위해서는 장기간 숙달된 고령자의 직업 능력을 활용할 수 있도록 재훈련이나 고령자가 능력을 개발할 수 있는 형태의 근로기능 양성시스템을 확립하고, 고령자의 직업능력에 따른 고용형태와 임금체계를 확보하여야 하며 고령자의 고용을 지속적으로 지원하는 고용정책의 적극적인 추진이 필요할 것이다.

따라서 선택적인 고령자의 소득보장을 위한 고용과 연금과의 연동시스템이 요구된다. 이것은 연금보험료의 갹출기간을 학력차이와 고용소득 등을 고려해 유연하게 조정할 필요가 있다는 견해이다. 대략 40년 이상의 근로유지와 보험료 납입을 전제로 만액연금을 수급할 수 있는 자격을 취득하게 되면 정년 이후에 연금수입으로 기본생활을 유지할 수 있도록 하는 방법이라고 하겠다.

이렇듯 고령자 고용에 관한 발상전환과 생활보장의 다양한 구성요소에 입각한 향후 '인생90년시대'에 적합한 고령자 취로시나리오에 대한 정부·기업·근로자의 적극적인 대처가 이루어지고 나아가 종합적인 고령자 생활보장의 취지를 고려한 연금개혁이 실행된다면 건강하고 일하고자 하는 의욕과 직업능력을 갖춘 고령자의 고용은 충분히 확대될 것이며, 노인들도 고령기의 경제생활에 대한 불안을 불식시킬 수 있을 것이다.

현재, 고령자의 생활보장시스템은 공적사회보장, 기업보장, 개인보장 어느 측면을 보더라도 모두 어려운 여건에 처해 있어 앞으로의 생활보장 전망은 결코 밝지만은 않다. 돌이켜보면 예전에는 농경사회의 연장선상에서 가족에게 고령자의 생활부담을 모두 맡기던 시대도 있었다. 그러나 현대 산업사회에서는 기본적으로「공적:국가」,「협동적:기업·지역사회」,「사적:가정」생활보장자원의 어느 한 측면에 부담을 전가하거나 의존하는 것보다 생활보장 공급원의 상호 보완적 작용으로 고령자의 생활보장 체계를 구축하는 방안을 현실적인 문제해결의 실마리로 삼아야 할 것이다.

특히 저 출산과 인구고령화가 급속히 진전되면, 향후 20년 후에는 젊은 층의 노동력 공급제약으로 인구 구조문제가 순환적인 경기침체보다 심각할 것이라는 전망이 지배적이다. 따라서 향후 우리나라에서도 고령자의 고용이 경제적인 측면뿐만 아니라 사회적인 측면에서도 상당한 의의가 있음을 인식하여야 할 것이다.

(2) 사회보장과 노인복지

우리나라의 노인복지법 제1조 (목적)을 보면, "이 법은 노인의 질환을 사전예방 또는 조기발견하고 질환상태에 따른 적절한 치료·요양으로 심신의 건강을 유지하고, 노후의 생활안정을 위하여 필요한 조치를 강구함으로써 노인의 보건복지증진에 기여함을 목적으로 한다."고 되어 있다.

그러나 이제 노인문제는 보호의 대상자 또는 차별화된 연령의 집단만으로 볼 것이 아니라 우리 모두에게 관련된 일로 인식하는 발상의 전환이 필요한 시점에 이르렀다. 노인문제가 사회의 주요이슈로 다루어지고 있는 시점에서 활력 있는 고령사회를 구축하기 위해서는

고령자의 능력을 활용할 수 있는 취업프로그램과 건강한 노인들의
자원봉사활동 등의 기회를 제공하여야 한다.

〈표 15-1〉 사회보장 장기발전방향과 사회보장기본계획 비교

구 분	사회보장 장기발전방향	사회보장 기본계획
성 격	장기발전방향 (구속력 약함)	기본계획으로서 구속력 강화
내 용	기본목표, 추진방향, 주요추진과제, 전달체계 등	기본목표, 추진방향, 주요추진과제, 전달체계, 소요재원 규모와 조달방안 등
타 계획과의 관계	없음	기본계획이 개별계획보다 우선 명시
시행계획	추진방안 (연도별 목표 없음)	연도별 목표에 따른 시행계획 수립
지역계획	없음	기본계획과 지역계획간 연계 강화

자료 : 정부 발표자료(2014) 참고 작성.

정부의 고령자 관련 정책으로는, 2014년부터 향후 5년간 우리나라
사회보장정책의 비전과 정책과제를 종합적으로 제시한 「제1차 사회
보장기본계획(2014-2018)」을 국무회의 심의·의결을 통해 최종 확정하
였다. 본 제1차 기본계획은 생애주기별 평생사회안전망 구축을 기본
방향으로 하는 사회보장기본법(2013년 1월, 전면개정안 시행)에 의해 처음
수립된 계획이다. 이전에 수립되었던 「사회보장장기발전방향」과는
달리 개별계획보다 우선한다고 명시함으로써 기본계획으로 구속력
을 강화하였으며, 소요재원 및 조달방안을 포함하여 구체성을 강화
하였다(〈표 15-1〉 참조).

우리나라는 선진국에 비해 비교적 짧은 기간에 국민건강보험, 국
민연금, 기초생활보장제도 도입 등 사회보장의 기본 틀을 마련하였
기 때문에 사회보장제도의 기본 틀은 갖추어졌지만 일부 제도에서는
제도홍보와 활용이 미숙하여 혜택을 받지 못하는 사각지대가 존재하

고 있어 국민의 복지정책 체감도가 그다지 높지 않은 것으로 평가되
곤 한다.

최근, 저성장 환경에 처한 우리나라는 급속한 인구고령화, 고용불
안, 재정여건의 한계 등 구조적인 위협요인에 직면해 있어서 어려운
상황임에 틀림없다. 이렇듯 미래에 대한 불안감이 점차 증가하고 있
는 상황에서 국민이 보다 행복하기 위해서는 각 개인이 직면한 삶의
다양한 불안요인 해소가 필수적일 것이다. 이에 정부는 다음과 같은
인식을 토대로 사회보장계획을 수립하게 되었다.

〈표 15-2〉 사회보장계획 주요내용

① 저출산의 장기화로 인해 2017년부터 생산가능인구가 감소하고 고령사
회(노인인구 14%)에 진입하는 등 인구 구조의 급격한 변동이 있을 것으
로 예상된다. 이에 따라, 출산, 양육·교육, 건강, 노후 등의 불안에 선제
적으로 대응하는 범정부적인 사회안전망을 구축하고자 한다.
② 고용불안 등 사회적-경제적 불안과 중산층 감소가 지속되고, 특히 노인
등 1인가구와 취업자 없는 근로세대 가구 등 취약계층의 빈곤률이 높은
상황이다. 이에 따라, 기초수급자에 대한 맞춤형 개별급여를 실시하고,
근로취약계층과 근로능력세대에 대한 고용-복지 연계서비스를 강화하
여 일을 통한 자립 지원을 지향한다.
③ 장기적으로 성장잠재력이 저하되고 급속한 고령화로 인한 사회보장 지
출은 급증할 것으로 예상되지만 세입재정여건은 매우 제한적이다. 이
에 대응하여 사회보장제도의 내실화와 지속가능성을 제고하고자 한다.

자료 : 정부 발표자료(2014) 참고 작성.

제1차 사회보장기본계획의 비전은 「더 나은 내일, 국민 모두가 행
복한 사회」로 정하여 생애주기별 사회적 위험에 대한 안전망을 구축
하고, 고용과 복지연계를 통해 자립을 지원하여 자아실현을 유도하
는 '맞춤형 고용복지'를 중심으로 미래비전과 핵심가치를 구현하고
현실여건에 대응하기 위한 정책방향을 설정하고 있다.

〈표 15-3〉 제1차 사회보장기본계획(2014-2018) 중 노후생활

지표 / 목표	2013	2018년	출처 및 관련부서
❖ 은퇴 후의 안정적인 소득과 사회참여 기회보장			
· 국민연금 수급률	28.2%('12)	33%	보건복지부
· 60세 이상 노인자원봉사 참여율	7.8%('13)	10.0%	통계청
❖ 다양한 의료지원과 돌봄서비스(건강한 노후 생활)			
· 건강수명	71세('11)	75세	WHO
· 장기요양서비스 수혜율	5.8%(10)	7%	보건복지부

자료 : 정부 발표자료(2014) 참고 작성.

특히 노인문제를 해결하기 위해서는, 폭넓은 의견을 수렴하기 위해 노인문제를 다루는 학계, 산업계, 연구기관, 의료기관, 사회복지기관, 노인단체, 전문그룹 등이 내놓은 그동안의 연구결과와 활동사례 등을 취합하여 노인의 삶의 질을 제고할 수 있는 실천방안을 추진해 미래를 대비해야 할 것이다.

나아가 활력 있는 삶을 영위하기 위해서는 이제는 고령자 스스로 '인생90년시대'의 선구자인 만큼 생각을 바꿔야 할 때이다. 개인 인생사의 단계로서 「고령기」혹은 「노년기」라고 할 때, 인생을 구분하면, 노년기는 인생의 최후의 시기에 위치하고 있다. 그러나 평균수명이 늘어난 만큼 이제 65세 전후의 「노년기」의 삶은 초로기의 시작이므로 가능한 한 젊게 사고하여야 할 필요가 있겠다. 또한 의료기술뿐만 아니라 고령자 스스로 적극적인 사고와 행동을 통해 병약·노화를 늦추려는 노력을 경주해야 할 것이다.

2. 노년기의 새로운 구분(인생90년시대)

인생의 전반기는 청소년기와 장년기로 구분되어 있듯이 60세 정년, 혹은 연금수령 기준이 되고 있는 65세 이후의 「노년기」, 나아가 이즘의 '인생90년시대' 등을 고려하면, 고령기라고 하더라도 상당히 폭이 넓은 연령대의 차이가 있다. 물론 60대를 「노년초반」, 70대를 「노년중반」, 80대를 「노년후반」, 90대를 「노년최후기」로 하는 분류도 있다. 이러한 구분은 그다지 보편적으로 사용되고 있지는 않지만 일정한 연령분류가 유용하다고 하겠다.

또한 사회보장 및 사회복지 학계에서는 현재 65세 이상을 고령자로 구분하고 있으며 특히 만75세까지를 '전기고령자' 그리고 75세 이상의 고령자를 '후기고령자'로 노년기를 구분하고 있다. 그러나 그보다는 노년기의 신체기능과 정신기능 등의 개인 차이는 연령차이보다도 폭넓게 나타나기도 한다. 물론 인생 전반기의 유아과정에 있어서도 빠르고 늦는 약간의 차이가 나타나기도 하지만 대부분 비슷한 경로를 걷게 된다. 그러나 그 차이가 나이가 들수록 건강과 환경여건의 영향 등으로 인해 점차 커지게 된다.

그와 더불어 한·일 양국 모두 평균수명이 점점 늘어나고 있는 추세이다. 2016년 5월 19일에 발표된 세계보건기구(WHO)의 『세계보건통계(2016)』에 따르면, 세계 제1의 장수국 일본이 전년도에 이어서 남·여 평균치 83.7세로 나타났다. 2위는 스위스로서 83.4세, 3위는 싱가포르로서 83.1세였다. 한국은 남·평균치가 11위로서 82.3세의 평균수명을 나타내 신장되고 있는 추세에 있다.

남성의 평균수명의 경우, 일본은 이탈리아와 함께 80.5세로 6위였으며 한국은 78.8세로 20위에 랭크되었다. 여성은, 86.8세를 기록한 일본이 역시 1위를 차지했으며 2위는 싱가포르로 86.1세, 이어서 한국은 스페인과 함께 85.5세로 3위에 올라섰는데 여성은 평균수명이 〈표 15-4〉 처럼, 아시아 국가가 1, 2, 3위를 차지하는 결과를 보였다.

〈표 15-4〉 평균수명(남/여, 국가별)순위

(2015년도 결과 : 명)

순위	국명	평균수명 남녀(세)	순위	국명	평균수명 남성(세)	순위	국명	평균수명 여성(세)
1	일본	83.7	1	스위스	81.3	1	일본	86.8
2	스위스	83.4	2	아이슬란드	81.2	2	싱가포르	86.1
3	싱가포르	83.1	3	호주	80.9	3	한국	85.5
4	호주	82.8	4	스웨덴	80.7	3	스페인	85.5
4	스페인	82.8	5	이스라엘	80.6	5	프랑스	85.4
6	아이슬란드	82.7	6	이탈리아	80.5	6	스위스	85.3
6	이탈리아	82.7	6	일본	80.5	7	호주	84.8
8	이스라엘	82.5	8	캐나다	80.2	7	이탈리아	84.8
9	프랑스	82.4	9	스페인	80.1	9	이스라엘	84.3
9	스웨덴	82.4	10	네덜란드	80.0	10	캐나다	84.1
11	한국	82.3	10	뉴질랜드	80.0	10	아이슬란드	84.1
12	캐나다	82.2	10	싱가포르	80.0	12	룩셈부르크	84.0
13	룩셈부르크	82.0	13	룩셈부르크	79.8	12	스웨덴	84.0
14	네덜란드	81.9	13	노르웨이	79.8	14	오스트리아	83.9
15	노르웨이	81.8	15	몰타	79.7	14	포르투갈	83.9
16	몰타	81.7	16	프랑스	79.4	16	핀란드	83.8
17	뉴질랜드	81.6	16	아일랜드	79.4	17	몰타	83.7
18	오스트리아	81.5	16	영국	79.4	17	노르웨이	83.7
19	아일랜드	81.4	19	오스트리아	79.0	17	슬로베니아	83.7
20	영국	81.2	20	한국	78.8	20	그리스	83.6

자료 : 世界保健機関(WHO)『世界保健統計2016』2016.5.19日. 참고 작성.

인간의 성장과정을 보면, 유아기와 초등학교 아동기부터 20세 전후의 청소년기에 이르기까지 대부분 그 연령대의 비슷한 생활상을 엿볼 수 있다. 그러나 현역시대를 거쳐 초로인 60대에 접어들면, 각자의 건강상태, 직업상태, 라이프스타일 등에서 상당한 차이를 보이게 된다.

이러한 결과는 인생초기의 성장의 경우에는 발달과정이 비교적 일률적인데 비해 중·장년기를 거쳐 노년기에 이르는 과정을 통해 각 개인 간에 약간의 변화가 나타난다. 이는 체력적·경제적 환경 등에 따라 노화의 속도가 다르게 나타나기 때문이라고 하겠다.

고령사회가 대두됨에 따라 노년기의 삶은 베이비붐세대의 은퇴시기에 즈음해 매우 중요한 이슈(issue)가 되었으며 노화와 노년기에 대한 올바른 인식 또한 필요하게 되었다. 물론 노화과정은 피할 길 없는 물리적 과정이긴 하지만, 노년기는 노화에 대한 체념과 자학 및 불명예가 아니다. 오히려 노후는 인생과정에서 축적된 경험과 지혜를 활용하는 한편, 여생에 대한 보람된 삶의 추구와 성찰이 요구되는 시점인 것이다.

따라서 고령자의 범주와 노년에 대한 시점도 유연하게 받아들일 필요가 있다. 즉, 얼마나 늙었는지? 누가 더 늙었는지? 이런 관점보다는 각 개인의 건강상태와 사회활동 등 개인의 형편에 따라서 노령기의 노화를 슬기롭게 늦출 필요가 있게 되었다. 최근에는 정년 및 연금수급권 등 제도적인 측면에서의 해당연령도 늦추어지고 있다. 물론 양질의 영양보급과 의료수준의 향상, 안락한 주거환경, 노동환경의 자동화 등으로 노화의 속도 또한 늦춰지고 있다. 따라서 노년기의 구분도 평균수명이 늘어난 만큼, 새로이 10여 년 정도 늦춘 생애구분의 재정립이 필요한 시점이라고 하겠다.

여기에서는 노년기인 인생후반의 변화·발달에 관해서는 아직까지 그다지 세밀하게 구분되지 못했기에 노년기를 〈표 15-5〉와 같이 더욱 상세하게 분류해 보았다. 즉, 일본에서 그동안 이슈가 되었던 '인생80

년시대'구분의 확장시점에서 점차 평균수명이 늘어나고 있는 추세 (2015년의 기준전망 2040년대 평균수명 90세 수준 예상)를 반영하여 '인생90년시 대'를 염두에 둔 생애 33,000일의 생애과정을 다음과 같이 구분해보 고자 한다[256].

일반적으로 이전까지는 55~64세까지를 노년이 시작되는 초로기 로 보기도 했는데, 여기에서는 평균수명과 여명이 점차 늘어남에 따 라 시기를 약간 늦추어 생후 24,000일부터 27,000일까지를 '초로기 (Fresh Old)'로 구분하였다.

〈표 15-5〉 생애 33,000일의 경과과정

생애구분 및 일수		도달 일수	도달연령 및 주요활동		비 고	
소·청년기 / 8,000일		8,000	약 22세(초대·대졸 평균 연령)		성장 및 교육	
중·장년기 / 16,000일		24,000	약 66세(현역·정년 도달 연령)		현역 후 정년	
노년기 / 9,000일	초로기 初老期	27,000	약 74세(취로·사회참여 중심)		취로 활동	사회 참여
	중로기 中老期	30,000	약 82세(취미·사회참여 중심)		취미 활동	사회 참여
	고로기 高老期	33,000	약 90세 (여가·휴양)	1. 高靑老 (길게)	취향 선택	휴양 요양
				2. 高中老 (중간)		
				3. 高老老 (짧게)		

2040년대의 평균수명(남·여) 약 33,000일

자료 : 鄭基龍(2010)「일본의 고령사회와 베이비붐세대에 관한 문화적 분석」『일 본연구』제44집. 한국외국어대학교 일본연구소 p.50의〈그림-1〉참고 작성.

---

256 앞서 '인생80년시대'의 분석에서는 남·여 평균 약30,000일을 생애일수로서 살펴 보았으나 최근 평균수명이 점차 늘어나는 추세에 있으므로 여기에서는 이른바 '인생90년시대' 33,000일의 생애일수를 고려하여 고령기를 세분해보았다.

　그 후 초로기인 생후 27,000일에서 30,000일까지의 기간을 편의상 '중로기(Middle Old)'로 명하기로 한다. 그리고 생후 30,000일 이후의 기간을 '고로기(Senior Old)'로 명명하였다. 여기에서는 '인생90년시대'의 기대수명인 약 33,000일의 경과과정[257]을 출생에서부터 임종에 이르는 기간을 각 단계로 나눈 다음, 특히 노년기의 9,000일을 다시 1·2·3단계로 구분하여 살펴보기로 한다.

　먼저, 출생 후 대략 8,000일 까지는 성장과 교육을 받은 청소년기에 해당한다. 그리고 졸업 후 취업을 하게 되면 중장년기인 인생의 절반인 약 16,000일 정도를 현역 사회생활을 보내게 되는데 평균적으로 정년까지 약 40여년 정도의 기간으로 공적연금의 수급자격 또한 40년간 연금보험료를 납입하여야 공적연금(국민연금 기준)의 만액(滿額)의 연금을 받게 된다.

　앞의 분류와 같이 '고로기(高老期 : Senior Old)'를 다시 다음과 같이 세 가지로 세분화하였는데, 가능한 한 와병상태를 단기화하자는 취지의 분류이기도 하다. 즉, 80세 이후의 고로기(高老期) 3,000일 가운데에서도 ① '고청로(高靑老)'기간을 가능하다면 길게(약1,800일) 생활하도록 하는 한편, ② '고중로(高中老)'기간은 중간(약900일) 정도로, 그리고 ③ '고로로(高老老)'기간을 가능한 한 짧게(약300일) 하여 건강한 고령자활동을 기대하는 동시에 와병상태를 줄이자는 것이다[258].

---

257 세키자와(関沢英彦:2004)「団塊世代の引退と消費市場」『団塊世代の定年と日本経済』日本評論社. pp.270-271. 가 주장한 '수명 30,000일'의 단순구분에서 변화·발전시켜 노년기의 수명연장에 따라 '생애 33,000일'의 모델구분을 새로이 시도하였다. 그 기초가 되는 이념으로서 인구고령화란 전 생애에 걸친 과정이며 사회구성원 모두가 거치게 되는 과정이므로 누구나 노후의 삶에 대한 준비는 사회정책의 통합적인 분야로서 경제적, 사회적, 문화적, 건강 및 기타 요소(선택)를 고려해 분류에 임하였다.

258 '高老老'시기의 노인들은 사회의 문화적 가치체계에 따라 가족과 지역사회의 보살핌과 보호를 받아야 한다. 현역시대와 개인의 생애에 걸친 사회공헌을 인정하

이렇게 노년기를 늦추는 데에는 활동적 노화이론[259]을 바탕으로 한 고령자 자신의 심리적 요인과 더불어 사회구성원의 관심과 노력으로 고령기에도 가능한 한 젊게 사고하는 분위기를 형성하여야 할 것이다. 따라서 정년 이후의 고령자를 병약한 고령자의 존재 혹은 일괄적인 약자로 보기보다는 개인적인 차이를 인정하여 건강하고 활기찬 고령자 또한 존재하는 시각을 견지하려 하였다.

경제적으로 여유 있고 건강한 고령자가 많아질수록, 빈곤하고 병약한 고령자에 대한 지원체계의 정비도 충실해질 수 있을 것이다. 실제, 고령자 각 개인은 경제적으로나 신체적으로 매우 다양하기 때문에 몇 가지 유형에 속하는 고령자의 개별선택을 존중하면서 전체적으로는 노년기의 각 단계의 진전을 유연하게 늦추려는 의도에서 새롭게 33,000일의 생애구분을 시도해 보았다.

한편, 정부차원에서는 일원화된 고령화대책 컨트롤 타워를 구축하여 관련법안 및 제도를 체계적으로 갖추는 동시에 사회보장 등 지속

고, 그에 따른 대우로서 신체적, 정신적, 정서적 안녕을 우선하여 질병을 예방하거나 지연시키는 건강보호, 재활, 사회적 정신적 격려 등의 서비스를 제공해 인간의 권리와 존엄을 향유할 수 있도록 배려해야 할 것이다. 세간의 9988234(99세까지 팔팔하게 살다 이틀 앓고 3일째 죽는 것이 행복한 인생이라는 뜻)라는 말에서 엿보이는 장수와 건강유지는 어렵더라도 평균수명 신장에 따른 인생 33,000일의 생애구분은 가능성이 엿보이는 구분이라고 하겠다. 일본에서도 이와 유사한 ピンピンコロリ라는 말이 있다. 이는 죽기 직전까지 건강하게 활동하는 팔팔한(PPK) 인생을 지향하자는 뜻이며, 불행하게 거동이 불편한 장기 와병상태의 ネンネンコロリ (NNK)는 피하자는 캠페인 임.

259 제1장에서 살펴본 노화에 관한 활동이론(Activity theory) 시각에서는 노인이 생물학적 변화와 육체적 건강약화를 제외하고는 현역과 동일한 사회적·심리적 욕구를 지니고 있으므로 정년으로 인한 역할부재에 대신할 만한 활동을 찾아 사회참여를 추구하는 것이 바람직하다고 본다. 또한 노인들은 일반적으로 사회적 역할에서 소외되거나 사회활동 축소에 대해 저항의식을 가지므로 은퇴보다는 어떤 형태로든 사회참여가 노화에 훌륭하게 적응하는 방법이라는 것이다. 따라서 노화를 성공적으로 맞이하려면 노년기를 늦추어 사회적 활동을 유지하면서 삶의 보람을 느끼도록 하는 것이 필요할 것이다.

가능한 복지정책과 인구고령화를 대비하기 위한 네트워크 형성도 필요할 것이다. 또한 '인생90년시대'에 걸맞은 라이프플랜을 보다 구체화하여 활동적인 고령자상에 관한 사회인식을 홍보하고, 고령자상의 유형화에 따른 선택 또한 존중하여 활동적인 고령자의 경우 사회참가와 노후 소득제고 방안을 구축하는 등 적극적인 고령자대책이 요구된다고 하겠다.

일본의 베이비붐세대는 현재 이미 초로기과정에 포함되어 있으며 한국의 베이비붐세대는 초로기 직전에 다다르고 있다. 다수의 고령층이 각 개인의 형편에 따라 현역에 종사하고 있는가 하면, 은퇴 이후에는 사회참여 혹은 여가와 취미생활을 선택하는 등 다양한 노년기를 통과하게 될 것이다. 이 시기의 독립 지향적인 고령자를 위해서는, 소득과 연결될 수 있는 취로기회를 주거나 적절한 교육·훈련 프로그램이 제공되어야 하며 퇴직과 취로 등에 있어서도 개인의 선택이 가능하고 환경변화에 적응할 수 있는 정보가 제공되어야 할 것이다. 그와 더불어 고령자 스스로 권익을 주장하는 활동도 기대되는 시점이라고 하겠다.

2012년 10월 2일, '노인의 날'에 고령자단체인 '노년유니온'은 서울지방고용노동청에 노동조합 설립신고서를 제출하는 행동에 나섰다[260]. 이는 고령자 스스로 노인복지 및 노인 일자리문제를 해결하기

---

260 노년 유니온 설립신고 기자회견문 내용 : 1. 노인의 날인 10월 2일 우리는 노년유니온이 법적인 지위를 획득하기 위해, 노동조합설립신고서를 고용노동부에 제출한다. 2. 우리는 지난 9월 24일 16시 가톨릭 청소년 회관에서 노년유니온 창립총회를 열고 청년에 이어 두 번째로 노인이 세대별 노동조합을 출범시켰다. 3. 일 년에 한 번 노인들을 표창하는 노인의 날, 이걸로 우리 노인들을 위로할 순 없다. 4. 우리는 고령화 사회에 도달하기 까지 국가와 정치인들의 무책임을 묻지 않을 수 없다. 더 이상 노인문제를 대통령과 정치인들에게 맡길 수 없기에 스스로 일어났다. 5. 그 동안 노인조직이 관변중심이었다면, 노년유니온은 관과 대등한 위치에서 노인문제를 다루고 (노인들의) 자발적이고 주체적인 노동조합 활동을 통해 고령화 사회

위해 결성한 단체의 행동이라고 하겠다. 특히 노후 환경개선을 목적으로 법적지위를 획득해 고령자정책 결정과정에 영향력을 행사하려는 적극적인 활동인 것이다. 그와 동시에 ① 노인일자리 사업기간을 7개월에서 12개월로 연장할 것, ② 기초노령연금을 65세 이상 노인 전체에게 지급하고, 급여를 2배 인상할 것, ③ 장기요양보험 등급 판정을 완화할 것, ④ 보편적 복지를 위한 증세를 시행할 것 등 유니온 설립신고의 기자회견에서 고령자의 권익을 당당히 요구하기도 했다.

한편, 현재보다 더욱 체계화된 고령자의 취업시스템 구축, 의료·간병체계의 연계, 학습 및 사회참여방법 제공, 고령자의 생활환경조성 등 다양한 고령자의 유형을 염두에 둔 지원체계에 관해 국민적 공감대가 형성되기를 기대한다. 왜냐하면, 노년기의 고령층에 속하게 되면서 정신적, 신체적인 차이뿐만 아니라 활동성과 사회참여에 있어서도 개인차이가 있기 때문이다.

예를 들어, 같은 70대라고 하더라도 60대보다 적극적으로 현역활동에 임하고 있는 고령자도 있다. 반면, 이미 신체적·정신적인 장애를 갖게 되어 일상생활에 있어서 다른 사람의 간호와 간병이 필요한 사람도 있다. 그렇기 때문에 연령기준으로 고령자의 체력과 건강상태, 라이프스타일을 결정하거나 판단하는 것은 어렵다고 하겠다. 이러한 개인 차이는 가령(加齡)에 의해 더욱 확대되는 경향이 있으므로 가능한 한 실제연령보다 건강하고 활동적인 라이프스타일을 유지할 수 있도록 지원하는 체계가 필요할 것이다.

를 이겨나가고자 한다. 6. 또한 노년유니온은 고령화 사회를 극복하기 위하여 복지국가를 반드시 만들어낼 것이다. 이를 위해 적극적인 증세 운동을 벌여 나갈 것이다. 7. 노년유니온은 기초노령연금 및 노인일자리 확대를 위해 대선일 까지 1인 시위를 할 것이며, 10월 31일 종묘공원에서 3대 핵심사업 (노인일자리, 노인소득 보장, 노인의료보장)을 위한 "노인민생 샤우팅 대회"를 개최할 것이다.

3. 노후의 재무적 설계

인구고령화의 사회문제에 관한 대책에 관해 무엇보다 노후 소득과 관련하여 고령자의 생활보장에 관한 단상을 요약하고자 한다. 먼저, 우리나라의 고용제도는 현재뿐만 아니라 향후에도 사회 환경변화에 따라 여러 영역에 있어서 변화할 수밖에 없을 것이다. 이에 따라 발생하는 문제는 국가의 경제정책, 고용정책 등 거시적인 문제뿐만 아니라 기업과 노동자의 노·사 관계 및 고령자의 소득 등 미시적인 문제 또한 포함하고 있다. 따라서 향후의 고령사회에 대비하기 위해서라도 고령 노동자의 업무능력에 적합한 유연한 노·사 상호 간의 선택적인 고용제도의 구상이 필요하다.

최근의 순환적인 불경기와는 별개의 문제인 구조적인 경제침체를 비롯하여 저출산 나아가 급격한 인구고령화는 향후 사회보장제도의 보장범위를 축소형으로 재고할 수밖에 없을 것이다. 그렇기에 그동안 장기시산(長期試算)에 입각하여 연금재원의 안정적 장기유지를 목적으로 한 개혁이 이어졌다. 그러나 우리나라의 연금제도 특히 국민연금은 성장단계에 있기 때문에 수정·보완할 여지가 있을 것이다.

따라서 연금제도의 개혁은 은퇴 고령자의 생활에 중대한 영향을 미치는 문제가 되기 때문에 고령자의 노후생활을 보장하기 위하여 고령자의 고용 등 일정한 소득원을 염두에 두고, 명확한 좌표축에 의한 개혁이 추진되어야 할 것이다. 이점이야말로 시대의 요구에 부응하는 새로운 고령자대책이라고 판단하여 고령사회의 방향성을 전망하고자 한다.

현재 세계의 각 나라에서는 21세기에 접어들어 국제화, 정보화, 고령화 등 새로운 변화에 적응할 수 있도록 국가가 추진하여야 할 방향성에 관해 활발한 논의를 전개하고 있다. 특히 선진국에서는 고령화의 진전에 따라 새롭게 대두된 고령자의 생활보장에 대해 사회정책적인 시점에서 정책제언이 나오고 있다.

우리 또한 「사회·환경의 변화에 따른 고령자대책은 어떤 방향으로 구축해야 할 것인가?」 그리고 「인구고령화의 대책은 어떤 방법이 효율적인가?」라는 과제에 조속히 임해야 할 것이다. 그 가운데에서도 특히 「고령자의 생활보장체계를 어떻게 구축할 것인가?」 라고 하는 점이 노인문화창조의 출발점이 될 것이다.

결론부터 말한다면 안정된 고령자의 생활을 영위하기 위해서는 일정한 생활수준 유지에 필요한 소득보장이 필요불가결하며, 은퇴 후 고령기의 생활보장은 결국 '고용소득'과 '공적연금'이 중심이 될 것이므로 고령자 고용확보와 안정된 연금제도가 안정적으로 유지된다면, 고령자의 일정소득은 확보될 수 있을 것이다.

현대 산업사회에 있어서 개인 생활자의 생활보장시스템은 크게 사회보장·기업보장·개인보장의 세 가지의 주요 자원과 그 하위의 시스템에 의해 구성되어 있다. 그러나 우리나라의 경우에는 사회보장의 확충에 한계가 있기 때문에 이른바 「고복지·고부담」의 서구형 재정구조로의 이행보다는 「중복지·중부담」을 목표로 해야 할 것으로 보인다.

중규모의 공적 생활보장에 있어서는 상대적으로 고복지에 부족한 점을 보완하기 위하여 기업보장·개인보장의 역할이 점차 중요시 될 것이다. 이러한 사회적 합의는 자립과 상호협조 그리고 직장과 가정까지 염두에 둔 한국형 복지사회라는 방향성에 근거를 두고 있다. 그러나 이러한 생활보장시스템에 국민이 의존할 수밖에 없다고 한다면 그에 앞서 정부는 국민이 자립할 수 있도록 사회적 환경 정비를 추진하여야 할 것이다.

나아가 사회보장만이 아니라 기업보장과 개인보장에도 각각 한계가 있다고 한다면 생활보장시스템 전체의 효율성, 유효성, 타당성, 공평성을 높이기 위해서는 각 생활보장자원의 역할분담을 향후의 사회적·경제적 변화에 적응할 수 있는 형태의 명확한 시스템으로 구축해야 할 것이다. 바로 이점이야말로 시대적 전환기인 현재 정부가 리더십을 발휘해야 할 과제라고 하겠다.

그와 더불어 노후생활자금의 안전한 운용은 매우 중요한 문제이다. 주식전문가의 주식운용이라든가 유명한 금융기관이 주도하며 수익률을 높였던 과거의 펀드운용 또한 미래에 대해서는 안전성을 담보할 수 없다. 예를 들면, 1997년에 노벨경제학상을 받은 천재로 알려진 로버트 머튼(Robert Merton) MIT대 교수[261]도 자신이 참여했던 헤지펀드가 운용실패로 끝났을 때 깨달은 것이 바로 안전성이었을 것이다.

따라서 수익률만 추구하다 한 순간에 원금회수가 어렵게 되는 금융투자에 대한 경각심을 고령 투자자가 고려하지 않으면 안 된다. 로버트 머튼교수는 20여 년이 지난 지금, ‘생애재무설계’가 주요 관심사라고 한다. 특히 ‘생애재무설계’에서 중요한 것은 ‘투자목표’라고 하면서 하버드 비즈니스리뷰에 기고한 ‘은퇴 설계의 위기(The Crisis in Retirement Planning)’에서는 "저축에 관한 접근이 틀렸다. 결국 우리는 순자산(net worth)이 아닌 월소득(monthly income)에 대해 생각해야 한다"고 밝히기도 했다.

---

261 로버트 머튼(MIT대 교수). 1944년 뉴욕에서 태어난 그는 1966년 컬럼비아대학에서 수학을 전공한 뒤 캘리포니아 공과대학에서 과학석사학위를 받았다. 1970년 매사추세츠공대(MIT)에서 경제학으로 전공을 바꿔 박사학위를 받았다. 그는 ‘블랙-숄즈-머튼 모형’으로 금융파생상품시장에 혁명을 일으켜 1997년 노벨경제학상을 받았다. 그는 그 당시의 천재들과 함께 헤지펀드인 롱텀캐피탈매니지먼트(LTCM)를 만들었으나 파산한 것으로 알려졌다. LTCM은 정교한 수학모형을 활용해 초기에는 연 40%에 달하는 높은 수익을 거두었으나 1998년 러시아의 국가부도로 금융시장이 크게 흔들리면서 파산에 이르렀다.

이는 은퇴시점에 필요한 자산목표보다 은퇴 이후에 매월 어느 정도의 소득을 어떻게 마련할지를 고민해야 한다는 말이다. 이는 은퇴시점까지 자산을 얼마나 모을까? 의 문제도 중요하겠지만, 그보다 은퇴 이후에 매월 얼마만큼의 소득을 만들어낼 수 있을지 그리고 그 소득수준 내에서의 효율적인 생활설계가 가능한 것인지가 중요하다고 하겠다.

이런 반면, 한국사회는 그동안 기형적으로 부동산을 통해 자산을 늘려온 경우가 많았기 때문에 은퇴시점의 자산과 소득이 부동산에 편중된 경향이 크다. 베이비붐세대 역시 그 흐름에 휩쓸려 현금자산이 적은반면 은퇴자산의 70~80%가 부동산에 편중되어 있는 것으로 알려져 있다. 이웃나라 일본과 비교해 보면, 일본은 보유자산 중 부동산이 차지하는 비중이 우리나라의 절반수준이다.

일본의 베이비붐세대(団塊世代)는 제2차세계대전 이후인 1947~49년 사이에 태어난 약 680만 명의 거대 인구집단으로서 일본을 경제대국으로 이끈 주역이었으나 이미 2012년부터 정년을 맞이했다. 물론 일본도 부동산으로 재산을 늘리려는 시기가 있었다. 1980년대 중후반부터 부동산 버블이 시작되어 가격이 폭등했고, 10년도 채 안된 1990년 중반에 이르자 가격이 급락하면서 거품경제가 붕괴되었다[262].

그렇지만 우리나라의 베이비붐세대는 일본과 달리 여전히 자산 가운데 가장 많은 부분을 부동산에 집중해왔기 때문에 부동산 가격 하락의 위험성을 감안하면, 노후자금으로 부동산을 보유하고 있는 건 굉장히 위험할 수도 있다. 그리고 대부분의 고령자가 금융자산만으

---

262 그 당시 현역(중년층)이었던 일본의 베이비붐세대는 부동산 버블이 붕괴되어 큰 타격을 받았기 때문에 부동산버블은 그들에게 많은 교훈을 남겼다. 그 후부터는 부동산보다는 노후를 대비한 현금성자산 확보와 공적연금을 충실하게 지켜내어 은퇴를 맞이하고 있다.

로 생활자금을 충당하기는 어려울 것이다. 또한 부동산을 처분해서 노후 생활자금을 마련하려해도 어딘가에 일정한 거처가 필요하므로 처분이 용이하지 않다.

이럴 경우에는 역모기지를 활용한 주택연금이 유용할 것이다. 우리나라의 주택연금 상품은 60세 이상의 고령자가 현재 보유한 주택(일정기준)을 유동화하여 일정시기(사망 등)까지 매달 일정금액을 받을 수 있도록 설계되어있기 때문에 월정소득 확보 관점에서는 유용한 제도라고 하겠다.

그와 더불어 예상 노후생활비를 중심으로 매월 필요한 수준을 정하면, 노후자금 확보방법은 더욱 선명해질 수 있을 것이다. 예를 들어, 공적연금 및 기초노령연금에 개인연금과 주택연금을 활용하고 금융소득 및 고용소득을 확보하면서 자녀들로부터의 원조까지 포함시켜 다양하게 생활보장자원을 종합해 생활비를 마련하는 형태로 노후의 재무설계를 세울 수 있을 것이다.

4. 실버비즈니스의 현황과 전망

이전 세대의 고령자욕구를 메슬로의 욕구단계설[263]로 설명하자면, 비교적 하위단계의 생리적욕구라든지 안전욕구에 집중되어 있었는데, 현재의 고령자들은 소속욕구라든지 자아실현욕구까지 기대하고

---

263 매슬로(Abraham Harold Maslow, 1908.4.1.–1970.6.8)는 미국의 심리학자로서 욕구단계설(Maslow's hierarchy of needs)을 주장했다. 그는 인간의 욕구가 중요도별로 단계를 형성한다는 동기이론의 체계를 생리욕구, 안전욕구, 애정·소속욕구, 존경욕구, 자아실현욕구로 구분하였다.

있어서 앞으로는 문화적 자극과 관련된 새로운 비즈니스 기회가 확대될 전망이다. 그와 더불어 경제사회의 활력을 유지하고 고령자의 건강유지·증진과 관련한 다양한 수요에 대응하는 의료검진, 간병·수발, 건강음료, 노화예방을 비롯한 건강서비스 관련 사업이 점차 활성화되어 가고 있다.

이러한 환경변화에 따라 우리보다 앞선 일본의 실버비지니스는 1990년대를 전후해서 등장하여 확대추세에 있으며 21세기의 성장산업으로 주목받고 있다. 고령자를 대상으로 한 소비시장의 규모는 지금도 늘어나고 있지만, 2025년을 전후해서는 약 100조 엔 수준으로 확대될 것이라는 민간금융기관의 예측[264]을 비롯해 의·식·주 생활전반에 걸친 실버비지니스 분야는 〈표 15-6〉처럼 매우 광범위하게 늘어나고 있음을 알 수 있다. 그렇지만 핵가족화, 평균수명의 연장 등으로 불안감을 느낀 고령자 중에는 노후생활목적의 저축을 늘리려하는 사람도 있기 때문에 실버비지니스의 규모가 반드시 대형 비즈니스기회를 제공한다고 할 수 없다[265]는 주장을 내놓기도 했다.

---

264 株式会社みずほ銀行(2012.4)産業調査部「高齢者向け市場報告」p.50. 동 보고서의 요약에 따르면, 실버비지니스란 고령자의 생활을 대상으로 한 비즈니스 전반을 가리키는 것으로서 지속적으로 영역이 확대되고 있다. 2025년 이후에는 고령자의료, 간병·수발, 생활산업 분야의 소비시장이 100조 엔 시장으로 성장할 것이라는 시산을 내놓고 있어서 21세기 신 성장산업으로 주목받고 있다(검색일 : 2016.3.3).
https://www.mizuhobank.co.jp/corporate/bizinfo/industry/index.html
265 오다(小田利勝1998)「高齢者社会とシルバー産業」－公的介護保険制度とシルバーサービス産業の展開－ 神戸大学発達科学研究紀要 第6巻第1号 pp. 235-254 동1998년의 저축홍보중앙위원회(貯蓄広報中央委員会)의 조사에서는「노후생활자금」을 목적으로 한 저축비율이 20대는 10.7%, 30대 16.7%, 40대 42.9%, 50대 66.8%, 60대 71.9%, 70대 65.7%로 나타났다. 따라서 일본인은 70세대에 들어서도「노후생활자금」을 위해 저축하는 사람이 많기 때문에 폭발적인 소비수요를 기대할 수 없다는 의견도 있다.

〈표 15-6〉 실버비즈니스의 분류

분 류	관련 사업의 예
의료·생활· 일상용품 시장	배변·배뇨관련, 요양용품관련, 일상복·외출복, 환자복, 일상생활용품 유통·통신판매, 택배서비스, 청소정비
식품(食品) 관련 시장	요양식품, 기능식품, 건강식품, 영양보조식품, 성인병예 방식품, 식사·식자재택배, 병원급식, 기호식품, 고령자 외식메뉴
노인홈 시장	유료요양원 단기 / 중기 / 장기, 건강형 실버타운(분양형, 임대형), 병약형 실버타운(분양형, 임대형)
배리어프리 (barrier free)시장	휠체어, 보행기구, 운전보조장치, 엘리베이터, 보청기 등
건강관리·의료 ·간병수발 시장	고령자의료, 건강관리상담, 질병예방유지, 재택의료, 방 문간호, 요양시스템, 요양보조로봇, 요양관련 용품
안전·안심 시장	긴급·구급지원 서비스, 안심·안전운전, 안전시설·설비
삶의 보람· 문화 시장	오락용품, 교양·서적, 고령자교육, 자격강좌, 취미활용, 고령자회관, 퇴직준비교육
여가·레저 시장	고령자적합스포츠, 국내·외 실버투어, 검진투어, 유람선 투어, 고령자호텔, 고령자오락·취미
고용·노동 시장	의료·요양인재고용, 실버인재활용, 고령자인재파견, 고 령자 창업지원, 기능훈련
정보·소프트· 서비스 시장	인터넷, 통신정보, 잡지, 원격안전서비스, 거택요양강좌, 교육·강좌비지니스
재테크·금융· 보험 시장	고령자금융상품, 재산관리, 노후자금운용컨설팅, 종신 보험, 의료보험, 간병·수발보험, 유언관련, 유산관리
장례관련 시장	장례시설운영, 장의용품, 묘석, 상제관련교육, 장묘·화 장관련 사후관리(개인물품),
사회시스템 시장	장기요양보험관련시설, 고령자지원주택, 고령자전용거 주지, 고령자회관, 고령자조합

자료 : 정기룡·강영숙(2012)「고령사회 일본의 노인여가에 관한 고찰」,『일본연
구』한국외국어대학 일본연구소. 제53호. p.24. 참고 작성.

이는 고령자의 소비지출이 다른 연령층에 비해 낮은 점과 일본인
의 저축선호 인식을 주요 이유로 들고 있다. 이처럼 실버비즈니스 시장의 확대 혹은 축소에 관한 주장은 엇갈리고 있지만, 최근 고령자의 소비성향은 늘어나는 추세이며, 「질병과 재해에 대한 준비」와 「노후 생활자금」그 자체가 결국, 고령자의 소비와 관련되므로 향후 고령자를 대상으로 한 실버비즈니스는 확대될 것으로 전망된다. 일본은 물론이고 한국에서도 인구고령화에 따라 고령화 비율이 늘어나면서 이와 병행하여 실버비즈니스의 기회도 확대될 것이라는 데에는 이견이 없을 것이다.

한편, 인구고령화가 급속히 진전되는 현대사회에서 고령자의 여가 활용을 통해 '참여하는 삶의 보람'과 '활력 있는 사회구축'이라는 개인과 사회의 공통목적을 지향하면서 새로운 시장의 가능성 또한 내포하고 있다. 그러나 노년기의 시간적 여유의 과잉은 고령자의 보람된 활동을 저해하는 요인이 될 수도 있다. 왜냐하면 고령자가 아니라 누구라도 남아도는 시간이 단조롭고 고독하다면, 지루한 생활로 인해 문화적 자극이 부족하여 삶의 권태와 의욕감소로 이어질 수도 있기 때문이다.

여가를 어떻게 활용해야 할지 모르겠다는 것 자체가 바로 여가의 지루함을 토로하는 것이다. 이를 해결하려고 한다면, 지루함이라든지 갑갑함을 느끼는 고령자에게 문화적인 자극을 제공해야 할 것이다. 따라서 향후의 여가관련 상품은 지금까지의 문제를 해결하는 '불만해결형' 보다는 잠재적인 수요를 환기시키는 '수요창출형' 상품과 서비스가 필요할 것이다. 이렇듯 고령자를 대상으로 한 수요의 다양성에 효율적으로 대응하는 것은 고령자의 생활관련 비즈니스에 관한 새로운 수요를 창출하는 시장확대의 기회가 될 수도 있을 것이다.

나아가 사회시스템이나 사회제도면에서의 대응뿐만 아니라 고령자가 삶의 보람을 만끽하며 사회에 참여할 수 있도록 지원하는 소프트웨어 제공의 관점도 중요하다. 따라서 고령자에 적합한 디자인 구

상이나 고령자의 사회활동을 확대시키기 위한 시스템구축 등의 문제
는 이제 필요의 단계에서 이미 개선의 단계에 접어들었기에 이에 대
한 지원이 필요한 시점이라고 하겠다.

5. 고령자 여가활동의 해결과제

현대사회에서 노인문제가 발생하는 근본적인 원인은 무엇보다 노
인인구의 급격한 증가에 기인한다. 그 외에도 미혼(未婚) 및 만혼(晚婚)
에 따른 저출산에 의한 인구구조의 변화가 부차적인 요인이 되고 있
다. 또한 산업사회에서 구조조정 등의 영향에 따른 조기퇴직 및 정년
으로 인한 역할상실, 가족과 사회로부터의 소외감 등이 사회문제로
등장하였다.

고령자를 위한 정책적인 노인보건·복지정책은 다양하게 시행되고
있다. 그러나 고령자대책의 질적인 내용과 지원수준의 문제해결, 국
가와 지방자치체와의 유기적인 협조체계의 보완 등이 요구된다. 나
아가 노인문제에 관한 지역사회의 인식부족을 해소하려는 노력 또한
필요하다. 즉, 여러 형태의 복지정책을 통해 사회보장제도 및 사회복
지서비스가 보완·유지되고 있지만 도시와 농촌간의 지역적인 차이
라든지 소득격차를 어떻게 극복할 수 있을지의 문제가 아직까지 해
결해야 할 과제로 남아있다.

한편, 이와 같은 사회적 과제를 해결한 다음에도 노년기의 행복한
삶을 위해서는 고령자에 대한 보편적인 생활지원이 필요할 것이다.
예를 들면, 노후생활의 학습과 취미 등을 위한 자생적 고령자조직의
활성화 지원과 학습기회의 제공 등이 바로 그것이다. 따라서 노후생

활의 만족감 즉, 노년기의 '삶의 질'을 높이기 위해서는 노년기에 대한 중요성을 환기시키고 성공적인 노화를 위한 여가활동의 중요성에 관한 인식전환이 필요한 시점이라고 하겠다.

이제 노후는 더 이상 여생이 아니며, 보다 적극적으로 인생을 잘 마무리하는 매우 중요한 시기로 인식을 해야 할 것이다. 그렇기 때문에 고령자의 여가를 단지 남는 시간으로 치부해 버릴 수는 없는 것이다. 남아도는 시간이 따분하고 지루하게 느껴진다면 그것은 여가가 아니라 소일하는 시간이 되어버린다. 여가가 다양하고 차별화된 성격을 본질적으로 내포하고 있는 이상, 현역시절에 경험했던 활동적인 여가에 비해 노후의 여가는 보람된 여가로 인식될 수도 있는 것이다. 따라서 노년기의 보람된 삶을 위해서는 고령자의 학습과 취미 등을 제고하기 위한 학습기회의 제공이 보편적 복지차원에서 고려해볼 필요가 있겠다.

그러나 역시 여가활동에 있어서의 문제는 고령자에게 적합한 내용이며 만족감을 느낄 수 있는 여가인지가 중요하다[266]. 앞에서 살펴본 바와 같이 지나치게 반복하는 점이나 지루한 프로그램 내용은 수정 보완 및 제거하는 지혜 또한 필요할 것이다. 고령자가 느끼는 지루함이란 별 변화 없이 반복되는 과정일 것이고 그러한 내용이 여가의 의미를 희석해 여가활동에서 멀어지게 하기도 한다.

그렇다고 지루한 상황에서 벗어나보려는 의도에서 다양한 분야에 과다하게 관심을 할애하거나 의미 있는 여가라는 미명 하에 체력 및 경제면에서 과부하가 걸리는 것은 고령자에게 적합하지 않을 것이

---

266 여가는 ① 무슨 일인가를 하는 것(to do something)이며, ② 누구라도 할 수 있는 것(to do anything)으로서 ③ 아무 것도 하지 않는 것(to do nothing) 또한 포함하는 것이라고 하겠다. 그 가운데 지루함에서의 탈피방안으로서 적용 가능한 시각이 바로 고전적인 学而時習之면 不亦說乎아! 라는 시각일 수 있겠다.

다. 이러한 시도의 일환으로 고령자의 취미와 스포츠 그리고 학습을 위한 동호회와 노인클럽이 활성화되고 있다. 나아가 이제는 고령자 스스로 노화와 노년학에 대한 자성적 이해를 인식하기 시작하였고 노후생활의 만족감을 위한 그룹활동 및 평생학습의 필요성을 인식하는 시점에 이르게 된 것이다.

최근 여가의 대중화경향은 기본적으로 문화모방 과정과 문화 창조 과정의 반복에 기인하는 것을 알 수 있다. 먼저, 문화모방은 현대의 일상생활을 지루하게 느끼는 배경 중의 하나가 되고 있다. 이는 대중여가의 모방과정에서 되풀이 되는 일이 많기 때문에 그러한 반복이 지루함을 초래하고 있다. 예를 들어, 오늘날 여가산업의 일부에서 영화, 음악, 게임 등으로 대표되는 복제의 반복이 이루어지고 있는 것 또한 사실이다.

그러나 이런 반복이 여가활동 속에서 과도하게 이루어지게 되면, 고령자는 일반인보다 시간적 소모를 더 크게 느끼게 될 수도 있다. 그렇기 때문에 활력이 떨어지는 고령자가 쇠퇴기를 맞이하면, 그에 맞는 새로운 여가활동이 필요하게 된다. 그리고 여가활동에서 엿보이는 문화창조는 개인적인 취미와 삶의 보람을 추구하기 위해 시작한 여가활동이 때로는 지금까지와는 다른 형태로 발전하거나 새로이 형성되는 것을 의미한다.

이러한 활동은 지역사회의 문화행사를 비롯하여 지자체의 축제 나아가 국가가 주최하는 특정목적의 행사에 이르기까지 기존의 문화영역에서 점차 개선과 확장이 이루어지고 있다. 따라서 이러한 변화를 거부할 것이 아니라 고령자 스스로 노후를 새롭게 인식하며 보람된 삶을 지향하기 위한 여가활동에 나선다면 보다 활기찬 노후생활을 보내게 될 것이다.

노인문화창조
－베이비붐세대의 한·일 비교 분석－

제16장

마무리에 즈음하여

 ## 1. 베이비붐세대의 새로운 노후 인식

베이비붐세대의 제2의 인생은 앞으로 펼쳐질 고령자 자신의 삶의 과정이다. 지금과 같은 의료발전이 앞으로도 지속된다면 머지않아 100세까지 건강하게 살아가는 것이 꿈이 아닌 현실이 될 수도 있는 사회가 펼쳐질 것이다. 현재의 수명으로 보더라도 보편적으로 이루어지고 있는 60세 정년을 가정한다면, 평균수명이 이미 80-85세(남자 약79세, 여자 약84세)에 달했기 때문에 퇴직 후 대략 20-25년 정도를 더 살아야 된다. 그 기간은 대략 태어나서 대학을 졸업할 때까지의 긴 시간인 것이다.

그렇기 때문에 최근 고령층에 진입하고 있는 베이비붐세대 고령자의 경우에는 제2의 인생을 스스로가 어떻게 노후생활을 계획하고 실

천하는가에 따라 남은 인생의 삶의 모습과 보람 그리고 생활문화 등
이 다르게 나타날 것이다.

정년 이후, 제2의 인생을 풍요롭고 여유 있게 생활할 수 있기를 바
라는 생각은 누구나 갖고 있을 것이다. 따라서 정년 이후의 노후생활
을 풍요롭고 여유롭게 살기위해서는 다음과 같은 기본조건을 갖추어
놓아야 할 것이다.

① 건강을 유지해야 된다.
② 일정소득이 있어야 한다.
③ 삶의 목표가 있어야 한다.

물론 위의 세 가지의 조건을 갖추었다고 하더라도 나이가 점점 들
면서 체력이 약해져서 사고와 질병으로 고생하거나 정년 이후 일정
기간을 지나면서 경제력을 상실하거나 소득원이 급격하게 줄어들 수
있는 위험성도 예상해서 대비해야 할 것이다.

그렇다고 한다면 정년퇴직은 인간의 라이프사이클에 있어서 큰
전환점이라고 하겠다. 퇴직으로 인해 현역시절 사회에서 쌓아올린
인간관계를 순식간에 잃어버릴 수도 있고, 이전과는 전혀 다른 삶을
살아가게 될 수도 있다. 결국 이 시기에 이르면 노후의 생활에 관해
서 새롭게 살아가는 방법을 자기 자신이 스스로 결정하지 않으면 안
된다.

정년을 맞이하면서 가장 중요한 점은 「새로운 인생을 시작하겠다
는 결심」과 「제2의 인생에 대한 각오」일 것이다. 왜냐하면, 이러한 결
심과 각오가 정년 이후의 삶을 전혀 다른 방향으로 이끌 수도 있기 때
문이다. 따라서 정년 이후의 희망 있는 삶을 살아가기 위해서는 현실
적인 균형감각에 입각한 노후설계를 세워나가야 한다. 물론 질병과

사고 등 생각지도 못한 일이 일어날 수도 있기 때문에 예상할 수 없
는 사고에 대해서도 유연하게 대응할 수 있는 노후설계가 필요할 것
이다.

그와 더불어 노후설계를 일단 구상하였더라도 시간이 지나면서 환
경이 변하게 되면, 이전의 내용을 수정할 수밖에 없으므로 노후설계
를 바꿀 수 있는 용기도 있어야 한다. 물론 노후의 인생설계의 구상은
기업의 경영전략이라든지 마케팅과 같이 거창하거나 대규모계획 수
준이 아니라 비교적 단순한 일정목표와 실행기준 정도의 수정을 말
한다. 예를 들면, 노후설계의 주요 포인트로는 「재미있게」라든가 「멋
있게」「유익하게」「심플하게」「건강하게」등의 단순한 기본골격을
유지하는 것이 중요하다.

한편, 정년 이후의 삶에 있어서 노후의 막연한 불안은 다음과 같은
대략 세 가지 정도로 요약된다.

① 정년 이후에 연금과 보유재산으로 생활을 유지할 수 있을까?
② 질병과 사고로 인한 간병수발 등의 문제는 괜찮을까?
③ 사후에 남겨진 가족의 생활은 어떻게 될까?

위와 같은 세 가지 위험요인을 대비해온 사람이라면 일단 행복한
노후를 영위할 수 있는 기본요건을 갖추었다고 하겠다. 그렇지만
위의 불안요인 중에서 한 가지라도 부족한 점이 드러난다면 노후의
생활설계를 보다 개인상황에 맞도록 수정해가는 지혜가 필요할 것
이다.

정년 이후의 노후생활에서는 「살아 있는 행복한 실감」과 「살아가
야 하는 이유」가 절대적으로 필요하다. 그리고 무엇보다 중요한 것은
노후의 삶이 즐거워야 하므로 그를 위해 무엇인가 고령자 스스로 하

고 싶은 것을 선택하기를 권장한다. 예를 들어 정규직고용 및 취로를 제외하면, '취미생활'과 '봉사활동' 혹은 '평생학습' 등이 그 대표적인 방법이라고 할 수 있다.

첫째, 취미를 한 번 생각해보자. 취미는 어떤 큰 단체에 소속하거나 비용이 많이 드는 것만이 취미는 아닐 것이다. 노후의 취미생활은 절대 고상하다거나 고급스런 것만을 고를 것이 아니라 고령자가 즐겁고 건전하게 할 수 있는 것이면 모든 것이 취미가 될 수 있다. 예를 들어 탁구, 게이트볼, 서예, 바둑, 도예, 원예, 공예품제작, 식물재배, 학습활동, 종교활동, 봉사활동 등등 무엇이든지 자기가 좋아하고 하고 싶은 것을 취미로 삼으면 된다. 그리고 본인에 맞는 취미를 발견했다면 바로 실천에 옮기도록 한다. 왜냐하면 망설이며 고민하다가 결국 실천에 옮기지 못하면 그만큼 시간만 무의미하게 보내게 되기 때문이다. 그리고 취미는 혼자서도 가능하겠지만, 때로는 사람들과 어울려 본인의 취미생활과 더불어 새로운 인간관계 형성을 계기로 더욱 즐거운 생활을 영위할 수도 있다.

또한 취미생활은 투입한 시간과 경험이 쌓여 어느 정도 숙달될 경우에는 취미로 인한 보람도 얻을 수 있고 때로는 노후자금에 보탬이 되는 기회를 얻기도 한다. 정년 이후, 공적연금만으로 여유로운 생활을 유지하기가 경제적으로 부족할 수 있기 때문에 부수입이 있으면 노후생활은 한결 수월해질 것이다. 그런 의미에서 취미가 실리(약간의 수입)를 겸할 수 있게 된다면 그것은 큰 기회가 될 것이다. 예를 들면, 그림, 도자기, 공예품 등을 만들어서 장터에 내놓을 수도 있고, 사물과 역사적 사실에 대한 설명을 잘한다면 관광정보해설사로 활동할 수도 있다. 이렇듯 취미활동이 능숙하게 되면 취미 그 자체가 생각지도 못한 부수입원이 될 수 있는 것이다.

한편, 취미생활은 인간관계를 넓히는 것이기에 현역시절에 대한 의식(수입, 직위 등)을 버리는 것이 제일 먼저 필요할 것이다. 그와 더불어 현역시대와는 다른 자기의 모습을 연출할 필요가 있겠다. 왜냐하면 예전의 직위에 집착해서 새로운 인간관계를 평가하게 된다면 다른 사람들과 융화가 잘 될 수 없기 때문이다. 따라서 노후의 취미생활에 있어서 접하게 되는 새로운 인간관계에서는 전직의식을 잊어버리는 마음자세가 바람직할 것이다.

둘째, 봉사활동을 겸한 사회참여이다. 봉사활동은 시민 한 사람 한 사람이 자기의 자발적 의지에 의해 지역사회의 발전과 사회적 약자를 돕기 위해 헌신하는 계기가 될 것이다. 그 활동형태는 개인적으로 활동하는 것과 그룹(단체)으로 활동하기도 하며, NPO 등에 소속되어 활동할 수도 있다. 고령자로서는 현역사회에서 다년간 쌓아온 자기의 경험과 지식을 지역사회와 후배들에게 전수하거나 공헌할 수 있다는 것은 매우 보람된 일로 인식하게 될 것이다. 물론 도움을 받는 측에서도 매우 가치 있는 활동으로 인식하게 될 것이다. 최근 봉사활동 인구가 점차 늘어가고 있는 추세인데 일본에서는 연간 약1,000만 명이 봉사활동에 나서고 있으며 특히 퇴직자 3명 가운데 1명이 어떤 형태로든 봉사활동에 참여하고 있다고 한다.

고령자의 봉사활동이 성공하기 위해서는 무엇보다「자발성」과「연대성」이 선행되어야 할 것이다. 실제로 봉사활동은 스스로 행하려는 자발적 의지에 근거하며 사람과 사람이 만나게 되므로 인간관계의 연대성에 대한 세심한 주의가 요구된다. 퇴직자 중에는 이전 현역시절에서 직위가 높고, 실무경력이 풍부한 사람이 있을 수 있겠지만 이러한 점을 봉사활동에서 내세우는 것은 바람직하지 못하다. 봉사활동은 직위와 경력이 아니고 한 사람 한 사람이 모두 평범한 시민으로 봉사에 참가하는 일종의 재능기부인 것이다.

봉사활동은 사회적으로도 도움이 되고 많은 사람들과의 교류도 풍성해지며 삶의 보람을 느낄 수 있기 때문에 고령자에게 적합한 활동이라면 즐거운 일이 될 것이다. 그러나 봉사활동을 시작할 때에는 어떤 조직에서, 어떤 일을, 어느 정도 수준에서 해야 할지 혹은 내가 무슨 도움이 될까? 등등의 조바심 장애가 되기도 한다. 그렇기 때문에 이러한 벽은 어쩔 수 없이 고령자 스스로 떨쳐내야 한다.

봉사활동을 쉽게 시작하는 방법은, 고령자가 거주하는 지역 가까운 곳에 있는 봉사단체를 찾아가는 것이다. 세상에 봉사할 일은 셀 수 없이 많겠지만 그 중에서도 본인이 좋아하는 분야에서 자신의 능력을 활용할 수 있는 범위 내에서 활동에 나서기를 권장한다. 그렇게 하여야 즐겁게 오래 지속할 수 있으며 고령자의 노후생활을 보람되게 보낼 수 있을 것이다.

셋째, 고령자의 학습활동이다. 학습활동에 대한 고령자의 참여는 자신의 가치를 스스로 높이는 방법이라고 하겠다. 실제 인생을 살아가는 데 있어서 삶의 과정은 배움의 연속이며 언제까지나 공부가 필요하다는 인식에서 학습활동을 필요로 한다. '인간 자체의 존엄성'을 재인식하도록 하는 것은 교육의 책무이기도 하다. 즉, 노년기는 인생의 모든 의미를 결집하는 시기이므로 고령자가 자신의 보람된 인생에 대해 의미를 부여하기 위해서도 고령기의 생활에서 고령자의 교육은 매우 중요한 의미를 갖는다.

최근에는 지역사회단체와 대학에서 주최하는 공개강좌도 많으며 손쉽게 체험학습을 할 수 있는 환경이 갖추어지고 있다. 또한 방송대학을 비롯하여 연장자에게도 문호를 개방하는 대학이 늘어나고 있어서 공부하는 환경이 잘 정비되어 있다. 실제로 정년퇴직 이후에 새롭게 공부를 시작하는 사람 중에는 학습이 「재미있다」고 느끼는 사람들이 많다. 그것은 아마도 누군가에 의해 강제로 공부를 하는 게 아니라 스스로 좋아서 하는 학습이기에 즐거운 것일 것이다.

그러나 공부가 「학습의 즐거움」만이 아니라 무엇을 위한 공부인지 확실한 「목적의식」을 갖고 학습에 임하는 사람이 결과적으로 지속성을 유지할 수 있으며 성과도 올릴 수 있다. 물론 학습을 하는 데 있어서 자기목적만 고집해서는 점점 인간관계가 소원해지고 고집쟁이 할아버지·할머니라는 인상을 줄 수 있다. 따라서 자기계발 및 사회에 환원하겠다는 목적의식과 더불어 사회와 사람과의 관계성을 의식하는 것이 필요할 것이다.

현역시절부터 이러저러한 학습이라든지 어떤 연구를 하고 싶다는 의지를 갖고 있던 사람은 학습주제가 명확하기 때문에 그다지 문제가 되지 않는다. 그러나 아무런 목적 없이 단지 남는 시간에 학습를 해보고 싶다는 고령자는 다음 세 가지 사항에 관해 스스로 점검해볼 필요가 있다고 하겠다.

① 학습비용으로 얼마정도 쓸 것인가?
② 학습에 필요한 시간에 대한 기대가치는 무엇인가?
③ 학습한 후에 사회와 타인에게 어떻게 활용할 수 있을까?

물론 학습에는 어느 정도의 비용이 지출되는 것이 현실이다. 그와 더불어 매일 일정시간 공부할 의지가 없다면 결코 학습을 지속할 수가 없다. 이러한 점에 관한 학습의지가 확실히 있어야만 자기가 배우려는 목적이 명확해질 것이다. 학습목적과 배우고 싶은 것이 정해지면 평생학습을 하는 곳을 직접 찾아볼 수도 있고 최근에는 인터넷 검색으로도 간단히 검색해볼 수도 있다. 물론 복수의 강좌가 개설되어 있다면 비교하면서 자신의 형편과 수준에 적합한 곳을 선택해 실행이 가능한 단계부터 시작해보도록 한다.

고령자의 학습기회측면에서 볼 것 같으면, 일본의 경우와 마찬가지로 정규 교육기관 외에 인터넷 등의 통신강좌, 문화센터, 사설학원, 복지관 등의 각종 강좌가 개설되어 있으므로 의외로 선택의 폭은 넓다. 단지 유사하거나 중복된 내용을 면밀히 살펴 자신의 형편에 맞는 선택을 해야 할 것이다.

고령기의 학습은, 다양한 경험을 토대로 취로기회와 자원봉사로 활용하며, 새로운 것을 배우며 생활에 적응해가는 과정으로 고령자의 생애에 걸쳐 매우 중요한 역할을 한다. 따라서 배움이라는 것은 생애에 걸쳐 지속된다는 점을 인식하여 학습에 임한다면 고령자의 학습활동은 매우 보람된 결과를 가져올 것이다.

이처럼 베이비붐세대의 고령자는 이전의 수동형 고령자와는 사고방식과 경험체계 및 현재환경도 다르다. 따라서 '고용과 취로'를 지속하는 경제생활형 고령자 외에도 '취미생활'과 '봉사활동' 나아가 '평생학습'에 임하면서 정년 이후의 삶을 보람되게 보낼 수 있도록 고령자 스스로도 노인문화창조를 취한 인식전환에 나서야 할 것이다.

2. 노인문화의 발아(発芽)

10월 2일은 '노인의 날'이다. 통계청은 2016년 10월 2일, 제20회 노인의 날에 '고령자통계'를 발표했다. 2015년 기준 65세 이상의 인구는, 전체인구(내국인)의 13.2%를 차지하는 656만9천명으로 10년 전인 2005년과 비교할 때 약 220만4천명이 증가한 규모이다. 그 후 2017년 8월말에는 이미 14%에 달해 고령사회에 진입하였다.

이러한 변화는 유소년 인구가 줄어드는 반면, 고령인구는 증가하는 항아리형의 인구 피라미드 모습에서도 알 수 있다. 인구의 고령화 추세는 이렇듯 선진국뿐만 아니라 한국을 비롯한 발전도상국에서도 급격히 진행 중인데, 이러한 인구구조의 급격한 변화는 공적연금과 노동시장에도 영향을 미치게 된다.

따라서 고령자의 노후생활을 위한 소득보장은 연금이든 취로든 그 대책마련이 시급하다. 연령과 관계없이 누구나 '일할 수 있다' 는 것은 무척 의미가 있는데 특히 '고령자통계(통계청 2016.10.2)'에 따르면, 고령자 인구 10명 가운데 대략 6명이 '앞으로도 일하고 싶다'고 응답한 것으로 나타났다.

고령자가 취업을 원하는 주된 이유는 '생활비충당(58%)'이었고, 이는 노후 생계비 걱정에 은퇴 이후에도 일손을 놓지 못하는 것으로 보인다. 보다 자세히 살펴보면, 55-79세 고령자 중 '장래에 일하기를 원한다'고 응답한 비율은 61.2%로 지난해에 비해 0.2%p 증가한 것으로 집계됐다. 취업을 원하는 이유로는 '생활비충당' 이라고 응답한 비율이 58.0%로 가장 높았고, 이어 '일하는 즐거움'(34.9%), '무료해서'(3.4%), '사회가 필요로 함'(2.2%)의 순이다.

특히 생활비 마련을 취한 방법으로 장래취업을 든 이들이 2014년에는 54.0%였으나 2015년에는 57.0%로 지속적으로 늘어나는 추세에 있는 것으로 보아 여전히 고령자의 노후생계비 등 경제적 부담이 큰 것으로 보인다.

나아가 인구고령화의 진전으로 의료·복지비용이 늘어나면, 결국 사회적 부담도 커질 수밖에 없다. 이러한 문제를 해결하기 위해서는 먼저 인구구조의 변화에 따른 사회문제를 현실적인 해결과제로 인식해야 할 것이다. 왜냐하면 사회문제에 대한 인식결여로 인해 효율적인 대책이 늦어지게 되면 향후 삶의 질을 향상시키기가 매우 어렵기 때문이다.

그러나 이렇게 사회의 환경변화가 어려운 해결과제라 할지라도 문제를 직시하고 그에 적합한 대책을 강구해 나간다면, 미래의 고령사회가 결코 어둡지만은 않을 것이다. 그를 위한 해결책으로는 먼저, 고령사회에 대한 정책적 제도개선과 더불어 지역사회와 민영기업 참여 또한 촉진하여야 할 것이다. 한편, 고령사회를 새로운 수요창출의 기회로 삼아 고령사회 관련 기술개발을 통해 쾌적한 고령사회를 맞이할 수 있어야 하겠다. 나아가 노인문화를 활성화시켜 고령자가 사회 일원으로 삶의 보람을 찾을 수 있는 환경정비가 필요할 것이다.

문명의 발전에 따라 인간의 평균수명이 늘어나고 있다. 현재 우리나라의 평균수명이 80세 정도이지만, 곧 '인생90년시대'를 맞이할 것이다. 따라서 그만큼 노년기가 길어졌기 때문에 노년기에 적합한 생애 노후설계로 수정되어야 한다. 다시 말해 인생 90세가 아니라 머지않아 100세까지 안정된 삶을 유지할 수 있는 사회적·경제적 대비가 필요할지도 모른다.

그렇지만, 현재의 사회제도는 평균수명 80세 이하의 기준으로 주로 설계되어 있어 정년 혹은 은퇴 이후의 삶에 대한 준비가 미비한 실정이다. 이러한 노후설계는 누군가에게는 장수(長壽)가 축복이 아닌 불행이 될 수 있음을 의미한다. 따라서 고령시대를 맞이해 이제 '노년기'는 다시 재고되어야 한다. 즉 노년기란 여명을 소일한다거나 죽음을 기다리는 기간이 아니라 보람된 삶을 위한 인생 후반전으로 재인식되어야 할 것이다.

한편, 베이비붐세대는 이전의 고령자와는 다르게 비교적 젊게 사고하는 고령층의 생활양식으로 변화하고 있는 것 또한 사실이다. 일본에서는 '에이지레스(연령초월)사회' 혹은 '평생현역사회'라는 캠페인을 내세워 고령사회의 노년기에 있어서 연령으로 고령자를 구분하거나 판단하지 않는 사회를 장려하고 있다[267].

고령자 스스로 현역사회에서 이루어온 지위와 체면에 구속되지 않는 가치관을 갖고 취로에 나서는 모습, 지역사회의 인간관계를 기반으로 한 교류와 공헌활동, 고령자 스스로의 노력으로 건강하게 활약하는 모습, 나아가 지역사회에서 지역주민의 지도자역할을 발휘하며 생활하는 고령자의 모습 등은 매우 바람직해 보인다.

인간이라면 누구라도 전 생애에 걸쳐 건강하고 행복하게 살다가 편안하게 세상을 마감하고 싶을 것이다. 또한 개성과 자기철학에 입각해 살다가 노후에 이르러서는 자립과 자기실현을 통해 인생을 마감하려는 것, 그것이 바로 최후 목표라고 하겠다. 평균수명이 점점 길어지게 된 오늘날 인구고령화 추세의 환경에서 노후생활환경 구축은 사회적 해결과제가 되고 있다. 그것은 21세기의 인류의 생활문화로 추구되지 않으면 안 되는 것이기도 하다.

노후의 생활문화를 개인에게 창조적으로 그리고 일종의 문화로서 전개하기 위해서는 고령자 스스로가 몸소 실천하는 마음으로 갈고 닦으며 새롭게 배우고 연구하려는 활동적인 사회참가가 중요하다고 하겠다. 이러한 활동적인 사회참가를 통해 일정형태의 행동양식이 근원이 되어 노인문화를 형성할 수도 있겠지만, 중앙정부와 지자체의 지원에 의한 성과로써 나타나기도 한다.

최근 일본에서는 3세대가 함께 사는 '확대가족'이 다시 주목을 받고 있다. 그 가운데에서도 '3대의 동거'를 위한 신개념주택이 등장하고 있으며 기존주택을 3대가 살 수 있도록 리모델링(개축)하는 사람들

---

267 일본내각부에서는 연령초월인생(エイジレスライフ: 연령에 구애받지 않고 스스로 책임과 능력을 토대로 활기찬 생활을 보내는 고령층의 의미)을 실천하는 고령자, 지역사회 참가활동을 적극적으로 실천하는 고령자그룹과 고령기의 활기찬 라이프스타일을 홍보하고 있다. 기본적으로 65세 이상의 고령자로가 이전에 쌓아온 지식과 경험을 살려 고령기의 생활에 있어서도 실사회에 능력을 활용·환원하거나 지역사회에 공헌하는 활동이 그 주요 내용이다.

이 늘고 있다. 이에 일본정부는 조부모까지 함께 살기 위한 주택개조에 대해 세금감면 혜택[268]을 부여하면서 확대가족 화목 분위기를 조성하고 있다.

일본정부가 이렇게 직접 나서서 확대가족을 독려하는 데에는 저출산·고령사회의 상황을 대처하기 위한 절박함에 근거한다고 하겠다. 최근 일본총무성이 2017년 1월 1일 발표한 자료에 따르면, 총인구는 1억2천589만 명으로 지난해보다 0.22%(약 27만명)정도 줄어든 것으로 나타났다. 일본의 총인구는 지난 2009년을 정점으로 그 후 7년 동안 지속적으로 감소추세를 보이고 있다. 이런 상황을 타개하고자 아베정부가 내놓은 대책이 바로 '1억 총활약 사회'의 건설인데, 이를 기치로 향후 50년 간 인구 1억 명 수준을 유지하는 동시에 최대한 자기역할을 다할 수 있는 사회를 구축하겠다는 것이다.

이를 위해 합계출산율을 현재 약 1.4명에서 1.8명 수준으로 늘린다는 목표를 세웠고, 여성들이 사회에서 적극 일할 수 있는 환경을 만드는데 총력을 기울이기로 했다. 이러한 출산장려대책은 일본국립사회보장·인구문제연구소의 통계자료(10년간의 추적조사 결과)로 발표되었는데, 부부 어느 한 쪽의 조부모(조모)와 함께 살 경우, 출생아동 수가 2.09명인데 반해 조부모와 동거하지 않는 경우에는 1.84명으로서 조부모 동거 시의 출산율이 더 높게 나타났다는 결과를 근거로 삼고

---

268 2017년 4월, 일본정부(국토교통성)는 3대 동거와 관련한 '특별조치'를 발표하였다. 확대가족, 그러니까 3대가 함께 살기 위해 집을 개조하면, 세제혜택을 주겠다는 내용으로서 조부모세대와 자녀 세대가 큰 불편 없이 살려면 거주형편에 맞도록 집을 고칠 필요가 있는데 거기에 들어가는 비용의 상당부분을 소득에서 공제해 주는 내용이다. 즉, 3대 동거를 위해 기존주택의 부엌이나 욕실, 화장실, 현관 등 4곳 가운데 어느 한 곳을 2개로 늘리면 세제우대를 받을 수 있다. 지원규모는 전체 공사비용의 10%를 그해 소득세에서 공제하고, 그 개조비용을 은행에서 대출할 때에도 대출금 일부를 소득공제하는 방식으로서 공제한도는 250만 원 정도이다.

있다.

일본의 지자체에서도 저출산·고령사회대책의 일환으로 이와 유사한 시책이 추진되고 있다. 예를 들면, 도쿄 기타구(北区)에서는 집안의 문턱을 없애는 등 친 고령자 주택, 이른바 배리어프리(barrier free) 주택을 지어서 3대가 함께 사는 경우, 세대 당 50만 엔까지의 보조금을 지원하고 있다. 도쿄(東京) 인근의 치바시(千葉市)에서도 2011년부터 자녀와 조부모 세대가 함께 살거나 근거리에 거주할 경우 최대 50만 엔의 비용을 지원[269]해 주고 있다.

또한 후쿠야마현(福山県)에서는 3세대 가족의 경우, 육아지원비로 손주 1인당 10만엔의 지원금을 제공하며 육아를 하는 조부모에게는 온천 숙박비를 보조해주며, 조부모의 간병이 필요한 고령자일 경우 요양시설을 이용할 수 있는 이용권을 지급하는 등 다양한 대가족 지원조치[270]를 실천하고 있다.

이렇듯 활력 있는 고령사회를 구축하기 위해서는 직접적인 금전적 지원뿐만 아니라 세제경감조치 나아가 고령자를 통해 생산성을 높일 수 있는 '고용프로그램', '노인자립기반시스템', '지적활동유지프로그램', '노인자원봉사시스템' 그리고 고령자를 대상으로 한 다양한 '평생교육프로그램' 등의 프로그램를 병행해서 제공하여야 할 것이다. 왜냐하면, 베이비붐세대는 활기찬 고령사회의 시대적 추세에 맞춰 건강한 실버파워로서의 역할기대가 늘어난 만큼 사회에 공헌할

---

269 이러한 조치는 한동안 치바시(千葉市)에서 독거노인들의 고독사가 잇따라 발생해 충격을 줬기 때문에 고령자의 고독사 방지를 위한 조부모 동거지원책으로서 시행되고 있는 것으로 보인다.

270 후쿠야마현(福山県)에서는 3대가 함께 살고 있는 비율이 대략 23% 정도(평균 6.9%)로 나타나고 있는데, 이는 다른 지역에 비해 월등히 높다. 3대 동거율 또한 전국 2위(17.6%)인 후쿠이현의 경우 맞벌이부부 비율이 36.4%로 높게 나타나고 있다. 물론 조부모의 육아부담을 줄여주기 위해 필요할 때 일시적으로 보육시설에 아이를 맡길 수 있는 무료이용권을 교부하는 등의 조치도 병행하고 있다.

기회가 더욱 많아지게 될 것이기 때문이다.

우리는 평생을 묵묵히 살아온 앞 세대의 값진 경험(経験)과 경륜(経綸)의 지혜를 찾아내야 하고, 우리사회가 이들을 수용할 수 있는 감사(感謝)와 아량(雅量)을 베풀 수 있도록 사회를 만들어나가야 한다. 또 사회에 봉사를 원하는 많은 건강하고 생활능력을 갖춘 실버계층을 발굴하여 이들에게 새로운 사회참가 기회를 제공하여야 한다. 그를 위하여 유용한 프로그램을 지방자치단체, 노인단체, 종교단체, 복지기관 등에서 활발히 전개하여 보급될 수 있는 사회적 연대가 구축되기를 기대한다.

장수국 일본의 예에서 살펴보았듯이 어차피 도래할 수밖에 없는 초고령사회라면, 우리는 적극적으로 활동하는 노인들이 많을수록 그 사회가 건강하다는 목소리에도 귀를 기울여야 할 때가 되었다. 또한 각각 고령자 스스로도 활력 있는 고령사회에 적극 동참하는 의식개혁과 더불어 노후의 자립을 지향하며 노인문화를 선도해 나가야 할 것이다.

어쩔 수 없이 주어진 환경에서 수많은 경쟁을 헤쳐 온 베이비붐세대(1955년~1963년생) 스스로 이제는 자신의 노후생활을 선택해야 할 때가 되었다. 현역시대의 명예와 직위, 건강을 그대로 유지할 수 없다면 굳이 과거에 연연할 필요는 없다. 눈높이를 애써 낮출 필요는 없겠지만 눈높이를 수준에 맞춰나갈 필요는 있는 것이다. 그러므로 좋아하는 일이나 취미, 학습, 사회봉사 등을 찾아서 긍정적이며 적극적으로 사회에 참여해야 할 것이다.

이시대의 베이비붐세대가 고령자 스스로 즐겁게 할 수 있는 무엇인가를 찾아서 새로운 노인상(老人像)을 구축하여 후세대에 물려주기 위해서는 '노인문화창조'의 붐을 일으켜야 하는 단계에 접어든 것이다. 이러한 사회적 연대와 고령자의 자립이 어우러졌을 때 비

로소 「노인문화창조」가 발아할 것이며 국민 모두의 관심과 정책적
지원이 지속적으로 이루어진다면 머지않아 아름답게 노인문화가 꽃
피우게 될 것이다.

3. 노인문화창조를 위한 제언(提言)

고령사회의 사회문제를 해결하기 위해 본서에서는 첫째, 노인문제
와 관련된 선행연구를 활용하여 베이비붐세대의 은퇴 및 인구고령화
에 따른 정책수립 방향을 제시하였다. 둘째, 관련 논문과 자료를 재분
석 하거나 필요시 면담조사를 실시하여 베이비부머의 생활실태 및
현상을 소개하려고 노력하였다. 셋째, 정책제언뿐만 아니라 개개인
또한 고령사회문제에 대한 인식제고를 위해 일본의 사례를 중심으
로 노인문제의 해결방향을 지향하려 하였다. 넷째, 베이비부머를 대
상으로 실시하고 있는 정책현황과 문제점을 파악하여 향후 노인문
화창조를 취한 자료로 활용되기를 기대하며 집필에 임하였다.

그 취지와 더불어 노인문제에 대한 생활정책의 대응으로 복지욕구
가 이루어지면 삶의 질이 높아지고 문화적 생활향상이 동시에 이루
어질 수 있다는 시각에 입각해 고령자를 대상으로 한 사회정책부터
고용, 사회보장 노인여가, 학습활동 나아가 노인문화의 발아 등에 관
해 살펴보았다.

인구고령화의 분석에서는, 수명연장이 당연히 축복으로 받아들여
야 하겠지만 빈곤, 질병 외에도 정년 이후 장기간의 노후생활에서 고
독과 삶의 보람상실 등의 현실이 사회문제로 대두되었다. 그러나 이
러한 사회문제에도 불구하고 활동적인 고령자에게는 현역시대의 경

험을 활용할 수 있는 기회를 제공하는 한편, 능력을 발휘할 수 있도록 사회참가 기회를 확대하는 환경을 조성한다면 각 개인의 삶의 질은 매우 향상될 것으로 파악되었다.

따라서 이제 고령층에게 '시간' 이라는 자원은, 연명유지와 취로연장의 의미뿐만 아니라 여가활동과 사회참여가 삶의 질에 영향을 미친다는 점에서 볼 때 고령자의 취로만큼 여가도 노후생활에서 매우 중요한 주제가 될 것이다. 즉, 인구고령화가 급격히 진행되고 있는 작금, 고령자의 여가활동은 어떠한 유형이 있으며 사회참가는 어떻게 선택되고 실행되고 있는지? 또한 고령자의 생활양식과 생활태도에서 기인하는 노인문화가 어떻게 형성되는지? 에 관해 재고해야 될 시점이라고 하겠다.

노인문화의 표상은 매우 다양하겠지만, 본서에서는 크게 두 가지 이미지로서 파악할 수 있었다. 하나는, '지역사회 참여자' 로서의 고령자의 적극적인 사회참가에 의해 새로운 문화를 구축해 나가는 주인공이라는 점이다. 따라서 고령자는 사회중심부에서 동떨어진 존재가 아니라 사회의 구성원으로서 여가활동에 나서며 사회에 공헌하려는 경험자로서의 인식이 필요하다.

또 다른 하나는, 고령자는 '다양성의 소비자' 로서 모든 고령자가 똑같은 고령기의 유형에 속하지 않는다는 점이다. 고령자의 노후생활보장 자원의 획득방법도 다양하겠지만, 고령자의 욕구 또한 다양하게 표출되고 있기 때문에 새로운 수요창출을 만들어내는 문화창조의 주인공임에 틀림없을 것이다.

물론 미지의 세계인 고령사회에서도 활기차고 안심할 수 있는 사회를 구축해나간다면 삶의 질과 문화생활은 향상될 수 있을 것이다. 삶의 질은 상대적이고 가치지향적인 개념이기 때문에 일률적으로 정의하기가 곤란하다. 그와 관련된 문화형성 또한 아직은 주관적인 개념이기에 사람에 따라 견해가 다를 수 있다. 앞의 분석에서도 나타났듯이 일반적으로 고령층의 주요 관심사는 「건강」, 「경제력」, 「가족관계」, 「인간관계」에 관한 내용이 중심적이었다. 이러한 경향은 이미 선진국을 중심으로 하여 고령자를 둘러싼 공통된 행동양식으로 구축되고 있으며 일상생활 속에 노인문화가 새롭게 형성되고 있음을 의미한다.

예를 들어 '지역사회 참여자'와 '다양성의 소비자'로서의 고령자를 평생교육의 관점에서 본다면, 고령자의 학습과 노인에 대한 교육을 통해서 노후생활의 인식격차를 줄일 수 있는 계기가 될 것으로 전망된다. 왜냐하면 고령자의 경제력과 관계없이 고령자에 대한 교육기회의 제공으로 학습기회의 수직적·수평적 통합을 이루어나가면 고령자 스스로 자아실현의 기회를 확보하기 용이하기 때문이다.

또한 교육기회를 통해 고령자 스스로 '배우려는 사람'으로 인식하여 배움을 확산시킬 수 있다면 지역사회에서 활동적으로 사회참여의 기회를 확보하게 될 것이다. 고령자 스스로 지역사회 활동에 대한 '참여'와 교육기회의 '소비'를 통해 자신을 '능동적인 존재'로 파악한다는 것은 매우 고무적인 현상이다. 이러한 고령자 스스로에 대한 규정은 일상적인 학습실천을 통해 활력 있는 고령사회를 구축해가는 원동력이 된다는 점에서 그 의미가 크다고 하겠다.

이러한 변화는 지금까지의 수동적인 노인의 이미지에서 벗어나 지속적인 자아발전을 이룰 수 있는 새로운 고령자상을 정립하게 될 것이다. 이렇게 배우려는 존재로서 고령자를 전제하면, 다양한 고령자학습이 노후의 풍요로운 삶과 문화에 접목될 수 있을 것으로 전망된다.

이제는 노인을 가령(加齡)이나 노화(老化)에 따른 신체적·사회적 열세를 극복하며 생존해야 하는 존재에서 한걸음 더 나아가 사회에 참여하고 사회에 공헌하면서 봉사할 수 있는 잠재력을 지닌 귀중한 인적자원인 동시에 고령자의 장애보다 그들이 계발해야 할 능력에 초점을 맞추어 고령자를 대해야 할 것이다.

한편, 고령자에 대한 학습지원은 의료비를 절감하는 기회비용으로 활용될 수도 있으며 활력 있는 노인문화를 구축하는 계기가 될 것이다. 실제로 최근에는 노인학습공동체를 형성하여 새로운 모임의 성격을 밝히거나 활동하는 사례[271]가 적지 않게 나타나고 있다.

예를 들어 「노인봉사단」, 「꽃노인자원봉사」, 「금빛평생교육봉사단」, 「실버경찰봉사대」, 「실버연극교실」, 「청춘예봉사단」 등의 활동을 들 수 있다. 고령자 주도의 사회봉사활동 및 문화예술 활동에서 이뤄지는 고령자의 활약상은 이전과는 다른 관점에서 노인문제를 바라보게 된다.

이처럼 고령자의 능동적이며 적극적인 사회참가는 우리 모두에게 인구고령화에 대한 인식변화는 물론이고 고령자에 대한 시각 및 관점의 변화를 이룰 수 있는 계기가 될 것이다. 베이비붐세대를 비롯한 고령자의 노후생활의 작은 변화로부터 시작된 새로운 노인문화의 형성은 앞으로 현대사회에서 일정한 역할을 해낼 것으로 기대하는 바이다.

그럼에도 불구하고 최근의 경로사상(敬老思想)은 외형적인 형식으로 남게 되었고, 고령자를 생산능력이 떨어지고 사회적 의존성이 높은 존재로 여기는 경로시각(輕老視角)에서 노인문제를 논하고 있는 것이 현실이다. 그렇지만 보다 적극적으로 고령자를 위한 환경조성을 조성해나간다면 고령자는 가정뿐만 아니라 지역사회에서 능력을 발휘할 수 있는 기회가 늘어날 것이다.

---

271 예를 들어, 고양시의 고령자 봉사활동으로서는 '동화세상' 봉사단 등 30개 봉사단에서 1,000여명의 노인봉사자가 현재 활동 중이며, 고양시 내의 경로당, 요양원, 어린이집 등에서 건강체조 강습, 요술풍선·동화구연·마술 공연 등의 다양한 방식으로 봉사활동을 하고 있다. http://ksson108.tistory.com/29063 참조.

사회문제로 대두된 노인문제는 정책차원의 대처에서 진일보하여 일상생활 속에서 노인행동으로 형성되고 있으며 나아가 보다 광범위한 복지문화의 생성에 큰 영향을 미치게 될 것으로 보인다. 그와 더불어 노인의 행동양식에 대한 긍정적인 평가가 이루어지는 동시에 고령기란 사회 구성원이라면 모두가 거치게 될 삶의 단계로 인식하여 복지문화와 노인문화에 대해 관심을 갖게 된다면 향후 고령자의 삶의 질은 더욱 향상될 것이다.

본격적인 노년기에 접어드는 한국의 베이비부머는, 그동안 치열하게 경쟁해온 세대이며 한국경제의 놀라운 변화와 기적을 이루어온 세대임을 부정할 수 없다. 이들은 1960~70년대의 경제개발계획과 1990년대의 IMF사태 그리고 2007년의 금융위기 등 역경의 순간들을 헤쳐 온 경험을 갖고 있다. 따라서 이들이 노년기에 접어드는 계기를 통해 이전과는 다른 고령자의 이미지(象)로 새로운 노인문화를 형성해가기를 기대하는 바이다.

이렇듯 노인문화창조의 구축관점에서 살펴본 분석결과 중의 하나는, 고령자의 취로와 연금, 가족과 사회, 여가와 취미 그리고 실버산업과 사회참여 등에서 이전 고령자와는 다른 행동양식이 드러난 점이다. 베이비붐세대의 고령자는 이전세대와는 달리 일률적인 고령기로 치부해왔던 고정관념 및 편견에서 벗어나 이제 다양한 고령자상(高齡者像)의 변화를 보이기 시작했다. 그동안 노년기에 관한 일반화에서는 여러 문제가 있었음에도 불구하고 최근까지 이어져 왔다. 그런 이유는 인구고령화에 대한 광범위한 문화적 측면의 가치를 인식하지 못했거나 인식했더라도 미약했었기 때문일 것이다.

예를 들면, 산업화가 진전되면서 고령자는 노동시장에서 퇴출되는 위기를 맞이했다. 이는 기능과 지식이 빠르게 진보하는 반면 고령층의 대응능력은 신문물에 보조를 맞출 수 없다는 인식에 기인한다. 그

러나 활기찬 고령사회에 있어서의 활동적인 고령자상은 새로이 정립
될 수 있다.

　가령(加齡)에 의해 체력이 약화된다고 해서 기능습득이 현저히 뒤처
진다거나 업무숙달에 문제가 있는 것은 아니다. 최근의 노동시장은
육체적인 힘보다 오히려 지적능력을 요구하는 소프트화에 따라 사무
자동화와 IT 관련기술 등 고령자가 새로운 기능을 습득하기에 용이
하고 적응하는 데에도 큰 무리가 없는 환경으로 변화하고 있다. 그와
더불어 최근의 베이비붐세대는 이미 다년간 현역에서 사무자동화 능
력 및 스마트오피스 환경의 경험을 축적해 온 고령자가 늘어나고 있
는 점을 간과해서는 안 된다.

　따라서 활력 있는 고령사회란 의존적이고 무기력한 고령층을 보다
활동적이고 자립적인 고령층으로 변화시키는 사회를 지향하는 것이
라 하겠다. 그 핵심은 현대사회에 걸맞은 노후의 일자리 확보와 자원
봉사 기회제공, 자기계발과 노후생활 적응 등을 포괄적으로 지원하
는 사회라고 하겠다. 이러한 환경이 갖춰진다면 베이비붐세대는 또
한 번의 새로운 노인문화를 이뤄낼 수 있지 않을까?

　이처럼 베이비붐을 일으킨 베이비붐세대가 그동안 경제성장의 붐,
교육경쟁 붐, 부동산 붐, 구조조정의 붐을 거쳐 이제는 노후문제를 해
결하는 '노인문화창조'의 붐까지 이루기를 기대하는 배경이 되고 있
다. 끝으로 사회정책에 입각해 고령사회의 문제를 제기하며 본서 집
필 테마인 노인문화창조(老人文化創造)를 통해 노인문제 해결을 위해
한·일 비교를 시도했던 장황한 언설에도 불구하고, '少年易老 學難
成(소년은 쉽게 늙고, 학문은 이루기 어렵나니)'의 경구를 다시금 깨닫는 계기가
되었음을 밝히는 바이다.

참고문헌

강현정(2012.9)「베이비붐세대의 사회활동참여 여부가 사회통합감에 미치는 영향」『노인복지연구』한국노인복지학회. 제57호. pp.429-448.

국무총리실(2011)『장년세대 베이비붐세대 퇴직대비 고령사회대책 보완 방안』2011년 10월 30일 보도자료.

국민연금공단(2008)『국민연금20년사』국민연금공단. pp.544-547.

김수영·모선희·원영희·최희경(2009)『노년사회학』학지사.

박병현(2002)「복지국가의 발달의 문화적 분석」『한국사회복지학』청목출판사. pp.277-304.

박종민 편(2002)『정책과 제도의 문화적 분석』박영사.

이혜경(1986)「정치문화정향과 복지국가의 발달 : 비교역사적 접근」『사회보장연구』2. pp.59-83.

정기룡(1998)「연금적립금의 복지사업 운용에 관한 한·일 비교연구」『한국사회복지학』제35호 한국사회복지학회. pp.345-374.

정기룡(2003)「고령사회 일본의 노인문화」『일어일문학연구』제43집 한국일어일문학회. pp.291-311.

정기룡(2006)『일본사회의 이해-고령사회 일본의 사회문제와 대책-』제이앤씨. pp.11-194.

정기룡(2010)「일본의 고령사회와 베이비붐세대에 관한 문화적 분석」『일본연구』제44호. 한국외국어대학교 일본연구소. pp.39-60.

정기룡(2011)「일본의 고령자라이프스타일에 관한 연구」『일본연구』제47집 한국외국어대학교 일본연구소. pp.7-28.

정기룡(2012)「일본 공적연금제도의 복지이념에 관한 연구」『일본언어문화』제23집. 한국

일본언어문화학회. pp.509-531.

정기룡·강영숙(2010)「고령사회 일본의 노인여가에 관한 고찰」『일본연구』제53호. 한국외국어대학교 일본연구소. pp.7-30.

정기룡(2013)『일본의 사회정책』전남대학교출판부.

정진웅(2006, 2012)『노년의 문화인류학』한울아카데미.

조추용(2006)「일본의 연금개혁과 노후생활보장정책」『노인복지연구』32호. 한국노인복지학회. pp.31-68.

주은선(2011)「국민연금기금 지배구조개편 논쟁에 관한 연구」『한국사회복지학』63권1호. 한국사회복지학회. pp.343-367.

주재현(2002)「사회복지와 문화-복지국가 유형론에 대한 문화이론적 해석」『정책과 제도의 문화적 분석』박영사. pp.78-104.

지은정·금현섭·하세윤(2012)『고령화사회 노인의 사회참여 활성화 방안』한국노인인력개발원.

지은정(2013)『고령화사회 보편적·균형적 노후설계지원서비스 활성화 방안』한국노인인력개발원.

최성재(1997)「미국의 노인복지에 있어서의 사회복지와 실버산업의 역할」『한국노년학』25호, 한국노년학회.

최성재(2009)「고령화 사회의 노인 사회참여 필요성과 과제」한국노인인력개발원.

한국보건사회연구원(2010)「베이비부머의 생활실태 및 복지욕구」한국보건사회연구원 연구보고서.

한경혜(2011)「한국의 베이비부머 연구」서울대학교 노화·고령사회연구소.

한정란(2005)『노인교육의 이해』학지사.

一円光弥(1992)「高齢者の所得保障」『高齢者社会政策』ミネルヴァ書房. pp.63-106.

一番ヶ瀬康子(1989)「余暇の意味」『老年学事典』ミネルヴァ書房.

一番ヶ瀬康子編(1997)『福祉文化論』有斐閣.

一番ヶ瀬康子編(2001)『障害者と福祉文化』明石書店.

一番ヶ瀬康子編(2002)『地域社会と福祉文化』明石書店.

一番ヶ瀬康子編(2002)『余暇と遊びの福祉文化』明石書店.

一番ヶ瀬康子·河畠修編(2001)『高齢者と福祉文化』明石書店.

石畑良太郎·佐野稔編(1987)『現代の社会政策(新版)』有斐閣.

石畑良太郎·牧野富夫(2009)『よくわかる社会政策』ミネルヴァ書房.

上田正昭(2003)『日本文化の基層研究』学生社.

埋橋孝文(1997)『現代福祉国家の国際比較』日本評論社.

内海陽一編(1992)『世界の社会政策』ミネルヴァ書房.

太田貞司(1997)『生活文化を支える介護』一橋出版.

太田空真(1999)『ご隠居という生き方』飛鳥新社.

太田貞司(1997)『生活文化を支える介護』一橋出版.

大河内一男(1979)『社会保障入門』青林書院新社. pp.5-224.

大沢真理(2013) 「生活レジーム論から生活保障システム論へ」『GEMC journal』No.9. pp. 6-29.

小塩隆士(2005)『人口減少時代の社会保障改革』日本経済新聞社. pp.73-110.

小沼正他(1984)編『社会保障概論』川島書店. pp.98-114.

芸術教育研究所監修(2005)『高齢者のための生活場面別レクリエーション』黎明書房.

経済企画庁編(2008)『国民生活白書』大蔵省印刷局.

健康保険組合連合会(2009)『社会保障年鑑』東洋経済新報社.

孝稿正(1971)『社会政策と 社会保障』ミネルウア書房.

厚生労働省(各年)厚生労働省『厚生白書』財団法人厚生問題研究会.

厚生統計協会編(各年)『国民の福祉の動向』財団法人厚生統計協会.

厚生統計協会編(各年)『保険と年金の動向』財団法人厚生統計協会.

厚生労動省(2007)『国民生活基礎調査』ぎょうせい pp.3-670

厚生労働省編(2015)『厚生労働白書』ぎょうせい.

厚生労働省大臣官房統計情報部(2015)『厚生統計要覧』厚生労働統計協会.

厚生労働省年金局(1993)『厚生年金保険五十年史』法研. pp.683-774.

内閣府(2015)『高齢社会白書』ぎょうせい. pp.46-76.

　　(2013)『高齢社会白書』ぎょうせい. pp.70-73.

盛山和夫(2007)『年金問題の正しい考え方』中公新書. pp.219-265.

内閣府編(2015)『高齢社会白書』財務省印刷局. pp2-171.

堺屋太一(1976)『団塊の世代』講談社.

堺屋太一(2009)『日本米国中国団塊の世代』出版文化社.

堺屋太一(2008)『団塊の世代(黄金の十年)が始まる』文春文庫.

坂脇昭吉・阿部誠(2008)『現代日本の社会政策』ミネルヴァ書房. pp. 56-81.

佐藤進(1998)『世界の高齢者福祉政策』一粒社.

佐武弘章・荒木兵一郎・船曳宏保編(1991)『高齢化社会政策の実験』新評論. pp.126-146; 175-208.

社会政策学会編(2008-2011)『社会政策』第1巻1号-第3巻1号. ミネルヴァ書房.

(財)日本生産性本部(2012)『レジャー白書』(財)日本生産性本部.

定藤丈弘・坂田周一・小林良二(1996)『社会福祉計画』有斐閣.

佐武弘章・荒木兵一郎・船曳宏保編(1991)『高齢化社会政策の実験』新評論.

(財)厚生統計協会(2012)『国民の福祉の動向』(財)厚生統計協会.

(財)厚生統計協会(2012)『保険と年金の動向』(財)厚生統計協会.

(財)余暇開発センター編(2012)『レジャー白書』(財)余暇開発センター.

自由国民社編(2012)『あなたの年金が全てわかる』(株)自由国民社. p.13.

鈴木 りえこ(2003)「国の主導で育児の社会かを」『中央公論 1425』中央公論新社.

隅谷三喜男編(1998)『社会保障の新しい理論を求めて』東京大学出版会. pp.3-30.

隅谷三喜男(1990)『戦後社会政策の軌跡』啓文社.

瀬沼克彰(2005)『長寿社会の余暇開発』世界思想社 p.49-57.

関沢英彦(2004)「団塊世代の引退と消費市場」『団塊世代の定年と日本経済』日本評論社. pp.270-271.

清家篤(1992)『高齢者の労働経済学』日本経済新聞社.

清家篤(1993)『高齢化社会の労働市場』東洋経済新報社.

清家篤(1995)『高齢化社会の労働市場』東洋経済新報社. pp.163-176.

清家篤(1998)『生涯現役社会の条件』中公新書.

清家篤(2000)『定年破壊』講談社.

清家篤(2004)『高齢者就業の経済学』日本経済新聞社』日本経済新聞社. pp.215-235.

全国社会福祉協議会(2010)『社会保障年鑑』東洋経済新報社.

総務省統計局(2006)『社会生活基本調査』総務省統計局 第1-8巻. pp.1-6470.

太陽寺順一(1955.1)「社会政策の主体と総資本の立場」『一橋論叢』第34巻第7号. pp.45-72.

玉井金五・大森真紀編(1976)『社会政策を学ぶ人のために』世界思想社. pp.7-20.

武川正吾(1999)『社会政策のなかの現代-福祉国家と福祉社会』東京大学出版会. 韓国語版序文. pp.359-369.

高田一夫(2010)「21世紀の社会政策の方向」『社会政策』2-1号. 社会政策学会. pp.1-3

高田一夫(1981)「大河内理論の変貌とその意義『千葉商科大論叢』第19巻2号. pp.91-112.

高山憲之(1997)『高齢化社会の生活保障システム』東京大学出版部. pp. 119-136.

高木昭作(2002)『日本文化研究』放送大学教育振興会.

玉木伸介(2004)『年金2008年問題』日本経済新聞社. pp.95-221.

高山憲之(1997)「公的年金の改革」『高齢化社会の生活保障システム』東京大学出版部. pp.119-136.

田近栄治(1996)『年金の経済分析』東洋経済新報社. pp.209-246.

玉木伸介(2004)『年金2008年問題』日本経済新聞社. pp.95-221.

武川正吾(1999)『社会政策のなかの現代-福祉国家と福祉社会』東京大学出版会.

高田一夫(1981)「大河内理論の変貌とその意義」『千葉商大論叢』第34巻第7号. p.110.

高田一夫(2010)「21世紀の社会政策の方向」『社会政策』2-1号. 社会政策学会. pp.1-3.

長寿社会開発センター(2007)『老人福祉のてびき』第一法規.

鄭基龍(2000)『転換期における高齢者対策に関する研究』一橋大学博士 学位論文. pp.1-164.

土穴文人(1990)『社会政策制度史論』啓文社.

寺出浩司(1994)『生活文化論への招待』弘文堂.

内閣府編(2014)『高齢社会白書』財務省印刷局. 佐伯印刷(株).

日本総合研究所(2006)『団塊退職で変る経済伸びるビジネス』東洋経済新報社pp.45-102.

日本内閣府政策統括官編(2011)『高齢者の生活と意識』第7回国際比較調査結果

日本経済研究所編(2006)『'団塊'退職で変る経済、延びるビジネス』東洋経済新報社.

西沢和彦(2012)『年金制度はだれのものか』日本経済新聞出版社. pp.36-121.

西沢和彦(2012)『年金制度はだれのものか』日本経済新聞出版社. pp.36-121

西村豁通・荒又重雄編(1992)『新社会政策を学ぶ』有斐閣. 1992.pp.168-184.

日本内閣府(2006)『第6回 高齢者の生活と意識に関する国際比較調査結果』日本内閣府.

日本内閣府(2011)『第7回 高齢者の生活と意識に関する国際比較調査結果』日本内閣府.

馬場敬之助(1980)『福祉社会の日本的形態』東洋経済新報社. pp.112-128.

服部英太郎(1949a)「社会政策の生産力説への一批判(1)」『経済評論』pp.1-23.

服部英太郎(1949b)「社会政策の生産力説への一批判(2)」『経済評論』pp.1-21.

服部英太郎(1949c)「社会政策の生産力説への一批判(3)」『経済評論』pp.57-63.

布施晶子(1993)『結婚と家族』岩波書店.

福祉士養成講座編集委員会編(2007)『社会保障論』中央法規.

村上清(1997)『年金制度の危機』東洋経済新報社. pp.44-58.

盛山和夫(2007)『年金問題の正しい考え方』中公新書. pp.219-265.

横山和彦・田多英範編(1991)『日本社会保障の歴史』学文社.

御厨貴編(2008)『共同研究・団塊の世代は何か』講談社.

樋口美雄編(2004)『団塊世代の定年と日本経済』日本評論社.

原田隆・加藤恵子他(2011)「高齢者の生活習慣に関する調査(2) −余暇活動と生きがい
　　　　感について−」『名古屋文理大学紀要』第11号 pp.27-34.

樋口美雄・財務省財務総合政策研究所編(2004)『団塊世代の定年と日本経済』日本評
　　　　論社 pp.1-291.

宮崎勇(1987)『かけがえのない人生』岩波書店.

増子勝義(2000)『福祉文化の研究』北樹出版.

八代尚宏編(1999)『少子・高齢社会の経済学』東洋経済新報.

◆ 참고사이트

국립사회보장・인구문제연구소 : http://www.ipss.go.jp/(검색일 : 수시)

국민연금공단 : http://www.nps.or.kr/jsppage/main.jsp(검색일 : 수시)

보건복지부 : http://mw.go.kr/front_new/index.jsp(검색일 : 수시)

사회정책학회 : http://jasps.org/journal_index.html(검색일 2014.12)

한국노인인력개발원 : https://kordi.go.kr/(검색일 : 수시)

후생노동성 : 『国民生活基礎調査』(검색일: 2016.10.6−2017.12)
　　　　　http://www.mhlw.go.jp/toukei/list/20-21.html

기타 고령자, 연금관련 사이트 :

http://www8.cao.go.jp/shoushi/01about/about.html(검색일 : 2015.5.11)

http://www8.cao.go.jp/kourei/index.html(검색일 : 2015.5.11)

http://www.cas.go.jp/jp/seisaku/syakaihosyou/(검색일 : 2015.5.14)

http://www8.cao.go.jp/kourei/ishiki/h22/kiso/gaiyo/index.html(검색일 : 2013.5.6.)

http://www8.cao.go.jp/kourei/ishiki/h22/kiso/gaiyo/index.html(검색일 : 2016.6.2)

http://www.jpc-net.jp/leisure/(검색일 : 2013.6.25)

https://www.mizuhobank.co.jp/corporate/bizinfo/industry/index.html(검색일 : 2016.10.9)
http://ksson108.tistory.com/29063(검색일 : 2017.2.23)
http://www.mhlw.go.jp/toukei/list/114-1.html(검색일 : 2017.5.23)
http://www.mhlw.go.jp/stf/seisakunitsuite/bunya/0000143356.html(검색일 : 2017.11.29)

찾아보기

저 자 약 력

▌정기룡(사회학박사 : 사회정책전공)

동국대학교 졸업(경제학사)
호세이대학(法政大学) 대학원 수료(경제학석사)
히토츠바시대학(一橋大学) 대학원 수료(사회학박사)
NHK 국제방송 아나운서(1990-1995)
국민연금연구원 책임연구원(1995-1996)
영산대학교 국제학부 조교수(1996-2002)
MBC 문화방송「출발! 광양만권 시대」진행(2004-2005)
히토츠바시대학(一橋大学) 대학원 객원연구원(2006-2007)
전남대학교 국제학부 교수(2002-2018년 현재)

저서 : 『키워드로 읽는 일본문화 1』글로세움(2003) 공저
　　　『일본사회의 이해』제이앤씨(2006)
　　　『일본의 이해-체험과 분석』제이앤씨(2009) 공저
　　　『일본의 사회정책』전남대학교 출판부(2013) 외 다수

논문 : 「일본 공적연금제도의 복지이념에 관한 연구」『일본언어문화』한국일본언어
　　　문화학회(2012)
　　　「여가활동으로서의 일본 고령자학습에 관한 연구」『일어일문학』대한일어일
　　　문학회(2016)
　　　「일본의 고령자사회정책」『일본연구』한국외국어대학 일본연구소(2016)
　　　외 30여 편